Architektur des
19. Jahrhunderts

Architektur des 19. Jahrhunderts

Claude Mignot

UMSCHLAGVORDERSEITE:
Kew Gardens

UMSCHLAGRÜCKSEITE:
Il Cisternone in Livorno (Entwurf von Pasquale Poccianti, 1827)

Dieses Buch wurde gedruckt auf 100% chlorfrei
gebleichtem Papier gemäß TCF-Norm.

EVERGREEN is a label of Benedikt Taschen Verlag GmbH

© 1983 Office du Livre, Fribourg
© für diese Ausgabe 1994 Benedikt Taschen Verlag GmbH,
Hohenzollernring 53, D-50672 Köln
Printed in Italy
ISBN 3-8228-9120-7

Inhaltsverzeichnis

Einführung	7
Klassizistisches Bewußtsein und die Stilfrage	13
Erbe der Aufklärung und klassisches Ideal	13
Klassizistische Formenlehre: römische Größe, griechische Reinheit, italienische Eleganz	21
Der gotische Fundus	48
Romantische Gotik und mediävale Archäologie	48
Die neugotische Kirche	58
Das romantische Schloß	67
Ein Stil für das 19. Jahrhundert	80
Die Erneuerung des Klassizismus und die Frage der Polychromie	80
Von der Romantik zum Historismus	89
Griechen und Goten: der Stil des 19. Jahrhunderts	100
Die Sprache des Historismus	100
Von der archäologischen Treue zur Neugotik	118
Historismus oder Spätformen des Klassizismus	146
Ingenieurbau als Architektur der Zukunft?	168
Erste Versuche	168
Eine Entdeckung: die Ästhetik des Metalls	177
Eklektizismus und neue Baustoffe	190
Der Vorrang des Programms am Beispiel von Gefängnis und Krankenhaus	212
Die Stilfragen treten hinter dem Programm zurück	212
Das Gefängnis als Raum des Strafvollzugs	213
Das Krankenhaus	225
Tempel der Moderne	237
Die Tempel des Handels: Galerien, Passagen, Basare und Warenhäuser	237
Der Bahnhof, Kathedrale der Moderne	252
Das bürgerliche Wohnhaus	272
Die Geburt des Wolkenkratzers	301
Ausgewählte Bibliographie	312
Register	318
Verzeichnis der Personennamen	318
Verzeichnis der abgebildeten Gebäude	322

Einführung

Das 19. Jahrhundert hat die Baulandschaft von Stadt und Land tief geprägt. Es hat uns Baudenkmäler mit Symbolcharakter hinterlassen — die Freiheitsstatue von New York, Big Ben und Tower Bridge in London, Triumphbogen, Sacré-Cœur und Eiffelturm in Paris — aber auch die Kirchen, Schulen und Bürgermeisterämter unzähliger bescheidener Kleinstädte und Dörfer. Diese so vertraute Architektur verwirrt uns heute durch ihre Vielfalt und Verschiedenheit und — es sei gestanden — gelegentlich durch ihre Häßlichkeit.

Lange Zeit haben wir in der Baukunst des 19. Jahrhunderts nur das beachtet, was die heutige Architektur ankündigt. Indem wir uns fast ausschließlich für die Lagerhallen mit ihren Gußeisensäulen interessierten und die prächtigen Herrenhäuser verachteten, das Metallgerüst der Bahnhofshallen liebten und ihre schwülstigen Fassaden belächelten, haben wir die dem Jahrhundert eigene Sehweise mißachtet. In unserer Bewunderung des Kristallpalasts vergaßen wir, daß dessen Schlichtheit lediglich eine Notlösung war und erst im Rückblick modern erscheint. Wir beanstandeten die üppigen Fassaden mancher Schlösser, ohne zu bedenken, daß sie dem Lebensstil ihrer Bauherrn angemessen sein sollten. Wir verfolgten die Einführung neuer Baustoffe und ihr Sichtbarwerden in den Fassaden mit Ungeduld, als handle es sich nicht ganz einfach um eine ästhetische Wahl, die an sich weder schöner, gerechtfertigter noch moderner als irgendeine andere ist. Wir bewunderten die glückliche Hand der Baumeister der Renaissance bei der Verwendung antiker Formen, aber der Aneignung von Formen des Mittelalters oder der Renaissance durch die Architekten des 19. Jahrhunderts begegneten wir auch dann mit Zurückhaltung, wenn sie gelang.

Wer die Architektur des 19. Jahrhunderts verstehen will, muß die naiven deterministischen Vorstellungen der Geschichtsschreibung und die nicht weniger naiven rationalistischen Auffassungen der Baukunst aufgeben. Die Eisenhallen der Bahnhöfe sind für ihr Jahrhundert keineswegs charakteristischer als deren pompöse Fassaden. So wie die industrielle Textilherstellung in schmutzigen Fabriken mit der wohl aufwendigsten Damenmode der Geschichte einhergeht, beruht auch die Stilvielfalt der Architektur auf anderen Gesetzen als auf der Einführung neuer Baustoffe. Einer anderen, paradoxerweise seit dem 19. Jahrhundert weitverbreiteten Ansicht muß man ebenfalls widersprechen: Es ist nicht absurder und stilistisch ebenso plausibel, einen Triumphbogen vor einem Bahnhof zu errichten, als ein venezianisches Landhaus mit dem Frontispiz eines antiken Tempels zu schmücken, wie es Palladio tat.

Um diese Architektur zu verstehen, müssen wir das den Zeitgenossen eigene Gefallen an Zitaten und Anklängen, historischen Erinnerungen und Gefühlsverwandtschaften wiederfinden, in denen sie den Charme dieser Bauten sahen. Ebenso wie bei der Betrachtung von Werken früherer Epochen müssen wir diese frei mit Formen und Bildern umgehende Baukunst lesen lernen, deren Wirkung, ob gelungen oder mißlungen, untrennbar mit der Motivwahl verbunden ist. Doch man hat im 19. Jahrhundert so viel gebaut, und die Qualität der formalen Experimente ist so unterschiedlich, daß der Gesamteindruck etwas fad, um nicht zu sagen häßlich ist. Ohne Zweifel erginge es uns mit der Literatur jener Zeit ähnlich, wäre sie uns — wie die Bauwerke — in ihrer Gesamtheit stets gegenwärtig.

Die Architektur des 19. Jahrhunderts ist in erster Linie ein quantitatives Phänomen. Im Jahre 1800 zählt man in Europa 187 Millionen Einwohner, 1850 sind es 266 Millionen und 1900 bereits 420 Millionen. Man mußte für diese neuen Bevölkerungsmassen des Industriezeitalters Hunderte von Markthallen und Bahnhöfen, Gymnasien und Rathäusern, Krankenhäusern und Gefängnissen, Zehntausende von Schulen und Bürgermeisterämtern, Hunderttausende von Villen und Mietshäusern bauen. In seiner Sammlung von Baumodellen für die Schule gibt Léon de Vesly für den Zeitraum von 1850 bis 1868 die Zahl von

1 Die Freiheitsstatue, das Wahrzeichen von New York; Bildhauerarbeit von Auguste Bartholdi, Metallkonstruktion von Gustave Eiffel; 1884

10 000 Schulneubauten in Frankreich an; bis zum Ende des Jahrhunderts müssen es im ganzen etwa 40 000 gewesen sein, und für die USA hat man ähnliche Zahlen ermittelt. Allein während der Verwaltungszeit von Georges Haussmann reißt man in Paris 25 000 Gebäude nieder und baut 70 000 neue.

Kein Bauprogramm bleibt von diesem Massenwachstum des Baubestandes unberührt. Im Jahre 1818 stellt das britische Parlament Mittel für den Kirchenbau bereit: Zwischen 1818 und 1856 werden 612 neue Kirchen subventioniert, und in einem Parlamentsbericht aus dem Jahre 1876 werden 1727 neue Kirchen und Kathedralen und 7144 Restaurierungen erwähnt, die von 1840 bis 1876 von der öffentlichen Hand finanziert worden sind. Die für Frankreich verfügbaren Zahlen sind ebenso aufschlußreich. Lange Zeit hielt man die Angaben Didrons in den *Annales archéologiques* für übertrieben, er sprach von 200 im Bau befindlichen gotischen Kirchen im Jahre 1852. Erste statistische Untersuchungen deuten darauf hin, daß Didron recht hatte: In der Bretagne zum Beispiel bauten ein Drittel der Gemeinden von Finistère und Morbihan und die Hälfte derer von Côtes-du-Nord und Ile-et-Vilaine im 19. Jahrhundert neue Kirchen.

Notwendigerweise beeinflußt diese unerhört umfangreiche Bautätigkeit Art und Qualität der Bauwerke. Wer schnell und viel bauen will, muß gültige typologische Vorbilder entwickeln, und in der Tat ist das 19. Jahrhundert das Goldene Zeitalter der Baukataloge: Man sammelt Modelle aller Art — für Cottage und Mietshaus, für Kirche und Gefängnis oder Heilanstalt. Im 19. Jahrhundert entstehen einige Meisterwerke, die ebenso hervorragend sind wie jene der Renaissance, man denke nur an die Bauakademie von Karl Friedrich Schinkel in Berlin, die Bibliothèque Sainte-Geneviève von Henri Labrouste in Paris, das Ashmolean Museum von Charles Robert Cockerell in Oxford, die Pariser Oper von Charles Garnier oder die Trinity Church in Boston von Henry Hobson Richardson. Doch die Originalität dieser Epoche müssen wir eher in der ungeheueren Menge weniger hervorragender Bauwerke sehen — in den kleinen viktorianischen Kirchen, den Gebäuden Haussmanns, den amerikanischen Cottages — als in den

2   Tower Bridge in London; J. W. Barry und H. Jones; 1886-1894

wenigen großen Meisterwerken. Der einzelne Bau hat geringere Bedeutung als die große Menge.

Eine Erklärung hierfür ist in der deutlichen Wandlung des Auftragswesens zu finden. Die Krise der traditionellen Formvorstellungen beruht in größerem Maße auf der Zunahme von »unpersönlichen« Bauaufträgen von seiten der Verwaltung und Industrie im Vergleich zu privaten Bauaufträgen als auf dem hochgespielten Konflikt zwischen Architekt und Ingenieur. So schreibt Gabriel Davioud: »Wo bleibt noch Platz für die Kunst im Land, wenn das Haus nicht mehr die Wohnstatt eines Familienvaters ist, der es gebaut hat, um es an seine Kinder weiterzugeben, nachdem er sie dort hat zur Welt kommen und aufwachsen sehen, wenn das Haus zur Zivilkaserne wird, deren Gliederung ebenso banal ist wie ihre Ornamentik, weil beide ja dem nächstbesten möglichen Mieter einer Wohnung gefallen müssen?«

Es wird üblich, die Kosten jeder Raumgliederung, jeder konstruktiven und stilistischen Lösung systematisch zu vergleichen: Ist Eisen billiger als Holz, Neugotik ökonomischer als Neuromanik? Der Besitzer berechnet die Rentabilität seiner Investitionen, der Beamte die Kosten pro Krankenbett oder Gefängniszelle. Zunehmend unterwirft sich die Architektur neuen Normen, Vorschriften und Quantifizierungen. Die Modernität des 19. Jahrhunderts wird von dieser neuen Form der Typologie-Bildung ebensosehr bestimmt wie von der Verwendung neuer Baustoffe.

Schon im 18. Jahrhundert maßen die Architekten in Frankreich die Fortschritte der Baukunst an der Entwicklung der Raumgliederung und Grundrißplanung. Damals ging es vor allem um das Hôtel, das vornehme Stadthaus, und um das Landhaus. Doch im 19. Jahrhundert betrifft diese Überlegung alle Bauprogramme, am Rande sogar die Kirchen. Diese Entwicklung setzt um 1770 ein, zu einer Zeit, die, wie wir sehen werden, auch in anderer Hinsicht Bedeutung hat: Man entwickelt für das Krankenhaus das Pavillonmodell, denkt über die Anlage der Museen nach und definiert das Ideal des panoptischen Gefängnisbaues. Eine weitere wichtige Schwelle überschreitet man in den zwanziger Jahren des 19. Jahrhunderts:

Leo von Klenze legt einen neuartigen Entwurf für die Pinakothek vor, John Haviland tut das gleiche für das Gefängnis. Bald wird man die ersten Basare, Wintergärten und Bahnhöfe bauen, die bis zum Ende des Jahrhunderts unzählige Male abgewandelt werden; die Zeit der bürgerlichen Villen in den Vororten der Städte, des Grandhotels, des Kaufhauses, des Hallenschwimmbads und vieler anderer neuer Bauformen steht bevor.

Nie zuvor hatte man so viel über den Zusammenhang zwischen Raumaufteilung, Raumanordnung und -gliederung einerseits und Lebensweise, religiösem Ritual und Krankenheilung andererseits nachgedacht. Nie zuvor war die Architektur, bis in das Detail, in diesem Maße vom Bauprogramm abhängig. Bei der Geburt des englischen Gothic Revival steht die Reform der Liturgie Pate, der Gefängnisbau wird ganz von den Überlegungen der Strafvollzugsexperten bestimmt, und die komplizierte Gliederung des viktorianischen Landhauses widerspiegelt die Gesellschaftsstruktur des 19. Jahrhunderts.

Kaum spürbar und im geheimen werden Stilfragen in den Hintergrund gedrängt. Und dennoch, nie zuvor haben gerade sie die Architekten derart gepeinigt. Von 1820 an spricht man immer wieder von dem Wunsch, den Stil des 19. Jahrhunderts zu prägen, fast im gleichen Atemzug aber auch von der Verzweiflung, ihn nicht zu finden; Karl Friedrich Schinkel gibt diesem Zwiespalt deutlich Ausdruck und auch der erste Dozent für Architektur am Londoner University College, Thomas Leverton Donaldson; er erklärt 1847: »Die große Frage ist: Werden wir eine zeitgemäße Architektur haben, einen Baustil des 19. Jahrhunderts, den man klar unterscheiden kann, der einzigartig und greifbar ist?«

Tatsächlich haben die Baumeister des 19. Jahrhunderts in einem Zuge sowohl die Kunstgeschichte als auch die künstlerische Freiheit entdeckt. Ihre Beobachtung, daß es in den vergangenen Jahrhunderten beherrschende Stile gegeben hat, verleitete sie zur Ansicht, es bestehe eine organische Verbindung zwischen Stil und Gesellschaft, weshalb sie folgerichtig auch die Geburt eines eigenen Stils für das 19. Jahrhundert erwarteten, ohne die Verschiedenheit der Bedingungen zu bemerken, unter denen in ihrer Zeit gebaut wurde und die gerade die Mechanismen zerstörten, die in der Vergangenheit zu einer willkürlichen stilistischen Einheit führten. Sehr klar sieht das Viollet-le-Duc: »Einst drängte sich der Stil dem Künstler auf, heute muß der Künstler den Stil wiederentdecken.«

Ohne Unterbrechung treten im Laufe des Jahrhunderts neue Formen auf — Klassizismus griechischer oder italienischer Inspiration, Neugotik, Neuromanik, Historismus, Rationalismus, »freier Stil«, Jugendstil —, doch anstatt einander abzulösen, stehen sie alle nebeneinander. Selbst der Historismus, in dem man oft den dominierenden Stil des 19. Jahrhunderts sieht, ist vielgestaltig und umstritten, vergleichbar dem Liberalismus in der Politik. So baut man in Wien zu gleicher Zeit ein klassizistisches Parlament und ein neugotisches Rathaus, für die Walhalla bei Regensburg reicht Leo von Klenze sogar für ein und dasselbe Programm zwei stilistisch verschiedene Entwürfe ein — eine Variation des Parthenons und ein neugotisches Modell —, und für die Münchner Glyptothek schlägt er gleich drei Möglichkeiten vor — griechisch, römisch oder italienisch. Es kommt noch ärger: Sir George Gilbert Scott muß, um einen Auftrag zu behalten, entgegen seiner neugotischen Überzeugung den Bau im Renaissancestil ausführen. Nie zuvor haben sich die kulturellen, politischen, gesellschaftlichen, regionalen und nationalen Kontraste ebenso deutlich und bewußt in der Architektur wie sonst nur in der Kleidung niedergeschlagen. Man unterteilt die Bahnhöfe in fünf Klassen, doch in Andalusien baut man sie im maurischen, in Nordeuropa im neuflämischen Stil. Man berechnet den Quadratmeterpreis der Unterrichtsgebäude, aber in Lille baut man die geisteswissenschaftliche Fakultät im klassizistischen, die katholische im neugotischen Stil. In der Pariser Avenue Montaigne steht das mittelalterliche Palais des Prinzen Soltikow neben der Villa des Prinzen Napoleon im pompejanischen Stil.

Durch die Verschiedenheit der Bauten entkräftet die Architektur des 19. Jahrhunderts systematisch sowohl den historischen Determinismus als auch den funktionellen Rationalismus. Vielleicht beruht der schlechte Ruf des Jahrhunderts gerade darauf. Da man keinen dominierenden Stil ausmachen kann, hält man die Architektur für stillos. Diesem Trugschluß erlagen schon die Zeitgenossen, die den Determinismus so hoch schätzten und sich jetzt unfähig sahen, die verlorene Einheit wiederherzustellen. Die Entdeckungen der klassischen Archäologie, gefolgt von denen der mediävalen Archäologie, haben ihr »imaginäres Museum« auf den Kopf gestellt. Auch die idealistische Illusion vom »natürlichen« Geschmack ist verflogen, und so wird ihr Museum zum Labyrinth, dessen Ordnung sie nicht zu ergründen vermögen.

Viollet-le-Duc behauptet, die Konstruktionsweise könne das ersehnte universelle Prinzip liefern, doch seine dürftigen Bauwerke scheinen ihren Schöpfer zu verspotten: Man kann ein genialer Theoretiker, ein hervorragender Zeichner und dennoch ein miserabler Architekt sein. Andererseits kann die Form auch nicht wirklich vom Programm bestimmt werden: Die architektonische Schlichtheit der französischen Krankenhäuser des 19. Jahrhunderts hat ihre Ursache

3 Beispiel eines Dorfschulhauses für 90 bis 100 Kinder; nach Entwurf von Ludwig Persius, 1845

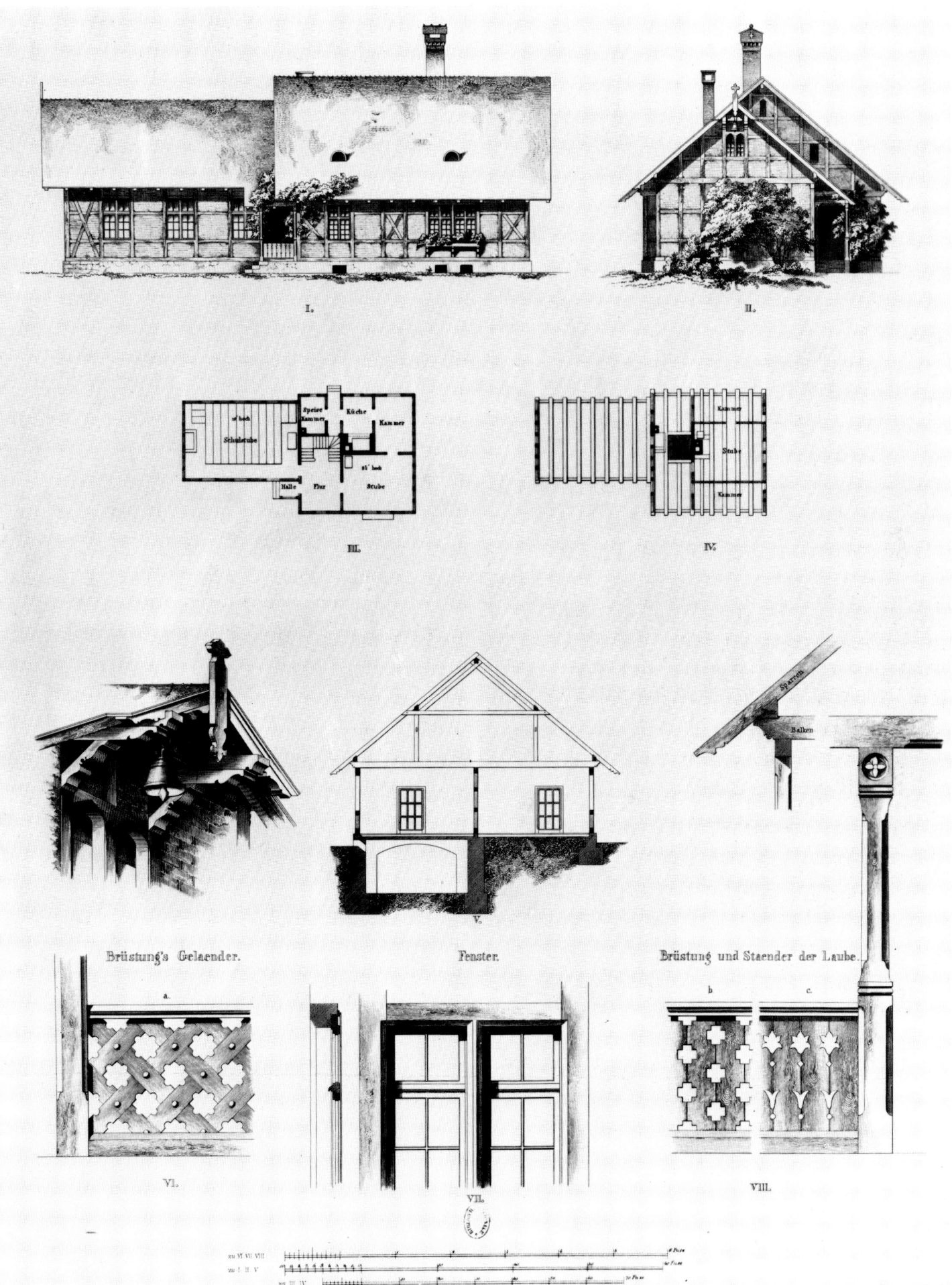

in der Sparpolitik der Krankenhausverwaltungen und in einem ästhetischen Postulat — Nutzbauten sollen schmucklos sein —, das als Alibi für diese Politik gelten kann. Daß diese Schlichtheit sich nicht logisch aus dem Programm ergibt, beweist ein Blick auf die stilistisch ganz andersartigen englischen Krankenhäuser, denen die gleichen hygienischen Vorstellungen zugrunde liegen. Schließlich gab es auch eine Gruppe, die von der neuen Industriegesellschaft die Formung einer neuen Architektur erwartete. Man setzte Hoffnungen auf die neuen Baustoffe Gußeisen, Eisen, Glas, Beton, die, indem sie einen objektiven Bruch in der Bauweise bewirkten, zunächst auch eine neue Architektur anzukündigen schienen. Doch Gußeisen und Beton, selbst formbar, konnten keine neue Bauform bestimmen, und Charles Garnier bemerkte ganz richtig, es sei durchaus nicht natürlicher, diese Stoffe sichtbar einzusetzen als sie zu verkleiden. Noch heute ist die Idee umstritten, die Architektur könne wie die Literatur doppelsinnige, komplexe Beziehungen zu ihren Vorläufern unterhalten und sich nicht vom Zeitgeist festlegen lassen. Doch nur die Freiheit der Kunst kann die verwirrende Vielgestaltigkeit der Architektur des 19. Jahrhunderts erklären.

»Die Sakralarchitektur ist heute nur noch eine offizielle Formel züchtiger Erinnerungen; die königliche und adelige Architektur ist mit Hof und Hochadel dahingeschieden; trotz schätzenswerter Qualitäten hat sich die Bourgeoisie während langer Zeit zu Schöpfungen in der Baukunst unfähig gezeigt. Und trotzdem erleben wir das Wiedererstehen einer hübschen, komfortablen und eleganten Privatarchitektur. Es gibt bereits einige dieser neuen Macht der Menge geweihte Bauwerke, Rathäuser und Theater, die Paläste unserer Demokratien. Doch wenn es wirklich irgendeine eigenständige, originale Bauform gibt, etwas tatsächlich Neues, ohne Vorbild in der Vergangenheit, dann sind es bestimmt unsere modernen Austellungspaläste.« Diese Zeilen, in denen Paul Planat 1892 von der französischen Architektur spricht, umreißen die allgemeinen Züge der Baukunst des 19. Jahrhunderts ziemlich exakt: die offensichtlichen und trotz der unternommenen Anstrengungen oft unerwarteten Qualitätsunterschiede der Sakralarchitektur, die Herausbildung einer bürgerlichen Privatarchitektur, in der sich Eleganz und Komfort vereinen, die Bedeutung der öffentlichen Bauten, die die Formensprache der königlichen Paläste übernehmen, und die Originalität der neuen Bauprogramme des Industriezeitalters, in dem die Architekten ganz bewußt neue Wege gehen.

Die Originalität der Baukultur liegt in diesen Widersprüchen und Experimenten. Nie zuvor ist die Stilvielfalt so groß gewesen und der Druck der Normierung so stark. Nie zuvor hat man so bewußt das Neue gesucht und so oft das Alte nachgeahmt. Der grenzüberschreitende Gedankenaustausch ist so schnell, daß man von einem »Freihandel des Geschmacks« gesprochen hat, und zugleich versucht man überall, eine nationale Architektur zu entdecken. Nie zuvor hat man so viel über die Architektur geschrieben und nachgedacht, doch zwischen nostalgischer Besinnung auf die Vergangenheit und Vertrauen in den Fortschritt schiebt sich oft der Pessimismus gegenüber den Qualitäten der zeitgenössischen Baukunst. Antike Polychromie und Eisen-Prophetie, romantischer Geschmack und Verbesserung des Komforts sind alles Facetten der gleichen naiven Hoffnung, der Viollet-le-Duc Ausdruck gibt: »eine zu unserer Zeit gehörige Kunst« hervorzubringen. Legt man alles in die Waagschale, besteht die Originalität des 19. Jahrhunderts zu guter Letzt wohl dennoch in der methodischen Erforschung der Bauprogramme und in jenem angespannten Verhältnis von Nachahmung und heimlichem Einverständnis mit der gesamten Überlieferung.

Klassizistisches Bewußtsein und die Stilfrage

»Die Abteilung Architektur und die gesamte Akademie laufen in der heutigen Zeit Gefahr, Wegbereiter zu werden.«
(Quatremère de Quincy, 1829)

Erbe der Aufklärung und klassisches Ideal

Die Gliederung der Geschichte hält sich selten an die künstliche Aufteilung der Jahrhunderte. In mancherlei Hinsicht sind die Brüche und Neubeginne in den Jahren 1765-1770, 1835-1840 und 1915-1920 zahlreicher als um die Wende vom 18. zum 19. oder vom 19. zum 20. Jahrhundert. Das 19. Jahrhundert erbt vom vorhergehenden einen bestimmten Stil — eigentlich ein architektonisches Ideal —, den man auch heute noch, obwohl man seine Vielgestaltigkeit inzwischen besser überschaut, »Klassizismus« oder »romantischen Klassizismus« nennt. Er herrscht in Europa und Amerika bis zum Schluß der 1830er Jahre vor. Seine inhärenten Widersprüche, die Fortschritte der Archäologie und die Auseinandersetzung mit der Neugotik sowie die technische Entwicklung führen zu neuen Erkenntnissen und tragen zur Entstehung einer Ästhetik mit dem doppelten Gesicht von Eklektizismus und Rationalismus bei. Erst gegen 1850, als sich die letzten Bindungen an das Jahrhundert der Aufklärung lösen, dringt diese Ästhetik in das gesellschaftliche Bewußtsein, und es wird fast fünfzig Jahre dauern, bis der Konflikt ihrer beiden Tendenzen gelöst ist.

Die Neubewertung der Tradition der Renaissance — in Neopalladianismus und Neomanierismus —, das wiedererwachte Interesse an der Archäologie — man entdeckt die archaische Kunst Griechenlands, die römische Kaiserarchitektur weckt neue Empfindungen —, die Rückkehr zu Natur, Vernunft und Gefühl hatten um 1770 in der Architektur eine neue Sprache geschaffen — ohne daß man genau sagen könnte, wie es dazu kam. Diese neue architektonische Sprache weist einige Konstanten auf: An die Stelle gerundeter, geschwungener Gesimse treten klare Linien, man bevorzugt große glatte oder von strengen Mauerfugen unterteilte Flächen und einfache Baukörper, in denen typische Formen der Antike — Tholos, Peripteros, Pantheon — immer direkter auf die geometrischen Körper Kubus, Kugel, Prisma, Zylinder verweisen. Der Formenkontrast wird im Spiel von Licht und Schatten erhöht; von der erhabenen Schlichtheit mächtiger, kompromißlos nackter Mauern heben sich Kolonnaden und gleichmäßige Portiken ab. Auf den Kuppeln und schmucklosen Kassettengewölben spielt das steil einfallende Licht.

Gleichzeitig tritt in England ein neuer Gartentyp auf, der bald in ganz Europa den italienischen oder französischen Park mit seinen regelmäßigen Terrassen und Parterres ablösen wird. Im Landschaftsgarten fügen sich Hügel, Baumgruppen, Bassins, gewundene Alleen, Bauten und Denkmäler zu einem Bild munterer Unregelmäßigkeit. Diese Gärten werden gemäldeartig komponiert, man läßt sich von den Schäferszenen Poussins oder Dughets zu künstlichen Ruinen und italianisierenden Bauten anregen, zu Bauernhütten und Mühlen, die dem Werk Ruysdaels oder Salvator Rosas entnommen scheinen, zu chinesischen Pagoden und indischen Pavillons, die das Bedürfnis der aristokratischen Gesellschaft nach Exotik befriedigen.

Die neue Form bedarf natürlich neuer Begriffe. Zu der traditionell vom »guten Geschmack« definierten »Schönheit« gesellen sich das »Erhabene« und das »Romantische«. Diese beiden Begriffe definieren eine doppelte Ästhetik, in der die angebliche Einheit von Natur, Antike und Vernunft und die neue Ausrichtung architektonischer Wirkungen auf die Subjektivität bestimmend sind: Durch ein geregeltes Spiel von visuellen und symbolischen Anspielungen spricht die Architektur den Geist an und bewegt das Gemüt.

Um 1800 erscheint eine Anzahl theoretischer Schriften, deren Autoren sowohl den Standort der Architektur zu bestimmen suchen als auch, im An-

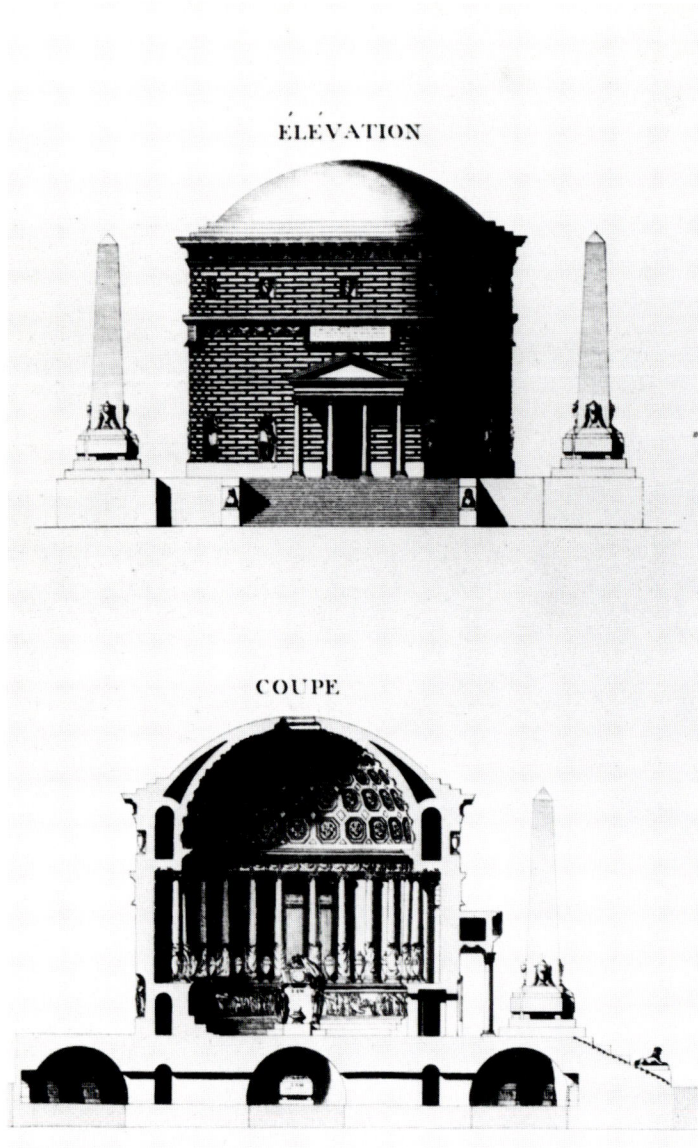

4   Aufriß und Schnitt eines Mausoleums, nach: Joseph Peyre, 1795, Taf. 6. Grundlage dieses Baues ist das Pantheon.

satz, die Fragen, die sie im anbrechenden Jahrhundert zu beantworten haben wird.

Bereits 1765 erscheinen die *Œuvres d'architecture* von Joseph Peyre (1730-1785), die im Einklang mit der internationalen Gesellschaft der Piranesianer lautstark ein neues Verständnis der überlegenen Architektur des antiken Rom verkünden. Die Neuauflage von 1795 bekräftigt diese Vorliebe für leicht größenwahnsinnige Konstruktionen, in denen Kolonnaden, die sich im Unendlichen verlieren, riesige Thermen und mächtige Kuppeln sich häufen. Dieser Größenwahn findet sich in der Architektur der französischen und russischen Kaiserreiche sowie mancher kleiner Autokratien wieder, und er läßt das ahnen, was uns im Stil der Pariser Ecole des Beaux-Arts, von Charles Garnier oder Joseph Polaert heute manchmal pompös erscheinen. Etienne-Louis Boullée (1728-1799) hinterläßt seinen *Essai sur l'art*, in dem er das neue Ideal des »Erhabenen« erklärt, das er schon seinen zahlreichen Schülern vermittelt hat. 1804 veröffentlicht Claude Nicolas Ledoux (1736-1806) *De l'architecture considérée sous le rapport de l'art, des mœurs et de la législation*, eine Anthologie seines Schaffens, die ihm Gelegenheit zur Darlegung seiner rationalistischen, mystischen und insgeheim freimaurerischen Gedanken gibt.

Es finden sich Verleger, die die Pläne — Grundrisse, Schnitte, Aufrisse — der Stadthäuser, Kirchen und öffentlichen Gebäude publizieren, die während drei Jahrzehnten richtungweisende Vorbilder bleiben werden: zum Beispiel Saint-Philippe-du-Roule (1772-1774) von Jean-François-Thérèse Chalgrin (1739-1811) oder die Ecole de Chirurgie (1769-1775; heute Ecole de Médecine) von Jacques Gondouin (1737-1818), beide in Paris. In diesen Zusammenhang gehört das Werk von Jean Charles Krafft und Nicolas Ransonette, *Plans, coupes et élévations des plus belles maisons et hôtels de Paris*, 1808. Unterdessen setzen sich in England William Gilpin (*Three Essays on Picturesque Beauty*, 1794), Uvedale Price (*Architecture and Building Connected with Scenery*, 1794-1798; *Essays on the Picturesque*, 1810) und Richard Payne Knight (*An Analytical Inquiry into the Principles of Taste*, 1805) bestimmt für die Ästhetik des romantischen Klassizismus ein.

Im Jahre 1802 erscheint der erste Band eines Werkes von Jean-Baptiste Rondelet (1743-1829), *Traité théorique et pratique de l'art de bâtir*. Rondelet ist seit 1799 Professor für Bautechnik an der reorganisierten Ecole des Beaux-Arts. Sein Werk vermittelt die Erfahrungen, die er an der Seite Jacques-Germain Soufflots (1730-1780) gesammelt hat: auf der Baustelle von Sainte-Geneviève (seit der Revolution das »Panthéon«), die, obwohl umstritten, für das gesamte 19. Jahrhundert — von der Kathedrale von Helsinki bis zum Brüsseler Justizpalast — zum Vorbild wird. Rondelet liefert in seinem Werk außerdem einen Kommentar zu Vitruv, legt zusammenfassend die Fortschritte der Stereotomie dar, die man dem Ingenieur und Erbauer des Pariser Pont de la Concorde, Jean Rodolphe Perronet (1708-1794), verdankt, und berichtet über die ersten Erfahrungen mit der Verwendung von Eisen und Gußeisen.

Im 19. Jahrhundert wirkt der Geist der Aufklärung mit seinem Wissensdurst, der vor nichts haltmacht, fort: Technischen Neuigkeiten, der Erforschung der Welt und den Lehren der Antike begegnet man mit demselben Entdeckergeist.

In der Mitte des 18. Jahrhunderts nimmt die Archäologie einen bemerkenswerten Aufschwung. Sie verläßt den engen Kreis der Gelehrten und gewinnt sowohl an gesellschaftlichem Ansehen — wovon die Übersetzung des Pausanias in alle Sprachen Europas sowie die Popularität der Griechenland-Beschreibungen des Grafen Choiseul-Gouffier zeugen — als auch

5 Der Palast der Admiralität in Sankt Petersburg (Leningrad); Adrian Sacharow; 1806-1823

6 Der Marktplatz von Karlsruhe; Friedrich Weinbrenner; 1804-1824. Der Platz ist links von der Kirche (1807-1816), rechts vom Rathaus (1821-1825) begrenzt; die Pyramide wurde 1823 errichtet.

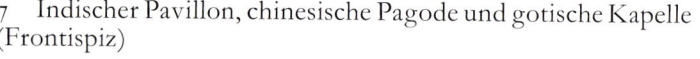

7, 8, 9   Einige der malerischen Stilarten, deren Formenschatz während des ganzen Jahrhunderts verwendet wird, nach: J. Ch. Krafft und P. L. F. Dubois, 1809

7   Indischer Pavillon, chinesische Pagode und gotische Kapelle (Frontispiz)

8   Gartenhaus in ägyptischem Stil im Park von Talleyrands Schloß Valençay, Dep. Indre (Taf. 9)

an Wissenschaftlichkeit. 1732 beginnen unter der Schirmherrschaft des Königs von Neapel die Ausgrabungen von Herculaneum, und im gleichen Jahr gründet man in London die »Society of Dilettanti«. Die ungebändigte Reiselust ihrer aristokratischen Initiatoren ruft während über einem Jahrhundert Dutzende von archäologischen Expeditionen ins Leben. Die Untersuchungen umfassen die ganze Welt der Antike, vom Nahen Osten bis Griechenland, und sie sind die Quelle eines anschwellenden Stromes von Veröffentlichungen. Der erste Band einer wahren Bibel des Klassizismus, der *Antiquities of Athens* von James Stuart und Nicholas Revett, erscheint 1762, der vierte und letzte 1816. Die Ruinen von Paestum finden in Paris, London und Rom eifrige und berufene Exegeten.

Dieser Wissensdrang verschont auch die außereuropäischen Kulturen nicht. Mit der Veröffentlichung von Sir William Chambers' (1723–1796) *Designs of Chinese Buildings, Furnitures... Gardens* im Jahre

9 Italianisierendes Kasino in Agen, Dep. Lot-et-Garonne (Taf. 19)

1757 — der erfolgreiche Hofarchitekt macht mehrere Chinareisen — beginnt der große Einzug der Chinoiserie nun auch in die Architektur des 19. Jahrhunderts.

Natürlich bestimmt hier auch die Politik manche Wendung. Die englische Seeherrschaft und die französische Blockade spielen zu Beginn des 19. Jahrhunderts eine unleugbare Rolle bei der Entscheidung englischer Architekten, anstatt nach Italien nun nach Griechenland zu fahren. Mit dem Einzug der Académie de France in die Villa Medici wird die von jeher römische Orientierung der französischen Archäologie im Ersten Kaiserreich besiegelt. Die Handelstätigkeit der East India Company leistet in England dem neuindischen Geschmack und der Chinoiserie weiteren Vorschub, was jedoch im restlichen Europa wenig Beachtung findet. Der Ägypten-Feldzug (1798) Bonapartes trägt zur Wandlung einer dekorativ-romantischen, von Piranesi inspirierten Ägyptomanie in eine echte Ägyptologie bei. Der Kreislauf der Ideen verhindert indessen die Entstehung irgendwelcher Monopole. 1808 erscheint eine französische Übersetzung der *Antiquities of Athens* von Stuart und Revett, andererseits publiziert man in London (1803) und New York (1807) den 1802 in Paris erschienenen Band *Voyage dans la Basse et Haute Egypte* von Vivant Denon.

Daneben zeigt sich bei Ledoux, George Dance (1741-1825) und Hans-Christian Hansen (1803-1883) die Bewunderung, die die Klassizisten dem derben Manierismus Giulio Romanos (1499-1546) zollen, was durchaus die neue und allgemeine Würdigung der formalen Wirkung des Renaissance-Palazzos mit seinem Zusammenspiel von Kubus und Flächigkeit einschließt. Die eleganten und sicheren Linien der Palazzi weisen einen Mittelweg zwischen der Geziertheit des Rokoko, der griechischen Strenge und der römischen Größe. Charles Percier (1764-1838) und Pierre François Léonard Fontaine (1762-1853) erkennen diesen Weg als erste; Fontaine schreibt: »Man muß zugeben, daß die Schönheit und die Perfektion der Bauten des 15. Jahrhunderts unseren Zwecken angemessener sind als die der griechischen und römischen Bauwerke.« Diese Vorbilder — seien es die in ihrer Schlichtheit ein wenig derben Florentiner Palazzi des Quattrocento oder die heiteren, graziösen venezianischen Palazzi Jacopo Sansovinos (1486-1570) — entsprechen in ihrer formalen Vielfalt den Bedürfnissen sowohl des öffentlichen Bauprogramms (Bibliotheken, Archive, Institute, Universitäten) als auch der privaten Bauten. Die Vorlagen von Percier und Fontaine in *Palais, maisons et autres édifices modernes dessinés à Rome* (1798) und *Choix des plus célèbres maisons de plaisance de Rome et des environs* (1806) erleichtern den Architekten bald die Ausführung ihrer Ideen. Auf diese beiden Autoren, die mit der *Architecture toscane* (1806-1819) des Auguste Henri Victor Grandjean de Montigny (1776-1850) einen freimütigen Nachahmer finden, wird ganz Europa während eines Jahrhunderts zurückgreifen.

Es gibt ein romantisches Pendant zu dieser Rückbesinnung auf die Architektur der italienischen Hochrenaissance. Die römischen Landgüter, mit asymmetrischem Aussichtsturm und schlichten, geweißten Mauern, finden im italophilen und bukolischen Klima, das Europa erfaßt, viel Beachtung. Bezeichnenderweise unterscheidet Pierre Clochar in seinem 1809 erschienenen *Palais, maisons et vues d'Italie* nicht zwischen hoher und niederer Architektur.

Alle diese Veröffentlichungen sind die Vorkämpfer einer internationalen »bibliographischen Revolution«, die zwischen 1750 und 1850 das »imaginäre Museum« von Architekten und Bauherrn erschüttert. Genau zur Jahrhundertwende erscheint Jean Nicolas

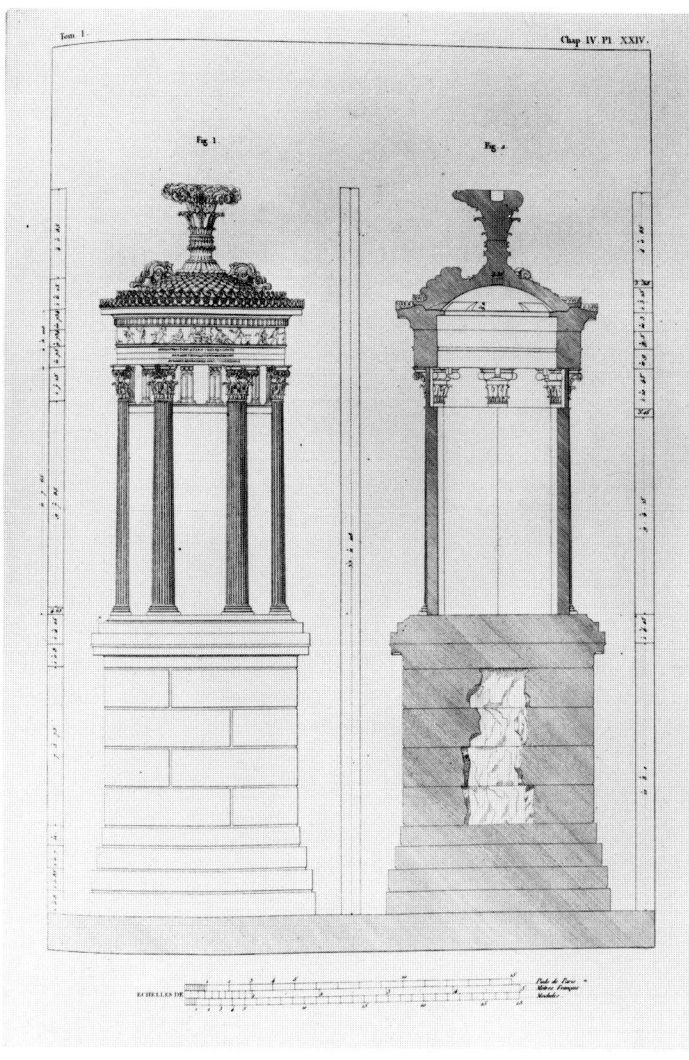

10 Lysikratesdenkmal in Athen, nach: James Stuart und Nicholas Revett, 1808, I, Kap. IV, Taf. 24

11 Ionischer Tempel auf Illissos, nach: James Stuart und Nicholas Revett, 1808, I, Kap. II, Taf. 8

Louis Durands (1760-1834) *Recueil et parallèle des édifices de tous genres anciens et modernes*, in dem der Nachfolger Boullées Bauten aller Epochen und Länder maßstabgleich nebeneinanderstellt. Damit zeigt er deutlich, wie sehr der kulturelle Horizont in der zweiten Hälfte des 18. Jahrhunderts erweitert worden ist. Jetzt nehmen die Architekten die Distanz zur Kenntnis, die die moderne Architektur von der Renaissance und der ungeahnt formenreichen Antike trennt. Diese Erkenntnis der historischen und geographischen Vielfalt der Architektur — die man als Teil einer epistemologischen Neubestimmung betrachten kann — führt mehr oder weniger direkt zur Aufgabe des klassischen Ideals. Mit dem neuen Jahrhundert zeichnen sich drei Hauptströmungen ab, die die Architekten wiederholt vor die Wahl stellen werden: der Historismus, die Treue zu den Vorbildern der Antike und des Mittelalters und der Rationalismus.

Zwar lehnen Pierre Patte (1723-1814) und Sir William Chambers im Namen des »guten Geschmacks« die neuen architektonischen Vorstellungen ab, doch macht sich eine eklektische klassizistische Kultur überwiegend dieselben Vorstellungen zu eigen, noch ehe es die Begriffe Historismus und Eklektizismus überhaupt gibt. Die romantische Ästhetik gestattet die unbeschränkte Verwendung ägyptischer, griechischer, chinesischer und indischer Motive in den Zierbauten der Landschaftsgärten. Damit nicht genug, bereichern jetzt die archaische Dorik von Paestum mit ihren wuchtigen Säulen ohne Basis und die prachtvollen korinthischen Säulen von Baalbek die Skala der antiken Architektursysteme — wie einst im 16. Jahrhundert die rauhe, fast ungestalt wirkende Ordnung Giulio Romanos. Im Jahre 1786 fügt Claude Matthieu Delagardette (1762-1805) in seiner *Règle des cinq ordres de Vignole* den fünf bereits anerkannten die dorische Säulenordnung von Paestum hinzu. Die Pyramiden und Obeliske Ägyptens, die Riesentempel Siziliens, die Propyläen und der Turm der Winde in Athen erweitern den Katalog antiker Typen, die die Vorstellungswelt der Architekten seit der Renaissance beleben.

Die geschichtliche Vielfalt der Formen zersprengt den Mythos von der idealen Einheit, der dem Klassizismus zugrunde liegt. Leo von Klenze (1784-1864) präsentiert zum Beispiel gleich drei Projekte für die Münchener Glyptothek: im griechischen, römischen und Renaissance-Stil. Dadurch unterstreicht er das Konventionelle und Kulturbedingte der Bauform, und er weist zum ersten Mal auf den fundamentalen Unterschied zwischen Stil (Stileinheit) und Stil (Stilvielfalt) hin, der für das Verständnis des 19. Jahrhunderts maßgeblich ist. In einer Ästhetik, die sich zuallererst mit baulicher Wirkung beschäftigt, setzt sich gegenüber dem Ideal der Einheit von Natur und Antike ein auf subjektiven Anspielungen beruhender Symbolismus durch. Die Stilwahl hängt von Bestimmung und Charakter des Gebäudes ab. Die Tür zur stilistischen Typologie, die in der Jahrhundertmitte den Historismus kennzeichnen wird, tut sich auf: Der schlichte archaische dorische Stil gilt als den Justizpalästen angemessen, der ägyptische den Friedhöfen und der spätkorinthische den Kaiserpalästen.

Eine diesem heimtückischen Historismus genau entgegengesetzte Position bezieht eine Gruppe englischer Architekten und Kunstfreunde, die die römischen Ordnungen durch die reinere Skala der griechischen ersetzt sehen möchten. Den Aufbruch in diesen hellenisierenden Klassizismus kennzeichnen zwei Ereignisse: 1803 die Gründung der »Athenian Society for the Study of the Most Perfect Art« in London und 1804 die Streitschrift eines dieser hellenophilen Dilettanten, Thomas Hope (1769-1831), gegen den römischen Entwurf James Wyatts (1747-1813) für das Downing College in Cambridge. In den Augen dieser Klassizisten ist die dorische Säule schön, weil sie griechisch ist. Noch Chambers hielt sie für schlecht proportioniert und häßlich, und Ledoux oder Friedrich Gilly (1772-1800) schätzten sie vor allem wegen ihrer beeindruckenden Wuchtigkeit.

Wie im Quattrocento leiten archäologische Überlegungen bewußt die Renaissance eines Architektursystems ein, das mit der Tradition bricht. So wie der »schöne antike« Stil von Filippo Brunelleschi (1377-1446) und Leone Battista Alberti (1404-1472) aus der neuen Kenntnis eines »medium aevum« hervorgingen, ermöglicht die Wahrnehmung der wesentlichen Unterschiede zwischen den Grundlagen griechischer und römischer Architektur diese »griechische Renaissance«.

Für ihre Verfechter handelt es sich nicht um eine subjektive Wahl, sondern um eine Rückkehr zur Reinheit ursprünglicher Formen, die römische Verbildung — im Quattrocento war es die gotische gewesen — außer acht lassend. Zu einem Kriterium architektonischer Würde kann der griechische Stil jedoch erst in einem alles erfassenden philhellenischen Klima werden, in dem literarische Zitate, subjektive Anspielungen, Moden und die Archäologie in einer Weise zusammenwirken, die alle folgenden Re-

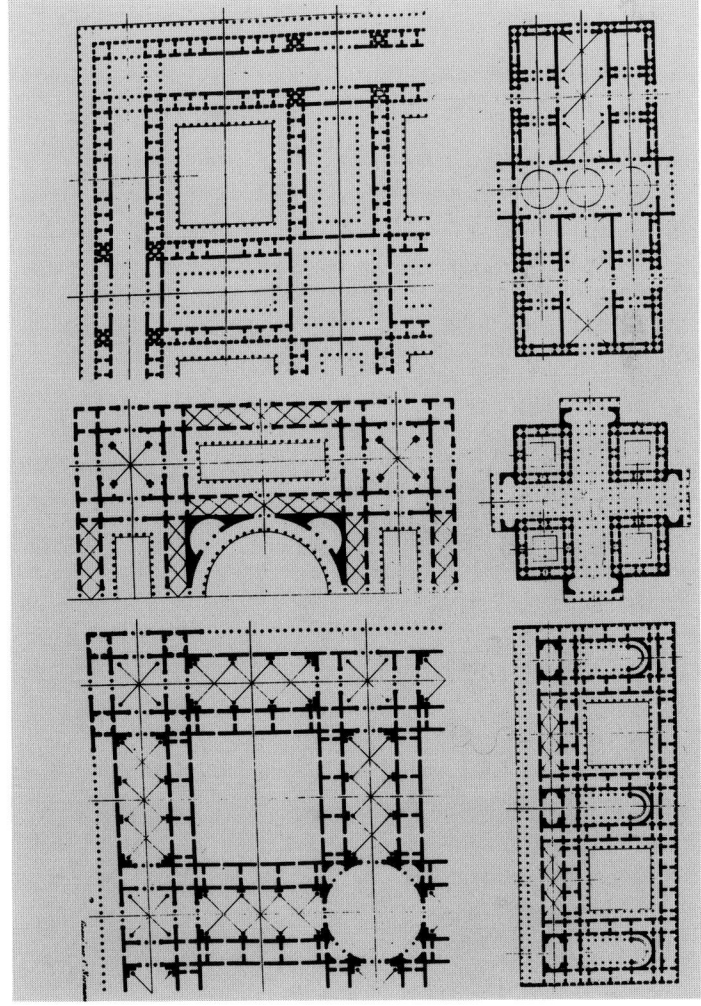

12 Vertikale Gliederungen durch Säulen und Bogenstellungen, nach: Jean Nicolas Louis Durand, 1802-1809, I, 2, Taf. 3

13 Verschiedene Möglichkeiten, bestimmte Raumformen einander zuzuordnen, nach: Jean Nicolas Louis Durand, 1802-1809, I, 2, Taf. 22

14, 15 Zwei der Entwürfe für die Glyptothek in München; Leo von Klenze; 1815: oben Entwurf im römischen, unten im Renaissance-Stil. Klenze legte gleichzeitig drei Varianten vor.

16 Die Glyptothek in München; Leo von Klenze; Entwurf 1815, Ausführung 1816-1830. König Ludwig I. von Bayern, der 1812 die Skulpturen von Ägina erworben hatte, wählte für das neue Skulpturenmuseum die dritte, von Klenze im griechischen Stil entworfene Variante.

17 Die Glyptothek in München, Innenraum; Leo von Klenze. Bei der Gestaltung des Inneren hat Klenze sich eng an ein von Jean Nicolas Louis Durand (I, 2, Taf. 12, Fig. 15) veröffentlichtes Beispiel angelehnt.

naissancen vorausahnen läßt. Im Rückblick erscheint der hellenisierende Klassizismus als das erste der »Revivals«, von denen das 19. Jahrhundert noch etliche kennen wird.

Einen ganz anderen Weg begeht der Boullée-Schüler Durand, der zu seinen Architekturvorlesungen an der Ecole Polytechnique ab 1802 die entsprechenden *Précis* veröffentlicht. Deren Neuauflage von 1817-1818 erweitert er um einen Bildteil, und auf dieses Werk wird ganz Europa während eines Jahrhunderts zurückgreifen. Es ist, als wolle er einer ungehinderten Ausbreitung des Historismus und einer Vermehrung gleichzeitiger »Revivals« vorbeugen, denn Durand schlägt vor, die Architektur auf ein rationelles, zeitloses Prinzip zu gründen: die Ökonomie der Formen und der Mittel.

Bereits 1753 hat der Jesuitenpater Marc-Antoine Laugier (1713-1769) in seinem *Essai sur l'architecture* versucht, rationellere Grundlagen für die Architekturtheorie zu legen, als sie Antike und Zeitgeschmack liefern. Die Basis seiner Ideen bildet die »rustikale Hütte« des Primitiven. Diesen ersten, naiv anmutenden Analyseversuch trennt etwa die gleiche Distanz vom Rationalismus Durands wie die Architektur Soufflots von derjenigen Boullées. In einer Kritik der Sainte-Geneviève (Panthéon) Soufflots führt Durand zu seinen eigenen Überlegungen aus: »Der Architekt, selbst der, dem aus Gefallsucht nur die Dekorationsarchitektur am Herzen liegt, muß sich allein mit der Anordnung der Elemente beschäftigen, denn auch die Dekoration kann nur dann als schön gelten und wirkliche Freude bereiten, wenn sie aus der passendsten und ökonomischsten Anordnung resultiert« (*Précis*, S. 21). Man darf nicht vergessen, daß der Wunsch, ein kritisches Publikum angehender Wissenschaftler zu überzeugen und für seine Ideen einzunehmen, die Herausarbeitung dieser Gedanken wahrscheinlich gefördert hat. Doch indem er die rationelle Erfüllung des Programms zum Prinzip der Architektur macht, grenzt Durand das Gebiet ab, auf dem sich während des ganzen Jahrhunderts alle wiederfinden werden, die die Stilvielfalt verwirrt.

Von diesen Grundsätzen ausgehend, entwickelt Durand eine architektonische Lehre. Er beginnt mit der Untersuchung der Bauelemente, »die für die Architektur die gleiche Bedeutung haben wie die Wörter für die Sprache und die Noten für die Musik«, und geht dann zu einer Betrachtung ihrer senkrechten und waagerechten Kombinationsmöglichkeiten und der Bildung der Gebäudepartien über, um schließlich zu zeigen »wie man sie ihrerseits in der Gestaltung aller Bauwerke einsetzen muß« (*Précis*, S. 29). Der Bildteil dieser Vorlesungen besteht aus Zeichnungen, deren Klarheit Bewunderung verdient. Die graphische Vereinfachung ist so gelungen, daß die Pläne die vom Autor beabsichtigte Allgemeingültigkeit erlangen. Die aus pädagogischen Gründen angestrebte Schematisierung ermöglicht die Trennung von Vokabular und Syntax in der klassizistischen Formensprache, womit die Einheit des Historismus trotz größter Motivvielfalt gewährleistet ist.

Damit sind die großen Themen der nächsten hundert Jahre an der Schwelle des 19. Jahrhunderts in nuce vorhanden: das Streben nach römischer Größe, die Versuchung romantisch-freier Form, der Rationalismus in Bautechnik und stilistischen Mitteln, der subjektive historische Symbolismus, der eklektische Historismus und die archäologische Dogmatik.

Klassizistische Formenlehre: römische Größe, griechische Reinheit, italienische Eleganz

Die klassizistische Formenlehre übergeht die »unreinen« Formen der Renaissance, um zu den ursprünglichen, antiken Vorbildern zurückzukehren, zu Pyramide und Obelisk, Tempel und Tholos, Triumphbogen und Thermen. Die Aussagekraft und der Charme des Klassizismus beruhen auf der Span-

18 Die Madeleine in Paris: die Fassade von Pierre Vignon; 1807-1845. Der bereits begonnene Bau wurde auf Befehl Napoleons I. in einen Ruhmestempel der Helden der Großen Armee umgewandelt. Er erhielt zur Zeit der Restauration durch ein königliches Dekret (1816) seine ursprüngliche Bestimmung als Pfarrkirche zurück; der Innenraum wurde damals entsprechend verändert.

nung zwischen der kaum versteckten Anspielung auf die geometrischen Körper (Kubus, Kugel, Pyramide, Zylinder) und der noch offensichtlicheren Nachahmung beispielhafter Bauten (zum Beispiel des Lysikratesdenkmals in Athen oder des Grabes der Cäcilia Metella in Rom). Man ließ sich nicht mehr von den Fassaden Giacomo da Vignolas (1507-1573) leiten, vom italienischen Salon, vom Petersdom oder von Il Gésu, sondern von den Athener Propyläen (Entwurf für Downing College, 1806, von William Wilkins, 1778-1839), von den Atrien der Wohnhäuser Herculaneums (Belsay Hall, 1806-1817, von John Dobson), vom römischen Pantheon (University of Virginia, 1804-1817, von Thomas Jefferson, 1743-1826) oder vom Parthenon (Walhalla bei Regensburg, 1830-1842, von Leo von Klenze).

In Paris errichten Jacques Gondouin und Jean-Baptiste Lepère (1761-1844) mit der der Trajanssäule nachempfundenen napoleonischen Vendômesäule (1806-1810) den Prototyp aller Triumphsäulen, die während der nächsten hundert Jahre errichtet werden; darunter sind der Dubliner Nelson Pillar (1808-1809, 1966 zerstört) von Wilkins, Washington's Column in Baltimore (1815-1829, von Robert Mills, 1781-1855) und die Alexandersäule in St. Petersburg (1829, von Auguste Ricard, gen. de Montferrand, 1786-1858).

Die Propyläen — die, auf einem Stich von Leroy, als Frontispiz zu Durands *Précis* erscheinen — und das verwandte Motiv des römischen Triumphbogens, dessen sich das kaiserliche Gehabe Napoleons bald bemächtigt, sind in Villen, Schlössern, Gärten und Friedhöfen allgegenwärtig. Percier und Fontaine lassen sich vom Septimius-Severus-Bogen, den sie in Rom für ihre *Palais, maisons* ... skizziert haben, zum Triumphbogen des Carrousel (1806-1808), dem prachtvollen Portal der Tuilerien und Ehrenmal der Schlacht von Austerlitz, inspirieren. In Marseille zitiert Michel Robert Penchaud (1772-1832) mit seinem Triumphbogen (1823-1832) den Titusbogen. Das von den Franzosen begonnene Programm der Ehrenbogen setzen in Mailand die Österreicher fort: beginnend mit der Porta Ticinesa (1801-1813) von Luigi Cagnola (1762-1833) bis zur Porta

19 Die Walhalla bei Regensburg; Leo von Klenze; 1830-1842. Nach dem Sieg der Koalitionsarmeen über Napoleon in der Völkerschlacht bei Leipzig 1813 beschloß König Ludwig I. von Bayern, eine »Ruhmeshalle berühmter Deutscher« zu errichten. Ein erster Wettbewerb wurde 1814/1815 ausgeschrieben; aus dem zweiten Wettbewerb von 1829 ging Klenze als Sieger hervor.

20 Der Monopteros im Englischen Garten in München; Leo von Klenze; 1827. Eine Zeichnung Klenzes (London, Royal Institute of British Architects) zeigt die farbige Fassung des Steins, die für diesen dem romantischen Hellenismus zugehörigen Bau vorgesehen war.

21 Das Innere der Walhalla bei Regensburg; Leo von Klenze; 1830-1842

22 Die Rotunde des Alten Museums in Berlin; Karl Friedrich Schinkel; Entwurf 1823, Ausführung 1824-1828. Bereits Jean Nicolas Louis Durand hatte in seinem Werk ein Museum mit zentralem kreisförmigem, überkuppeltem Saal veröffentlicht.

23 Das Alte Museum in Berlin; Karl Friedrich Schinkel; Entwurf 1823, Ausführung 1824-1828. Die schlanken Proportionen der ionischen Säulen dämpfen ein wenig den majestätischen Ernst des gewaltigen Portikus. Die kleine Attika verbirgt die zentrale Rotunde.

Venezia (1827-1833) von Rodolfo Vantini (1791-1856). In Paris wird der Arc de Triomphe, 1806 von Chalgrin entworfen, unter der Juli-Monarchie von Abel Blouet (1795-1853) vollendet. In Berlin errichten Carl Gotthard Langhans (1732-1808) das Brandenburger Tor (1789-1793) und Friedrich Schinkel die Neue Wache (1816), in München baut Leo von Klenze die Propyläen (1846-1853). Philip Hardwick (1792-1870) erinnert sich der Athener Propyläen für den majestätischen Eingang seines Euston-Bahnhofs (1826-1829) in London.

Viele Nachahmer findet auch der allein auf hohem Podest stehende Tempeltyp, der 1806 Pierre Vignon (1762-1828) zum »Temple de la Gloire«, der Madeleine, anregte, gefolgt von Charles Robert Cockerell (1788-1863) und William Henry Playfair (1789-1857) mit ihrem National Monument in Edinburgh (1822-1825) und Leo von Klenze mit der Walhalla.

Es ist bezeichnend, daß Bernard Poyet (1742-1824), als er 1806 den Auftrag erhält, für die behelfsmäßig im Palais Bourbon untergebrachte Assemblée Nationale eine Monumentalfassade zu gestalten, gleich eine Säulenhalle wählt. Dieses Motiv kehrt in Frankreich in über zehn anderen Justizpalästen wieder, sei es mit schlichten dorischen Säulen in Reims (1841-1845, von Augustin Nicolas Caristie, 1783-1862) oder eleganten ionischen in Périgueux (Jean-Baptiste-Louis Catoire, 1806-1850). Auch die Amerikaner bevorzugen den Peristyl für ihre Kapitole: vom Virginia State Capitol in Richmond (1785-1788, von Thomas Jefferson) über das kuppelgedeckte Vermont State House in Montpelier (1832, von Ammi B. Young) zum Tennessee State Capitol in Nashville (1845-1859, von William Strickland, 1788-1854), das der Architekt, wie mehrere seiner Bauten, mit einer Kopie des Lysikratesdenkmals krönt.

Noch größere Verbreitung findet das Frontispiz, das zunehmend die Fassaden der Tempel des Gesetzes (Justizpalast, Parlament, Kapitol) und der Kunst (Museum, Galerie) — in denen die Aufklärung den Fortschritt der Kultur zu symbolisieren gedachte — prägte. Um nur einige zu nennen: Klenzes Glyptothek (1816, München), Schinkels Altes Museum (1824-1828, Berlin), Sir Robert Smirkes (1780-1867) British Museum (1847, London), Playfairs National Gallery of Scotland (1850-1854, Edinburgh). Es überrascht nicht, daß das Frontispiz seit dem großartigen Erfolg Chalgrins mit der Kirche Saint-Philippe-du-Roule zum bevorzugten Element der Kirchenarchitektur wird, doch auch Banken (Second Bank of the United States, Philadelphia, 1818-1824; Old Savings Bank, Cork, Irland, 1824), Börsen und gar Privatvillen zieren sich damit.

Der Erfolg des Pantheonmodells erklärt sich aus der Verbindung des Peristyls mit zwei geometrischen Körpern, dem zylindrischen Tambour und der schlicht kassettierten Halbkugelkuppel; man hat die-

24 Das Siegestor in München; Friedrich von Gärtner; begonnen 1844. Das nach dem Vorbild des Konstantinsbogens in Rom errichtete Tor ist dem Gedächtnis der bayerischen Truppen der Befreiungskriege 1814/1815 geweiht. Es schließt die Ludwigstraße nach Norden ab.

se Form des öfteren durch einen dorischen Portikus archaisiert, so im Tempio des Antonio Canova (1757-1822) in Possagno (1819-1822).

Die internationale Verbreitung dieser Formensprache fällt auf, doch darf man die kulturellen Unterscheidungen nicht vernachlässigen: In Europa erlangt die Ästhetik des Erhabenen stärkere Geltung als in England, wo der romantische Klassizismus sich früh emanzipiert, in den französischen und russischen Kaiserreichen setzt sich die römische Rhetorik durch, während die junge amerikanische Demokratie sich von den Griechen anregen läßt. In Frankreich pflegt man den »Raffaelismus«, in England den Philhellenismus, in den italienischen Kleinstaaten und in Skandinavien ist der kulturelle Horizont eng, während deutsche Architekten wie Schinkel und Klenze ein erstaunliches Integrationsvermögen beweisen.

Die sich politisch und militärisch überstürzende Geschichte sowie die Last eines Erbes an während der Revolution nationalisierten Bauten verschiedener Art liefern die Erklärung für die Tatsache, daß sich der erhabene und vornehme Klassizismus in Frankreich nicht voll ausbildet, sondern besonders von den autokratischen Staaten Nordeuropas und den italienischen Fürstentümern gepflegt wird, wo das Ideal eines aufgeklärten Herrschers weiterlebt.

In Rußland schlossen sich schon unter Katharina der Großen (1762-1796) aufgeklärter Despotismus und Klassizismus zusammen. Unter Zar Alexander I. (1801-1825) — dem Ledoux 1804 *De l'architecture...*

25 Die Propyläen in München; Leo von Klenze; 1846-1853. Der freistehende Torbau schließt den Königsplatz im Westen ab, der im Norden von der Glyptothek (1816-1830) und im Süden von dem Königlichen Kunstausstellungsgebäude (1838-1848), Georg Friedrich Ziebland; heute Neue Staatsgalerie) begrenzt wird.

26 Die Ruhmeshalle mit der Bavaria, München; Leo von Klenze; 1843-1850; die Statue in Eisenguß nach Entwurf von Ludwig Schwanthaler 1844-1850 von Friedrich Miller gegossen. Die Anlage hoch über der Theresienwiese wurde von Klenze im Auftrag König Ludwigs I. geschaffen, die Statue jedoch in der Ausführung im »altgermanischen« Stil abgeändert.

gewidmet hatte — führt man die klassizistische Umgestaltung des 1703 gegründeten St. Petersburg fort. Zu den bemerkenswertesten Monumentalbauten im Geiste Boullées und Ledoux' zählen in St. Petersburg die Börse (1804-1816, von Thomas de Thomon, 1754-1813) mit der mächtigen Schlichtheit ihrer archaischdorischen Säulenordnung; die Admiralität (1806-1823, von Adrian Sacharow, 1761-1811), über deren Mittelportal als Akzent ein mit Säulen geschmückter quadratischer Turm mit nadelartiger Turmspitze steht; die Bergbauakademie (1806-1811, von Andrej Woronichin, 1759-1814). Sowohl Sacharow als auch Woronichin hatten Lehrjahre in Paris verbracht, der eine bei Chalgrin, der andere bei Charles de Wailly (1730-1798). Bereits 1816 wendet sich jedoch eine jüngere Generation weicheren Formen des Klassizismus zu. Karl Iwanowitsch Rossi (1775-1849) erhält seine Ausbildung in Rußland. Die Wirkung seiner Regierungs- (1819-1829) und Senatsgebäude (1829-1834) beruht auf dem kolossalen Maß der auf einen durchgehenden Sockel gestellten Kolonnaden. Auguste Ricard, gen. de Montferrand, der seit 1816 in Rußland wirkt, schafft mit der Isaakskathedrale (1817-1857), zu der er sich von Soufflots Sainte-Geneviève (Panthéon) inspirieren läßt, ein Bauwerk, dessen verschwenderischer Prunk ganz im Sinne von Montferrands Lehrmeister Percier an die Architektur des antiken Rom gemahnt.

In den skandinavischen Monarchien entsteht eine Architektur, deren Dimensionen weniger beeindruckend sind, in der jedoch der gleiche Geist wirkt. Christian Frederik Hansen (1756-1845) wählt in Kopenhagen für Gefängnis und Justizpalast (1803-1816) einen einfachen und wuchtigen Stil, der an Ledoux

27 Der Senatsplatz in Helsinki; Johann Carl Ludwig Engel; Entwurf 1818. Die 1818 entworfene und 1830-1852 erbaute Hauptstaatskirche beherrscht den von dem Berliner Architekten und Studiengefährten Schinkels, J. C. L. Engel (1778-1840), geschaffenen Platz, den das ehemalige Senatsgebäude (1818-1822) und die Universität (1828-1832) rahmen.

erinnert. Die Inspiration für die Kathedrale, die Vor Frue Kirke (1811-1829), holt er sich von der Gliederung des Schiffes der königlichen Schloßkapelle in Versailles: Er verleiht ihr eine archaische Vornehmheit, indem er auf schmucklose große Bogen eine schlichte dorische Säulenreihe stellt, abgeschlossen von einem kassettierten Tonnengewölbe.

Die Ernennung Helsinkis zur Hauptstadt des mit Rußland vereinigten Finnland im Jahre 1812 führt zur Schöpfung eines der schönsten klassizistischen Ensembles überhaupt, dem Hauptplatz von Helsinki. Der Baumeister heißt Carl Ludwig Engel (1778-1840), und sein Meisterstück ist neben Senat (1818-1822) und Universität (1818-1832) zweifellos die Hauptstaatskiche (Nikolaikirche, 1830-1852), deren spektakuläre Treppenfront den Platz beherrscht. Die Kirche variiert auf sehr gelungene Weise das Pan-

28 Die Universität von Helsinki, Atrium; Johann Carl Ludwig Engel; 1828-1832

29 Ehemaliges Senatsgebäude von Helsinki, große Treppe; Johann Carl Ludwig Engel; 1818-1822

30 Die Piazza del Plebiscito in Neapel; Leopoldo Laperuta; 1809. Der Platz — das ehemalige Forum Murat, später Forum Ferdinando — fügt sich mit seinen schönen, in dorischer Ordnung nach den Ideen Murats erbauten Kolonnaden zwischen die Südwestfront des Palazzo Reale und die Kirche San Francesco di Paola (1817-1831, Pietro Bianchi); er ist seitlich von dem Palazzo Salerno (18. Jahrhundert) und dem Regierungsgebäude (1815) begrenzt.

31 Il Cisternone in Livorno; Pasquale Poccianti; Entwurf 1827. Der gewaltige Zisternenbau wurde 1837-1848 ausgeführt.

théon-Thema Soufflots. Im neugriechischen Atrium und Treppenhaus der Universitätsbibliothek (1836-1844) nutzt Engel geschickt den Kontrast zwischen dem scheinbar groben Profil der basenlosen archaischen, abwechselnd glatten und kannelierten Säulen und den zarten Reliefs der Friese.

Die Lostrennung Norwegens von Dänemark im Jahre 1814 bietet einem Schüler Hansens, Christian Henrik Grosch (1801-1874), Gelegenheit zu ähnlichen Arbeiten in Oslo. Im Danziger Schauspielhaus des Stadtbaumeisters Held erkennt man den Einfluß von Ledoux.

In den Fürstentümern und Ländern Italiens lassen einige Werke (San Francesco di Paola, Neapel, 1816-1824; Il Cisternone, Livorno, 1837-1848) und unzählige Entwürfe die gleichen Baugedanken erkennen. Durch das Zusammentreffen neuer Hygienevorschriften (eine Errungenschaft der Aufklärung), die die Friedhöfe an den Stadtrand verbannen, eines neu entstehenden Personenkults und der von jeher bedeutsamen Trauerliturgie erwächst der Architektur eine neue Aufgabe: die Anlage riesiger Friedhöfe, in denen die Gräber als Architektur behandelt werden. Zweifellos gehören sie zu den schönsten und zu den unbekanntesten Schöpfungen der Ästhetik des Erhabenen. Der klassizistische Drang nach Größe findet in diesen weiten Flächen eine seinem Anspruch gemäße Aufgabe. Man begrenzt die Anlagen mit Säulenreihen und richtet sie auf einen oder mehrere pantheonähnliche Bauten aus, die dem Andenken der bedeutenden Söhne der Stadt geweiht sind: der Campo

32　Il Cisternone in Livorno, Schnitt; Pasquale Poccianti; 1827

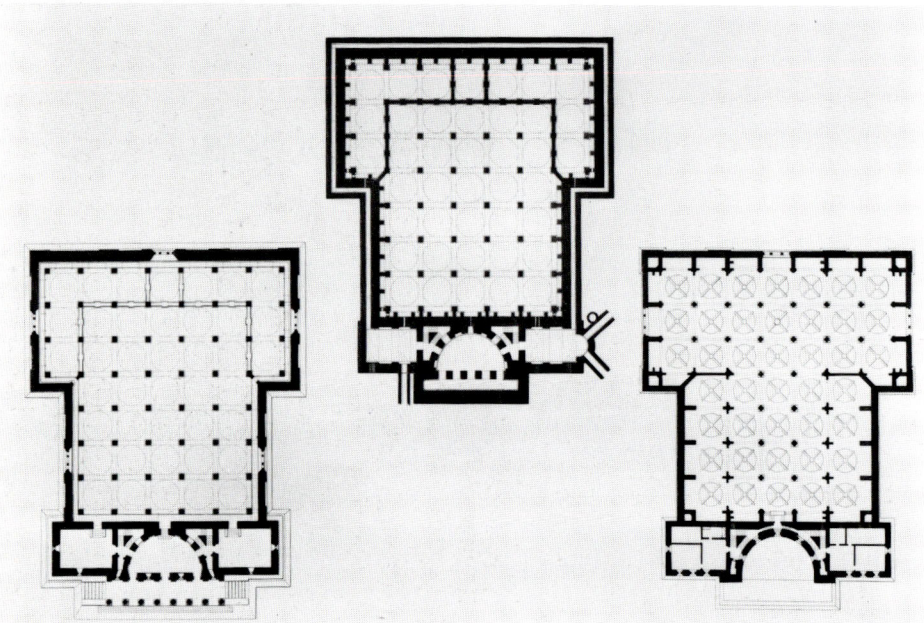

33　Il Cisternone in Livorno, Grundrisse der verschiedenen Geschosse; Pasquale Poccianti; 1827

Santo von Genua, auf einem Hügel über der Stadt (Entwurf 1825, von Carlo Barabino, 1768-1835), die Friedhöfe von Verona (1828, Giuseppe Barbieri) oder Brescia (Rodolfo Vantini) sind Beispiele. Auch in Spanien legt man solche Friedhöfe an, etwa den Friedhof San Isidoro in Madrid (1842, J. Aléjandro y Alvarez); die französischen Schöpfungen auf diesem Gebiet sind weniger eindrucksvoll: die Sühnekapelle in Paris (1816-1824, Pierre François Léonard Fontaine), das Royalistendenkmal in Quiberon (1825, Augustin Nicolas Caristie). In England und Amerika liebt man die romantischen Formen des kleinen Gemeindekirchhofs oder des großen, vom Landschaftsgarten abgeleiteten Friedhofs — die Form, die Alexandre-Théodore Brongniart (1739-1813) für den Pariser Père Lachaise (1804) wählt.

In England, wo die Entscheidungen nicht in einem einzigen Machtzentrum gefällt werden und wo es auch keine Akademie gibt, die den guten Geschmack zu regeln versucht, begünstigt eine kosmopolitisch gebildete Aristokratie den stilistischen Pluralismus. Sir John Soane (1753-1837) geht seinen eigenen Weg, den man im Vergleich zu den konventionellen Formen des Klassizismus romantisch oder malerisch nennen muß. Er reduziert die klassizistische Ornamentik zu rudimentären Kanneluren und angedeuteten Gesimsen, denen das Licht zur plastischen Wirkung verhilft. Dem vom übrigen Europa gepflegten erhabenen Klassizismus näher stehen Thomas Harrison (1744-1829) mit Chester Castle (1793-1820) und George Dance d. J. (1741-1825) mit Stratton Park in Hampshire (1801-1803).

34 Der Campo Santo von Genua (Staglieno); Carlo Barabino; Entwurf 1825, Ausführung 1844-1851. Der Archetypus des Pantheon ist hier durch einen Portikus in dorischer Ordnung gräzisiert. Bei der Anlage des Friedhofs wurde das Geländegefälle durch Verwendung von Treppen, Rampen und Anpflanzungen äußerst geschickt genutzt.

35 Cumberland Terrace, Regent's Park, London; John Nash und James Thomson; 1826-1827. Diese eindrucksvollste unter den Regent's Park umgebenden Terrassen läßt sich mit Charles Perciers Rue de Rivoli in Paris vergleichen. Die Terrasse greift, wie Blaise Hamlet (1811, John Nash), auf das Ideal einer komponierten Architekturlandschaft zurück.

Zwei Entwicklungen bilden schon im ersten Jahrzehnt des 19. Jahrhunderts die charakteristische Eigenart der englischen Baukultur aus: der zunehmende Einfluß der romatischen Ästhetik und die Entstehung eines unbeugsam griechischen Klassizismus. John Nash (1752-1835) wendet die Grundsätze der malerischen Komposition sowohl auf ein ganzes Dorf an (1811, Blaise Hamlet) als auch auf ein italienisches Landhaus (um 1802, Cronkhill) oder eine Stadtlandschaft (ab 1811, Regent Street). Regent Street sowie die Häuserreihen und palastartigen Privathäuser rund um Regent's Park kennzeichnet ebenfalls der der Bildkomposition entlehnte Kontrast zwischen freier Gestaltung und stilistischer Gebundenheit, die man auch in Landschaftsgärten wiedertrifft. Die Anlage von Cronkhill gliedert sich lose um einen Rundturm und erinnert an die italienischen Landschaften Claude Lorrains. Die Tiefenwirkung und der Kontrast zwischen konventionell rechtwinkligen Silhouetten und typisch britischen, asymmetrischen Lösungen bleiben bis zur Jahrhundertwende richtungweisend.

Doch die markanteste Erscheinung der ersten Jahrzehnte ist zweifellos die Beliebtheit des griechischen Klassizismus, vertreten von einer Architektengeneration, für die die Griechenlandreise zum Ausbildungsprogramm gehört: Robert Smirke und William Wilkins verkehren um 1800 in Athen mit den Mitgliedern der Expedition Lord Elgins. Einige Jahre später halten sich Charles Robert Cockerell, John Foster (1786-1846) und Henry William Inwood (1794-1843) zusammen mit Lord Byron und Tausen-

36 All Souls Church, Langham Place, London; John Nash, 1822-1824. Der Kirche — Blickpunkt der Regent Street von John Nash — ist eine Variante des Tempietto-Motivs vorgelegt. Der ungewöhnlich schlanke, spitze Turm übersetzt ein gotisches Motiv in die klassizistische Formensprache. Für die Detailformen hat der Architekt das römische Formenvokabular verwendet.

37 St. Pancras Church, Euston Road, London; William und Henry William Inwood; 1819-1822. Ein von James Gibbs Anfang des 18. Jahrhunderts geschaffener Kirchentypus ist hier im griechischen Sinne abgewandelt: Für den Portikus sind die Proportionen der griechisch-ionischen Ordnung und nicht der römischen verwendet, der achtseitige Turm ist eine Abwandlung des Turms der Winde in Athen, seine Bekrönung ist dem Lysikratesdenkmal nachempfunden, und für den seitlichen Portikus haben die Karyatiden vom Erechtheion als Vorbild gedient.

den wohlhabender Touristen in Athen auf, wo die Säulen des Suniums bald von eingeritzten Namen verunstaltet sind. Die Architekten publizieren zu Hause ihre wissenschaftlichen Zeichnungen und Pläne und ersetzen die römischen Säulenordnungen durch die griechischen. Der Erfolg William Wilkins' mit seinen neugriechischen Entwürfen für Downing College in Cambridge (1804) und East India College in Haileybury (1805) kündigt den Beginn einer Bewegung an, die bald in ganz England ihre Vertreter hat: John Foulston (1772-1842) in Plymouth, Francis Goodwin (1784-1835) in Manchester und John Foster in seiner Wahlheimat Liverpool. Auch in Schottland findet der griechische Stil begeisterte Aufnahme: in Aberdeen und Glasgow, vor allem aber im »Athen des Nordens«, Edinburgh, wo William Henry Playfair und Thomas Hamilton (1785-1858) wirken; Hamilton kennt Griechenland allerdings nur aus zweiter Hand. Die szenographische Ordnung der Baukörper in »vornehmer« Umgebung ist für die meisten dieser Bauwerke besonders wichtig, denn die archäologische Präzision des Greek Revival wirkt bei kleinen Formaten (St. Pancras Church, London, 1819-1822, Henry William Inwood) zwar Wunder, aber sie geht in einer Monumentalkomposition wie dem British Museum (London, 1823-1847, Robert Smirke) verloren. Dies erklärt wohl, warum das Greek Revival — außer in Schottland — nach 1840 ebenso unvermittelt abgelehnt wurde, wie man es seinerzeit begeistert aufgenommen hatte.

In Amerika führt Thomas Jefferson seine würdevolle Behandlung klassischer, römischer und palladianischer Formen fort. Das reine klassizistische Ideal vertritt der 1793 eingewanderte Benjamin Latrobe (1764-1820). Er verwirklicht es in der Kathedrale von Baltimore (1804-1818), nachdem er zuvor mit der Bank of Pennsylvania (Philadelphia, 1798-1800) das erste amerikanische Beispiel des Greek Revival geschaffen hat. Robert Mills geht aus dem Atelier Latrobes hervor, und er bleibt dem Ideal des Er-

38 Die Royal High School in Edinburgh; Thomas Hamilton; 1825-1829. Die malerische Gliederung der Baukörper und Kolonnaden nach dem Vorbild der Akropolis in Athen bleibt ein wesentlicher Zug des Greek Revival in Schottland. Hamilton war, im Gegensatz zu anderen Architekten, die Akropolis nur aus Veröffentlichungen bekannt.

39 Die Royal High School in Edinburgh, die Halle. Die Galerie wird durch gußeiserne Säulen getragen.

40 Das Royal College of Physicians, Queen Street, Edinburgh; Thomas Hamilton; 1844

41 Die Second Bank of the United States in Philadelphia (Pa.), südlicher Portikus; William Strickland; 1818-1824. Strickland schuf seinen Portikus nach dem Vorbild des Parthenon, jedoch um drei Fünftel verkleinert.

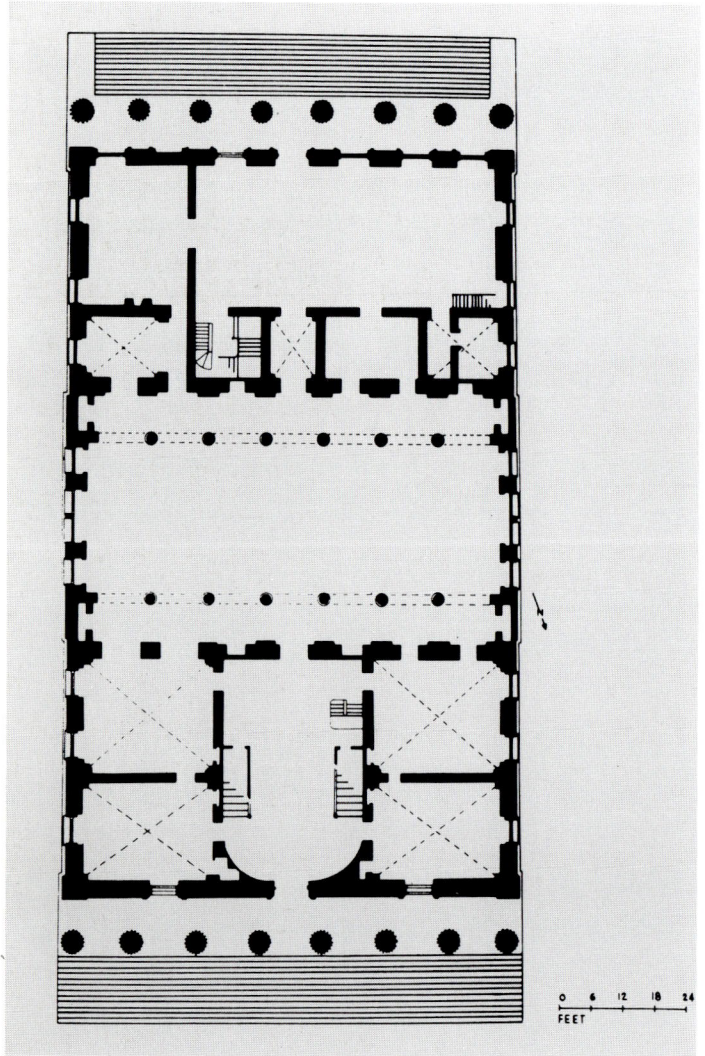

habenen treu; William Strickland hingegen bekennt sich offen zur neugriechischen Eleganz. In den 1820er Jahren prägt das Greek Revival das Gesicht öffentlicher Gebäude, aber auch der landesüblichen Holzhäuser. Es kommt dank der Popularisierung der Baukataloge zu einem regelrechten »Revival der Zimmerleute«.

Mit der Nationalisierung der Güter von Kirche und Auswanderern verfügt der Staat — zuerst in Frankreich, dann im gesamten republikanischen Europa — plötzlich über eine Immobilienmasse (Klöster und Kirchen, Bischofspaläste und Stadtpaläste des Adels), in der sich die öffentlichen Ämter, die Präfekturen, Justizbehörden, Gefängnisse, Krankenhäuser der neuen Verwaltung einrichten. Es gibt zwar auch einige ehrgeizige Bauprojekte (wie die Vergrößerung von Versailles durch den Lehrmeister Fontaines, Antoine François Peyre, 1739-1823, oder der Palast des Königs von Rom in Chaillot durch Percier und Fontaine), doch mehrheitlich sind die Architekten mit Umbau- und Einrichtungsarbeiten beschäftigt. Chalgrin richtet das Palais du Luxembourg für den Senat ein, Antoine Vaudoyer (1756-1846) baut das Collège des Quatre Nations für das Institut aus. Die Architekten des Kaisers, Charles Percier und Pierre François Léonard Fontaine, sind mit Projekten zur Umgestaltung von Malmaison, den Tuilerien und Fontainebleau beschäftigt.

Der Einfluß Perciers auf mehrere Generationen von Architekten scheint zum Erfolg des italienischen Stils besonders beigetragen zu haben. Das 1810 entworfene Ministère des Relations Extérieures (der spätere Cour des Comptes, 1871 niedergebrannt) von Jacques-Charles Bonnard (1765-1818) ist der erste Bau in Paris, der »an die großen, prachtvollen Palazzi des modernen Rom erinnert, sowohl in der Anlage als auch in der Ornamentik der Fassaden. Die Fassaden sind im Stil der beiden ersten Ordnungen des Palazzo Farnese in Rom gestaltet«. Die französischen Architekten schließen sich Perciers Stilwahl an, insofern sie die kühle Linienführung der Cancelleria oder die karge Rustika des Palazzo Lancellotti den kraftvolleren Formen anderer italienischer Bauten vorziehen. Wie ein Vergleich mit zeitgenössischen Stichen zeigt, trifft dieser gradlinige — unter dem Einfluß des Conseil des Bâtiments Civils quasi offizielle — Stil den Zeitgeschmack der Restauration mit ihrer fröstelnden Eleganz genau. Gute Beispiele dafür, stellvertretend für Dutzende von weiteren, sind das Séminaire de Saint-Sulpice (1820-1838, von Etienne Hippolyte Godde, 1781-1869) oder der Bau, der in Moulins

42 Die Second Bank of the United States in Philadelphia (Pa.), Grundriß; William Strickland; 1818-1824.

43 Die University of Virginia in Charlottesville, Blick zur Bibliothek; Thomas Jefferson; 1817-1826

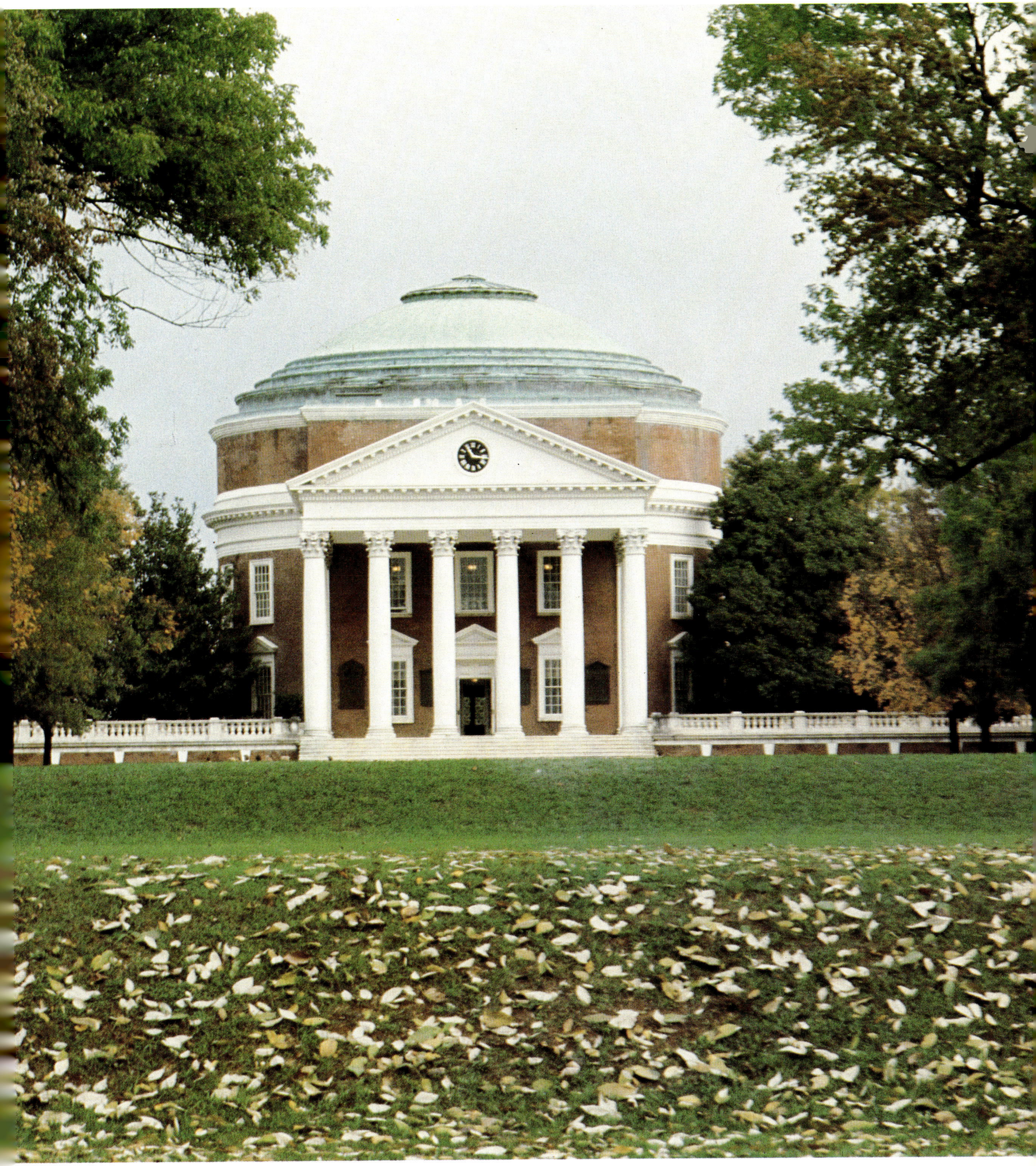

44 Die University of Virginia in Charlottesville; Thomas Jefferson; 1817-1826; nach einer Lithographie von Bohn, 1856. Jefferson hatte die Idee, eine Universität als akademisches Dorf zu bauen, schon 1804 entwickelt.

45 Die University of Virginia in Charlottesville, einer der zehn Pavillons; Thomas Jefferson. Jeder Pavillon sollte nach Jeffersons Willen eine andere Form und andere Gesimse haben, damit die Gebäude »den Professoren für Architektur als Beispiele dienen konnten«.

46 Das Tennessee State Capitol in Nashville, Südfassade; William Strickland; 1845-1859. Die Kolonnaden sind dem Erechtheion nachgebildet, der Turm dem Lysikratesdenkmal. Der Bau ist eine der letzten monumentalen Ausprägungen des Greek Revival in Amerika.

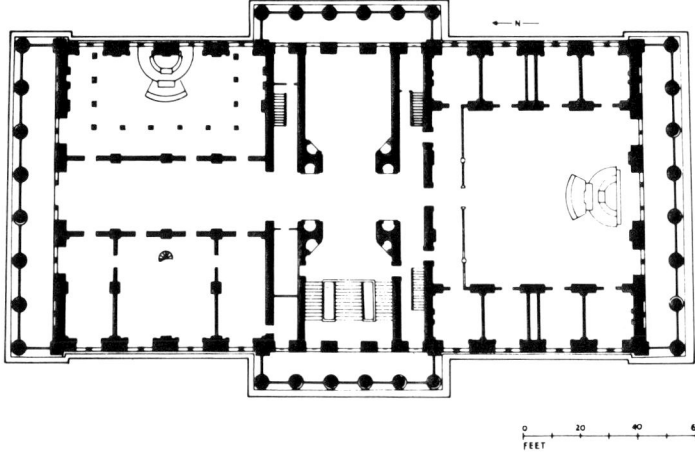

47 Das Tennessee State Capitol, Grundriß; William Strickland; 1845-1859

48 Wohnhaus des Richters Wilson in Ann Arbor (Michigan); 1843. Ein schönes Beispiel des tempelartig gestalteten Wohnhauses zu einer Zeit, als die ersten italianisierenden Wohnhäuser in den USA gebaut werden. Der Prototyp der Häuser in Tempelform ist das Haus Samuel Russel in Middletown (Connecticut) von Ithiel Town und Alexander Jackson Davis aus den Jahren 1828-1830.

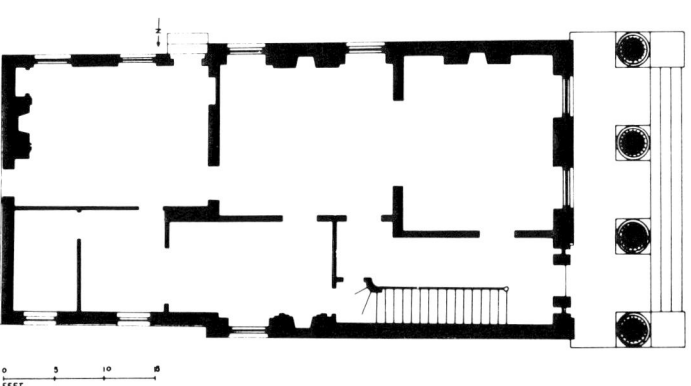

49 Wohnhaus des Richters Wilson in Ann Arbor (Michigan), Grundriß; 1843

37

50 Die Rue de Rivoli in Paris; Charles Percier und Pierre François Léonard Fontaine; 1802-1855. Der im 18. Jahrhundert in Paris entwickelte Typus des großen Miethauses (Place de l'Odéon) ist hier in leicht italianisierender Manier abgewandelt. Das kommt besonders deutlich in der Feinheit der Fenstergestaltung und des Gesimses zum Ausdruck.

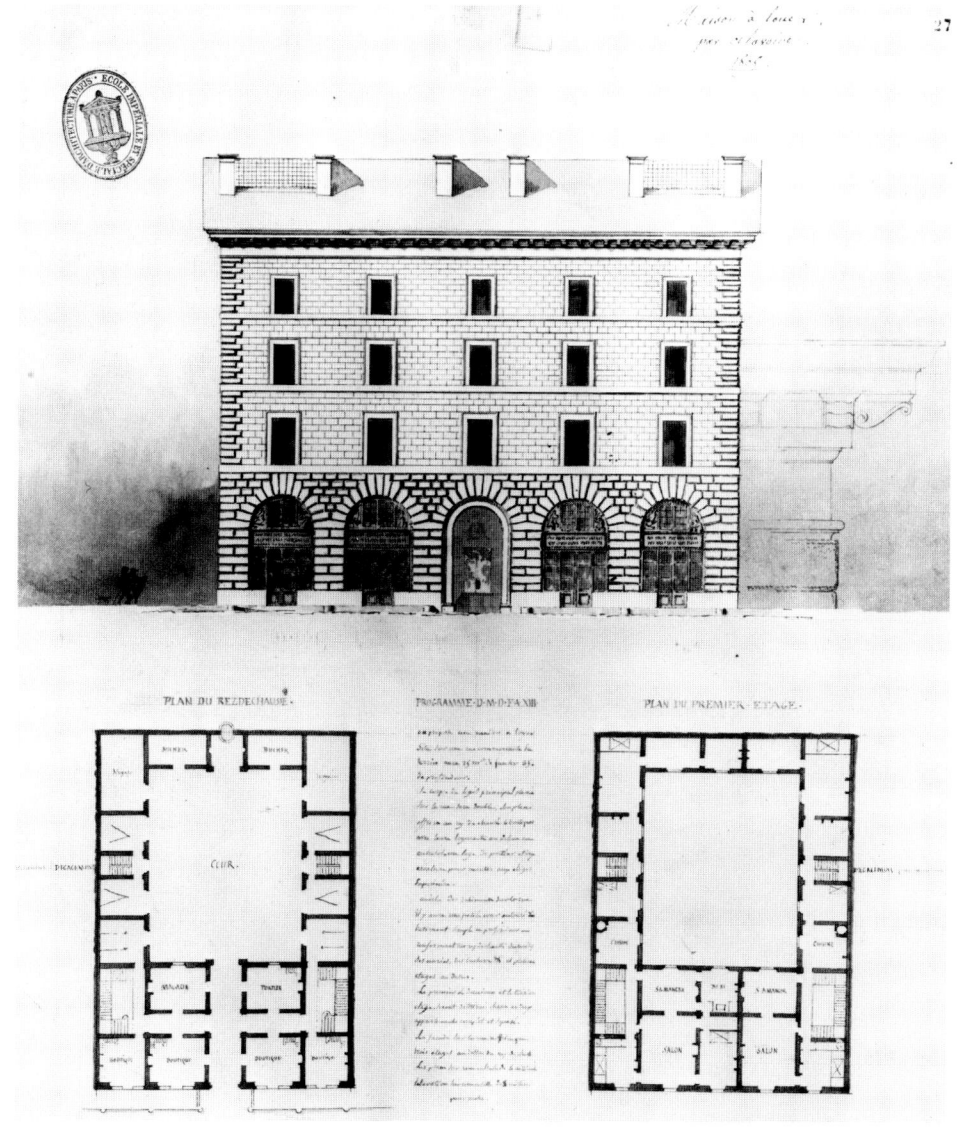

51 Entwurf für ein Miethaus, preisgekrönte Wettbewerbsarbeit der 1. Klasse an der Ecole des Beaux-Arts; Jean Antoine Alavoine; 1805. Die den Schülern gestellte Aufgabe sollte in dem von Percier und Fontaine geschätzten Stil des Cinquecento bearbeitet werden. Durch seine nüchterne Gestaltung nähert sich der Fassadenentwurf wieder den Grundzügen des Klassizismus.

Rathaus und Bibliothek unter einem Dach vereint (1821-1829, von François Agnety). Die zwischen 1825 und 1836 von Gourlier, Biet und anderen publizierte Anthologie *Choix d'édifices publics projetés et construits en France depuis le commencement du XIXe siècle* spielt als Träger dieses Stilgedankens eine wichtige Rolle.

Den Rückgriff auf die Florentiner Palazzi des Quattrocento und die römischen des Cinquecento, unter Umgehung der französischen Vorbilder des 17. und 18. Jahrhunderts, kann man als Parallele zum Raffaelismus, den man zur gleichen Zeit in der Malerei beobachtet, verstehen. Dafür zwei Beispiele: Quatremère de Quincy veröffentlicht 1824 eine Lebens- und Werkgeschichte Raffaels, *Histoires de la vie et des œuvres de Raphaël Sanzio d'Urbin*, in der er die Erhabenheit und Reinheit des Palazzo Pandolfini in Florenz lobt, und Caristie verleiht 1840 seinem Lehrmeister Percier den Titel »Raffael der Architektur«. Diese Bewegung weist auch Analogien zum Palladianismus auf: Percier, Fontaine und ihre Schüler entwickeln in der städtischen Architektur ähnliche Ideen wie es achtzig Jahre zuvor Lord Richard Boyle Burlington (1694-1753) und William Kent (1685-1748) in ihren Villen getan hatten. Weder den Palladianismus noch diesen »raffaelitischen« Klassizismus kann man jedoch als »Revival« bezeichnen. Es will im Rückblick scheinen, als habe die Herauslösung der Formen der palladianischen Villa einerseits, des Florentiner und römischen Palazzos andererseits die Voraussetzung für die stilistische Typologie geschaffen, die das 19. Jahrhundert auszeichnet.

Die deutsche Architektur gibt in ihrem Formenreichtum und ihrer Öffnung gegenüber fremden Einflüssen ein getreues Bild der europäischen Baukultur der ersten Jahrzehnte des 19. Jahrhunderts. Friedrich Weinbrenner (1766-1826) wandelt Karlsruhe beispielhaft in eine klassizistische Stadt um. Auf dem

52 Wohnhaus in Poix (Somme); um 1840. Ein typisches Beispiel des italianisierenden Klassizismus.

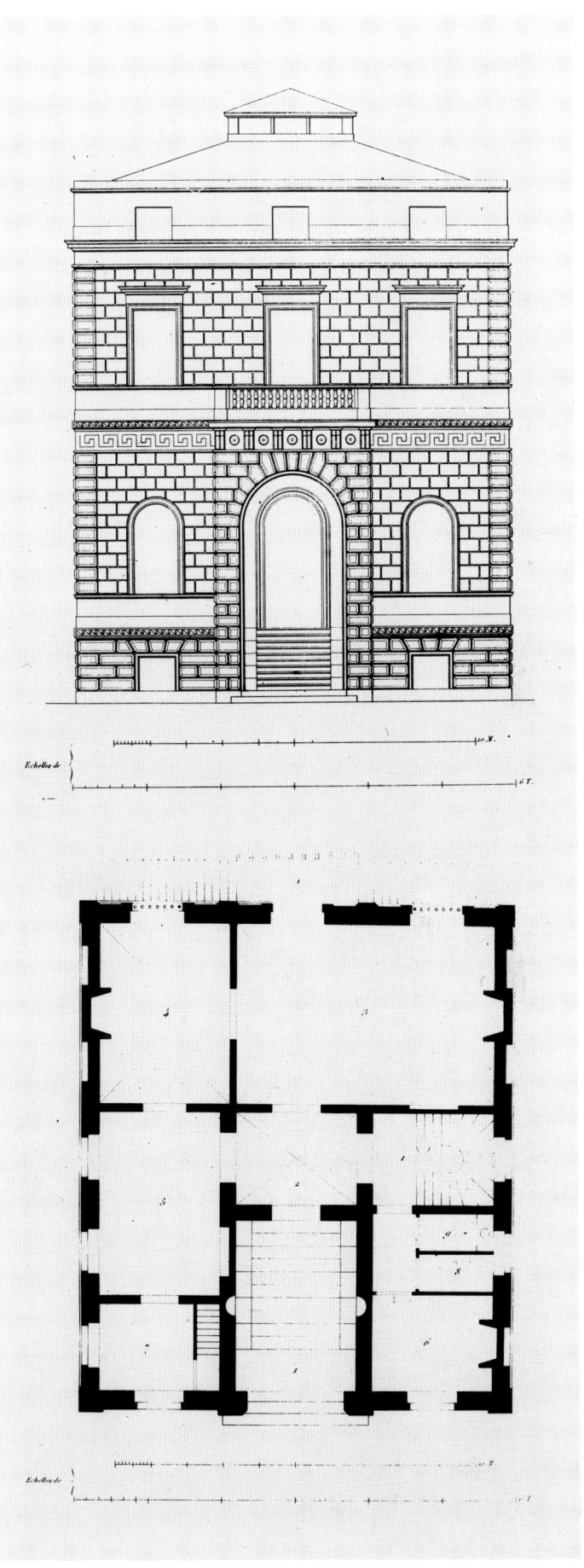

53 Wohnhaus in der Rue Las Cases, Paris 7e Aufriß und Grundriß; Jean Constantin Protain; 1832; nach L.M. Normand

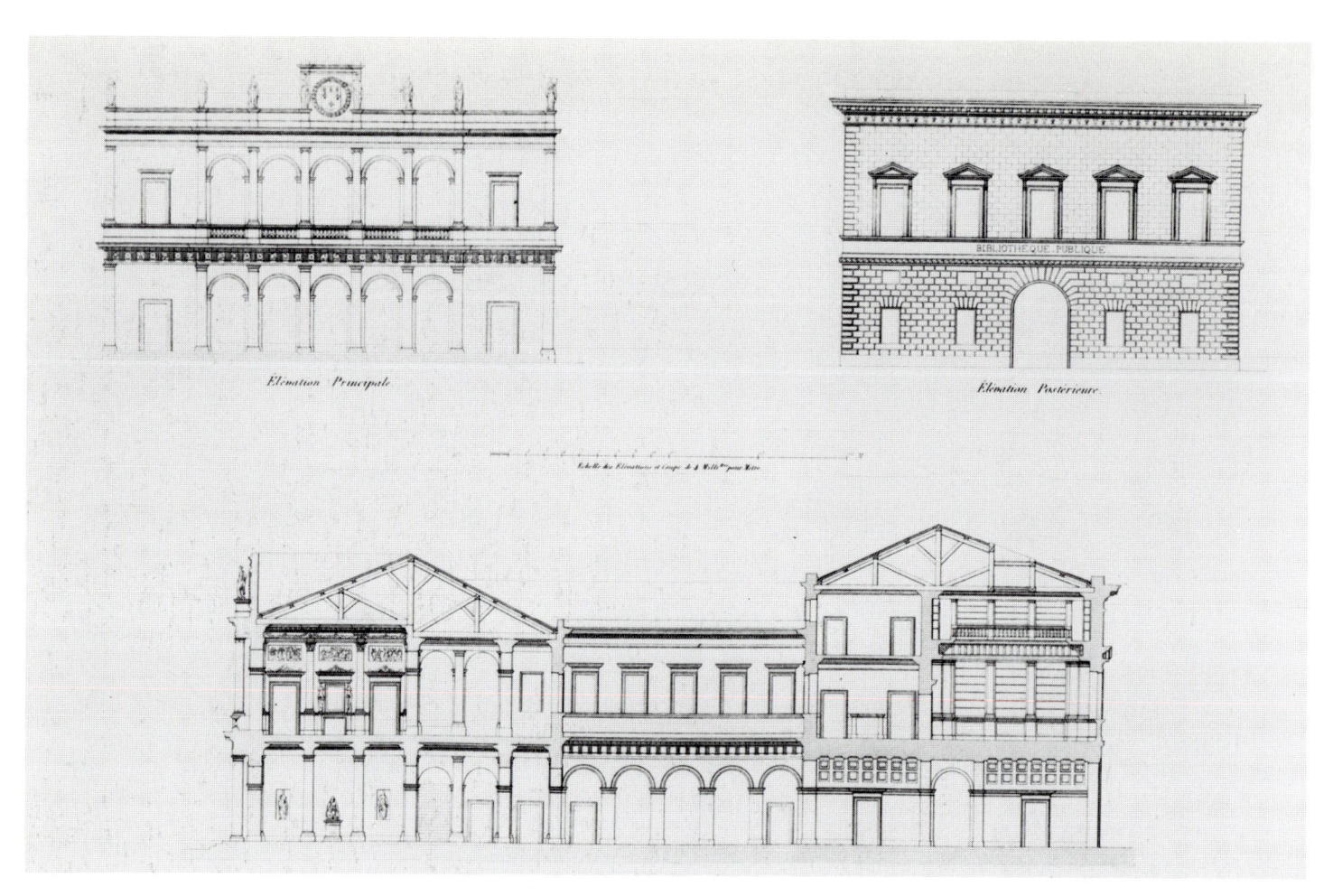

54 Rathaus und Bibliothek in Moulins (Allier); François Agnety; 1821; nach: Gourlier u.a., 1825-1836, I, Taf. 39

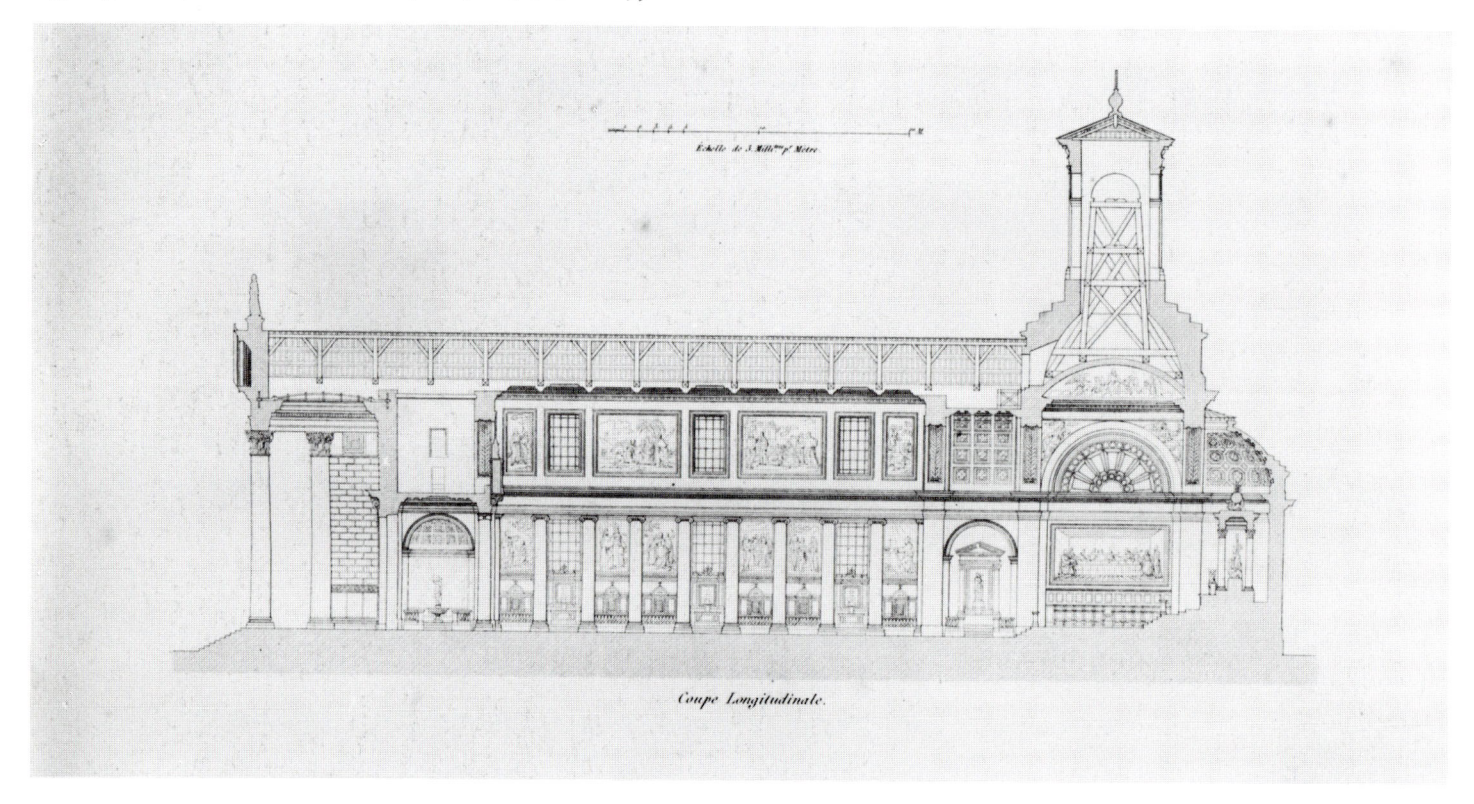

55 Notre-Dame-de-Lorette in Paris, Längsschnitt; Hippolyte Lebas; 1823-1836; nach: Gourlier u. a., 1825-1836, I, Taf. 117. Félix Pigeory (1849, S. 147) bemerkt zu der Kirche: »Als er (Lebas) ernsthaft über dieses Werk, die Kirche Notre-Dame-de-Lorette, nachdachte, hatte er stets das anmutige Bild von Santa Maria Maggiore vor Augen«. Die frühchristlichen Basiliken Roms bleiben bis gegen 1840 das Vorbild für den klassizistischen Kirchenbau.

56 Notre-Dame-de-Lorette in Paris, Eingangsfront; Hippolyte Lebas; 1823-1836. Die nüchtern-strenge Gliederung des Äußeren folgt dem von Jean-François-Thérèse Chalgrin mit Saint-Philippe-du-Roule begründeten Typus.

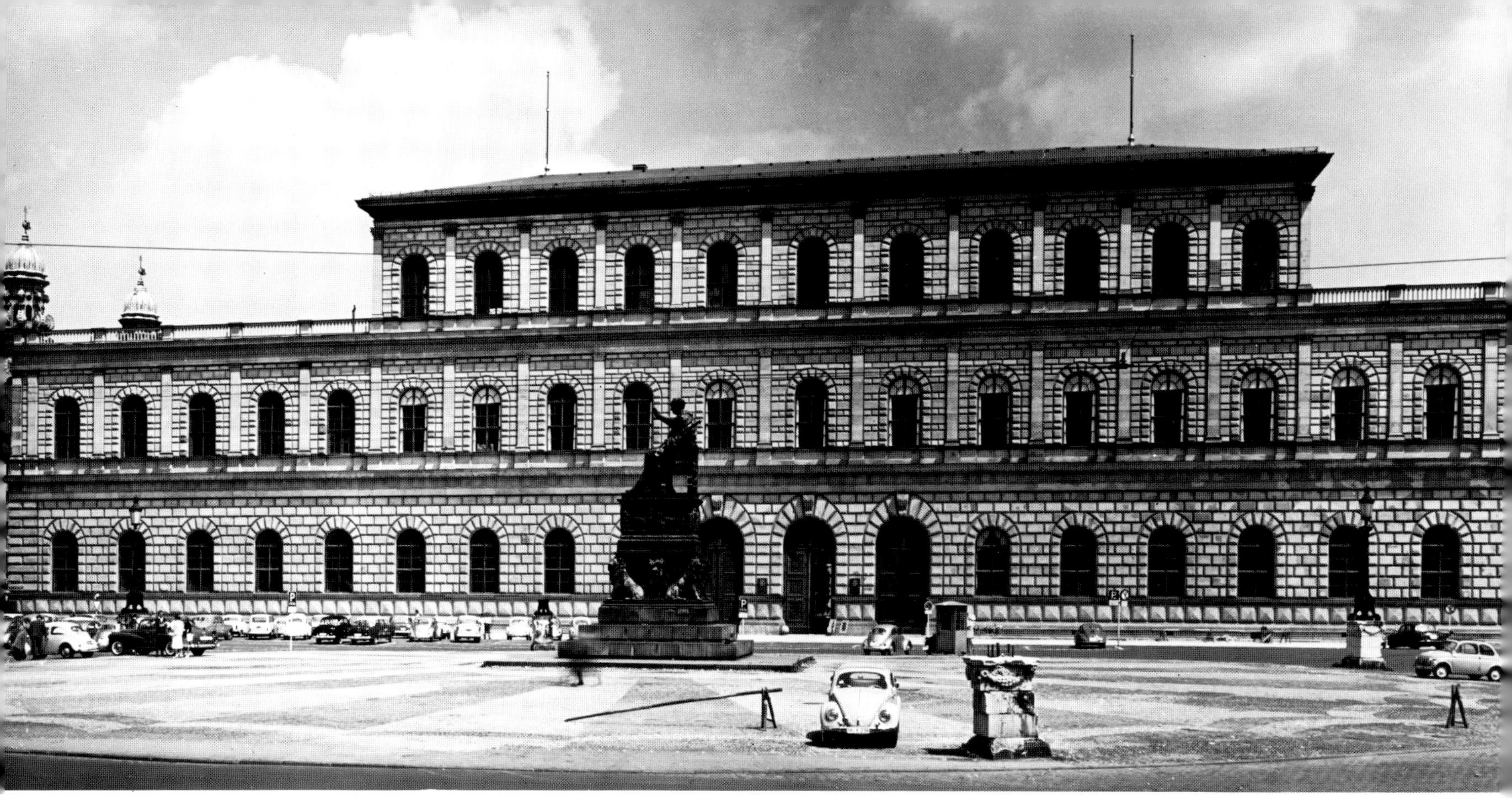

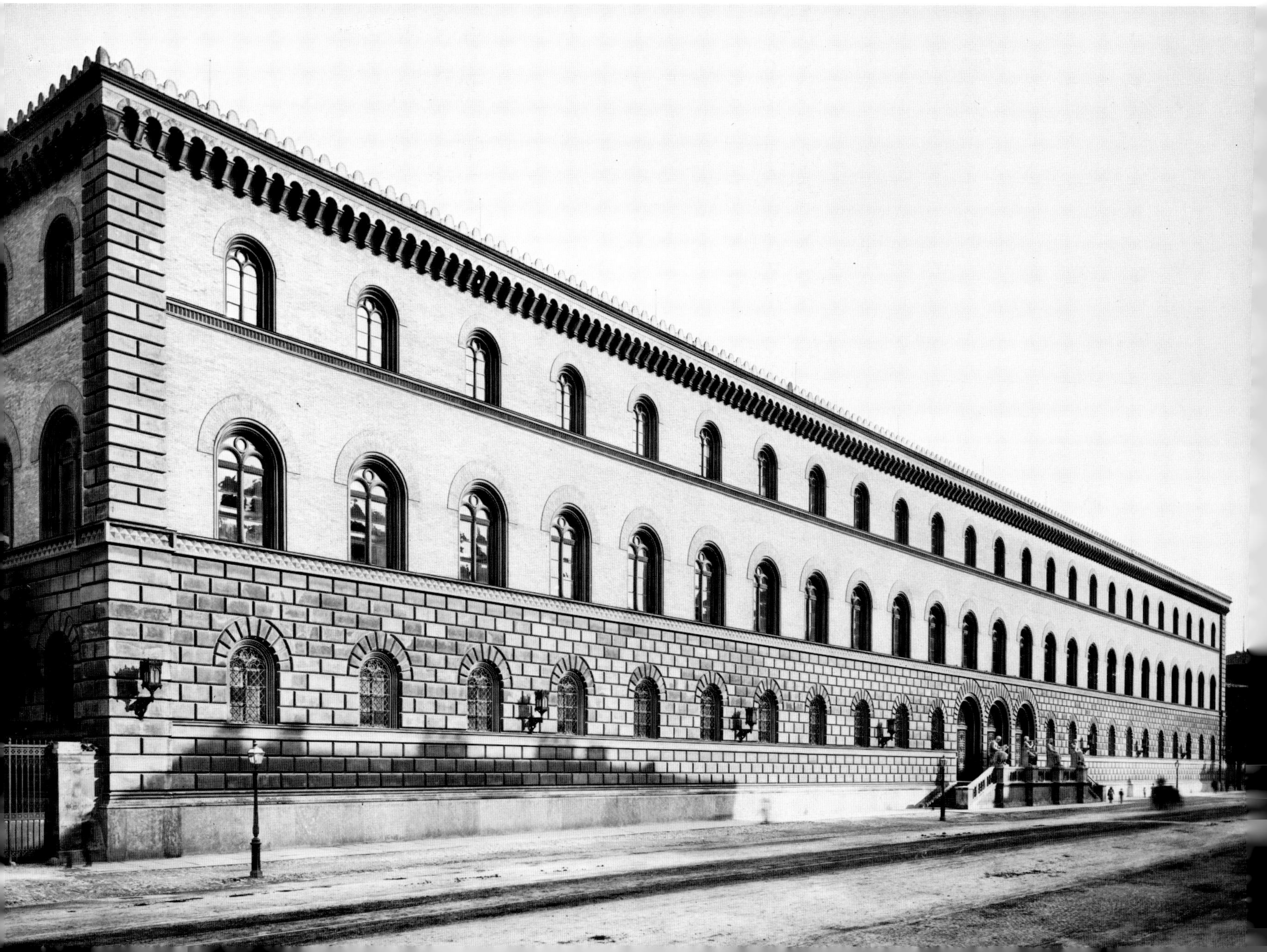

57 Der Königsbau der Residenz in München, Fassade zum Max-Joseph-Platz; Leo von Klenze; 1826-1833. Der Umriß des Palazzo Pitti in Florenz und die Gliederung des Palazzo Rucellai sind in dieser Fassade vereint. Die Anordnung der Innenräume ist von der Strenge der Fassade unabhängig und asymmetrisch.

58 Die Staatsbibliothek in München; Friedrich von Gärtner; 1831-1840. Der Typus des Florentiner Quattrocento-Palazzos ist hier geistvoll abgewandelt.

59 Schloß Rosenstein in Stuttgart; Giovanni Salucci; 1824-1829. Für den mittleren, höheren und weiter vorspringenden Portikus sind Säulen ionischer Ordnung verwendet, für die kleinen seitlichen Portiken dagegen Säulen dorischer Ordnung.

60 Die Alte Post in Hamburg; Alexis de Chateauneuf

43

44

61 Das Mausoleum des Württembergischen Königshauses auf dem Rotenberg bei Stuttgart; Giovanni Salucci; 1820-1824. Die im Außenbau getreue Kopie von Palladios Villa Rotonda ist im Innern in eine untere Gruft und eine obere Kapelle — beides Kuppelräume mit Oberlicht und Nischen — unterteilt.

62 Die Börse in Hamburg; Carl Ludwig Wimmel und Franz Gustav Joachim Forsmann; 1839-1841; Erweiterungsbau nach dem Brand von 1842 durch Lindsay. Die Säulen des zweigeschossigen Mittelrisalits sind der Rundbogengliederung frei vorgestellt.

63 Schloß Charlottenhof im Park von Sanssouci, Potsdam; Karl Friedrich Schinkel; 1826-1829. Die Hierarchie der Bauten wird durch die Verwendung verschiedener Stile betont: für das Schloß wurden hellenisierende Formen gewählt, für das Gärtnerhaus ländlich-italianisierende. Das Licht- und Schattenspiel der Pergolen verbindet die Anlage zu einer Einheit.

64 Hofgärtnerhaus im Park von Sanssouci, Potsdam; Karl Friedrich Schinkel; 1828-1829. Das Gärtnerhaus vertritt den Typus ländlicher italienischer Bauten.

65 Das Schauspielhaus in Berlin; Karl Friedrich Schinkel; Entwurf 1818, Ausführung 1819-1821. Die feine Federzeichnung betont die Vereinfachung des griechischen Vokabulars bis an die Grenze der Abstraktion.

66 Die Bauakademie in Berlin, Fassadenriß; Karl Friedrich Schinkel; 1831. Terrakotten in italienischem Geschmack und von griechischer Kunst beeinflußte Gesimse sind an einer Fassade von klassizistischer Einfachheit und Monumentalität vereinigt.

67 Das Feilner-Haus in Berlin, Aufriß und Schnitt der Fassade, Details der Dekoration; Karl Friedrich Schinkel; 1829. Die reiche Verwendung von Terrakotta-Reliefs wie auch deren Motive sind aus der italienischen Renaissance übernommen, die Proportionen der Öffnungen und deren feingliedrige Rahmung entsprechen dagegen dem hellenisierenden Geschmack.

68 Die Bauakademie in Berlin, Fassadenausschnitt; Karl Friedrich Schinkel; 1831. Ein frühes Beispiel der Verwendung von glasiertem Backstein.

69 Die Basilika St. Bonifatius in München; Georg Friedrich Ziebland; 1835-1850. Die nach dem Vorbild frühchristlicher Basiliken errichtete Kirche gehört zu den anspruchsvollsten Bauten dieses Typs in Europa.

70 Die Basilika St. Bonifatius in München, Mittelschiff nach Osten; Georg Friedrich Ziebland; 1835-1850. Das fünfschiffige Langhaus beeindruckt durch seine Weite.

Marktplatz, in dessen Mitte sich eine kleine Pyramide (1823) erhebt, stellt er die Kirche (1807-1816) und das Rathaus (1821-1825) mit ihren Frontispizen gleichsam gegenüber. Man verspricht sich in Berlin viel von Friedrich Gilly (1771-1800), dessen Ideen denen Weinbrenners verwandt sind, doch Gilly stirbt früh. Leo von Klenze (1784-1864) bereist Italien und England und tritt zeitweilig die Nachfolge des Grandjean de Montigny am Westfälischen Hof an. Klenze ist mit seiner weltoffenen Kultur seinem Rivalen Friedrich von Gärtner (1792-1847) durchaus ebenbürtig. In München beweist Klenze seine Beherrschung des klassizistischen Vokabulars (Glyptothek, Entwurf 1815), doch läßt er sich auch wie sein Pariser Lehrmeister Percier vom Modell des Renaissance-Palazzos anregen. Im Palais Leuchtenberg (1817) zum Beispiel schlagen sich seine Eindrücke vom Palazzo Farnese nieder, doch in vielen anderen Werken beweist er ebenso seine Meisterschaft im kraftvollen Florentiner Stil. Die Silhouette des Palazzo Pitti kombiniert er mit den Fassadenordnungen anderer Palazzi: Für das Kriegsministerium (1824-1826) dient der Palazzo Rucellai als Modell, für den Königsbau der Residenz (1826-1833) der Palazzo Quaratesi. Im Königsbau paßt er das Modell seinen Absichten an, indem er auf die Ordnung des Erdgeschosses verzichtet und dadurch eine Sockelwirkung erreicht, die das Piano nobile voll zur Geltung bringt. Das Interesse an den toskanischen Schöpfungen des Quattrocento und die Beachtung der Durandschen Forderung nach formaler Ökonomie führen in Klenzes Spätwerk zu schmucklosen, symmetrisch durchbrochenen Flächen, die zwanzig Jahre später unter dem Einfluß der wiederentdeckten Romanik die spezifische deutsche Stilart des Historismus hervorbringt, den Rundbogenstil.

Das Talent des weitblickenden, universell gebildeten Karl Friedrich Schinkel (1781-1841) beschränkt sich nicht auf die Architektur; er malt — vor allem romantische Landschaften, oft mit gotischen Bauten —, entwirft Bühnenausstattungen und arbeitet für den Eisenkunstguß. Doch den direktesten Einfluß auf das Berlin des 19. Jahrhunderts und auf ganz Preußen übt er mit seinen architektonischen Entwürfen aus. Er verbindet die Ästhetik seines ersten Lehrmeisters Friedrich Gilly mit der Forderung Durands nach Funktionalität. Die Gliederung seiner streng klassizistischen Bauten — das Schauspielhaus (Entwurf 1818, Ausführung 1819-1821) und das Alte Museum (Entwurf 1823, Ausführung 1824-1828) — ist beeindruckend. Für den Stilwandel seiner Spätwerke gibt es kaum ein besseres Beispiel als die kleinen Bauten in Potsdam, den Charlottenhof (1826-1829) und das Hofgärtnerhaus (1828-1829) bei den Römischen Bädern, wo Schinkel italienische und klassische Elemente in malerischer Komposition mischt. Von 1828 an wendet er sich auch neuen Baumaterialien wie Terrakotta und Backstein zu, und er läßt seiner Vorliebe für elegante, feingliedrige griechisch-antikisierende Motive und seinem Interesse an technischen Neuerungen freien Lauf (Feilner-Haus, 1829; Bauakademie, 1831). Gleichzeitig handhabt Schinkel das neugotische Vokabular mit Verve; er entwirft eine Gedächtnishalle für Königin Luise (1810) und das gußeiserne Kriegsdenkmal auf dem Kreuzberg (1818-1821). Wie Goethe empfindet er die Erhabenheit sowohl des griechischen Tempels als auch der gotischen Kathedrale.

47

Der gotische Fundus

»Der besondere Charme der gotischen Architektur beruht auf den Vorstellungen, die sie hervorruft. Sie bezaubern uns, weil sie historischer, patriotischer und landschaftlicher Art sind und aufs engste verbunden mit frühen Erinnerungen.«
(Aus dem Bericht der Kommission für den Wiederaufbau des Londoner Parlamentsgebäudes, 1835)

»Die Architektur des Mittelalters hat systematisch jene zu ersetzen, die von den Lateinern herkommt.« (Louis Delescluze, Jakobiner der Commune de Paris, 1871)

»Wir haben einen Kampf aufgenommen gegen die fremde Kunst zum Nutzen der nationalen, gegen die heidnische Kunst zugunsten der christlichen, gegen den Tod für das Leben. Dieser Kampf hat kaum begonnen, und er ist schon überaus hitzig.«
(*Annales archéologiques*, 1845, Seite 309)

Romantische Gotik und mediävale Archäologie

Deutlich erwacht gegen Ende des 18. Jahrhunderts das Interesse am gotischen Baustil, das sich abseits der dominierenden klassischen Kultur immer erhalten hat. Zuerst in England und Deutschland, später auch in Frankreich erwächst aufs neue ein Gefühl für die Schwerelosigkeit der spitzbogigen Gewölbe, für die erhabene Wirkung der schattigen Kirchenschiffe, für die malerische Silhouette der gotischen Fialen und Wimperge. Die Analogie zwischen spitzbogiger Architektur und der ursprünglichen Natur des Waldes legt für die Gotik eine ebenso natürliche Grundlage, wie der Mythos der Hütte sie für die Baukunst der Antike lieferte. Gleichzeitig schafft die Entwicklung des Roman noir und die Beschäftigung mit der eigenen Geschichte ein ganzes Geflecht von literarischen und historischen Bezugspunkten.

Bald beruft sich jedes Land auf die Gotik als auf die eigentliche Nationalarchitektur. In seiner 1772 in Frankfurt publizierten Schrift *Von deutscher Baukunst* begrüßt Goethe die gotische als »deutsche Baukunst, unsere Baukunst«. John Carter, einer der ersten englischen »Inventarisatoren«, spricht in *The Ancient Architecture of England* (London 1795-1814) von der Gotik als von der englischen Nationalarchitektur: »our national architecture«.

Eine andere von Carter angeschnittene Idee wird sich als gewichtiger erweisen; es handelt sich um die Verbindung zwischen gotischem Stil und sakraler Architektur. Carter schreibt: »Die griechische Manier paßt zu öffentlichen Gebäuden bestimmt am besten, zu Residenzen etwa, zu Justizpalästen, Börsen, Krankenhäusern, Konzert- und Festsälen, Herrschaftshäusern; doch für religiöse Bauten muß man den gotischen Stil unzweifelhaft vorziehen.« Zum ersten Mal wird hier ein Grundsatz formuliert, der zu einem der grundlegenden Gedanken der Architektur des 19. Jahrhunderts werden wird: der Gedanke des je nach Bauprogramm differenzierten Gebrauchs der Stile. Um es auf eine Kurzformel zu bringen: ein typologischer Eklektizismus.

Die Franzosen mögen mit Soufflot, Laugier und Avril für die bauliche Logik des Spitzbogens besonders empfänglich sein, die Deutschen mit Goethe, Herder und Forster für das Erhabene der schwindelerregenden Gewölbe und die Engländer mit Walpole für das Pittoreske der Formen, doch die Wechselwirkungen sind an der Schwelle des 19. Jahrhunderts zu vielfältig, als daß man dieses neue Gefühl für den gotischen Stil auf solche Art wirklich umgrenzen könnte.

In seinem berühmten Kapitel über die gotische Kathedrale in *Génie du Christianisme* (Paris 1801, III, 1, 8) verarbeitet Chateaubriand geschickt alle diese Themen, die die Neubelebung der Gotik begünstigen werden:

1. Die gotische Architektur ist die Nationalarchitektur.

»Jedes Werk muß an seinem Ort stehen... Die Griechen hätten einen ägyptischen Tempel in Athen

71 Idealentwurf eines antikisierenden Doms auf einer Anhöhe über dem Meer; Karl Friedrich Schinkel

ebensowenig geschätzt wie die Ägypter einen griechischen Tempel in Memphis. Mit dem Ortswechsel hätten diese beiden Baudenkmäler das Wesentliche ihrer Schönheit eingebüßt, nämlich ihre Beziehung zu den Regeln und Sitten der Völker. Diese Überlegung gilt unseres Erachtens auch für die ehrwürdigen Bauten der Christenheit.«

2. Der gotische Stil ist der christlichen Religion angemessener als der antike.

»Man mag wohl überaus elegante und helle griechische Tempel bauen, um das treue Volk des heiligen Ludwig darin zu versammeln, damit es einen metaphysischen Gott anbete, doch es wird immer den Notre-Dame von Reims oder Paris nachtrauern, diesen wundervoll bemoosten Basiliken, wundervoll belebt von den Generationen Verstorbener und den Seelen der Väter.«

3. Die gotische Architektur ist erhaben und plastisch.

»Diese zu Laubwerk ziselierten Gewölbe, diese Stützglieder der Mauern, gespaltenen Stämmen gleich, die Kühle der Gewölbe, die Finsternis des Altarraums, die dunklen Seitenschiffe: In der gotischen Kirche vergegenwärtigt alles das Labyrinth des Waldes, alles läßt den religiösen Schauder, die Mysterien und die Gottheit verspüren. Die beiden am Eingang des Bauwerks gepflanzten stolzen Türme überragen die Ulmen und Eiben des Friedhofs und heben sich malerisch vom Azur des Himmels ab.«

Diese neue Empfindung der visuellen Qualität sowie des religiösen und nationalen Stellenwertes der Gotik erfaßt in den ersten Jahrzehnten des 19. Jahrhunderts immer weitere Kreise. Die politischen und industriellen Revolutionen, die das Ende des 18. Jahrhunderts kennzeichnen, begünstigen eine neue Betrachtungsweise des Mittelalters. Während der Renaissance hatte man das Mittelalter als Epoche der Ignoranz und der Finsternis verurteilt, doch inmitten der bröckelnden Institutionen und Traditionen aufersteht es als Goldenes Zeitalter. Angestachelt von den napoleonischen Kriegen, besinnt sich der deutsche Nationalismus auf die glorreiche Vergangenheit des Heiligen Römischen Reiches Deutscher Nation und nimmt den gotischen Stil als »neudeutsche-religiös-patriotische Kunst« in Besitz. In Frankreich stellen die Royalisten dem Rationalismus der Aufklärung den Mythos des christlich-völkischen Königtums des heiligen Ludwig entgegen. In Großbritannien gedeiht die Nostalgie eines grünen England auf dem Boden der Spannungen der industriellen Revolution.

72 Idealentwurf eines gotischen Doms, in enger Anlehnung an den Mailänder Dom, doch auf einer Anhöhe über dem Meer; Karl Friedrich Schinkel

Die Bewunderung des Erhabenen ist jedoch nicht ungeteilt. Man vergleicht nicht nur Shakespeare und Sophokles, sondern auch gotische Kathedralen und antike Tempel; und in den Parks stehen zinnenbewehrte Türmchen und Kapellenruinen neben chinesischen Pagoden und griechischen Tempelchen. Erkennt man die Logik des Spitzbogens auch an, man lehnt das gotische Vokabular ab, und umgekehrt entlehnt die romantische Ästhetik von der Gotik nur einzelne Motive: Zinnen und Lanzettbogen, Türmchen und Warten.

Das Mittelalter erfüllt jetzt die gleiche Rolle wie die Antike während der Renaissance, es dient den unterschiedlichsten Bestrebungen als Spiegel, den Christen und den Laizisten, den Monarchisten und den Republikanern; und vor allem liefert es den nationalen Bewegungen in Deutschland, Frankreich und England einen Fluchtpunkt.

An die Stelle einer romantischen Gotik kann die Neugotik jedoch erst treten, wenn das Mittelalter die Antike als Idealvorstellung ablöst und die mediävale Archäologie über das gleiche Instrumentarium verfügt wie die klassische.

Diese ideologische Revolution und die langsame Aufarbeitung des theoretischen Defizits kennzeichnen die ersten Jahrzehnte des 19. Jahrhunderts. Dabei unterscheidet man zwei Phasen: In der ersten bietet die Gotik nur eine Alternative zur Antike, und man schätzt die mittelalterlichen Motive mehr wegen ihres Symbolwerts und ihrer plastischen Qualität; in der zweiten Phase verdrängt die Gotik die Antike und reift zur Neugotik heran. Dies geschieht nach 1830. Die Fortschritte der mediävalen Archäologie geben der am Mittelalter orientierten Romantik einen architektonischen Inhalt und überbrücken die Lücke zwischen der rationellen Analyse und von pittoresken Details bestimmten Vorstellungen.

Es gibt keinen Bruch zwischen den beiden Phasen, doch der Kontrast ist spürbar. Es scheint kaum zufällig, daß die Entwicklung des öfteren die Generationen verbindet: Im Jahre 1807 publiziert William Pearson in England seine zwei Bände der *Antiquities of Shropshire*, topographischer Ansichten von alten Landkirchen und malerischen Cottages kurz vor der drohenden Zerstörung, »um das Gedächtnis dieser ehrwürdigen Bauten zu wahren«. Sein Sohn, der fleißige Kirchenarchitekt John Loughborough Pearson (1817-1897), ist ein eminenter Verfechter der Neugotik. Auch in der Familie Pugin besteht eine ähnliche Beziehung zwischen Augustus Charles (1762-1832) und Augustus Welby (1812-1852).

Während des gesamten 17. und 18. Jahrhunderts hatten die Colleges der englischen Universitäten dem gotischen Baustil die Treue gehalten. Vom Tom Tower, dem Turm der Christ Church in Oxford (1681-1682, Christopher Wren), über die gotische Schranke des King's College in Cambridge (1824-1828, William Wilkins) bis zum New Court des St. John's College, ebenfalls in Cambridge (1825-1831, Thomas Rickman), geht diese Kontinuität verloren; gotische Überbleibsel stehen neben immer zahlreicheren romantischen Elementen.

James Wyatt (1747-1813) arbeitet von 1796 bis 1807 an der phantastischen Fonthill Abbey, der ehrgeizigsten romantischen Verrücktheit Europas. Der Bauherr William Beckford wünschte sich »eine alte Klosterruine«, von der allein »die Kapelle, das Dormitorium und ein Teil des Kreuzgangs« übriggeblieben wären. Die Bauten stehen in freier Ordnung um einen achteckigen Turm, zu dem Wyatt von einem Stich der Kathedrale von Ely angeregt wurde, den er in einer 1771 von James Bentham veröffentlichten Monographie sah; Benthams Arbeit war übrigens einer der ersten sorgfältigen Texte zur mittelalterlichen Architektur. Wyatts Turm ist 1825 eingestürzt, dennoch ist Fonthill eines der überzeugendsten Beispiele für die Reaktion auf den Palladianismus und für den neuen romantischen Geist geblieben.

Etwa zur gleichen Zeit als sich die im Mittelalter entstandenen Gesellschaftsstrukturen aufzulösen beginnen entsteht die Idee, symbolhafte mittelalterliche Schlösser zu bauen. Bereits 1745 gibt Inveraray Castle in Schottland, ein kompaktes, von zinnenbewehrten Rundtürmen abgestecktes Rechteck, ein Beispiel, das in Großbritannien etliche Nachahmer findet (Taymouth Castle, Perthshire, 1806; Lee Castle, Schottland, 1820). Die Symmetrie und die einfachen, eindeutig dem klassizistischen Rationalismus verpflichteten Formen, wie sie noch in Inveraray zu sehen sind, weichen bald der Phantasie der romantischen Ästhetik. Sowohl Ashridge Castle in Herefordshire (1808, James Wyatt) mit seinem symmetrischen Grundriß und den zinnenbewehrten Ecktürmen als auch Eastmore Castle (1812, Robert Smirke) gehören noch der von Inveraray verkörperten klassizistischen Tradition an. Doch schon Gwrych Castle bei Abergele im Norden von Wales (1814-1815, von Charles Augustine Busby, gest. 1834) stellt eine Neuerung dar. Zwar sieht man auch hier massive Wehrtürme und einfache Wandöffnungen mittelalterlichen Stils, doch Busby beweist ein modernes Verständnis des Picturesque, indem er mittels asymmetrischer Gliederung im abschüssigen Gelände ein Gleichgewicht herstellt.

Karl Friedrich Schinkel hat während seines Englandaufenthaltes 1826 einige dieser neugotischen Schlösser gesehen, und diese Erfahrung schlägt sich im Schloß Babelsberg nieder. Im allgemeinen ist man aber außerhalb Großbritanniens weniger ehrgeizig, man begnügt sich mit Bauten wie der Capella dei Templari im Garten der Villa Vigodarzere bei Padua (1817, Giuseppe Jappelli) oder dem Jagdpavillon Château de la Reine Blanche bei Commelles im Departement der Oise (1825, Victor Dubois); manchmal reicht es für eine kleine Verrücktheit wie den Sitz des Marquis de Forbin-Janson am Mont Valérien im Westen von Paris (1820). Überall wird dabei die Gotik auf eine Klitterung stereotyper Motive reduziert, sie stellt immer nur eine von mehreren pittoresken Möglichkeiten dar. Geht es nun um ein bescheidenes Cottage oder eine kostspielige Verrücktheit, der Bauherr wählt nach Lust und Laune die exotische oder die rustikale, die italienische oder die gotische Variante. Ob exzentrische Aristokraten oder romantische Literaten, der persönliche Geschmack bestimmt: Für Chateaubriand ist es die Villa de la Vallée aux Loups in Chatenay-Malabry im Departement Hauts-de-Seine (1808), für Sir Walter Scott das Schloß Abbotsford

73 Taymouth Castle, Perthshire; Archibald Elliot; 1806. Der ursprüngliche Kubus mit vier Ecktürmen hat Inveraray Castle (1745) zum Vorbild. Spätere Anbauten zu beiden Seiten lockern die Silhouette etwas auf.

74 Taymouth Castle, Perthshire, Inneres; Archibald Elliot; 1806. Die Fächergewölbe — häufig aus Stuck — sind bei den mittelalterlichem Stil nacheifernden britischen Bauten außerordentlich verbreitet.

75 St. Peter's Church, Brighton (Sussex); Charles Barry; 1822. Eine der mit Mitteln der parlamentarischen Kommission erbauten Kirchen.

bei Melrose in der Grafschaft Roxburghshire (1816-1823). Scotts historische Romane haben ihrerseits wesentlich zur Verbreitung und zum Erfolg der romantischen Gotik beigetragen.

In Frankreich hat die romantische Gotik einen unverkennbar monarchistischen Zug, der etwa in den Festdekorationen des Jakob Ignaz Hittorf (1792-1867) für die Taufe des Herzogs von Bordeaux und die Krönung Karls X. in Reims zum Ausdruck kommt sowie in der kleinen Kapelle der Herzogin von Angoulême in Les Herbiers im Departement Vendée.

In Deutschland, wo das nationale Bewußtsein nach und nach an Boden gewinnt, neigt man dazu, die Gotik als deutschen Baustil zu vereinnahmen. Davon zeugt im Falle der Walhalla bei Regensburg (1830-1842, Leo von Klenze) das lange Zögern zwischen neugotischer Kirche und dorischem Tempel (man entschied sich für den Tempel), und davon zeugen 1815 der Entschluß, den Kölner Dom endgültig fertigzustellen, und Schinkels Kreuzberg-Denkmal in Berlin, das einem gotischen Schrein nachempfunden ist.

Das Aufblühen einer romantischen Ästhetik erklärt auch, warum man in Deutschland, vor allem aber in England und Amerika, den gotischen Stil als kostengünstige Alternative zum vorherrschenden Klassizismus begreift. Nur wenige der nach 1818 in England entstandenen Kirchen besitzen einen klassizistischen Kirchturm und einen Portikus; das System der »Commissioners«, die die Bausubventionen verwalten, führt dazu, daß 174 von 217 zwischen 1818 und 1829 begonnenen Kirchen eine anspruchslose Nachahmung der Gotik pflegen. Man erweckt den Eindruck einer Kirche und erspart sich den teuren klassizistischen Portikus. In Theale läßt sich Edward Garbett zu seiner Trinity Church (1820-1832) von der Kathedrale von Salisbury anregen, doch in den meisten seiner Kirchen zeugt das Gerippe des Baues, sei es aus Stein oder aus Gußeisen, keineswegs von archäologischer Treue. Mit der Ausnahme von St. Luke's Church in Chelsea von James Savage (1779-1852) sind die Gewölbe aus Gips über Lattenwerk. Augustus Welby Pugin, selbst ein Vertreter der nächsten Architektengeneration, bemerkt zu diesen Bauten 1836: »In manchen Fällen versuchte der Architekt,

77, 78 Zwei Studien für den Innenraum der Werderschen Kirche in Berlin, oben im klassischen, unten im gotischen Stil; Karl Friedrich Schinkel; 1822. Bei nahezu gleicher Raumgliederung sind die Proportionen des gotischen Projektes wesentlich gestreckt.

76 Die Werdersche Kirche in Berlin; Karl Friedrich Schinkel; 1825-1828

79 »Eine Gruppe von Kirchen zur Darstellung der verschiedenen Architekturstile«; Joseph Michael Candy nach John Soane (1753-1837). Im Vordergrund je eine romanische, dorische und gotische Variante der Kirche von Marylebone, London (1822-1824), im Hintergrund unter anderem ein ionischer Entwurf für St. Peter's in Walworth (um 1822) und die Grabkapelle in Tyringham (um 1800). Die Zeichnung war in der Royal Academy Exhibition von 1825 als Nr. 902 ausgestellt.

seinem Werk die Erscheinung einer alten Spitzbogenkirche zu verleihen, doch sobald man das Innere betritt, verfliegt die Illusion. Was wie eine alte katholische Kirche aussieht, ist bloß ein modernes Predigthaus.« Darin klingt schon der Spott des Viollet-le-Duc an über »diese winzigen Schlösser, Kinderspielzeug gleich, mit Türmchen, die kaum einem Hund Platz bieten, und Zinnen so hoch wie Katzen« (*Entretiens sur l'Architecture*, 1863-1872, II, S. 368).

Der Aufschwung einer Archäologie, die sich der nationalen Kultur annimmt, verändert unmerklich das Bild, das man sich von der Architektur des Mittelalters macht. In England werden Ende des 18. Jahrhunderts bereits die ersten »Antiquars«-Gesellschaften gegründet, erscheinen die ersten wissenschaftlichen Untersuchungen und brechen unvermittelt Polemiken über die Qualität der Restaurierungen aus. In den ersten Jahrzehnten des 19. Jahrhunderts greift diese Bewegung auf ganz Europa über und nimmt zugleich klare Züge an. Die gelehrten Gesellschaften mit lokalem oder nationalem Anspruch halten enge Verbindung miteinander, pflegen internationale Kontakte und betreiben ihr Studium des Bauerbes der Nation mit Leidenschaft. Die Publikationen romantischer Stiche und archäologisch exakter Zeichnungen mittelalterlicher Bauwerke nehmen zu. Die Stiche formen den Publikumsgeschmack, und die Zeichnungen, die den Veröffentlichungen der antiken Archäologie nicht nachstehen, dienen den Architekten als graphisches Hilfsmittel.

Zwischen 1806 und 1814 publiziert John Britton (1771-1857) *The Architectural Antiquities of Great Britain*, die erste illustrierte chronologische Geschichte der englischen Architektur des Mittelalters, der er von 1814 bis 1835 unter dem Titel *The Cathedrals. Antiquities of Great Britain* fünfzehn Monographien englischer Kathedralen folgen läßt. In Frankreich veröffentlichen der Kunstmäzen und Kunstschriftsteller Baron Isidore Taylor (1789-1879) und der romantische Schriftsteller Charles Nodier (1780-1844) ihre *Voyages pittoresques et romantiques dans l'Ancienne France* (1820-1878; 21 Bände), während Nicolas-Marie-Joseph Chapuy (1790-1858) seine Aufmerksamkeit den *Cathédrales françaises* (1823-1831) widmet. Ein Schüler Friedrich Weinbrenners, Georg Moller (1784-1852), bringt die *Denkmäler der deutschen Baukunst* (1815-1818, englische Ausgabe 1834 und 1836) heraus, die Joseph Fischer in Wien zu einer ähnlich angelegten Betrachtung anregen. Sulpiz Boisserée (1783-1854) publiziert 1823-1832 eine Arbeit über den Kölner Dom unter dem Titel *Domwerk: Geschichte und Beschreibung des Doms von Köln*. Auch in Spanien (*Recuerdo y bellezas de España*, 1839-1865, 12 Bände;

80 Jumièges (Haute-Normandie), Eingang zur Ruine der ehemaligen Abtei; nach: Charles Nodier, Isidore Taylor und Alphonse de Cailleux, I, Paris 1820, Taf. 24

81 Restauratoren bei der Arbeit: die Wiederherstellung eines Fensters der Abtei Saint-Wandrille in der Normandie, nach: Charles Nodier, Isidore Taylor und Alphonse de Cailleux, I, Paris 1820, Taf. 6

España artística y monumental, 1842-1850), Italien und in anderen Ländern zeitigt dieses archäologische Interesse an der Architektur erste Ergebnisse. Auf alle diese Arbeiten trifft zu, was ein Kritiker 1815 zur Untersuchung Brittons anmerkte: Sie sind »wissenschaftlich genug, um fachlich interessant zu sein, romantisch und abwechslungsreich genug, um den Durchschnittsleser glänzend zu unterhalten«.

Eine stilistische Gliederung wird allmählich sichtbar. In seinem 1817 erschienenen *Attempt to Discriminate the Styles of English Architecture* lehrt Thomas Rickman (1776-1841) England, zwischen »early English« (bis 1290), »decorated English« (1290-1350) und »perpendicular« (1350-1560) zu unterscheiden. In seinem *Essai sur l'Art du Moyen Age particulièrement en Normandie* (1824) und im *Cours d'antiquités monumentales* (1830-1831) schlägt der französische Archäologe Arcisse de Caumont (1802-1873) folgende Terminologie vor: »roman ou préroman, roman secondaire, gothique primordial ou à lancettes, gothique secondaire ou rayonnant, gothique tertiaire ou flamboyant« (Romanik oder Frühromanik, Spätromanik, Frühgotik oder Lanzettbogenstil, Hochgotik oder Rayonnantstil, Spätgotik oder Flamboyantstil). Auch in Deutschland wird die erste Geschichte mittelalterlicher Architektur geschrieben; der Autor heißt Christian Ludwig Stieglitz (1756-1836), und sein Werk *Von Altdeutscher Baukunst* erscheint 1810 in Leipzig.

Die Aufmerksamkeit dieser »Antiquare« gilt jedoch nicht nur Kathedralen und Schlössern. Im Einklang mit dem vermehrten Interesse an Handwerk und Volksbräuchen wenden sie sich auch dem Bauernhaus und der ländlichen Architektur zu. Das Bergbauernhaus oder Chalet hat sich in der romantischen Ästhetik einen Platz erobert und gilt in der Schweiz als eigentliche Landesarchitektur. Von 1840 an untersucht man Geschichte und Bauform des Chalets mit wissenschaftlichem Ernst, ohne daß es dadurch irgendetwas von seiner Romantik einbüßt. Ähnlich ergeht es in Spanien dem maurischen Stil.

82 Haus in Iseltwald (Kanton Bern), nach: *Architecture suisse...* 1843, Taf. 8. »Es war zu befürchten, daß sie verschwinden würden, ohne daß eine Erinnerung an sie bewahrt bleiben könnte. Denn wenn heute irgendwelche Arbeiten in diesen Wohnhäusern notwendig werden, sei es, um sie zu vergrößern, sei es, um ihnen eine andere Bestimmung zu geben, ... ersetzt man sie gern durch Umbauten.«

Die Arbeit der Archäologen, die Aufmerksamkeit, die man der Restaurierung alter Gebäude widmet, und die neugotische Bewegung verbindet der gleiche Geist. Thomas Rickmans erklärtes Ziel ist es, »hinreichend klare Geschichtskenntnisse zu vermitteln, damit die Hüter unserer Kirchengebäude bei der Restaurierung umsichtig arbeiten können und um den Architekten bei der Wahl der Bauelemente in ihren Kirchenentwürfen im englischen Stil zu helfen«. Durch zunächst unbeholfene und summarische Restaurierungen erneuert die moderne Architektur die mittelalterliche Baukunst. Von der einfachen Ausbesserung bis zur freien Nachbildung erkennt man allerdings keinen leitenden Gedanken.

Man bessert die während der Revolutionswirren und der napoleonischen Kriege vernachlässigten und beschädigten Kirchen und Kathedralen aus, richtet Turmspitzen und Fialen wieder auf und stellt unterbrochene Bauwerke fertig. Carlo Amati (1776-1852) arbeitet an der Fassade des Mailänder Doms (1806-1813) und H. Grégoire errichtet die Westfassade der Kirche Saint-Ouen in Rouen (1845-1852). Hatte man im Jahre 1801 noch daran gedacht, den Kölner Dom abzubrechen, so setzen sich Sulpiz Boisserée und Georg Moller 1814 dafür ein, den Bau zu vervollständigen. Um den Dom so nachzuschöpfen, »wie er hätte sein sollen«, wird der Altertumsforscher Boisserée zu einem im Wortsinne »neugotischen« Architekten. 1823 beginnt er das bereits erwähnte *Domwerk* zu publizieren, und im Jahr darauf beginnt man mit den Arbeiten, die nur stockend Fortschritte machen. 1842 sorgt eine Volksbewegung für die finanziellen Mittel zur Fertigstellung des Doms, der schließlich 1880 geweiht wird.

Sozusagen alle Architekten der Neugotik arbeiten an Restaurierungen — die sie oft zur Hauptsache beschäftigen — und Neubauten gleichzeitig. Jean-Baptiste-Antoine Lassus (1807-1857) betreibt seine Studien bei der Restaurierung der Sainte-Chapelle in Paris und der Kathedrale von Chartres, Eugène-Emmanuel Viollet-le-Duc (1814-1879) restauriert die Kirche von Vézelay und Notre-Dame von Paris, Sir George Gilbert Scott (1825-1891) leitet die Wiederherstellung der Kathedralen von Ely und Westminster, der Architekt des Wiener Rathauses, Friedrich von Schmidt (1825-1891), arbeitet auf der Kölner Baustelle, und Carl Alexander von Heideloff (1789-1865), ab 1822 Konservator der städtischen Kunstdenkmäler von Nürnberg, restauriert unter anderem die Kirchen St. Sebald, St. Lorenz, St. Aegidien, St. Jakob, die Frauenkirche und auch das Dürerhaus in Nürnberg. In diesen Zusammenhang gehören auch noch der Ausbau des Ulmer Münsterturms (1890 vollendet) und des Berner Münsterturms (1889-1893) durch August von Beyer (1834-1899), der vorher bereits das ehemalige Zisterzienserkloster Bebenhausen (1868-1881) restauriert hatte.

Die Erfahrungen, die die Architekten bei den Restaurierungen gewinnen, bestimmen und beeinflussen ihre neuen Projekte. Oft kann man gut verfolgen, wie eine bei einer Restaurierung erarbeitete technische oder formale Lösung direkt in die moderne neugotische Bauweise übernommen wird.

Der Höhepunkt dieser Identifizierung zwischen Restaurierung und Neuschöpfung ist 1845 erreicht, als Didron, der Herausgeber der *Annales archéologiques*, eine neugotische Kirche in Reims als »kostbare Gelegenheit, die wunderbare Kirche Saint-Nicaise, die man verkauft und niedergerissen hat, im Kleinen wiedererstehen zu lassen«, bezeichnet. Die gedankliche Verbindung von Restaurierung und Neuschöpfung geschieht so natürlich, daß Anatole de Baudot (1834-1915) in seinen *Eglises de bourg et de village* (1867) Gotisches und Neugotisches unbekümmert mischt. Er berechnet die Baukosten kleiner Kirchen des 13. Jahrhunderts, als handle es sich um zeitgenössische

83, 84 Der Kölner Dom, Westfassade und Inneres nach Osten, nach: Sulpiz Boisserée, Stuttgart 1821. Die Risse zeigen, wie der vollendete Dom nach der Meinung Boisserées aussehen sollte.

85 All Souls Church in London, Inneres mit Blick auf die Abtei; John Nash; 1822-1824. Ein Beispiel für den Typus des Predigtsaals, gegen den sich die Ecclesiologists zur Wehr setzten.

Projekte, und er betont umgekehrt, wie sehr es sich bei den modernen Bauten um »eine gewissenhafte Anpassung der Grundsätze des Mittelalters an unseren Geschmack und unsere Bedürfnisse« handelt.

Die neugotische Kirche

In den ersten Jahrzehnten des 19. Jahrhunderts erstarken die religiösen Überzeugungen merklich. Die ersten nach der Revolution geborenen Generationen reagieren auf den Rationalismus der Aufklärung, indem sie die Werte des Gefühls und der Liturgie betonen. Ein junger, zum Katholizismus bekehrter englischer Architekt, Augustus Welby Pugin, eine Gruppe anglikanischer Ritualisten aus Cambridge und die um den Grafen Charles de Montalembert (1810-1870) formierten Neukatholiken in Frankreich werden sich bemühen, der romantischen Gegenreform einen architektonischen Ausdruck zu verleihen.

Die dem klassischen Tempel nachempfundene Kirche ist in ihren Augen Ausdruck eines von Reform und Rationalismus fehlgeleiteten Glaubens. Die Rückkehr zur Gotik scheint ihnen ein geeignetes Mittel, den wahren Katholizismus wiederherzustellen. In den 1833 verfaßten Zeilen des Jesuitenpaters Fournier aus Nantes klingt Chateaubriands *Génie du christianisme* nach: »Die Kathedrale von Vannes ist hundertmal wertvoller als diese griechischen Tempel der modernen Architekten, die zu unseren christlichen Ideen keine Beziehung haben. Sie sind ohne Hauch, ohne Andacht, ohne Mysterien.« H. R. Cleveland stellt 1836 in der *North American Review* die Behauptung auf, die Gotik sei »ein für das Christentum besonders geeigneter Baustil«. Die »neugotische« Kirche — Montalembert gebraucht den Begriff 1834 zum ersten Mal — entsteht sozusagen aus der Begegnung einer sich wandelnden Religiosität und der sich rasch entwickelnden mediävalen Archäologie.

Eine Leitfigur der englischen Romantik, John Malton, bedauert bereits 1798 in *An Essay on British Cottages* den fehlenden religiösen Charakter klassizistischer Kirchen. Er schreibt (S. 12): »Wer auf einer Wanderung durch unsere Provinzen zum ersten Mal eines dieser modernen Bauwerke erblickt, die man zu Kirchen ernannt hat, geriete wohl in Verlegenheit, sollte er ihre Bestimmung erraten. Sie bieten eher das Bild eines Versammlungsraumes, eines Theatersaales als das eines Gotteshauses.« Sodann erinnert er an das Beispiel der alten Pfarrkirchen: »Die Unverwüstlichkeit und die romantische Schönheit unserer alten Pfarrkirchen kann und muß jeder empfinden, der an der ländlichen Szenerie Geschmack hat. Könnte man nicht die besten Beispiele auswählen und, da es den Baumeistern an der nötigen Phantasie zu mangeln scheint, gefällige Entwürfe zu schaffen, nach diesen Modellen neue Kirchen bauen.« Vierzig Jahre später greift Augustus Welby Pugin diese Idee wieder auf. Ist das romantische Thema bei Pugin noch gut zu erkennen, so muß man dennoch die Rückbesinnung auf die gotischen Vorbilder jetzt im Zusammenhang der allgemeinen Bewegung zur Wiederherstellung einer idealisierten mittelalterlichen Gesellschaft sehen; für andere Baustile gibt es keinen Platz mehr.

In seinen *Contrasts* beweist Pugin 1836 bemerkenswertes polemisches Talent. Mit Sinn für Nostalgie und Ironie vergleicht er die Bauwerke des Mittelalters und der Moderne. In seinen 1841 in Dublin gehaltenen Vorlesungen, die zwei Jahre später unter dem Titel *The Present State of Ecclesiastical Architecture in England* erscheinen, plädiert Pugin für »die Wiedererstehung unserer ehrwürdigen Pfarrkirche«, die der Natur der kleinen katholischen Gemeinde besser entspreche als die Kathedrale. In der Tat erhalten die katholischen Gemeinden Englands 1829 durch den »Relief Act« das Recht verbrieft, neue Kirchen zu bauen. Seine radikale Reform der Architektur rechtfertigt Pugin, indem er die Poesie der »Glockentürme in den Dörfern« beschwört, der »alten Portale«, der »ehrwürdigen Eiben« und der »alten grauen Kirchtürme« sowie der malerischen, abwechslungsreichen gotischen Fassaden: »Wie dankbar ist man doch, zwei unterschiedliche Bauwerke zu betrachten, anstatt vor einer Wiederholung zu stehen.« Allerdings sollen die Kirchen im mittelalterlichen Stil nur in beschränkter Zahl — gemäß der Verbreitung des katholischen Glaubens! — gebaut werden.

Das Ergebnis dieser originellen Verbindung von liturgischem Rationalismus und romantischer Betrachtung faßt Pugin in einigen Richtlinien zusammen. Um die Kirche soll man einen kleinen Gemeindefriedhof anlegen, denn »nichts weckt die ernste Stimmung der Hingabe so wie der Gang durch die Ruhestätte der treuen Verstorbenen«. Der Chor soll durch Form und Ausstattung innerlich und äußerlich vom Langhaus getrennt werden. Die Kirche muß einen Turm haben, der in einer Spitze endet, »die markanteste Eigenschaft einer Kirche«; er hat in der Mitte der Westfassade, an einer Flanke oder über der Vierung zu stehen. Zur Kirche gehört ein Portalvorraum an der Südseite, der als Taufkapelle dienen soll. Damit definiert Pugin eine rationelle Romantik, die sich vom abstrakten Rationalismus — der nur ein Ausweg aus der Regellosigkeit ist — ebenso deutlich absetzt wie von einer unmotivierten Romantik — aus der sinnleere Regellosigkeit entsteht. Der romantische Kirchenbau nach Pugin wächst logisch aus seinem Grundriß und aus der Verbindung der verschiedenen Gebäudeteile hervor: Langhaus, Chor, Portal, Pfarrhaus. Willkür ist ausgeschlossen: »Ein Gebäude, das einen romantischen Effekt erstrebt, wird unweigerlich einem künstlichen Wasserfall ähneln« (*The Present State of Ecclesiastical Architecture in England*, 1843, S. 62-63).

86 Unterschiede zwischen einer katholischen Stadt im Jahr 1440 und der gleichen Stadt im Jahr 1840 nach: Augustus Welby Pugin, *Contrasts*, Ausgabe London 1841. In der mittelalterlichen Stadt fallen die Befestigungen und die zahlreichen Türme auf, in ihrer Umgebung die große Abtei (links) im Decorated Style und die einfache kleine Pfarrkirche (rechts), dazu die Fachwerkhäuser im Vordergrund. In der Stadt des 19. Jahrhunderts sind die Befestigungen durch Fabriken und die Kirchtürme durch Fabrikschornsteine ersetzt. Neben den Ruinen der Abtei wurde eine Eisengießerei errichtet und auf dem Gelände im Vordergrund ein Gefängnis im modernen Typus, der die Überwachung vom Zentrum aus erlaubt.

87 The Grange (1843-1844) und St. Augustine's Church (1847-1849) in Ramsgate (Kent); Zeichnung; Augustus Welby Pugin. Pugin läßt hier eine mittelalterliche architektonische Einheit wieder Gestalt annehmen: Kirche, Pfarrhaus und Schule (rechts), sein eigener Landsitz The Grange (links). Die Landschaft mit den Bauern bei der Arbeit und die Beerdigung auf dem Friedhof im Vordergrund geben der Zeichnung eine menschliche und religiöse Stimmung.

Bei Pugin ist die Besinnung auf die Gotik Ausdruck eines militanten Katholizismus; doch bald vertreten die Anglikaner verwandte Ideen. Von 1833 an bemüht sich eine Gruppe von Theologen um John Keble (1792-1866) und John Henry Newman (1801-1890), die Staatskirche mit ihrer katholischen Vergangenheit zu versöhnen; sie publiziert von 1833 bis 1841 die *Tracts for the Time*. In Cambridge bilden die Anhänger dieser »tractarians« 1839, nach drei Jahren informeller Arbeit, die Cambridge Camden Society, die ihren Namen 1845 in Ecclesiological Society umändert. Zwischen 1841 und 1868 geben sie die Zeitschrift *The Ecclesiologist* heraus und verbreiten in Tausenden von Exemplaren für ein paar Pennies Schriften wie *A Few Words to Church Builders* oder *A Few Words to Church Warders*. Es ist ihr Ziel, dem neuen Bedürfnis nach religiöser Form einen architektonischen Inhalt zu geben. Ihre Vorschläge unterscheiden sich kaum von denen Pugins: Rückkehr zu den Vorbildern des Mittelalters, Abkehr von der Symmetrie, eine deutliche Unterscheidung von Langhaus, Chor und Pfarrhaus durch die Gliederung und verschiedene Ausbildung der Dächer.

Pugin und die Ecclesiologists verfolgen mit ihren Feldzügen das gleiche Ziel, mit dem Erfolg, daß sich der Baustil sowohl der anglikanischen als auch der katholischen Kirchen bald ändert. Die rund zwanzig Kirchen, die Pugin selbst entwirft, sind ein einziges Manifest »für die Renaissance der christlichen Architektur in England«, wie er sie im Titel seiner 1843 erschienenen Schrift ankündigt: *An Apology for the Revival of Christian Architecture in England*. Zu Beginn läßt er sich vom spätgotischen Perpendicular Style des 14. Jahrhunderts anregen (St. Mary's Church, Derby, 1837), neigt dann abwechselnd zum frühgotischen Lancet Style (St. Wilfrid's Church, Hume bei Manchester, 1839-1842) oder zum hochgotischen Decorated English (St. Chad's Cathedral, Birmingham, 1839-1841). Im Auftrag des Grafen von Shrewsbury, der ihm große Mittel zur Verfügung stellt, erbaut Pugin die Church of St. Giles in Cheadle, Staffordshire, und stattet sie mit einer reichen, prachtvollen Innendekoration aus. An St. Augustine's Church in Ramsgate in der Grafschaft Kent (1845-1851) erkennt man jedoch, daß er selbst einen eher nüchternen Stil bevorzugte.

Sir George Gilbert Scott wird trotz seiner evangelischen Herkunft Mitglied der anglikanischen Cambridge Camden Society. Er bekennt, er sei durch die Lektüre der Schriften Pugins wie »aus einem langen Fiebertraum erwacht«. Ihm haben wir ebenfalls rund zwanzig zwischen 1839 und 1846 entstandene »alte Pfarrkirchen« zu verdanken. Übrigens legt er seine Entwürfe der Camden Society mit der Bitte um Kritik vor. Seine interessantesten Kirchen sind ohne Zweifel die Church of St. Giles in Camberwell, südlich von London (1842), St. Mark's Church in Worsley bei Manchester (1844) und SS. Simon and Jude in Bradfield, Berkshire (1847). John Loughborough Pearson bekennt sich von 1843 an ebenfalls zum ästhetischen Entwurf Pugins, der ihn in Ellerker zu St. Anne's Chapel (1843-1844) und in North Ferriby, Yorkshire, zur Kirche All Saints (1846-1848), einem Bau, der in der Zeitschrift *The Builder* ausführlich besprochen wird, anregt. Lieblingsarchitekt der Ecclesiologists bleibt jedoch lange Zeit Richard Cromwell Carpenter (1812-1855); sie erheben dessen Kirchen St. Paul in Brighton (1846-1848) und St. Mary Magdalene am Londoner Munster Square (1846-1849) zu Vorbildern. Allen diesen Kirchen gemeinsam sind der deutlich hervorgehobene Chor sowie die oft asymmetrische Stellung von Portal und Kirchturm. Man trifft

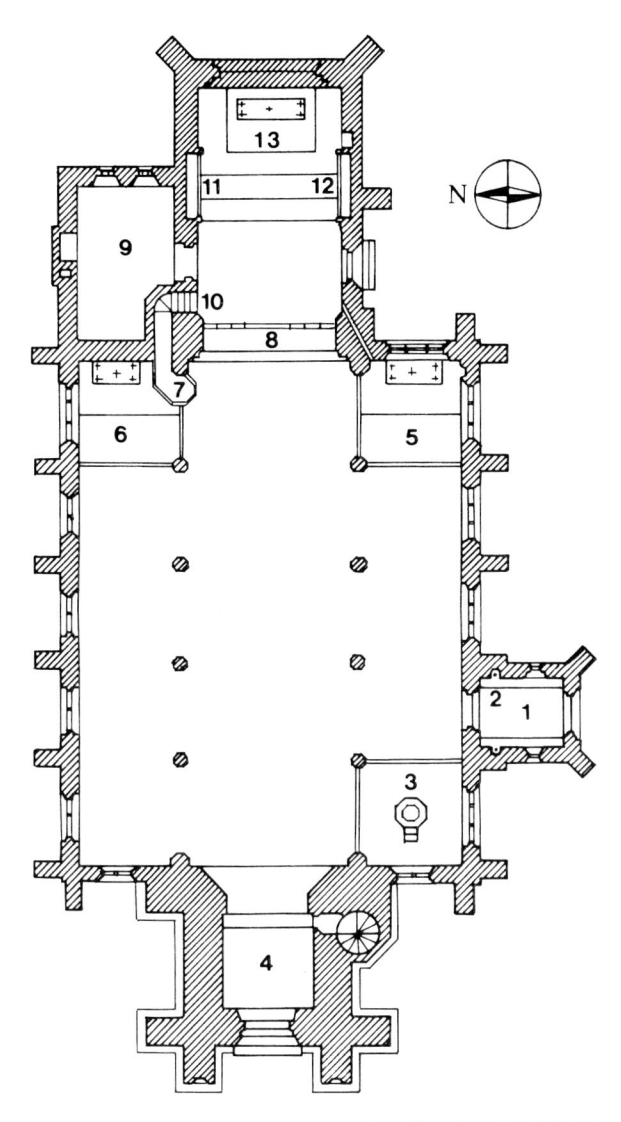

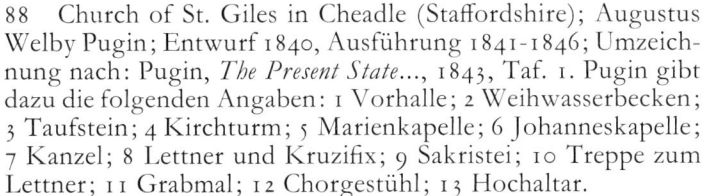

88 Church of St. Giles in Cheadle (Staffordshire); Augustus Welby Pugin; Entwurf 1840, Ausführung 1841-1846; Umzeichnung nach: Pugin, *The Present State...*, 1843, Taf. 1. Pugin gibt dazu die folgenden Angaben: 1 Vorhalle; 2 Weihwasserbecken; 3 Taufstein; 4 Kirchturm; 5 Marienkapelle; 6 Johanneskapelle; 7 Kanzel; 8 Lettner und Kruzifix; 9 Sakristei; 10 Treppe zum Lettner; 11 Grabmal; 12 Chorgestühl; 13 Hochaltar.

89 Church of St. Giles in Cheadle (Staffordshire); Augustus Welby Pugin; Entwurf 1840, Ausführung 1841-1846. Der mit großen Unkosten ausgeführte Bau überrascht durch den Gegensatz zwischen der Schmucklosigkeit des Mauerwerks und der Ausstattung im Decorated Style.

dabei auf das raffinierteste Decorated English wie im Falle von All Souls in Haley Hill, Halifax (1856-1859, Sir George Gilbert Scott), und auf das gröbste Early English wie bei der Church of St. Mary von St. Austell with Fowey, Cornwall (1847, von George Edmund Street, 1824-1881), womit wohl der Grundsatz: »Let mean material appear mean« (Man soll einfachen Stoff einfach aussehen lassen) beherzigt wird; *The Ecclesiologist* hat ihn 1843 in dem Artikel *On Simplicity of Construction Especially in Churches of the Early English* aufgestellt.

Die von den Ecclesiologists erstrebte Reform der Sakralarchitektur greift sehr schnell auf die gesamte angelsächsische Welt über. Schon in den Jahren 1839 bis 1841 schließen sich etliche Bischöfe in Amerika, Australien und Neuseeland der Camden Society an, die in der ersten Nummer des *Ecclesiologist* ihre missionarische Berufung verkündet. Mit der in mancherlei Hinsicht für das 19. Jahrhundert typischen Naivität bemüht sich die Camden Society, ihre Empfehlungen den örtlichen Bedürfnissen — oder was sie dafür hält — anzupassen. Dem Bischof von Auckland (Neuseeland), der die Society um Rat bittet, schlägt sie für eine neue Kirche den normannischen Stil vor und nicht den Middle-Pointed Style (Spitzbogenstil), den sie in England befürwortet. In der Begründung

90, 91 Church of St. Mary, St. Austell with Fowey (Cornwall), Ansicht von Südosten und Inneres; George Edmund Street; 1847. Die vom kleinen Gemeindefriedhof umgebene Kirche ist ein typisches Beispiel der neugotischen englischen Pfarrkirche. Sie hat nur ein Seitenschiff, denn man beschränkte sich auf das für die Bedürfnisse der Pfarrei absolut Notwendige. Das einheimische Baumaterial, der offene Dachstuhl und der Early English Style tragen zum Eindruck ländlicher Einfachheit bei.

92 Church of All Souls, Haley Hill, Halifax (West Yorkshire); Sir George Gilbert Scott; Entwurf 1855, Ausführung 1856-1859. Das Modell der Pfarrkirche ist hier auf geschickte Art vergrößert und erweitert, und zwischen den unsymmetrisch angeordneten Baukörpern besteht ein gutes Gleichgewicht. Die Kirche entspricht den Forderungen der Ecclesiologists in den vierziger Jahren.

heißt es, die Arbeit werde ja hauptsächlich von einheimischen Handwerkern ausgeführt, »und es scheint natürlich, sie zuerst diesen Stil zu lehren, der in unserem Land zuerst aufkam, denn seine Derbheit und Wuchtigkeit und das grobe Bildwerk werden sie zweifellos leichter verstehen und schätzen«. Im gleichen Lichte muß man die 1845 veröffentlichte Ankündigung des *Ecclesiologist* verstehen, man habe drei alte Kirchenmodelle ausgewählt, damit die Kolonien nach diesen Vorbildern bauen könnten; ausschlaggebend ist bei dieser Auswahl die Schlichtheit ihres Early English Style. Ein gutmeinender Amerikaner kehrt mit den Zeichnungen der Pfarrkirche St. Michael's in Longstaton, Cambridgeshire, nach Hause, die so zum Vorbild für die Church of St. James the Less in Philadelphia, Pennsylvania (1846-1850), wird.

Richard Upjohn (1802-1878) nähert sich mit der New Yorker Trinity Church (1839-1846) dem Ideal Pugins, desgleichen James Renwick (1818-1895) mit Grace Church am Broadway. Anregung für Renwicks St. Mary's Church (1846-1848) in Burlington, New Jersey, ist die mittelalterliche Kirche St. John's im englischen Shottesbrook, Berkshire. Ein Stich von Richard Cromwell Carpenters St. Paul's Church in Brighton, dem John Notman (1810-1865) in einer Nummer des *Ecclesiologist* begegnet, dient ihm als

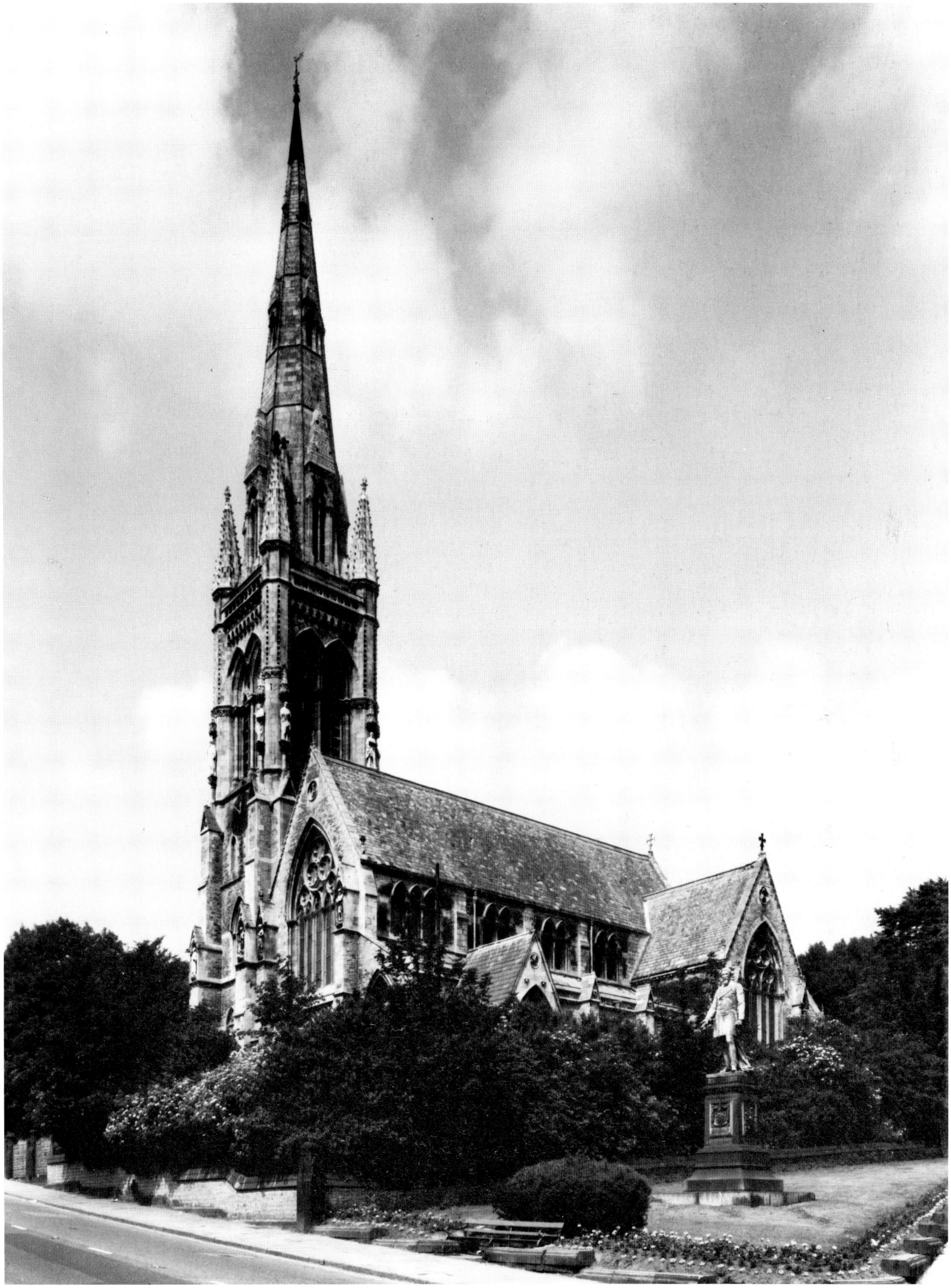

93 Emmanuel Church in Cumberland (Maryland); John Notman; 1850-1851. Notman, der 1837 in Burlington eine der ersten italianisierenden Villen Amerikas baute und 1845 mit dem Athenaeum von Philadelphia einen der frühesten italianisierenden Palazzi in Amerika, ließ sich für seine Kirchen von Bauten Richard Cromwell Carpenters anregen: Für St. Mark's Church in Philadelphia, 1847, ist die Church of All Souls in Brighton das Vorbild, für die Emmanuel Church eine in *The Ecclesiologist* veröffentlichte Abbildung von St. Paul's Church in Brighton.

Vorlage für seine Emmanuel Church (1850-1851) in Cumberland, Maryland.

Es dauert nicht lange, bis die Camden Society in der New York Ecclesiological Society eine amerikanische Nachahmerin hat, die von 1848 bis 1853 mit *The New York Ecclesiologist* auch ein eigenes Sprachrohr besitzt. Dem Vorbild gleich, bemüht sich die New Yorker Gesellschaft um die Förderung einer sakralen »Qualitätsarchitektur«. Sie übt Kritik am Kirchenbau der letzten Jahrzehnte und empfiehlt leicht nachzubauende Modelle.

Man hat der Ausbreitung dieser neuen Ideologie in der Architektur, die in Frankreich von den archäologischen Gesellschaften und den neukatholischen Zirkeln gefördert wurde, bisher wenig Aufmerksamkeit geschenkt. Im Erstellen einer Chronologie muß man sehr differenzieren: zwischen kleinen und großen Kirchen, Restaurierungen und Neubauten, Planung, ersten Entwürfen, Annahme eines Projekts und dessen Verwirklichung. Oft trennen erhebliche Zeiträume die erste und letzte Phase. In dieser Hinsicht ist Saint-Nicolas in Nantes — eine Kirche, die durchaus die erste neugotische Kirche Frankreichs hätte sein können — beispielhaft. Um 1823-1824 legt Jean-Baptiste Ogée (um 1760-um 1845), Architekt und Straßenbaurat der Stadt Nantes, einen Entwurf vor, den man als eine Variation von Saint-Philippe-du-Roule (1772-1784, Chalgrin) im Geiste von Jean Nicolas Louis Durand (1760-1834) bezeichnen kann. Zehn Jahre später, 1834, zeigt sich der neue Pfarrer Fournier (1803-1877), der den Ideen Hugues-Félicité-Robert de Lamennais' und Philippe Joseph Benjamin Buchez' zugetan ist, willens, seine Kirche im gotischen Stil, »dem wahrhaft christlichen Stil«, wiederaufzubauen. Man zieht Louis-Alexandre Piel (1808-1841) zu, der 1837 seinerseits einen Entwurf unterbreitet. Er erklärt, er habe »den Stil des 13. Jahrhunderts gewählt. Er ist dem Stil des 14. Jahrhunderts vorzuziehen, denn dessen stark herausgearbeitete, poetische, schwülstigere Formen verursachen größere Baukosten«, außerdem habe er »die Folge der Gewölbefelder, die Gewölbeformen und die Proportionen und Formen der Gewölberippen von Notre-Dame de Paris« zum Vorbild genommen. Nach mehrfachem Hin und Her beauftragt man schließlich Jean-Baptiste Lassus mit einem neuen Entwurf, und zu guter Letzt werden die 1844 aufgenommenen Arbeiten 1876, zu einem Zeitpunkt, da die Schlacht der Neugotik längst siegreich geschlagen ist, zu Ende geführt.

Die neugotische Partei gewinnt nach 1840 immer größeres Gehör, was vier Jahre später zur Gründung der *Annales archéologiques* führt, die engen Kontakt zu *The Ecclesiologist* und dem *Kölner Domblatt* pflegen. Doch man setzt der neugotischen Interessengruppe des öfteren heftigen Widerstand entgegen, bei dem wirtschaftliche und technische Argumente eine ebenso wichtige Rolle spielen wie die ästhetischen, und nicht selten beweisen die Klassizisten den größeren Sachverstand.

Der Kölner Franz Christian Gau (1790-1853) löst 1846 mit seinem neugotischen Entwurf für die Kirche Sainte-Clotilde in Paris eine Polemik aus, die den seit 1837 andauernden Konflikt zwischen den neukatholischen Kreisen und den royalistischen Befürwortern des Klassizismus im Conseil des Bâtiments civils lediglich an die Öffentlichkeit trägt. Der Vizepräfekt von Loudhéac im Departement Côtes-du-Nord gibt 1845 bekannt, er werde das »Parallelprojekt für Kirchen im Spitzbogenstil des 13. Jahrhunderts« von Hippolyte Louis Durand (1809-1881) unterstützen, und außerdem werde er für den nächsten Bau in seinem Arrondissement, in dem alle drei im Bau befind-

94 Sainte-Clotilde, Paris 7e; Franz Christian Gau und Théodore Ballu; 1846-1857. Die erste neugotische Kirche von Paris — das Vorbild der frühchristlichen Basilika ist aufgegeben.

95 Saint-Nicolas in Nantes; Jean-Baptiste Lassus; 1844-1876. Ein erster Entwurf von Lassus wurde bereits 1844 in den *Annales archéologiques* als »Kirche im Stil des 13. Jahrhunderts« veröffentlicht, die Genehmigung der definitiven Pläne erfolgte jedoch erst 1850.

lichen Kirchen klassizistisch seien, den gotischen Stil befürworten (*Annales archéologiques*, 1845, S. 511). Der Herausgeber der *Annales archéologiques*, Didron, zählt 1852 zweihundert neugotische Kirchenbaustellen (1852, S. 164). Der Stadtarchitekt von Amiens, Antoine, kündigt 1855 seine Stelle, weil der Bischof für drei Kirchen seiner Diözese den Spitzbogenstil des 13. Jahrhunderts gegen seinen klassizistischen Entwurf durchsetzt.

In Deutschland, wo Köln mit der Dombaustelle zum wichtigsten Zentrum der neuen Pflege des Mittelalters herangewachsen ist, geht man ohne große Schwierigkeiten vom romantischen Tagtraum von der Gotik als »deutschem Stil« zur archäologisch treuen Neugotik über. Dieser Übergang vollzieht sich zwischen 1815 und 1842, dem Jahr des offiziellen Beginns der Arbeiten zur Fertigstellung des Kölner Doms. Ähnlich wie in England und Frankreich nimmt die neugotische Bautätigkeit vor allem nach 1840 einen deutlichen Aufschwung: Für seine Mariahilfkirche (1831-1839) in der Münchner Vorstadt Au wählt Daniel Ohlmüller (1791-1839) die traditionelle Form der Hallenkirche, Dombaumeister Ernst Friedrich Zwirner (1802-1861) baut die Apollinariskirche von Remagen (1839-1843), und der vor allem als Restaurator bekannte Carl Alexander von Heideloff entwirft Leipzigs neue katholische Kirche (1845-1847) — und so weiter. August Reichensperger (1808-1895) schreibt in *Die christlich-germanische Baukunst* (Trier 1845) in einem mit Pugins Schriften zeitgleichen Text: »Wir müssen jeden Pseudo-Klassizismus verwerfen und uns unserer wahrhaftigen, glorreichen und überlieferten nationalen Baukunst zuwenden.«

Das Zusammentreffen aller dieser Versuche bleibt selbstverständlich nicht unbemerkt. 1834 wählt man Sulpiz Boisserée in die Société Française d'Archéologie. Weigert sich Charles de Montalembert auch, der häretischen, weil anglikanischen Camden Society beizutreten, so besucht Augustus Welby Pugin 1844 in Paris die Sainte-Chapelle zusammen mit Didron, der

65

66

zuvor der Einweihung von Pugins Church of St. Giles in Cheadle beigewohnt hat.

Die Unterschiede sind dennoch deutlich wahrzunehmen. Pugin und Viollet-le-Duc befürworten zwar beide eine rationelle Analyse der Gotik. Doch Pugin reagiert damit auf die Ausdruckslosigkeit der »Predigtsäle« und sucht nach einem von der Liturgie hergeleiteten Grundriß, aus dem sich die romantische Silhouette von selbst ergibt. Viollet-le-Duc setzt sich seinerseits gegen seine akademischen Kritiker zur Wehr und beweist, unter Zuhilfenahme der Baustruktur des Gewölbes, die rationelle Logik der gotischen Pfeiler. Bis in die vierziger Jahre hinein behauptet sich in England das Modell der Pfarrkirche des 14. Jahrhunderts, in Frankreich ist es die Kathedrale des 13. Jahrhunderts und in Deutschland die typische Hallenkirche.

Um 1850 geht diese erste Phase der gotischen Renaissance zu Ende. Die vom Mittelalter inspirierten Architekten beherrschen inzwischen die gotische Technik und Linienführung mit der gleichen Kompetenz wie den klassischen Stil. Im Jahr 1902 kann Hermann Muthesius (1861-1927), der die Strömungen der englischen Architektur aufmerksam beobachtet, nach einem Besuch von John Loughborough Pearsons Holy Trinity (1849-1850) in Bessborough Gardens, im Londoner Stadtteil Westminster, schreiben, sie sähe zum Verwechseln »einer alten Kirche« ähnlich.

Das romantische Schloß

In der Sakralarchitektur trug sich die Konfrontation der beiden Kirchenmodelle, der frühchristlichen Basilika und der mittelalterlichen Kirche, notwendigerweise in der Öffentlichkeit und ohne Rücksichten zu, denn dieser Zwist betraf ein Objekt der »hohen« Architektur, auf das die gesellschaftlichen Institutionen wie Kirchenvorstand, Kirchenbauamt und Ministerium einen gewissen Einfluß ausübten. In der profanen Architektur, wo die Vorlieben des Besitzers — für die Romantik zum Beispiel — alle denkbaren und realisierbaren Launen gestatten, sind die Verschiebungen natürlich weniger offensichtlich. In den dreißiger Jahren sind noch der exzentrische Geschmack des Auftraggebers sowie die historischen und romantischen Anspielungen tonangebend, doch die neuen Maßstäbe und die umfangreiche Bautätigkeit deuten den Anbruch einer neuen Phase an.

Archäologisch exakte Motive verdrängen die von romantischen Konventionen geregelte Gotik. Die Wiederentdeckung der Gotik zieht weite Kreise. In England wertet man den Elisabethanischen Stil wieder auf, in Frankreich und Deutschland ist es der Stil der frühen Renaissance; jetzt schätzt man die von der klassizistischen Ästhetik abgelehnte romantische Phantasie und den Reiz der eigenen Tradition. Die kontrastreiche Silhouette und die überreiche Ornamentik dieser beiden Stilarten legen den Vergleich zur Architektur des Mittelalters nahe, doch für Profanbauten scheinen sie den Zeitgenossen angemessener zu sein.

Zwischen 1830 und 1840 erschien in England ein gutes Dutzend Bücher, die sich mit der Elisabethanischen Architektur beschäftigen. Die für diese Wohnsitze charakteristische aufregende Silhouette, die großen verglasten Erker und die riesige Halle mußten eine Gesellschaft, die sich nach der alten englischen Gastlichkeit sehnte, einnehmen.

Anthony Salvin (1799-1881) benutzt in seinen Werken verschiedene Stilarten, die er gemäß den örtlichen Gegebenheiten und dem Geschmack des Bauherrn einsetzt. Seine archäologischen Kenntnisse hat er als Restaurator von Burgen und Schlössern — unter anderen Brancepeth Castle in Durham (1829) — gewonnen. Nachdem er zuerst in Mamhead in Devon (1827) und in Morby (1827-1833) zwei Wohnsitze im nüchternen gotischen Tudorstil gebaut hat, ersetzt Salvin in Harlaxton, Lincolnshire, einen allmählich verfallenden elisabethanischen Landsitz durch ein äußerst beeindruckendes neu-elisabethanisches Schloß (1831-1837). Der Bauherr Gregory Gregory zählt zu diesem Kreis exzentrischer adliger Architektur-Liebhaber, die — von Lord Burlington bis zu Lord Bute — das besondere Gesicht der englischen Baukultur geprägt haben. In Harlaxton Manor vereinen sich persönliche Laune und leidenschaftliche Studien, die sich nach der traditionellen »großen Rundreise« durch die Architekturgeschichte dem Elisabethanischen England zuwenden, einem Zeitalter, das Sir Walter Scott in seinem Roman *Kenilworth* einer begeisterten Leserschaft ausmalt.

Peckforton Castle baut Salvin im Schloßstil des 13. Jahrhunderts im Auftrag des Lord Tollemarche, der seine mehr als 10 000 Hektar großen Ländereien mit einem paternalistischen Interesse an der Moderne

96 Die Mariahilfkirche in der Münchner Vorstadt Au; Daniel Ohlmüller, vollendet von Georg Friedrich Ziebland; 1831-1839. Der Architekt hat die in Deutschland verbreitete Form der dreischiffigen Hallenkirche gewählt. Die Wimperge und Fialen können nicht darüber hinwegtäuschen, daß die Proportionen des Baues sehr gedrungen sind und stärker klassisch als mittelalterlich anmuten. Die isolierte Lage der Kirche auf einem freien Platz ist für das 19. Jahrhundert charakteristisch.

97 Die Petrikirche in Hamburg; Alexis de Chateauneuf und Hermann Peter Fersenfeldt; 1843-1849. Eine der ersten weder von der Romantik noch von archäologischen Überlegungen bestimmten, sondern »modernen« gotischen Kirchen. Der rote Backsteinbau erregte das Interesse englischer, mit den Problemen städtischer Kirchen beschäftigter Architekten.

98 Die Apollinariskirche bei Remagen; Ernst Friedrich Zwirner; 1839-1843

99 Harlaxton Manor (Lincolnshire), Südseite; Anthony Salvin; 1831-1837. Das für Gregory Gregory erbaute Schloß wurde 1838-1844 durch William Burn vollendet. Rechts, an den Gebäudekomplex anschließend, die Gewächshäuser.

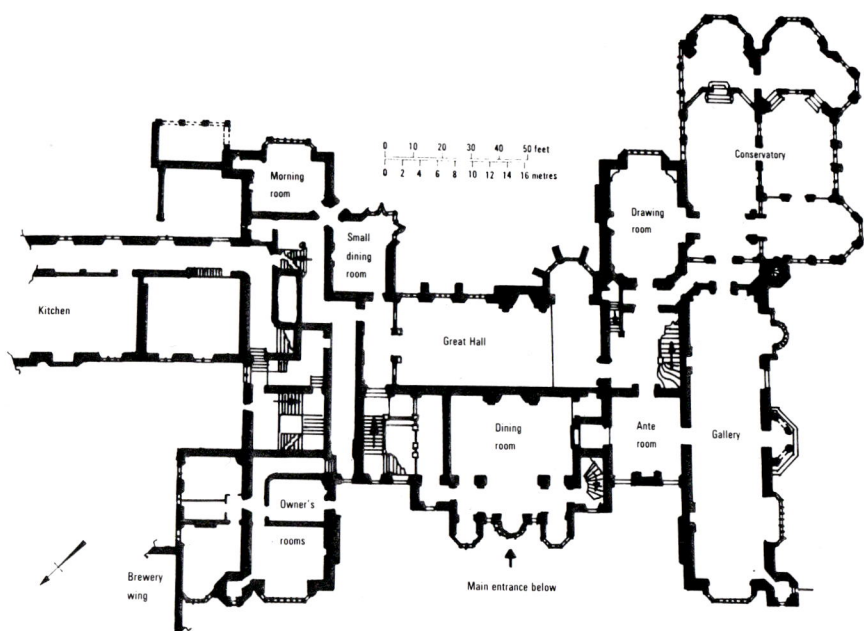

100 Harlaxton Manor (Lincolnshire), Grundriß des ersten Obergeschosses vom Hauptbau; Anthony Salvin; 1831-1837

neu organisiert. Peckforton ist einer der ehrgeizigsten Versuche, die mittelalterliche Profanarchitektur wiederzuerwecken; eine besonders glückliche Hand beweist Salvin mit dem asymmetrischen Hof, um den er die Baukörper romantisch und dennoch funktionell gliedert. Schon in Scarisbrick Hall, das Augustus Welby Pugin zwischen 1837 und 1844 umbaute, zeigt sich der gleiche Wunsch, ein Gebäude des Mittelalters authentisch neu zu erschaffen, auf deutliche und systematische Weise. Pugin wendet hier, wie bei seinen Kirchen, seine Vorstellung von romantischer Funktionalität an. Die Gliederung des Baus ist aus der Silhouette abzulesen: Wohnzimmer, große Halle mit einem Erker, Portal, Turm und Küche.

In Österreich, Deutschland, Frankreich und in der Schweiz entstehen zunehmend ähnliche Bauwerke.

Vor 1830 gibt es in Frankreich wenige neugotische Profanbauten. In den Jahren danach jedoch beginnt die junge Generation der Ultraroyalisten an die Stelle der dem Klassizismus verpflichteten Auswanderer der Revolution zu treten. Diese in der Restauration aufgewachsenen Ultras finden ihre geistige Nahrung bei Chateaubriand und Joseph de Maistre, und sobald sie ihre Erbschaften antreten, beeilen sie sich, einen neugotischen Wohnsitz zu bauen. Man beschränkt sich also nicht mehr auf Lustschlößchen oder Landhäuser unweit der Hauptstadt — wie die Residenz des Marquis de Forbin-Janson auf dem Mont Valérien (um 1820), das »Kastell« des Grafen de l'Escalopier auf dem Montmartre (1835), damals noch ein ländlicher Vorort der Kapitale, der Herrensitz Beauchêne im Bois de Boulogne (1835) —, sondern man errichtet

101 Harlaxton Manor (Lincolnshire), Anthony Salvin; 1831-1837. Ein Beispiel der typisch englischen Romantik des Elizabethan Style.

große Schlösser wie die von René Hodé im Anjou oder von Châtaignier in der Touraine gebauten. Um 1830 wird die Neugotik zum Erkennungszeichen der adligen Legitimisten. Die Schlösser, die sie sich während der vierziger Jahre nach ihrem Rückzug auf ihre Ländereien — denn sie sind überzeugt, daß die Rückkehr an die Macht nur mit Unterstützung der Bauernschaft möglich ist — bauen lassen, drücken ihr sehnsüchtiges Verlangen nach einer volkstümlichen Feudalherrschaft aus.

Der Kontrast zwischen den Grundrissen französischer und britischer neugotischer Schlösser ist auffallend. In England pflegt man weiter die asymmetrische Gliederung der Baukörper, die sich auch in der Silhouette widerspiegelt. In Frankreich ersetzen wohl gotische Gesimse, Wimperge im Flamboyantstil und Pilaster im spätgotischen Stil König Franz' I. die klassisch-gotische Linienführung, doch mit der symmetrischen Gliederung der Baukörper und der auf Tiefenwirkung bedachten Komposition, die die Vorbauten und Wärterhäuschen einbezieht, wahrt man die französische klassische Tradition.

Diese Bauwerke nehmen ab und zu die Züge einer dynastischen Selbstbestätigung an. In Deutschland baut Johann Claudius von Lassaulx (1781-1848) in den Jahren 1825 bis 1829 die Burg Rheinstein für Prinz Friedrich von Preußen aus. Auch Friedrich Wilhelm IV. von Preußen, der »Romantiker auf dem

102 Scarisbrick Hall (Lancashire); Augustus Welby Pugin; 1837-1845. Pugin ging es darum, den »alten englischen katholischen Wohnsitz« wieder zum Leben zu erwecken. Die Raumgliederung ist nicht »hinter einer monotonen Fassade versteckt«, die Räume »steigern durch die Vielfalt der Formen und Umrisse die Wirkung des Gebäudes«. Der ursprüngliche Turm wurde von Edward Pugin, dem Sohn Augustus Welbys, durch einen sehr viel eindrucksvolleren Glockenturm ersetzt.

103 Scarisbrick Hall (Lancashire), die große Halle; Augustus Welby Pugin; 1837-1845

104 Studie für die Küche von Scarisbrick Hall (Lancashire); Augustus Welby Pugin. Das Bemühen, mittelalterliches Leben in einer mittelalterlichen Atmosphäre wieder zu erschaffen, ist deutlich zu spüren. Die Küche wurde schließlich auf einem komplexeren achtseitigen Grundriß, jedoch auch mit offenem Dachstuhl erbaut.

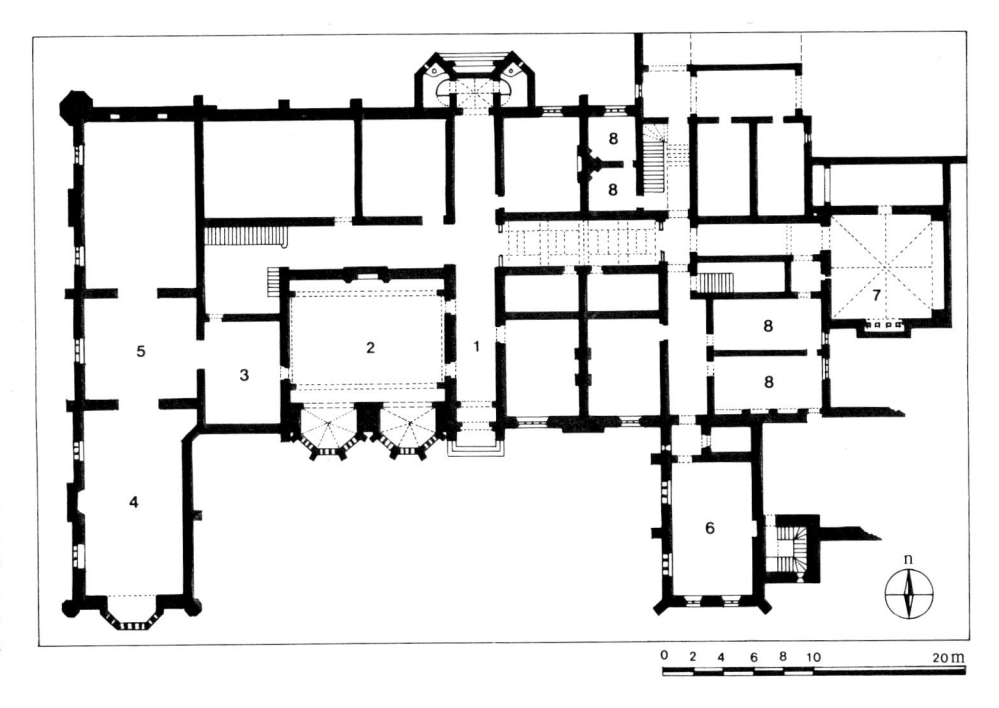

105 Scarisbrick Hall (Lancashire); Grundriß (Umzeichnung nach einem Originalblatt A. W. Pugins); Augustus Welby Pugin; 1837-1845. 1 Flur; 2 große Halle; 3 Eichen-Zimmer; 4 roter Salon; 5 königliches Zimmer; 6 Kabinett; 7 Küche; 8 Räume des Verwalters und des Butlers

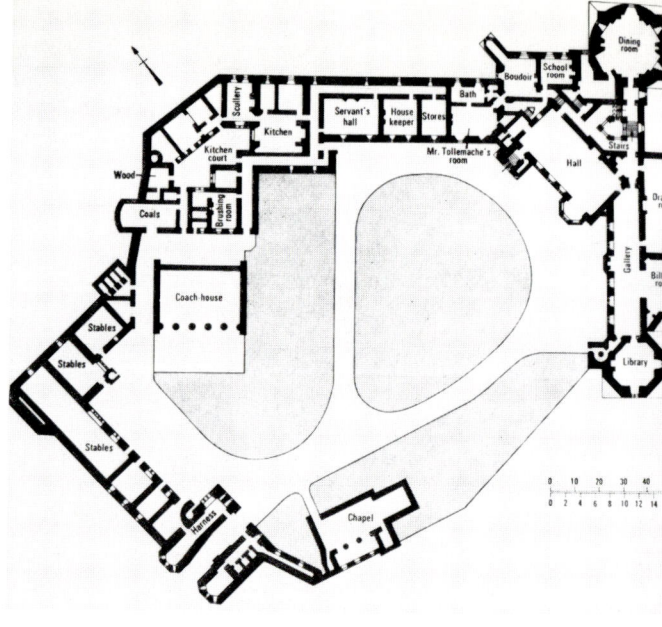

106 Peckforton Castle (Cheshire); Anthony Salvin; 1844-1850. Salvin, der verschiedene mittelalterliche Schlösser und den Londoner Tower restauriert hat, verbindet in diesem für Lord Tollemarche errichteten Schloß die von seinem Lehrer John Nash übernommene Gliederung der Massen mit den Erkenntnissen aus seiner eigenen Restauratorentätigkeit.

107 Peckforton Castle (Cheshire), Grundriß des Erdgeschosses; Anthony Salvin; 1844-1850

108 Wasserschloß Anif bei Salzburg; Lithographie nach einer Zeichnung von Georg Petzolt; 1838-1848. Das im Kern mindestens aus dem 16. Jahrhundert stammende Wasserschloß wurde im Auftrag des Grafen Arco-Stepperg nach englischen Vorbildern neugotisch umgebaut.

109 Das großherzogliche Schloß in Schwerin; Georg Adolph Demmler, vollendet von Friedrich August Stüler; Entwürfe ab 1840, Ausführung 1843-1857. Die Silhouette des pompösen Baues erinnert ein wenig an einige Loire-Schlösser.

111 Schloß Schadau bei Thun; Entwurf Pierre-Charles Dusillon, Bauleitung Ludwig von Rütte; 1849-1854. Das Schloß wurde anstelle eines mittelalterlichen Vorgängerbaues für Abraham Denis Alfred de Rougemont-de Pourtalès errichtet. Vorbilder waren neben englischen Landsitzen auch die Loire-Schlösser.

110 Das großherzogliche Schloß in Schwerin; Fassadenausschnitt; Georg Adolph Demmler und Friedrich August Stüler; 1843-1857. Die Verwendung italianisierender Terrakotta-Reliefs und -Büsten bereichert den Bau um eine italienische Note.

112 Schloß Schadau bei Thun, gewendelte Treppe; Pierre-Charles Dusillon; 1849-1854

113 Die Marienburg bei Nordstemmen (Niedersachsen); Entwurf Conrad Wilhelm Hase, Ausführung Edwin Oppler; 1858-1867. Der unter König Georg V. von Hannover begonnene Bau wurde 1867 nur teilweise vollendet; die Arbeiten wurden eingestellt.

114 Schloß Comacre, Sainte-Catherine-de-Fierbois (Indre-et-Loire); Châtaignier; 1845-1848 (1962 zerstört). Der Umriß des für den Marquis de Lussac erbauten Schlosses ist französisch, bei den Details hat der Architekt jedoch sowohl französische Flamboyant-Elemente als auch englische Motive — die Erkerfenster mit dem kleinen darüberliegenden Balkon — verwendet.

115 Schloß Challain-La-Potherie (Maine-et-Loire); René Hodé; Entwurf 1846, Ausführung 1847-1854. Das auf einem Besitz von 600 Hektar für den Grafen Albert de La Rochefoucauld-Bayers erbaute Schloß ist eines der ersten großen neugotischen in Frankreich. Es erinnert deutlich an die Loire-Schlösser im Flamboyantstil.

116 Burg Stolzenfels am Rhein von Norden; Karl Friedrich Schinkel; 1836 begonnen. Es handelt sich bei diesem für König Friedrich Wilhelm IV. von Preußen ausgeführten Bau — ebenso wie bei Schloß Rheinstein für den Prinzen Friedrich von Preußen — um den Wiederaufbau einer der mittelalterlichen Rheinburgen.

117 Burg Stolzenfels am Rhein, der Rittersaal; Karl Friedrich Schinkel

118 Das Parlament in London; Charles Barry, in der zweiten Bauphase auch Augustus Welby Pugin; Entwurf 1836, Ausführung 1840-1867. Vor Westminster Hall und dem Kreuzgang von St. Stephen's Chapel, die dem Stadtbrand von 1832 entgangen waren, erhebt sich der Komplex des Parlaments mit seiner regelmäßigen Themse-Fassade. Die Räume sind durch zwei Achsen gegliedert, die sich in der großen zentralen Halle unter dem Mittelturm kreuzen. Der Victoria-Turm links über dem königlichen Eingang und der Big Ben rechts durchbrechen die strenge Symmetrie und geben der Anlage eine malerische Note.

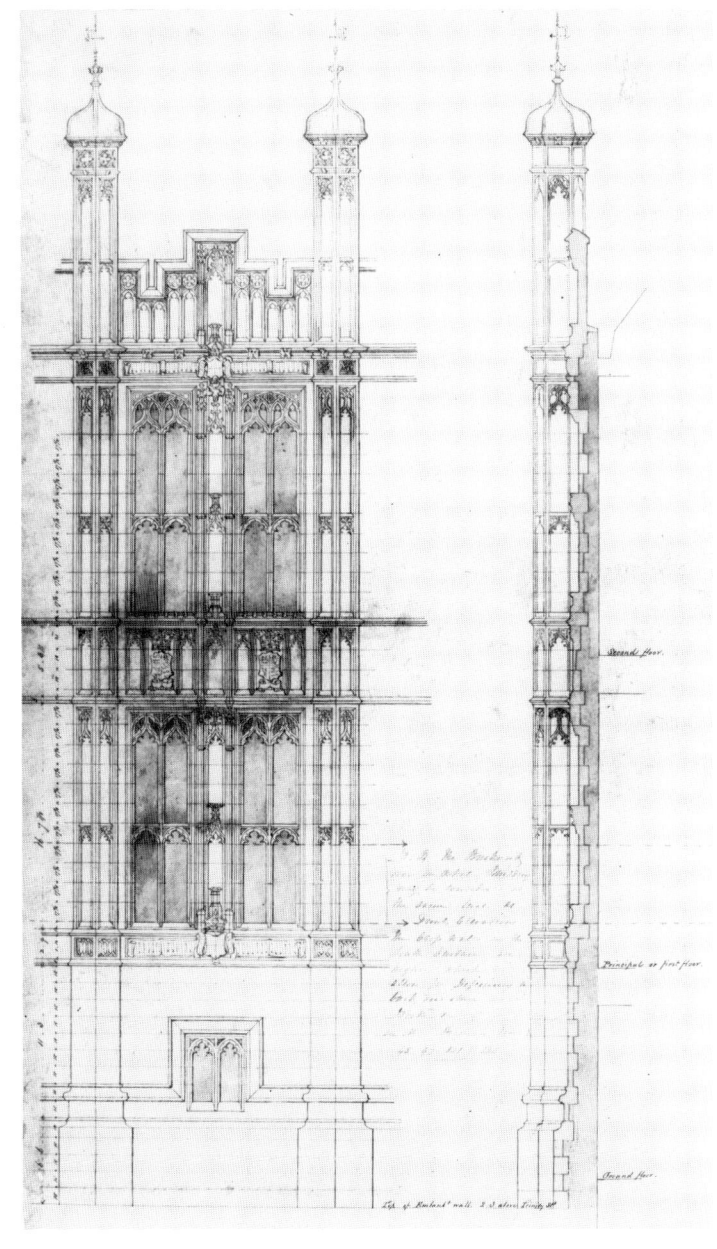

119 Das Parlament in London, Ausführungszeichnung von Charles Barry für eine Travée des nördlichen Seitenflügels.

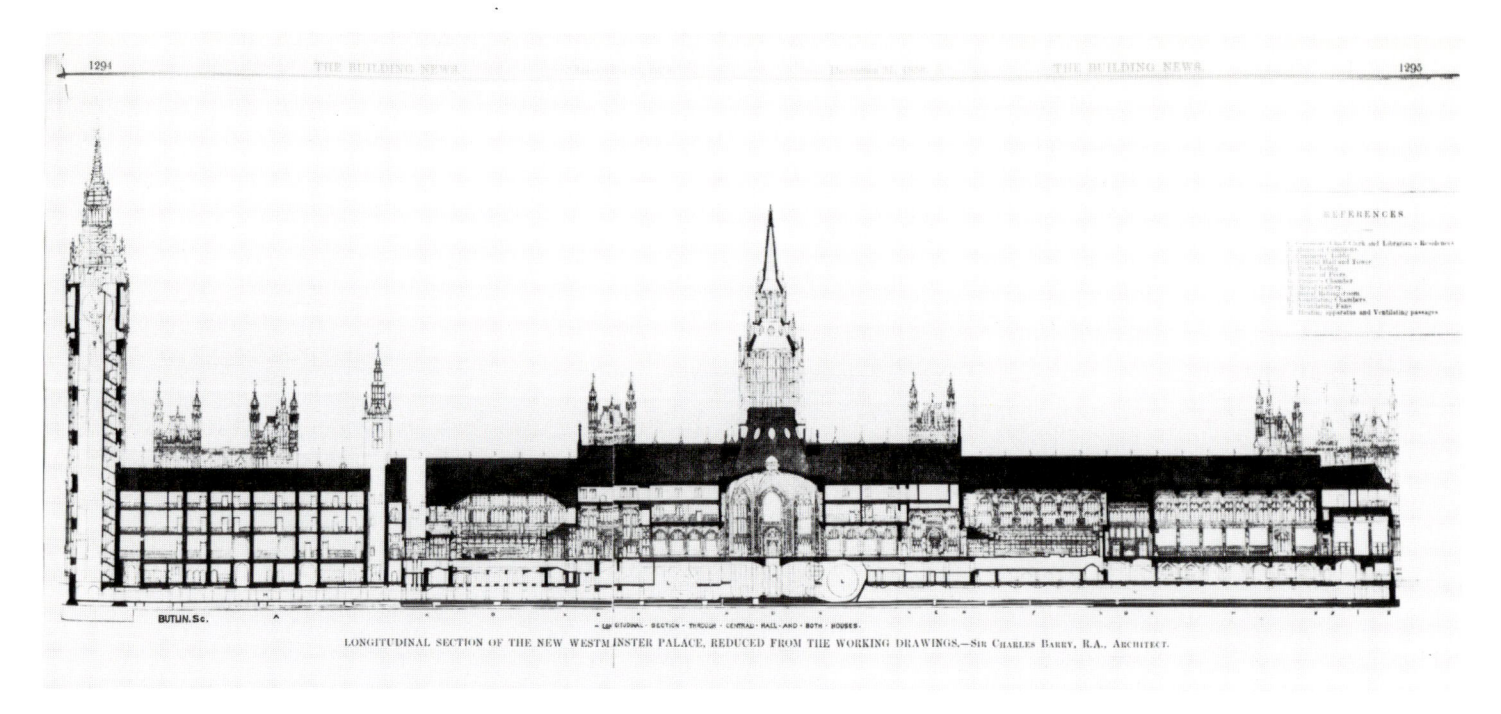

120 Das Parlament in London, Längsschnitt; Charles Barry;
1836-1867

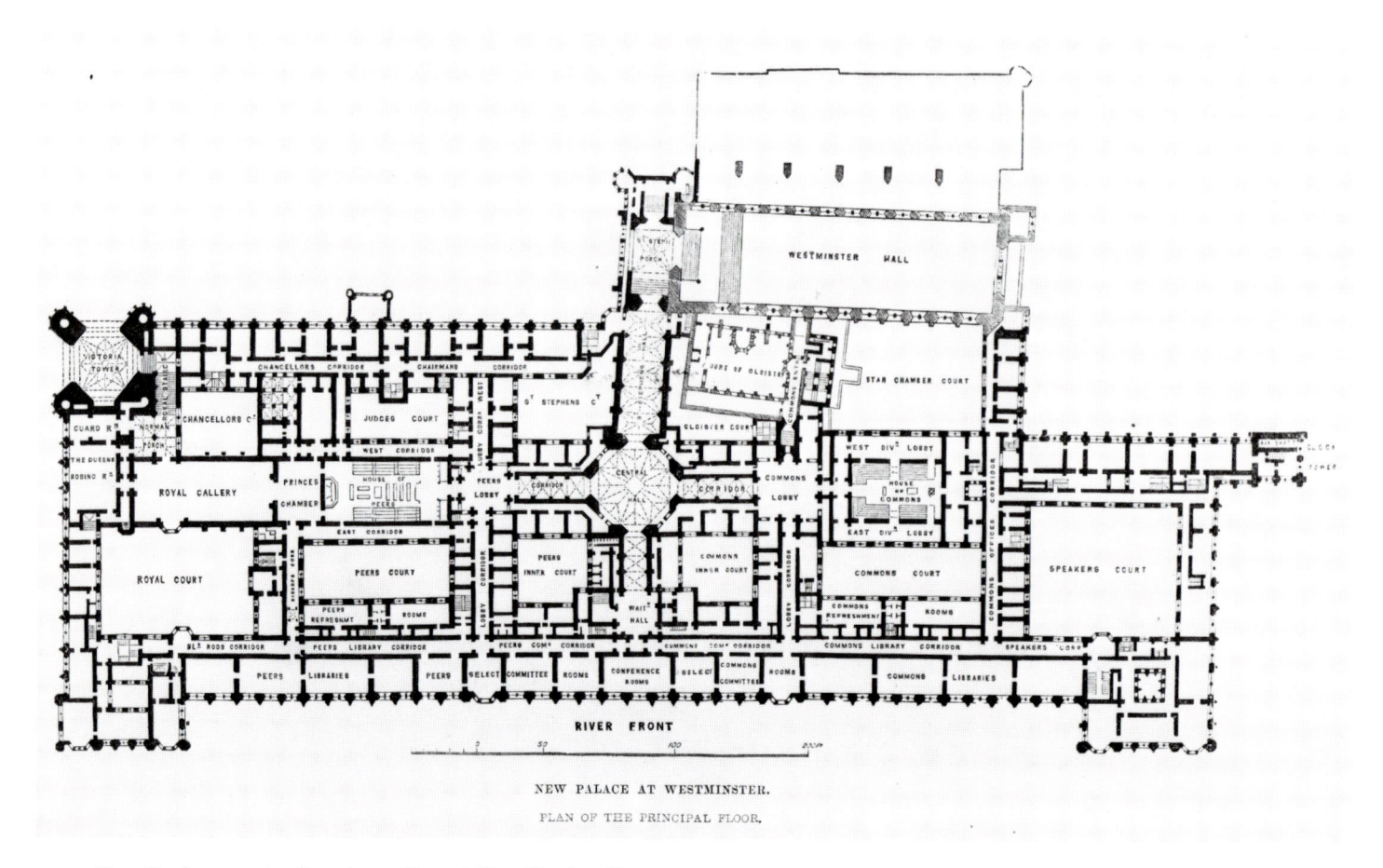

121 Das Parlament in London, Grundriß; Charles Barry;
1836-1867

122 Die königliche Kapelle Saint-Louis in Dreux (Eure-et-Loire), Grablege der Familie d'Orléans; Umbau: Pierre Bernard Lefranc, 1839. Die Rotunde war 1816-1822 von Cramail als klassizistischer Bau errichtet worden.

Thron«, läßt mittelalterliche Rheinburgen wiederaufbauen (unter anderen Stolzenfels, 1836 begonnen von Karl Friedrich Schinkel, die Schloßkapelle 1843 von Anton Schnitzler), ein frühzeitiges Unternehmen im Vergleich zu Königin Victorias Balmoral Castle (1853-1855, William Smith) oder Napoleons III. Pierrefonds (1858-1861, von Viollet-le-Duc begonnen), die ihrerseits ungleich großartiger sind.

Zu Beginn der dreißiger Jahre vermehren sich die Anzeichen einer deutlichen Verlagerung der Baukultur. Für den Wiederaufbau des Londoner Parlaments nach dem Brand vom Oktober 1834 entscheidet man sich für Perpendicular und Elizabethan Style. Der Wunsch nach historischer Kontinuität und die Romantik verbinden sich in Westminster mit einer archäologischen Beziehung zum Detail und einer modernen Auffassung von der Gotik als Landesstil. Der achteckige Mittelturm, unter dem sich die langen Korridore schneiden, ist durchaus als romantischer Hinweis auf Fonthill Abbey zu verstehen, die prächtigste aller Residenzen im romantisch-gotischen Stil. Der in Westminster in der zweiten Bauphase neben Charles Barry hinzugezogene Pugin sorgt für die bis dahin einmalige Authentizität der Details im Äußeren und Inneren der Gebäude.

Ähnlich einzustufen ist in Frankreich der Auftrag Louis-Philippes an Pierre Bernard Lefranc (1795-1856), die königliche Kapelle Saint-Louis in Dreux, Grablege der Familie d'Orléans, die 1816 in der Form eines klassizistischen Tempels begonnen worden war, in gotischer Manier umzuarbeiten. Andererseits gibt Louis-Philippe den Auftrag, das Schloß von Versailles zu restaurieren und den Arc de Triomphe fertigzustellen. Wohl hat dieser Eklektizismus einen unverkennbar politischen Zug — das Bestreben der Partei der »goldenen Mitte«, ihre Legitimität auf das ganze Erbe der Nation zu gründen —, doch ist er auch ein Zeichen tieferer kultureller Verlagerungen innerhalb der Architektur.

Ein Stil für das 19. Jahrhundert

»Man sagt, man habe bereits alles erfunden, das Zeitalter der Erfindungen sei vorüber, der Kunst verbleibe nur noch die Auswahl und die Nachahmung.«
(James Savage, *Observations on Style in Architecture*, London 1836)

»Wer sagt, dem Architekten der Moderne böten sich keine Möglichkeiten mehr? Wer sagt, er könne nicht mehr auf tausend verschiedene Arten... Motive des ägyptischen, klassischen, gotischen oder jedes anderen authentischen Baustils einsetzen...?«
(Alfred Bartholomey, *Specifications for Practical Architects*, London 1846, Paragr. 915)

Die Erneuerung des Klassizismus und die Frage der Polychromie

Die Betrachtungsweise der klassischen Tradition wandelt sich um das Jahr 1830. In England und Amerika erhebt man erste Einwände gegen den allzu monotonen Klassizismus nach griechischem Vorbild, und man besinnt sich auf Italien und seine eigenständige klassische Tradition. In Frankreich kündigt sich dieser Wandel durch einen praktischeren Umgang mit dem klassischen Formenschatz an, und es dauert nicht lange, bis die Stipendiaten der Villa Medici den Wunsch anmelden, nach Griechenland zu reisen. Man wählt also gegenläufige Bahnen, wird aber von derselben Idee einer Reaktion gegen einen Stil bewegt, der seine prägende Kraft verloren hat, und in beiden Fällen führt dies zur Wiederentdeckung einer konkreten klassischen Tradition mit ihren geschichtlichen Wandlungen und ihrer Vielgestaltigkeit.

Schon 1823 hält Charles Robert Cockerell (1788-1863) in seinem Tagebuch seinen Widerstand gegen die »Professorenschaft, ... die Palladio, Jones und Wren verunglimpft« fest, und 1839 formuliert er vor der Royal Academy seinen »Tribute to Sir Christopher Wren«. Bezeichnenderweise tritt Cockerell in der Academy die Nachfolge William Wilkins' (1778-1839) an, eines der wichtigsten Vertreter des Greek Revival.

Die aufregende Entdeckung der Akropolis mit ihren makellosen, kontrastierenden Bauten und ihrem asymmetrischen Gleichgewicht hatte dazu beigetragen, die englische Vorstellungskraft vom römischen und französischen Formalismus zu befreien. Die griechische Formenwelt überraschte angenehm durch ihre Eleganz. Cockerell notiert 1821, er habe in der Hanover Chapel in der Londoner Regent Street eine bisher unbekannte ionische Säulenordnung aus Kleinasien verwandt, in der das Kapitell von Sardis und der Pilaster aus Milet stammten, denn die Motive des Niketempels und des Erechtheions habe man bis zum Verdruß eingesetzt, sie seien Gemeinplätze geworden, die nur noch langweilten. In Cockerells Entwürfen für den Royal Exchange (Börse) in London und vor allem für das Ashmolean Institute in Oxford schlagen sich die Rückkehr zu römischen Kolossalordnungen und die Suche nach einer ausgeprägteren Fassadengestaltung nieder. Thomas L. Donaldson (1795-1855), Sir Charles Barry (1795-1860), Decimus Burton (1800-1881), James Pennethorne (1801-1871) und andere treten in Cockerells Fußstapfen.

Im Jahre 1844 schreibt Arthur Gilman in *The North American Review*, die Einführung der griechischen Architektur sei ein schwerwiegender Irrtum gewesen, man täte gut daran, zum Stil von Bramante, Palladio und Michelangelo zurückzukehren: »Die Palazzi Riccardi, Piccolomini, Strozzi und Gondi in Florenz, der berühmte Farnese, der herrliche Massimo in Rom, Piccolomini in Siena strahlen wahre Größe aus.« Ferner erwähnt er die wachsende Beliebtheit des Palazzo Style und zitiert die Gebäude des Travellers' Club und des Reform Club in London als Beispiele dafür.

Anlaß der Einführung des modernen »italienischen« Stils in England sind eigentlich die Clubs. Decimus Burtons Athenaeum Club (1829-1830) umschreibt man am besten mit palladianisch, aber der von Sir Charles Barry entworfene Travellers' Club (1829-

123 Das Ashmolean Museum und Taylorian Institute in Oxford, Fassade; Charles Robert Cockerell; 1839-1841

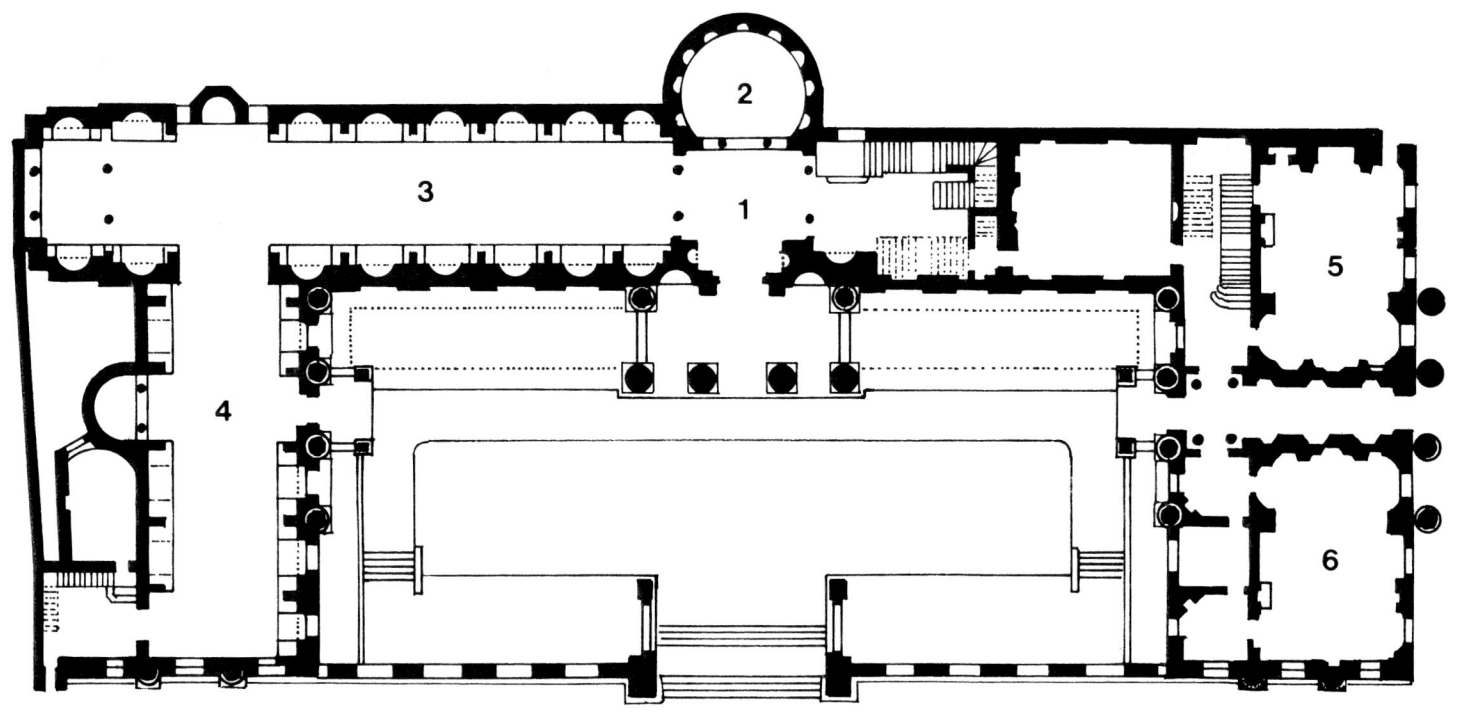

124 Das Ashmolean Museum und Taylorian Institute in Oxford, Grundriß; Charles Robert Cockerell, 1839-1841

81

125 Der Reform Club in der Pall Mall in London, Fassade; Charles Barry; 1837-1841. Links erkennt man einen Teil des Traveller's Club (1829-1832).

126 Der Reform Club in der Pall Mall in London, Grundriß; Charles Barry; 1837-1841; nach: *Revue générale de l'architecture*, 1857, Taf. 37

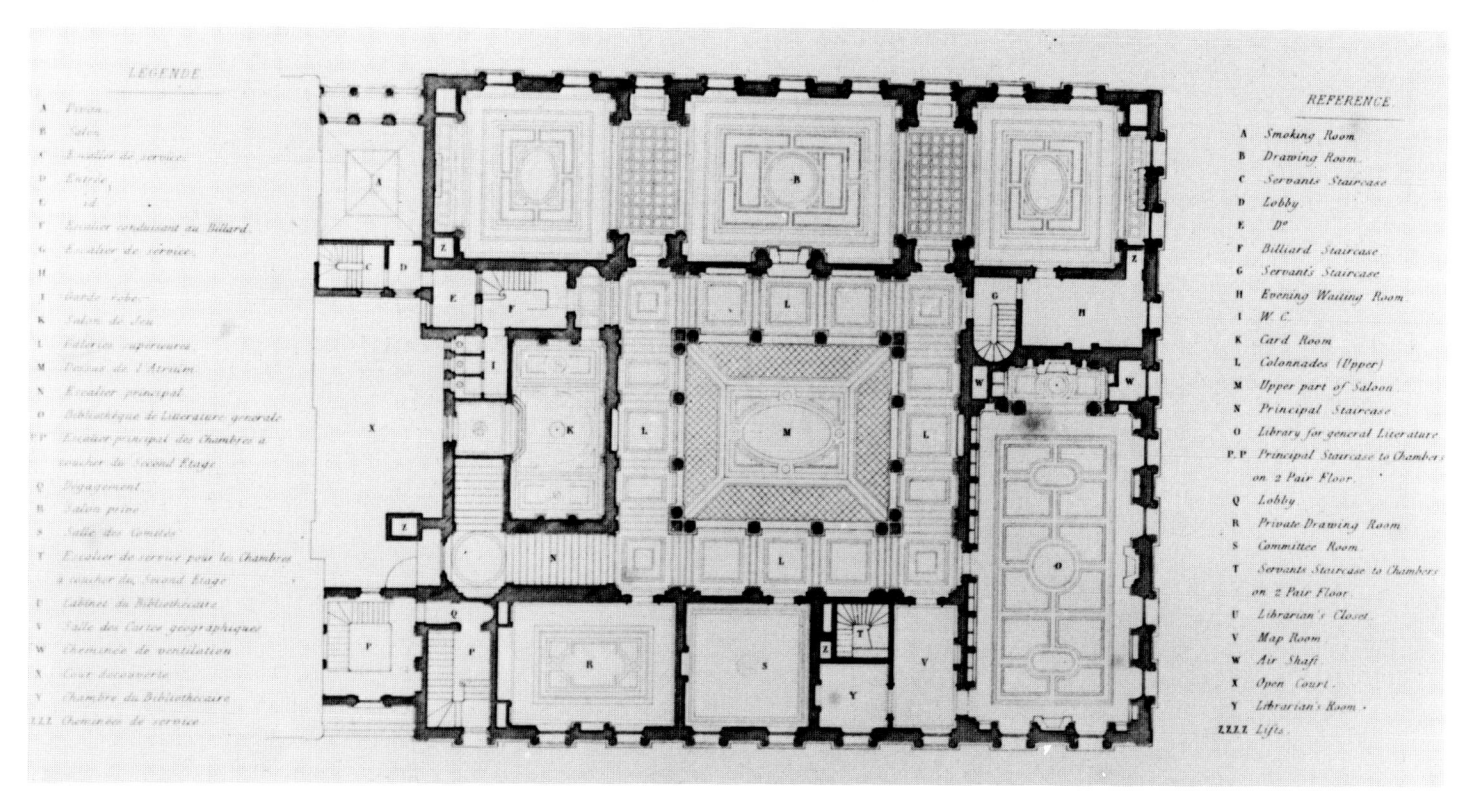

127 Tempel des Iupiter Lycaeus; Restauration de l'Ile Tibérine à Rome, fol. 12, 1832. Arbeit des vierten Jahres, die Delannoy als Stipendiat der Académie de France in Rom nach Paris zu schicken hatte.

1831) und vor allem sein Reform Club (1837-1841) an der Londoner Pall Mall wie auch sein Entwurf des Athenaeums in Manchester (1837-1839) sind schöpferische Stilinterpretationen des Quattro- und Cinquecento. Damit liefert er ein Vorbild für John Notmans Athenaeum (1845-1847) in Philadelphia, Pennsylvania, und andere Bauten in Amerika. Bald wird man Banken, Versicherungsgesellschaften und Bürogebäude, die gerade in diesen Jahren einen Bauboom erleben, ähnlich gestalten, wie auch Miethäuser und herrschaftliche Stadthäuser.

Paul Letarouilly (1795-1855) liefert mit seinem Monumentalwerk *Edifices de la Rome Moderne* (Paris 1840-1857) ein Arbeitsinstrument für diesen »Italian Revival«, will man einmal den Titel der kleinen, 1839 von W. H. Leeds veröffentlichten Studie aufgreifen: *An Essay on the Present State of Architectural Study and the Revival of Italian Style*.

Unterdessen bewahrt die alte Generation in Frankreich unter der wachsamen Obhut des Quatremère de Quincy (1755-1849), der 1816 zum Sekretär auf Lebenszeit der Académie ernannt wurde, ein Idealbild des Altertums, an dem die neue Generation mit ihren polychromen Rekonstruktionen und der Erforschung der wirklichen Konstruktionsstrukturen der antiken Bauten heftig rüttelt.

Die Veröffentlichungen Quatremère de Quincys über den *Jupiter olympien* (1815) und Franz Christian Gaus (1790-1853) über die *Antiquités nubiennes* (1822) betonen die Bedeutung der Polychromie in der archaischen Kunst des Altertums; ihre Ansicht wird bald darauf, 1827, durch das Studium der etruskischen Gräber von Corneto (Tarquinia) bestätigt. Jakob Ignaz Hittorf (1792-1867) unternimmt von 1822 bis 1824 eine lange Italienreise; in Rom verkehrt er mit dem berühmten dänischen Bildhauer Bertel Thorwaldsen (1770-1844). Nachdem der englische Architekt Thomas L. Donaldson ihm von den Entdeckungen Cockerells, James Woods' und Sir Charles Barrys in Ägina erzählt hat, macht sich Hittorf in Begleitung Ludwig von Zanths (1796-1857) auf nach Sizilien, um an den dortigen Riesentempeln Spuren bemalten Stucks zu sichern, ein Unterfangen, das auch Leo von Klenze (1784-1864) interessiert. Nach seiner Rückkehr verteidigt Hittorf in Paris vor der

Académie die Hypothese, die Alten hätten »mit der Bemalung und der farbigen Ornamentik die Wirkung nicht nur der Innenräume ihrer Tempel zu erhöhen versucht, sondern auch die der Außenmauern der Cella, der Säulen, der Architrave, der Metopen, der Kranzgesimse und der Frontispize, ja sogar der Dachziegel.« Zusammen mit Zanth verfaßt er 1827 eine Veröffentlichung zu diesem Thema, und bei dem Salon von 1831 stellt er einige polychrome Rekonstruktionen der Tempel von Selinunt und Agrigentum vor. Die Intensität der blauen, gelben und roten Farbe, mit der er die Bauten zur Gänze ausschmückt, stößt auf lebhaften Widerspruch. Doch schon 1828 haben sich die Stipendiaten der Villa Medici, allen voran Félix Louis Jacques Duban (1797-1870) und die Brüder Henri (1801-1875) und Théodore (1799-1885) Labrouste, die die Ansichten Hittorfs teilen, ebenfalls mit der Polychromie beschäftigt. In den dreißiger Jahren findet dann der Gedanke, daß die klassischen Tempel, wenn schon nicht vollständig bemalt, so doch farbig ausgeschmückt worden seien, international Gehör. Die dadurch entfachte Debatte wird bis in die fünfziger Jahre hinein geführt.

Hittorf, Klenze, Gottfried Semper (1803-1879) und einige andere haben offenbar gehofft, durch die leuchtende Polychromie eine Renaissance der klassischen Baukultur herbeizuführen, so wie dies ein halbes Jahrhundert zuvor durch die Entdeckung der archaischen Kunst Griechenlands geschehen war; sie behandeln ihre Bauwerke in diesem Sinne, doch ohne großes Echo. Vor allem in Frankreich und in Deutschland legt man unzählige Projekte vor, von denen nur wenige im Zeichen einer auf archäologischen Erkenntnissen aufbauenden Romantik zur Ausführung gelangen. Dies sind zum Beispiel in München Leo von Klenzes Rekonstruktion eines Tempelfrontispizes im Ägina-Saal der Glyptothek (1823-1830) und der Monopteros im Englischen Garten (1836); ferner die von Hittorf zwischen 1838 und 1842 entworfenen Pariser Cafés, der Cirque olympique d'Eté und der Cirque Napoléon oder Cirque d'Hiver (1852), deren Farbigkeit jedoch nicht mit dem Entwurf für die Champs-Elysées (1834) zu vergleichen ist. Gottlieb Bindesbøll (1800-1856) hat seinerseits 1837 in seinem Entwurf für das Thorwaldsen-Museum in Kopenhagen eine blau und rote Säulenreihe vorgesehen, eine farbige Variation zu Karl Friedrich Schinkels (1781-1841) Altem Museum in Berlin, doch schließlich zieht er eine zurückhaltendere, gelb-grüne »etruskische« Variante vor (1839-1848).

Die Polychromie — die Leo von Klenze Lithochromie tauft — erweist sich zunächst als wenig erfolgreich, wichtiger werden ihre späteren Auswirkungen sein. Bei Hittorf spürt man das Interesse an der 1827 erfundenen Technik des farbig glasierten Lavasteins, er erhofft sich davon eine den vergänglichen Anstrichfarben überlegene Lösung. In den vierziger Jahren beginnt man dann, glasierten Backstein zu verwenden. Andererseits interessieren sich Owen Jones (1809-1874) und Gottfried Semper für die Polychromie der arabischen und der mittelalterlichen Architektur sowie für die allgemeine Farbenlehre. Heute scheint die Gleichsetzung dieser Polychromie mit der Romantik durch die Zeitgenossen zwar forciert, doch bestimmt hat die Farbe der »edlen Einfalt« des Spiels von Licht und Schatten auf den klassizistischen Bauwerken Abbruch getan. Der im Idealbild weiß strahlende griechische Tempel ist in die materielle Welt zurückgeholt worden. Insofern muß man die Frage der Polychromie in einem größeren Zusammenhang sehen, im Streit zwischen den letzten Treuen einer Ästhetik des erhabenen Schönen und den von den Zeitgenossen fälschlich so genannten »Neugriechen«.

In Frankreich könnte man das erste Zeichen dieser Entwicklung für eine Anekdote halten. Es ist der Konflikt zwischen einem fleißigen und unbeirrbaren Studenten der Ecole des Beaux-Arts, Henri Labrouste, und seinen Lehrern, der sich vor dem Hintergrund des politischen Wirbels der Juli-Revolution von 1830 und der literarischen Streitereien um die Romantik abspielt. Mit der Auszeichnung des Großen Rompreises geht Labrouste 1824 an die Villa Medici — wo er mit Abel Blouet (1795-1853), Emile Jacques Gilbert (1793-1874) und Félix Louis Jacques Duban (1797-1870) zusammentrifft —, um die klassische Baukunst nun nicht mehr als Spiel von Form und Raum zu studieren, sondern als konkretes Bauwerk. Die zeichnerische Sicherheit hat Labrouste Blouet voraus, und er versucht, die beiden bisher getrennten Hauptlehren der Ecole des Beaux-Arts, die von Jean-Baptiste Rondelet (1743-1829) verkörperte Bautradition und die archäologische Zeichenlehre Charles Perciers (1764-1838), zu verschmelzen. »Die Sendungen, die Labrouste aus Rom schickt, versetzen alle in Staunen, ihr Aussehen ist unerwartet. Eine zurückhaltende Hand nimmt sich hier Freiheiten, die die Gewohnheiten brüskieren. Man begegnet Dingen, die die Zeichenweise der Akademie nicht gestattete. Er vernachlässigt nichts, notiert alles, macht sogar Angaben zum Mauerwerk und überträgt alles in seine Zeichnungen, aus denen man mühelos den Organismus der Konstruktion ablesen kann. Man spürt darin beinahe einen zweiten Rhythmus, der dem Hauptrhythmus der Form unterliegt.«

128 Genehmigter Entwurf für das Thorwaldsen-Museum in Kopenhagen; Gottlieb Bindesbøll; 1839

129 Der Cirque d'Hiver, Boulevard du Temple, Paris; Jakob Ignaz Hittorf, 1850

85

130 Hôtel Pourtalès (heute Sitz der Mutuelle générale française), 7, rue Tronchet, Paris 8e; Félix Louis Jacques Duban; 1836. In Paris das gelungenste Beispiel des italianisierenden Stils in der Tradition Perciers; ein bestimmtes Vorbild ist nicht zu erkennen.

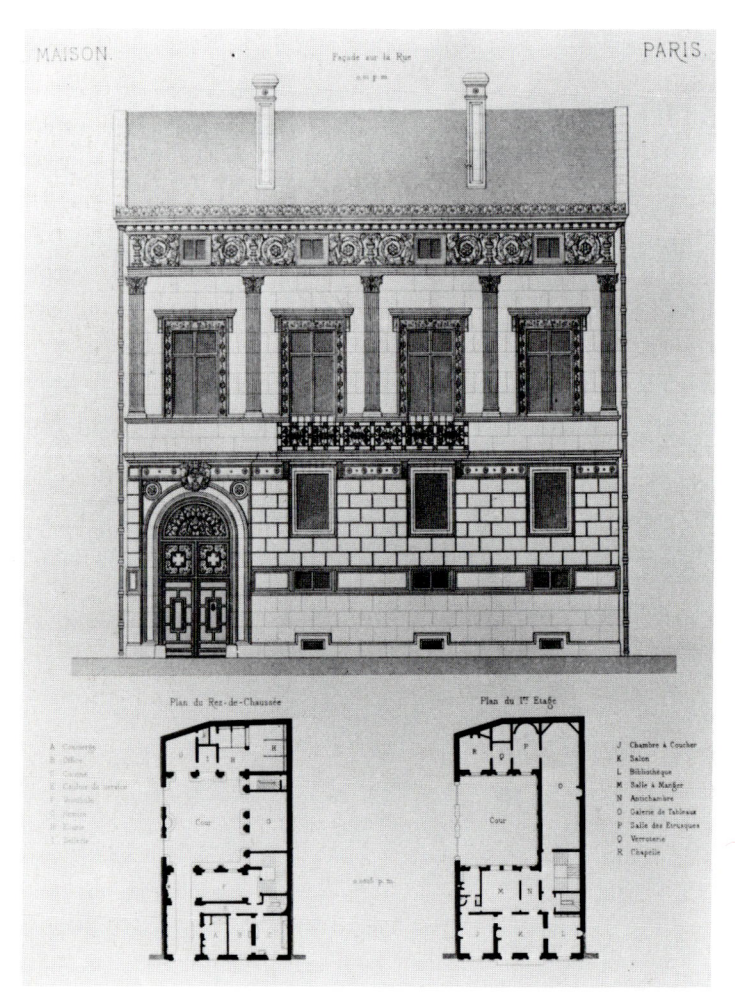

Die elegante Linienführung, die Percier und seine Nacheiferer in ihrem modernen italienischen Stil pflegten, vertrug sich gut mit der klassizistischen Ästhetik. Die neue Generation bleibt dieser Form, von der das Hôtel Pourtalès (1836, Félix Louis Jacques Duban) einen sehr gepflegten Eindruck gibt, treu, doch sie versucht, ihr durch kräftigere Akzente mehr Gewicht zu verleihen.

Darin fand sich der Stoff einer stillen Erneuerung innerhalb der klassischen Tradition. Labrouste ist diesem Weg bis zum Schluß gefolgt und hat dabei das Problem der Verwendung moderner Baustoffe gelöst. Auch Félix Louis Jacques Duban und Joseph Louis Duc (1802-1879) arbeiten innerhalb dieser Tradition. Zur gleichen Zeit führt die mediävale Archäologie zur Wiederentdeckung der baulichen Logik in der Linienführung des Flamboyantstils, so daß sich die klassische Erhabenheit und die am Mittelalter orientierte Romantik, nachdem sie durchaus ähnliche Entwicklungen durchlaufen haben, auf dem Boden des konstruktiven Rationalismus zusammenfinden. Dagegen haben ebendiese Archäologie, im Zusammenspiel mit historischen und subjektiven Anspielungen und der von der Tradition bedingten Wahl gewisser Vorbilder wie der palladianischen Villa und des römischen Palazzos, sowie die von Jean Nicolas Louis Durand (1760-1834) bewirkte Trennung von architektonischem Vokabular und Syntax — alles Entwicklungen, die sich ohne größere Spannungen innerhalb der klassizistischen Ästhetik vollzogen — die Herausbildung des Historismus vorbereitet.

In diesem Sinne faßt Labroustes Bibliothek Sainte-Geneviève die unscheinbaren, entscheidenden Verschiebungen innerhalb der Baukultur der ersten Jahrhunderthälfte vollkommen zusammen. Ohne sichtbare Spannung verbindet sich hier harmonisch eine von der Archäologie genährte Bauidee mit den Gegebenheiten der modernen Industrie, um in einer unaufdringlichen, aber wirkungsvollen Symbolsprache einem Bauprogramm zu genügen. Seine Qualität verdankt das Gebäude weitgehend der Sorgfalt, die Labrouste bei seinen täglichen Besuchen der Baustelle zwischen 1843 und 1850 auch auf kleinste Details verwandte. Der auffällige und beabsichtigte Kontrast zwischen der Fassade in zurückhaltenden Formen des Cinquecento und der genialen Leichtigkeit der Gewölbe des Lesesaals, der aus der Erfüllung genau definierter Forderungen entstand, ist ein ausgesprochener Glücksfall.

131 Hôtel Pourtalès in Paris, Aufriß und Grundrisse; Félix Louis Jacques Duban; 1836

132 Haus mit Atelier für den Maler Jules Jolivet, Cité Malesherbes, 11, Paris 9e; André Jal; 1856. Archäologie und moderne Industrie: ein Versuch, die Klassik durch den Gebrauch glasierten Lavasteins zu erneuern.

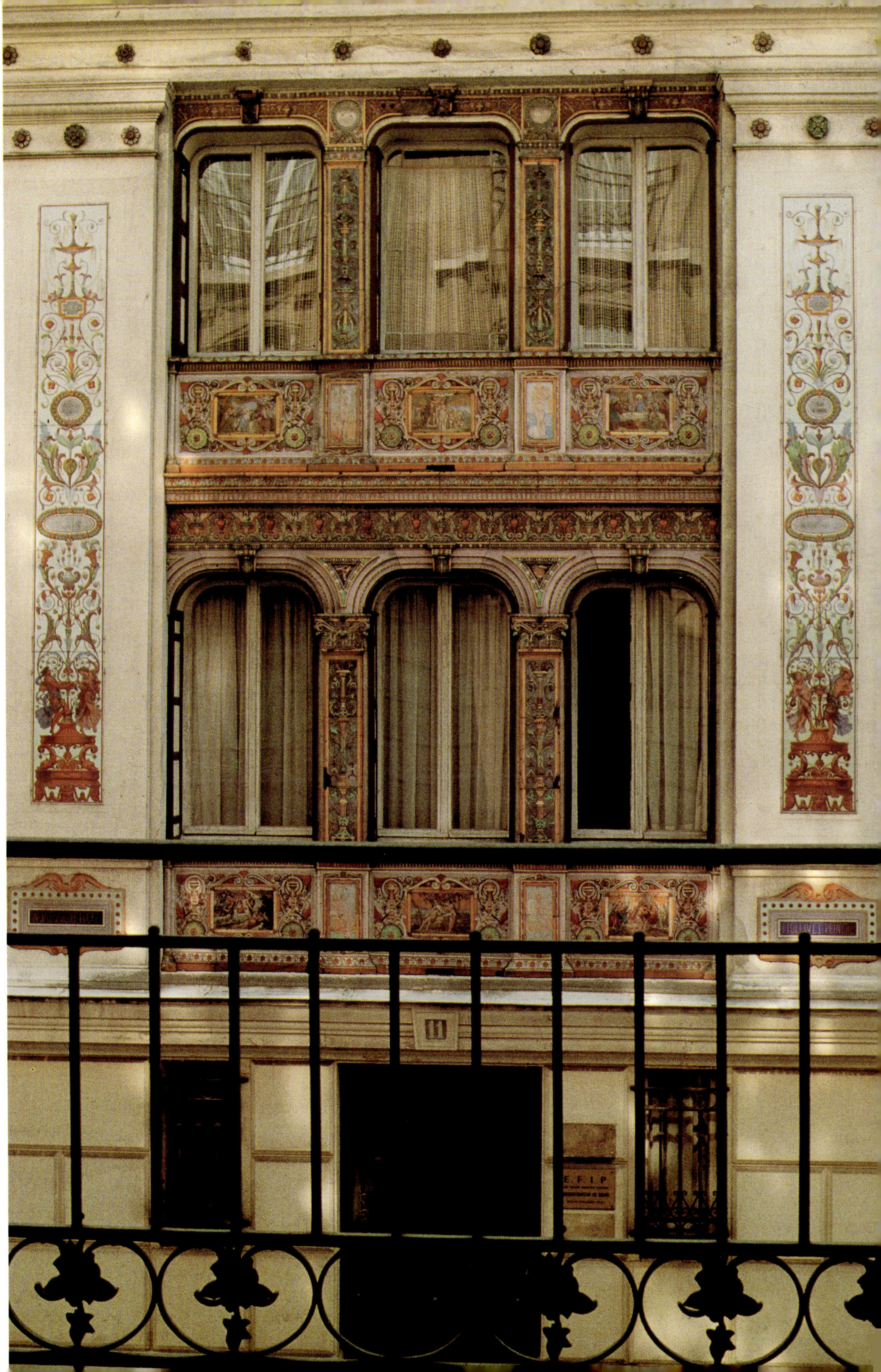
EFIP

133 Palais des Etudes, Ecole des Beaux-Arts, Rue Bonaparte, Paris 6e; Félix Louis Jacques Duban; Entwurf 1832-1834, Ausführung 1834-1839. Wie beim beinahe gleichzeitig entstandenen Hôtel Pourtalès inspirierte sich Duban ganz allgemein an der italienischen Architektur des Cinquecento.

134 Bibliothèque Sainte-Geneviève, Place du Panthéon, Paris 5e; Henri Labrouste; Entwurf 1842, Ausführung 1843-1850. Das Gesamtkonzept erinnert an das Palais des Etudes de l'Ecole des Beaux-Arts, doch die Dekorformen zeugen im Detail von größerer Eigenständigkeit.

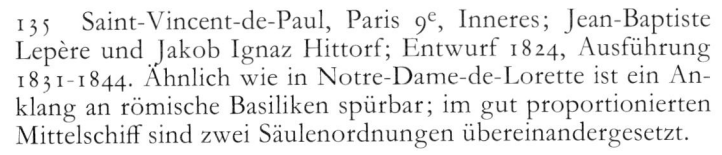

135 Saint-Vincent-de-Paul, Paris 9ᵉ, Inneres; Jean-Baptiste Lepère und Jakob Ignaz Hittorf; Entwurf 1824, Ausführung 1831-1844. Ähnlich wie in Notre-Dame-de-Lorette ist ein Anklang an römische Basiliken spürbar; im gut proportionierten Mittelschiff sind zwei Säulenordnungen übereinandergesetzt.

136 Saint-Vincent-de-Paul, Paris 9ᵉ, Fassade; Jean-Baptiste Lepère und Jakob Ignaz Hittorf; Entwurf 1824, Ausführung 1831-1844. Eine hellenisierende Variante der Kirche Santa Trinità dei Monti in Rom.

Von der Romantik zum Historismus

Die Erweiterung des kulturellen Horizonts zwischen 1830 und 1850 muß man auf den gemeinsamen Einfluß von romantischer Formenlehre, Fortschritt der mediävalen Archäologie, literarischer Explosion und dem Streit um die Neugotik zurückführen.

Owen Jones dehnt sein Interesse an der klassischen Polychromie auf das Studium der Alhambra in Granada aus, über die er eine umfassende Monographie (1836-1841) mit schönen Farblithographien vorlegt. Der Begleiter Hittorfs in Sizilien, Ludwig von Zanth, baut bei Stuttgart zwischen 1837 und 1841 die Villa Wilhelma, in der er durch wechselnde Bänder von Werkstein und rotem Backstein eine mehr italienische als klassische, strukturbetonte Polychromie erzielt. Im Innern bestätigen die Räume im arabischen Stil die exotische Laune des Bauherrn.

Die Rückkehr zur Gotik, die sich auf ganz natürliche Art zu einer Wiederentdeckung der romantischen nationalen Variationen der Renaissance fortentwickelt (Elizabethan and Jacobean Style in England; Style François I, Henri IV und Louis XIII in Frankreich; flämischer Manierismus in Nordeuropa), überschneidet sich alsbald mit der Rückkehr zu den eigenen klassischen Traditionen. Die neue romantische Generation, die den »grand style« des Louis XIV noch schonungslos kritisierte, läßt sich von der romantischen Farbigkeit dieser Stile genau aus den Gründen verführen, aus denen der »vornehme Geschmack« sie abgelehnt hatte. Die ornamentierten oder aus verschieden behandelten Trommeln aufgebauten Säulen und die geschweiften Giebel des nordeuropäischen Manierismus dienen genau so wie die spätgotischen Wimperge und die Kandelaber der Renaissance zur Abwehr der klassizistischen Monotonie. Die Polychromie des Wechsels zwischen Werkstein und Backstein tritt als nationales Gegenstück zur klassizistischen »Lithochromie« (Klenze) auf und der Style Louis XIII oder der Jacobean Style als goldener Mittelweg zwischen klassischer Nüchternheit und gotischem Überschwang.

137 Die Ludwigskirche in München; Friedrich von Gärtner; 1830-1844. Für die Zeitgenossen erinnerte das Gebäude an die italienische Sakralarchitektur des 14. Jahrhunderts.

In der Innenarchitektur wird das Stilangebot noch viel stärker erweitert. Anthony Salvin (1799-1881) bildet in Harlaxton, Lincolnshire, Wohn- und Eßzimmer im Elisabethanischen Stil, Eingangshalle, Treppenhaus und Besuchszimmer hingegen barock (1831-1837). Was hier noch als architektonische Laune zu verstehen ist, gewinnt in den vierziger Jahren an Verbreitung. Man setzt für die verschiedenen Räume bewußt verschiedene Stile ein und entwickelt eine Palette, die den allgemeinen typologisch-stilistischen Eklektizismus der fünfziger Jahre vorausnimmt.

Die Wiederentdeckung der Gotik schloß zurückgreifend auch die Wiederentdeckung der Romanik ein. In den 1815 bis 1821 veröffentlichten *Denkmälern der deutschen Baukunst* von Georg Moller (1784-1852) fanden sich etliche Abbildungen romanischer Bauwerke. In seinem Buch mit dem vielsagenden Titel *In welchem Style sollen wir bauen?* aus dem Jahre 1828 macht Heinrich Hübsch (1795-1863) den Vorschlag, die Romanik aufzugreifen, die er bezeichnenderweise mit der präraffaelitischen Malerei vergleicht. G. E. Hamilton interessiert sich in seinen 1836 publizierten *Designs for Rural Churches* (Entwürfe für Landkirchen) für den normannischen Stil, und 1844 kündigen die *Annales archéologiques* in ihrer ersten Nummer nach der Veröffentlichung des Modells einer Pfarrkirche im Spitzbogenstil das Modell einer Kirche »mit Rundbogengewölbe in rein romanischem Stil« an.

Diese Rückkehr zur Romanik, die man zumeist als ökonomische Alternative zur Neugotik darstellt, erregt deshalb weniger Aufsehen, weil man die eigene Romanik jeweils zusammen mit der italienischen sieht, was ganz natürlich aus dem Interesse an der frühchristlichen Basilika und am Florentiner Quattrocento folgt.

Diese zwiespältige Einstellung ist besonders in Deutschland zu beobachten. Friedrich von Gärtner (1792-1847) läßt sich beim Entwurf der Münchner Ludwigskirche (1830-1844) in sehr allgemeinem Sinne von der lombardischen Architektur des 14. Jahrhunderts inspirieren, bei der protestantischen Kirche von Kissingen (1827) hingegen hält er sich an heimische Formen der Romanik. Heinrich Hübsch, der

138 St. Matthäuskirche in Berlin, als Modell einer Kirche mit 1500 Plätzen; Friedrich August Stüler; 1844-1846. 1854 datierte Kopie von C. Niermann, nach Stüler, 1846, Taf. 1

KIRCHE MIT 1500 SITZEN

139, 140 Die Friedenskirche in Potsdam, Außenansicht und Inneres; Ludwig Persius; Entwurf 1843, Ausführung 1844-1848. Grundriß und innerer Aufriß sind von San Clemente in Rom beeinflußt; der Turm, der jenem von Santa Maria in Cosmedin nahesteht — ein frühes Beispiel der Beschäftigung mit dem Motiv des italienischen Kampanile —, setzt einen malerischen Akzent und läßt den Bau verstärkt romanisch erscheinen.

141 Kirche Saint-Paul in Nîmes (Gard); Charles Auguste Questel; Entwurf 1835, Ausführung 1838-1850. Etwas früher entstanden als St. Mary's in Wilton, Wiltshire (1840-1846), und die Friedenskirche in Potsdam (1844-1848), zeugt dieser Bau vom gleichen Wechsel von frühchristlichen zu romanischen Vorbildern; während die Modelle jedoch in England und Deutschland italienisch sind, gehören sie in Frankreich zum nationalen Erbe.

sich 1828 für den von der Romanik hergeleiteten modernen Rundbogenstil eingesetzt hat, baut zwischen 1840 und 1850 in Freiburg im Breisgau und in Rottenburg Kirchen im romanischen Stil südeuropäischer Vorbilder. Die Potsdamer Friedenskirche (1843-1848) von Ludwig Persius (1803-1845) erinnert an den Grundriß von San Clemente in Rom (12. Jahrhundert), obwohl der Glockenturm sichtlich von dem der Kirche Santa Maria in Cosmedin beeinflußt ist; während des Baus ändert Persius seinen Entwurf der Zwerggalerie der Apsis, um größere archäologische Treue zu erreichen.

Das frühzeitige deutsche Interesse an der Florentiner und vor allem lombardischen Baukunst des Trecento und des Quattrocento, die sich durch mehrfarbiges Mauerwerk aus Werkstein, Backstein und Terrakotta auszeichnet, erweitert die kulturellen Beziehungen noch einmal. Davon zeugen unter anderem Berliner Kirchen wie St. Johannes in Moabit (1832-1834, von Karl Friedrich Schinkel, 1781-1841, mit Nebenbauten 1844-1856 von Friedrich August Stüler, 1800-1865) und St. Matthäus im Tiergarten (1844-1846, Stüler).

J. L. Petit (1801-1868) schlägt in England die Rückkehr zur Romanik und zum lombardischen Stil vor. Die Christ Church in Streatham, London (1840-1842), von James William Wild (1814-1892) und vor allem St. Mary's Church (1840-1846) in Wilton, Wiltshire, von Thomas Henry Wyatt (1807-1880) und David Brandon (1831-1878 nachweisbar) — die auf ausdrücklichen Wunsch der Auftraggeber der Kirche San Zeno in Verona nachempfunden ist —, zeugen von derselben Italophilie wie die Clubs und Stadthäuser, die man im Stil der Palazzi der Renaissance erbaut hat; sie sind das sakrale Gegenstück zum Palazzo Style.

Baron Isidore Taylor (1789-1879) setzt sich in Frankreich, wo man ähnliche Entwicklungen und Wechselbeziehungen wie in Deutschland und England beobachtet, ebenfalls für die Romanik ein. In Nîmes läßt die Kirche Saint-Paul (1840-1849) von Charles Auguste Questel (1807-1888) die Patenschaft der heimischen Romanik erkennen.

Anläßlich des Wettbewerbs für den Bau der Nikolaikirche in Hamburg im Jahre 1844 erweisen sich einmal mehr die Internationalität der neugotischen

142, 143 Christ Church, Streatham, London, Außenansicht und Inneres; James William Wild; 1840-1842. Ähnlich wie St. Mary's in Wilton (Wiltshire), doch mit bescheideneren Mitteln — daher das nüchterne Äußere — folgt die Kirche mittelalterlichen italienischen Vorbildern. Der in Großbritannien ohne Nachfolge gebliebene Bau ist etwa zeitgleich mit Saint-Paul in Nîmes und der Friedenskirche in Potsdam.

Bewegung und die Vielgestaltigkeit der neuen Architektur. Die für den Kirchenbau Verantwortlichen bevorzugen den neugotischen Entwurf von Sir George Gilbert Scott (1811-1878), der Vorbilder des deutschen und französischen Mittelalters erkennen läßt, doch die Jury hatte der »romanischen« Kirche Gottfried Sempers den Vorzug gegeben.

Der lebhaften Polemik um die Rückkehr zur Gotik haben wir zwar viel Platz eingeräumt — so wie es die Zeitgenossen taten —, doch die Neugotik ist im Rückblick auch als deutlichstes Zeichen einer allgemeinen Verlagerung innerhalb der Baukultur zu sehen. Sämtliche Architekturen der Vergangenheit begreift man Mitte des 19. Jahrhunderts als Teil einer kulturellen Erfahrung, die nach anderen theoretischen Grundlagen verlangt, als sie die Antike vermittelt.

Seit der Renaissance beruht das europäische Bauwesen auf dem Mythos der Identität von Antike und Natur. Der Wille, den klassischen Tempel ausschließlich durch die mittelalterliche Kirche zu ersetzen, löst eine Grundsatzdiskussion über die Nachahmung aus. Im zentralisierten Frankreich bricht der Streit, an dem sich namentlich Raoul Richette im Namen der Académie sowie Jean-Baptiste-Antoine Lassus (1807-1857) und Viollet-le-Duc (1814-1879) als Vertreter

144 Die Nikolaikirche in Hamburg; Sir George Gilbert Scott; Entwurf 1844, Ausführung 1845-1880 (1944 teilweise zerstört). Die Kirche wurde für mehr als 180 000 Pfund in Werkstein und gelbem Backstein errichtet und 1863 geweiht. Der Abschluß des Baus erfolgte erst 1878-1880 mit der Fertigstellung des rechts neben dem Turm sichtbaren Baptisteriums.

145 Zweites Projekt für die Hamburger Nikolaikirche, in »romanischem Stil«; Gottfried Semper; 1844. Von der Jury mit einem ersten Preis ausgezeichnet, lehnte die Kirchenbaukommission den Entwurf ab und zog ihm, nach Konsultation von Sulpiz Boisserée und Ernst Friedrich Zwirner, das Projekt von Sir George Gilbert Scott vor.

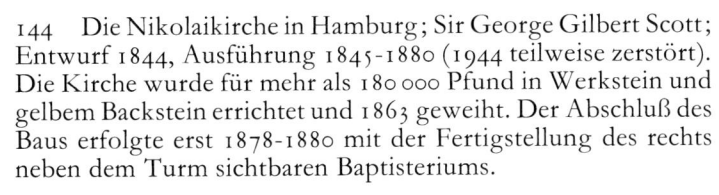

der Neugotik beteiligen, in seiner ganzen Heftigkeit 1846 aus. Den Neugotikern, die gegen den heidnischen Tempel einwenden, er sei den Sitten, dem Christentum und der Zeit unangemessen, antworten die Klassizisten, daß sie den griechischen Tempel nicht nachahmen, sondern sich von den darin verkörperten ewigen Prinzipien der Schönheit inspirieren lassen. Im übrigen seien die für die Menschen des 13. Jahrhunderts konzipierten gotischen Kirchen nicht zeitgemäßer als klassische Tempel. Die Neugotiker ziehen nach und erwidern, auch sie wollten nicht einfach gotische Formen nachahmen, sondern die Bauprinzipien der Kirchen herauslösen, um ein Gebäude zu entwerfen, das Zeit und Sitten entspricht, denn der gotische Stil sei kraft seines konstruktiven Rationalismus wie kein anderer den modernen Entwicklungen gewachsen.

Die Klassizisten der Académie erkennen sofort die schwache Stelle der neugotischen Argumentation und weisen darauf hin, daß, wenn es ja nicht darum gehe, die Gotik nachzuahmen, sondern die moderne Baukunst durch die Erfahrungen der Vergangenheit zu bereichern, dann auch kein Grund vorliege, ein Alleinbaurecht zu beanspruchen. So führt eine paradoxale Umkehrung der Ausgangslage zur Formulierung einer eklektischen klassizistischen Ästhetik und

146 Das Pompejanum in Aschaffenburg, Seitenansicht; Friedrich von Gärtner; 1842-1849. Für Ludwig I. von Bayern nach dem Vorbild des Castor-und-Pollux-Hauses von Pompeji errichtet, ist das Gebäude eines der geglücktesten Beispiele für die unzähligen historisierenden Verrücktheiten des 19. Jahrhunderts. Der 1834 erschienene Roman von Edward George Bulwer-Lytton, *The Last Days of Pompei* (deutsch: *Die letzten Tage von Pompeji*), hat vermutlich das Interesse für diesen Architekturtyp wieder aufleben lassen.

147 Das Pompejanum in Aschaffenburg, Perspektive für das Atrium; Friedrich von Gärtner; 1842-1849. Wie in den römischen Villen der Renaissance mischt die Wanddekoration Nachahmungen (Wandmalereien) und originale Sammlerstücke (Mosaiken, Bronzen, Keramik).

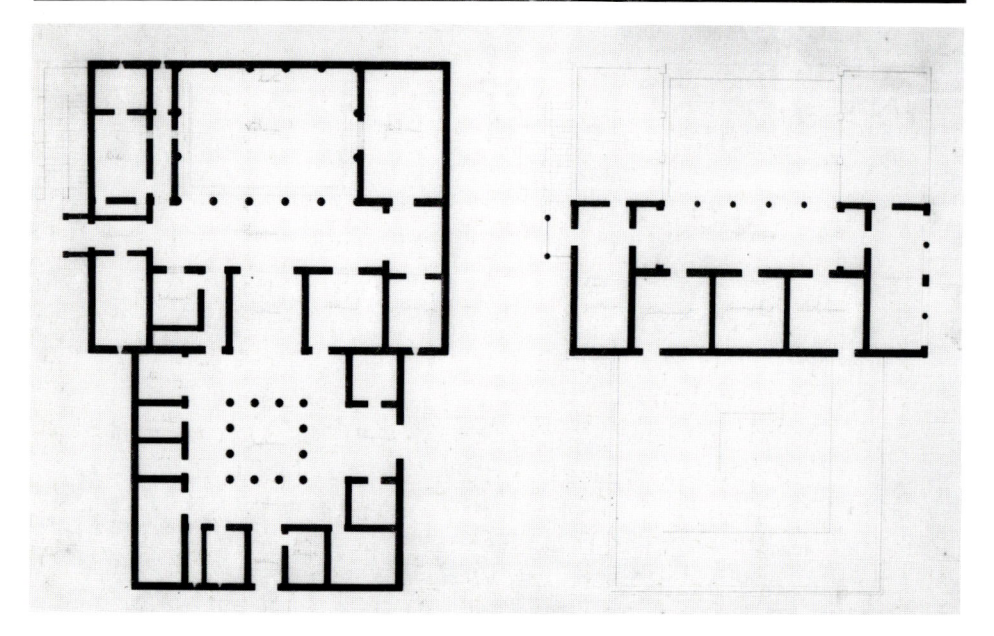

148 Das Pompejanum in Aschaffenburg, Grundriß; Friedrich von Gärtner; 1842-1849

149 Die Villa Wilhelma in Bad Cannstatt, Stuttgart; Ludwig von Zanth; 1837-1841. Wilhelm I. von Württemberg ließ diesen kleinen Bau, zu dem auch Gewächshäuser gehörten, im maurischen Stil errichten. Er steht inmitten eines heute in einen Zoo umgewandelten Parks.

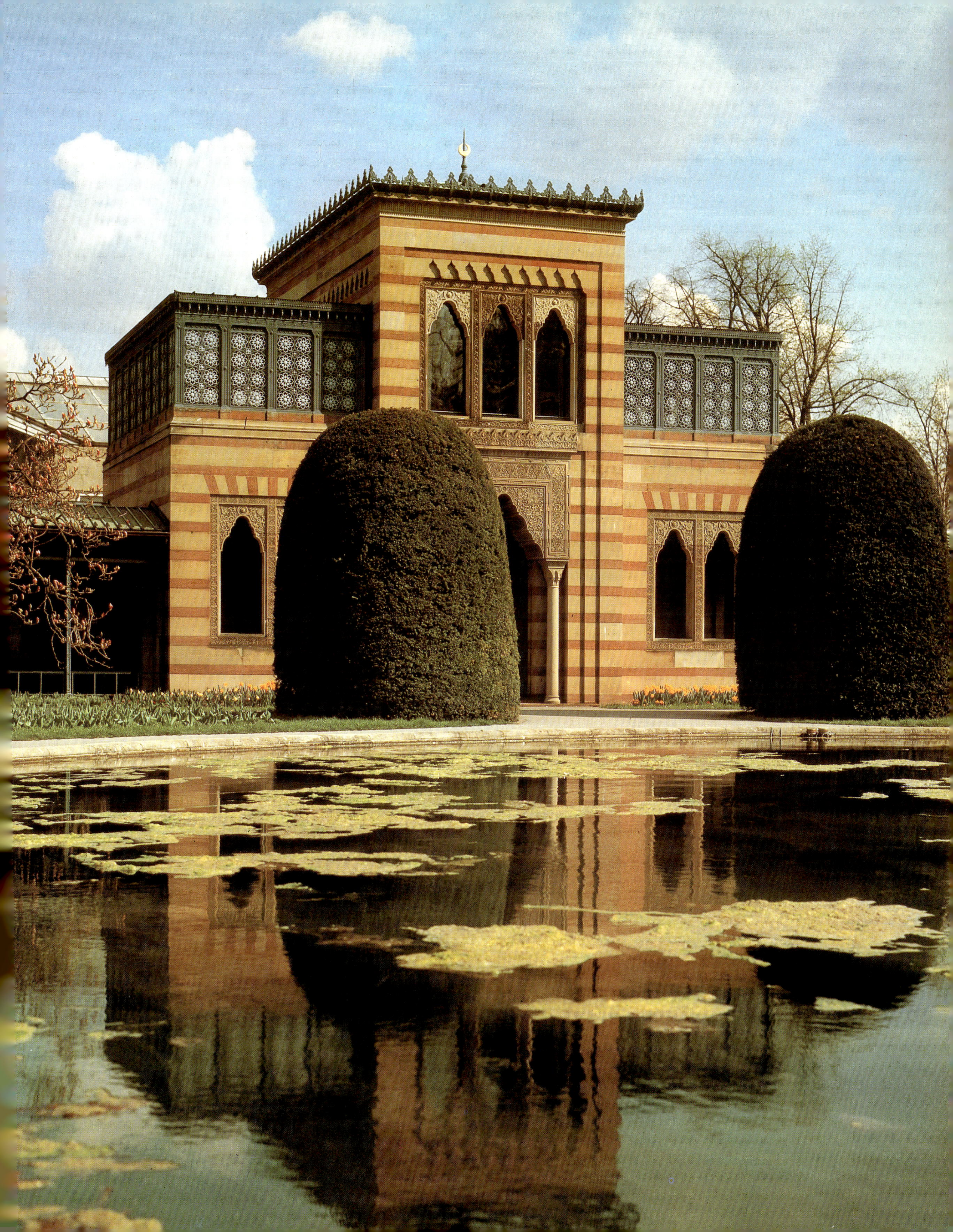

150, 151 Das Konversationshaus in Baden-Baden, Salon Louis XIV (oben) und Raum Pompadour-Louis XV (unten). Der Eklektizismus beginnt mit der Innendekoration: pompöses Louis XIV für einen Saal und eleganteres Louis XV für den kleinen Salon.

152 Thomas Cole (1801-1848), *The Architect's Dream*, 1840. Toledo (Ohio), The Toledo Museum of Art. Der Traum des Architekten vereint Antike (Pyramide, ägyptischer Tempel, dorischer und ionischer Tempel, Tholos, römische Backstein-Arkaden) und Gotik in einem Wunschbild des romantischen Klassizismus.

einer rationalistischen neugotischen Theorie. Die Gotik, die über den Umweg der Romantik in die Gegenwart eingedrungen war, setzt sich durch, indem sie der Romantik abschwört, sei es zugunsten eines liturgischen Rationalismus (vertreten von Augustus Welby Pugin, 1812-1852), sei es zugunsten eines konstruktiven Rationalismus (vertreten von Viollet-le-Duc). Zudem bringt ausgerechnet die Auseinandersetzung um die Neugotik, die aus der dogmatischen Ablehnung des klassischen Tempelmodells hervorgegangen war, den Eklektizismus hervor.

1834 bemerkt Semper sarkastisch — wohl im Hinblick auf seinen Rivalen Klenze —, daß der Kunstschüler, der durch die Welt gereist und mit gefülltem Skizzenbuch heimgekehrt ist, dann auf Aufträge warte, möge es nun eine Walhalla im Stil des Parthenon, eine Basilika nach dem Vorbild von Monreale oder was immer sein, bis hin zu einem Basar in türkischer Art (*Vorläufige Bemerkungen*). »Der Liebe zu Byzanz sind in aufsteigender zeitlicher Folge die Leidenschaft zur Gotik, zur maurischen Architektur und zur Renaissance gefolgt. Angefangen mit François I, hat die

Baukunst sukzessive die Medici, Louis XIV und Louis XV heraufbeschworen; es ist schon komisch, aber wir treten in die Stilepoche Louis XVI ein«, notiert der Belgier Jobard spöttisch in der *Revue générale de l'architecture* 1849, S. 27.

Innerhalb von zwanzig Jahren hat sich das Feld der Nachahmung auf die gesamte Baugeschichte ausgedehnt. Die griechischen, pompejanischen, italienischen, byzantinischen und mittelalterlichen »Höfe«, die Sir Joseph Paxton (1801-1865) in seinem Kristallpalast (1851-1854) in eindeutig pädagogischer Absicht anlegt, versinnbildlichen gut diese Erweiterung des Kreises kultureller Vorbilder. Der griechische Stil ist nicht mehr der Stil schlechthin, sondern nur noch ein Stil. »Es gibt keinen Stil, der nicht seine besondere Schönheit hätte...«, schreibt 1842 Thomas Leverton Donaldson (1795-1885), »es gibt keinen bestimmten dominierenden Stil mehr, wir wandeln fortan im Labyrinth der Experimente.« Eine historisch-relativistische Ästhetik hat die idealistisch-normative Ästhetik des Klassizismus abgelöst.

Diese außerordentlich wichtige kulturelle Verlagerung ist im verborgenen vor sich gegangen, denn der historische Relativismus wächst auf dem Feld der klassischen Kultur, und die Gotik führt sich über den Umweg der Romantik ein. Die erste Wende kann man auf etwa 1770 festlegen: Die Geburt der wissenschaftlichen Archäologie und die Entdeckung des wirklichen Griechenland formen die Antike zur Geschichte um. Die zweite Wende läßt sich auf 1840 datieren: Die Neugotiker schicken sich an, das klassische Modell durch das mittelalterliche zu ersetzen, und leiten damit eine Renaissance des Mittelalters ein, die in Wirklichkeit eine Gegen-Renaissance ist, jedoch ohne daß es ihnen gelingt, alle ihre Zeitgenossen zu überzeugen. Die bis dahin als natürlich verstandene Verbindung von Antike und Geschichte wird symbolisch auch von der Französischen Revolution und dem Epos Napoleons gebrochen. Man hat die Bedeutung dieses brutalen Umbruchs gut erkannt: »Seit den Feldzügen Napoleons scheinen uns die Schlachten der Griechen und Römer nicht mehr so herrlich.« So betrachtet, beginnt das 19. Jahrhundert wohl um das Jahr 1800, doch erst um 1860 hat man das Gefühl, mit dem vorhergehenden Jahrhundert wirklich abgeschlossen zu haben. Das beinahe gleichzeitige Auftreten der Ausdrücke »Victorian architecture« in der Zeitschrift *Building News* im Jahre 1858 und des Charles Garnier (1825-1898) zugeschriebenen »Style Napoléon III« weist unmißverständlich auf die Originalität der neuen Strömungen sowohl des klassischen als auch des gotischen Stils hin.

Griechen und Goten: der Stil des 19. Jahrhunderts

»Griechen und Goten, zwei große Mächte teilen sich die Welt, sie wollen den Krieg... Aufmerksam beobachtet es die Kunst... und lächelt.«
(Robert Kerr, *The Newleafe Discourses*, 1846)

»Wir glauben nicht an die Wiederherstellung der gotischen Kunst, und sie scheint uns auch nicht wünschenswert. Wir ziehen es vor, ihre Ideen wiederzubeleben ... Wir versprechen uns davon einen Stil, der teilweise neu und teilweise eine Renaissance des Mittelalters sein wird.«
(Karl Schnaase, *Annales archéologiques*, 1851)

»Da es an einem neuen Stil fehlt, pflegt man den Historismus, das ist ein freier Umgang mit der gesamten Baugeschichte.«
(César Daly, *Revue générale de l'architecture*, 1859)

Die Sprache des Historismus

Die vierziger Jahre des 19. Jahrhunderts erleben den Beginn der umstrittensten Epoche der europäischen Architekturgeschichte, des Historismus. Das Problem des Historismus bestand darin, drei Themen in Einklang zu bringen: die allgemeine Verbreitung der romantischen Ästhetik; eine Renaissance der Gotik, die zur Ausbildung der Neugotik führt; die Erneuerung des Klassizismus durch einen freieren Umgang mit der gesamten griechisch-römischen Tradition.

Jeder ist ein Nachahmer, aber jeder hat seine eigenen Regeln. Die anspruchslose Nachahmung verurteilen alle Architekten, alle sind sich darin einig, daß man das Vergangene nicht imitieren, sondern mit Hilfe der Grundsätze, die man darin erkennt, und mit der eigenen Erfahrung den Stil des 19. Jahrhunderts schaffen will, und schließlich verwenden alle das Zitat, das seinen Reiz allerdings der romantischen Ästhetik verdankt.

Allmählich erkennen die Architekten immer deutlicher, wie tief die Geschichte gründet und welch vielfältige Möglichkeiten sie birgt. Bietet sie einmal ein Konstruktionsprinzip an, so ist es ein andermal ein formaler Typus oder eine Gliederung, dann wieder ein Motiv, das der neuen Technik und den modernen Gegebenheiten angepaßt werden kann. Natürlich ist das nicht neu. Schon die Baumeister der Renaissance haben die mehrstöckigen Säulenordnungen des Kolosseums auf den venezianischen Palazzo oder das französische Schloß übertragen, doch von nun an macht man seine Anleihen in allen Epochen der Architekturgeschichte, von der ägyptischen Pyramide bis zum Stadtpalais im Stil Louis XVI.

Die Zusammenordnung gegensätzlicher Stile erreicht bei der Wiener Ringstraße einen Höhepunkt. Hier sind in der großzügigen, ausgewogenen Straßenanlage das klassizistische Parlament, das neugotische Rathaus, die Neue Universität im Stil Louis XIV und das Theater in italienisierendem Barock vereint.

Diese Stilvielfalt, ein Spiegelbild der gesamten, den Architekten und Bauherren des 19. Jahrhunderts zur Verfügung stehenden Stil- und Denkmälerkenntnisse, darf nicht täuschen: Sie ist nicht wirr; die Gegenüberstellung oder auch Reihung verschiedener Stile ist eines der Ausdrucksmittel der Architekten.

Der Historismus kann sich auf zwei grundlegend verschiedene Arten äußern: Einmal wählt der Architekt entsprechend dem Typus und Programm des Baues ein Vorbild aus der Vergangenheit, das er den neuen Notwendigkeiten entsprechend abwandelt. Im anderen Fall arbeitet er synthetisch, stützt sich auf seine Erfahrungen und schafft auf der Grundlage von Ordnungen, Planlösungen und Motiven verschiedener Epochen eine neue Einheit. Für diese Synthese kann er eine größere oder kleinere Anzahl von Vorbildern heranziehen.

Wir haben gesehen, daß John Malton schon 1798 die besondere Eignung des klassischen Stils für öffentliche Gebäude und des gotischen Stils für die Sa-

153 Luftbild der Ringstraße in Wien. Links vorne das Parlament in klassizistischem Stil; Theophil von Hansen; 1873. In der Mitte das Rathaus in gotischem Stil; Friedrich von Schmidt; 1872-1883. Rechts gegenüber das Burgtheater in italienischem Stil; Gottfried Semper und Karl von Hasenauer; 1874-1888. Im Hintergrund die Neue Universität in akademischem französischem Stil; Heinrich von Ferstel; 1873-1874. Zudem erkennt man rechts vorne das 1821-1823 von Peter von Nobile erbaute Theseion, eine verkleinerte Wiedergabe des Athener Hephaisteion, und hinter der Universität am oberen Bildrand die Votivkirche im gotischen Stil des 14. Jahrhunderts, 1856-1879 von Heinrich von Ferstel errichtet.

kralarchitektur betont. Diesen Gedanken greift man 1841 in New York, 1845 in Hamburg und 1905 in Madrid auf. Ein spanischer Kritiker schreibt dazu: »Man erkennt weitgehend an, daß die klassische Baukunst dem öffentlichen Bauprogramm mit seinen Museen und Justizpalästen am angemessensten ist, desgleichen die mittelalterliche Baukunst den religiösen Bauwerken wie Kirchen und Mausoleen und die maurische den privaten Gebäuden.« Es gibt Ansätze zu einer stilistischen Typologie: Gewächshäuser, Markthallen, Ausstellungshallen, Passagen und andere Nutzgebäude baut man in moderner Eisenkonstruktion, Kirchen und Pfarrhäuser in einem Stil des Mittelalters — byzantinisch, romanisch oder gotisch —, und die städtische Architektur greift auf die klassischen italienischen oder französischen Formen zurück.

Die Grundlage dieses typologischen Eklektizismus bildet in den meisten Fällen die Faszination durch eine Urform — die Kathedrale des 13. Jahrhunderts, die kleine mittelalterliche Pfarrkirche, der Palazzo, das niederländische Rathaus — oder durch einzelne Bauelemente und Motive, darunter der östliche Diwan, der italienische Kampanile und das Belvedere oder die Kuppel der römischen Kaiserzeit, wie sie Jacques Lemercier (1585-1654) dem Pavillon de l'Horloge des Louvre aufsetzte. Auch hier ist das Neue nicht das Phänomen selbst, schon die Renaissance hat Pantheon und Triumphbogen ähnlich ausgeschöpft, sondern neu ist die außerordentliche Vielfalt der Anregungen. Die mittelalterliche Festung dient einer ganzen Reihe amerikanischer Kasernen als Vorbild, wovon die bekannteste die eindrucksvolle Seventh Regiment Armory (1878) in New York ist. Das rustizierte Mauerwerk der Florentiner Palazzi ruft Erinnerungen an die Medici hervor und ist wohl deswegen bei Sparkassen und Banken besonders beliebt.

154 Das Parlament am Wiener Ring; Theophil von Hansen; 1873 (Aufnahme aus dem Jahr 1898)

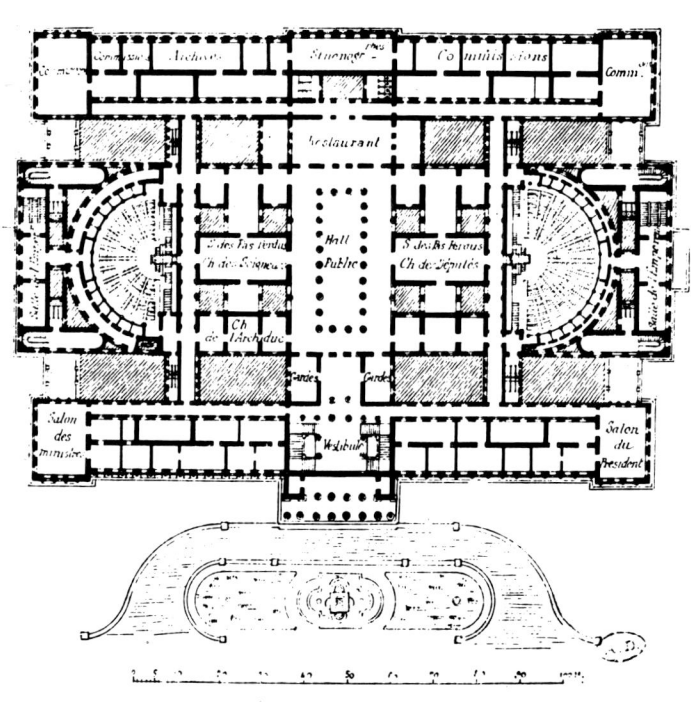

155 Das Parlament am Wiener Ring, Grundriß; Theophil von Hansen; 1873. Im Grundriß ähnelt das Gebäude, ungeachtet des anderen Stils der Außenfassaden, dem Londoner House of Parliament.

Schon die klassische Ästhetik forderte die formale Abstimmung eines Bauwerks auf seinen Zweck, doch beschränkte man sich auf die Säulenordnungen und die Gestaltung der Gesimse. Diese Ausdruckspalette wird vom Schatz des imaginären Museums der Architekten und Bauherren des 19. Jahrhunderts, der alle Epochen der traditionellen Baukunst umfaßt, wesentlich erweitert. Die klassischen Säulenordnungen — unter denen die dorische die Schlichtheit symbolisierte, die ionische die Anmut und die korinthische die Majestät — werden von Stilordnungen ersetzt: Der griechische Stil symbolisiert die Schlichtheit, die Renaissance die Anmut, der Stil Louis XIV die Majestät, Louis XV die Eleganz und so weiter.

Bei den Villen und Mietshäusern ist die Stilvielfalt vorwiegend einer alles erfassenden Romantik zuzuschreiben, doch bei den gründlicher ausgearbeiteten Gebäuden werden die verschiedenen Stile bewußt und auf bedeutsame Art eingesetzt. Sie gleichen — einmal romantisch, ein andermal hochtrabend, dann wieder majestätisch oder auch sehr elegant — den Modi der Verben oder den Tonarten der Musik. Ein Justizpalast verlangt nach mehr Nüchternheit und Strenge, ein Theater nach mehr Ausdruck und Beschwingtheit. Man geht sogar noch weiter, denn je nach Bestimmung des Theaters wird die Ausführung romantischer — für ein Repertoiretheater — oder prächtiger — für eine Oper — sein. Wenn die Fassaden der beiden Theater der Place du Châtelet in

156 Das Rathaus am Wiener Ring; Friedrich von Schmidt; 1872-1883. Versuch einer »modernen« Synthese zwischen klassischer Tradition und gotischem Stil. Man erkennt unschwer den dreigeteilten Aufbau (Unterbau, mittleres Arkadengeschoß, Attika) der Fassade der Pariser Opéra wieder.

157 Die »Straße der Nationen« auf der Pariser Weltausstellung von 1878. Von links nach rechts: der Pavillon Zentral- und Südamerikas von Alfred Lambert Vaudoyer im Stil eines Palastes von Lima aus dem 16. Jahrhundert; der dänische Pavillon in nordisch-manieristischem Stil; der griechische Pavillon in hellenisierendem klassizistischem Stil. Die verschiedenen Stile sollen hier die Kulturtradition des jeweiligen Landes ausdrücken; eine theatralische Form des typologischen Historismus, der einen bestimmten Stil je nach Art des Programms einsetzt. (Nach: *The Builder*, Juli 1878, S. 778)

158 Die Hermesvilla im Lainzer Tiergarten, Wien, Gartenfassade; 1898. Reizvolles, etwas ungeschickt realisiertes Beispiel eines synthetischen Historismus; malerische asymmetrische Anlage mit Ecktürmchen wie bei italianisierenden Villen; farbige Ziegel im Stil der Frührenaissance; Dächer in französischem Stil; Metallveranden mit orientalisierenden Anspielungen.

159 Die Kathedrale von Truro, Cornwall; John Loughborough Pearson; 1880-1910. Der Bau spiegelt den Urtyp einer Kathedrale.

160 Das Herrenhaus Biltmore bei Asheville (North Carolina); Richard Morris Hunt; 1890-1895. Bei diesem Haus für ein Mitglied der Familie Vanderbilt wird der Mittelpavillon von Wendeltreppe — einer Variation der Treppe von Blois — und Gewächshaus gerahmt.

Paris nicht den Festglanz der Oper ausstrahlen, so hat das seinen Grund nicht nur im etwas schmeichelnden Stil des Baumeisters Gabriel Davioud (1823-1881), sondern auch im Charakter der Gebäude: Der Prunk der kaiserlichen Oper geziemt einem Stadttheater nicht.

Noch subtiler und außergewöhnlicher können diese verschiedenen Stile innerhalb eines einzigen Gebäudes zur Differenzierung der verschiedenen Partien der Komposition eingesetzt werden. Die von Charles Garnier (1825-1898) geschaffene Pariser Oper ist in dieser Hinsicht beispielhaft. Garnier benutzt die Stilskala genau so wie die Architekten des Altertums die Säulenordnungen: Für die Verwaltungsgebäude im hinteren Teil der Anlage verwendet er einen recht nüchternen Louis-XIII-Stil, die Rotunden für Kaiser und Opernabonnenten schmückt er mit klassischen Halbsäulenvorlagen, und in der Hauptfassade schöpft er alle Möglichkeiten des variantenreichen Prunks der venezianischen Renaissance aus; im Innern kontrastieren die makellosen Schnörkel des Untergeschosses im Stil François I mit der barocken Pracht des großen Treppenhauses.

In seinem 1850 erschienenen *Rudimentary Treatise on the Principles of Design in Architecture* teilt Edward Garbett die italienische Renaissance in die Florentiner, römische und venezianische Schule ein, die seiner Ansicht nach der dorischen, ionischen und korinthischen Ordnung entsprechen. Den gleichen Gedanken wendet Paul Abadie (1812-1884) auf die Stilarten des Mittelalters an. Für die Dorfkirchen, die er in der Gironde und Dordogne baut, verwendet er den romanischen Stil des 11. Jahrhunderts, für die Vize-

161 Das Schloß Neuschwanstein; 1869-1886. Der Bau beruht auf Entwürfen des Hoftheatermalers Christian Jank. In der Bauleitung löste Georg von Dollmann 1871 Eduard Riedel ab.

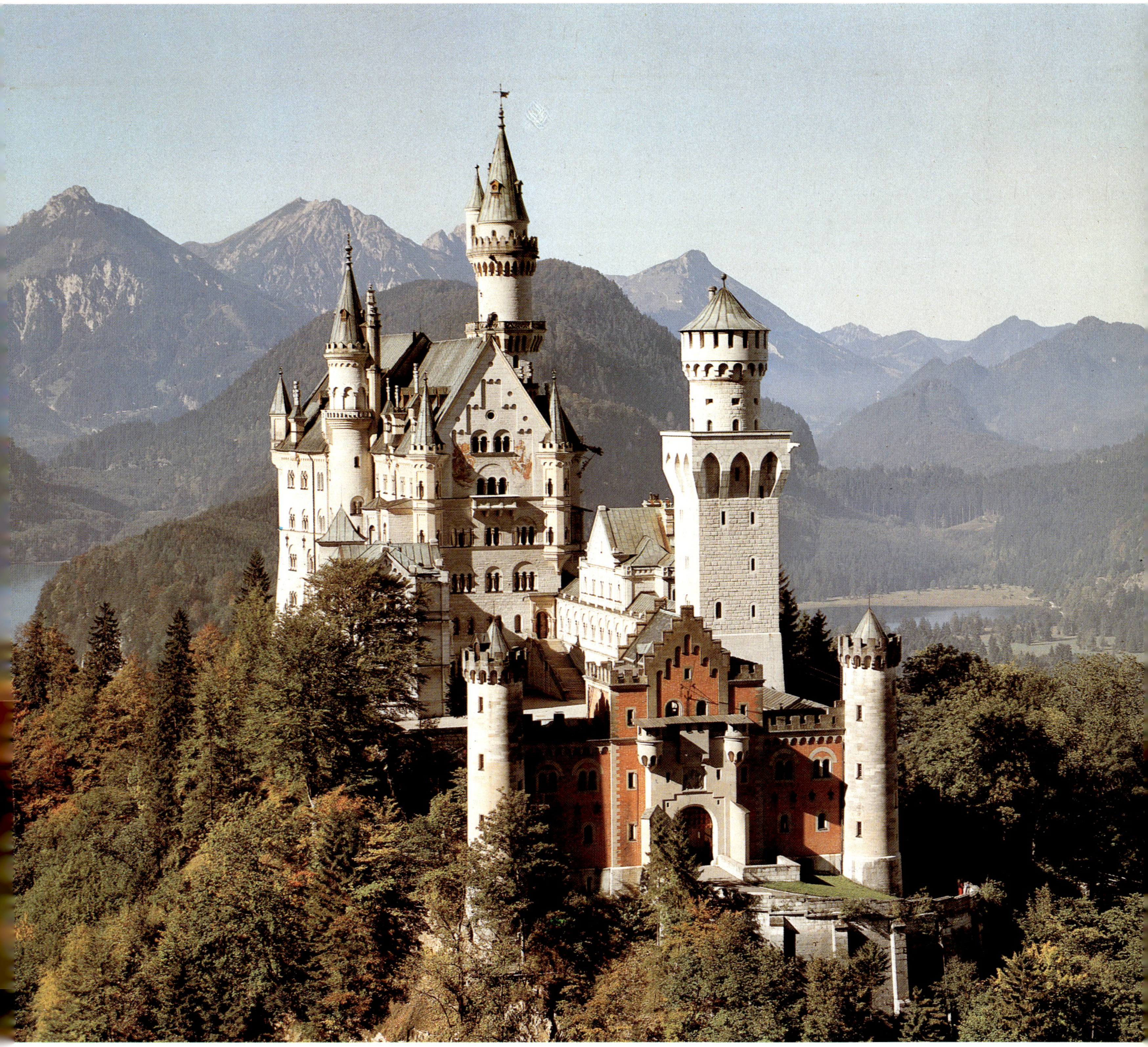

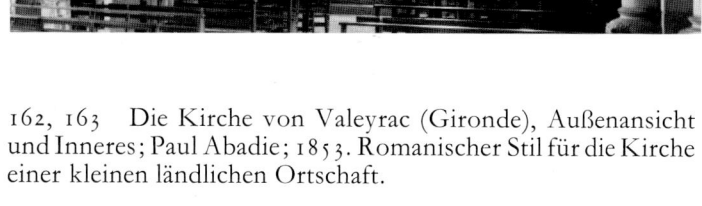

162, 163 Die Kirche von Valeyrac (Gironde), Außenansicht und Inneres; Paul Abadie; 1853. Romanischer Stil für die Kirche einer kleinen ländlichen Ortschaft.

164, 165 Die Kirche von Lesparre-Médoc (Gironde), Seitenansicht von Turm und Eingangsjoch, Inneres zum Chor; Paul Abadie; Entwurf 1853, Ausführung 1860-1865. Gotischer Stil für die Kirche einer Ortschaft mit Sitz der Unterpräfektur.

präfekturen von Bergerac und Lesparre-Médoc jedoch nimmt er die Gotik des 13. Jahrhunderts zum Vorbild, und der byzantinische Stil von Sacré-Cœur in Paris (1876 beg.), der Pilgerkirche der Hauptstadt, ist der Kirche Saint-Front in Périgueux im Departement Dordogne nachempfunden. Noch größere Freiheit in seinen Entlehnungen gestattet sich Théodore Ballu (1817-1885) beim Bau von Pariser Kirchen. Mit dem romanischen Stil der von Napoleon III. eingeweihten Kirche Saint-Ambroise (1865) und dem üppigen Renaissancestil der Eglise de la Trinité (1863-1867) will Ballu den Charakter der jeweiligen Stadtviertel widerspiegeln, populär auf der einen, mondän und geschäftsbetont auf der anderen Seite.

Die Rückkehr zum Hochbarock in den Entwürfen der offiziellen Bauten entspricht teilweise einer Verschiebung des Geschmacks, hat seine Ursache jedoch ebenfalls in dem Bemühen, unter den vorhandenen Stilen einen für diesen Gebäudetyp geeigneten zu finden. Gelegentlich hat die Stilwahl auch subtilere Motive. Nach der Annahme des Gesetzes über das staatliche Schulwesen in England will man der modernen, aufgeklärten Einstellung der Reformer durch den Queen-Anne-Stil, den man der Gotik vorzieht, gewissermaßen ein Denkmal setzen. In Frankreich ist der Kontrast zweier Universitätsgebäude in Lille nicht weniger bedeutsam: Die staatliche geisteswissenschaftliche Fakultät erhält klassizistische Formen, die katholische Fakultät dagegen neugotische. Als Jakob Ignaz Hittorf (1792-1867) den Auftrag erhält, für das erste Arrondissement von Paris ein Rathaus zu entwerfen, berücksichtigt er zwar die Gliederung der gegenüberliegenden Kirche Saint-Germain-l'Auxerrois, wählt aber einen Frührenaissancestil, der dem Gebäude einen »behördlicheren« Charakter verleiht, als es der gotische könnte.

Die zur Wahl stehenden, sich manchmal widersprechenden Bezugssysteme verleiten die Architekten gelegentlich zu Lösungen, die heftigen Widerspruch herausfordern. Diese Erfahrung macht James William Wild (1814-1892) mit einer Kirche in Alexandria (1846), in der er als romantisches einheimisches Motiv den maurischen Hufeisenbogen verwandte. *The Ecclesiologist* tadelte energisch: »In einem Land, das von der falschen Religion beherrscht wird, eine christliche Kirche im Stil dieser falschen Religion zu bauen, ist nicht nur ein Verstoß gegen den guten Geschmack, es ist eine willkürliche Beleidigung unserer religiösen Überzeugungen.«

Die Stilwahl kann entweder die Aufgabe des Gebäudes oder die regionale Kultur betonen; als Bei-

166 Die Kirche Sacré-Cœur in Paris; Paul Abadie; 1876-1919. Byzantinischer Stil für eine großstädtische Pilgerkirche.

167 Die Kirche Saint-Ambroise in Paris; Théodore Ballu; 1865

168 Die Kirche La Trinité in Paris; Théodore Ballu; 1861-1867. Der Kontrast zwischen dem romanischen Stil von Saint-Ambroise und dem üppigen Renaissancestil der Trinité beruht weniger auf dem zur Verfügung stehenden Budget als auf der Absicht Ballus, jeder Quartierkirche ein besonderes Gesicht zu geben; die eine steht in einem mondänen, geschäftigen Quartier, die andere in einem Arbeiter- und Handwerkerviertel.

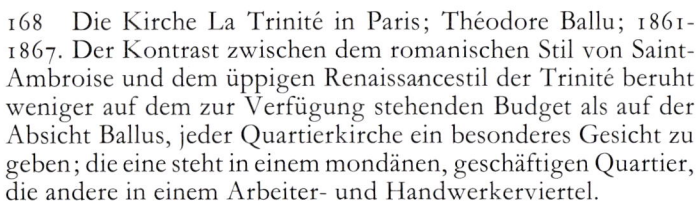

170 Das Rathaus von Wambrechies (Nord); 1868. Die Übernahme eines Regionalstils, der der Entwicklung des folgenden Jahrzehnts zeitlich vorausgeht, erklärt sich teilweise durch den Umstand, daß es sich um eine Kleinstadt handelt, in der ein malerischer Stil noch eher möglich scheint.

169 Hotel und Pension Müllberg im Mittelthurgau, Schweiz; 1854-1874 (abgerissen). Die Hotels, die mit dem Aufschwung des mittelständischen Eisenbahntourismus aus dem Boden schießen, übernehmen gerne die Elemente (Fachwerk, Belvedere) der Villen im ländlichen Stil.

171 Das Rathaus von Tourcoing (Nord); Charles Maillard; 1863-1865. Indem der Architekt Umriß und Formen der Tuilerien und des Neuen Louvre Napoleons III. wiederaufnimmt, betont er den offiziellen Charakter des Gebäudes.

172 Die Synagoge an der Oranienburger Straße in Berlin; Eduard Knoblauch; 1859-1866 (zerstört). Die Backsteinbauweise steht in der Berliner Tradition, doch der Rundbogenstil nimmt hier aus symbolischen Gründen orientalische Züge an.

173 Das Palais Vaissier, Rue de Mouvaux, Tourcoing (Nord); Charles Dupire-Rozan; 1892 (1925 abgerissen). Der für den Erfinder des »Savon du Congo« (Kongo-Seife), Victor Vaissier, errichtete »orientalische Palast« wirkt allzu theatralisch, zum Beispiel im Vergleich mit dem Royal Pavilion von John Nash oder der Villa Wilhelma in Stuttgart-Bad Cannstatt von Ludwig von Zanth.

174 Die Stierkampfarena an der Carretera de Aragón in Madrid; Emilio Rodriguez Ayuso; 1874 (1934 abgerissen). Eine der monumentalsten Schöpfungen des Neomudéjarstils in Spanien; Rückbezug auf die maurische Zeit bei gleichzeitiger Verwendung von modernen Metalltribünen.

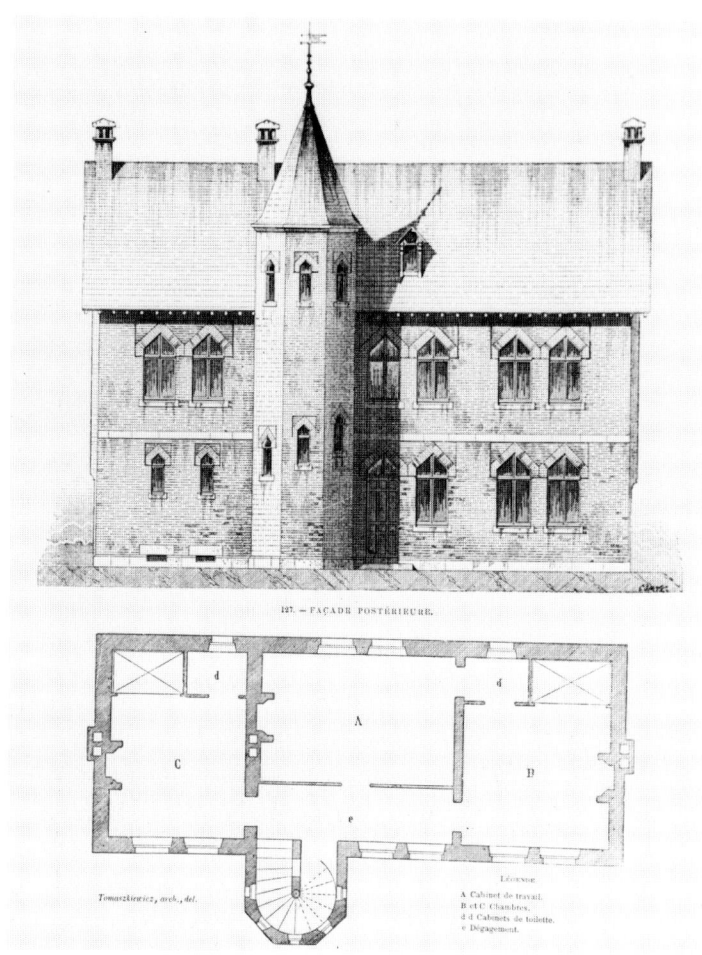

175 Das Pfarrhaus von Masny (Nord), Aufriß und Grundriß des Obergeschosses; Emile Boeswilwald; nach: *Gazette des architectes et du bâtiment* 7, 1869-1871, S. 196. »Dieses Gebäude hat den einfachen, strengen Charakter, der ihm zukommt, doch vor allem ist es ein Wohnhaus. Überdies ist es nicht aufdringlich traurig und monumental; es ist das Pfarrhaus einer Gemeinschaft, die für die einem solchen Gebäude zustehende Ausschmückung kein überflüssiges Geld zur Verfügung hat.«

176 Die Loggia dei Lanzi in Florenz; Benci di Cione und Simone Talenti; 1376-1382

177 Die Feldherrnhalle in München; Friedrich von Gärtner; 1841-1844. Eine beinahe genaue Nachahmung der Loggia dei Lanzi in Florenz.

178 Die Porte Dauphine oder Porte du Baptistère des Schlosses von Fontainebleau (Seine-et-Marne); 1600

179 Das Schloß Chantilly (Oise), Eingang und Kapelle; Henri Daumet; 1875. Bau für den Duc d'Aumale. Der Aufbau des Tores ist von der Porte Dauphine in Fontainebleau übernommen, doch Daumet ersetzt das Bossenwerk des Vorbilds durch abwechselnd kannellierte und glatte Trommeln wie in den Tuilerien, setzt in die Galerie vertiefte Figurennischen ein, die denen des Portikus von Ecouen gleichen, und stellt, wie in Anet, Sarkophage auf die Brüstungspfeiler.

spiele dafür seien die Rathäuser von Tourcoing (Nord), 1863-1865, im schwülstigen »Nationalstil« und von Wambrechies (Nord), 1868, im einheimischen flämischen Stil genannt.

Einen ähnlichen Kontrast kann man in Algerien zwischen dem maurischen Stil des Rathauses von Biskra und dem klassisch inspirierten Schwulst des Rathauses von Bône beobachten. Die im Villenbau beliebte romantische Stilskala bereichert man in Frankreich um den François-I- und Louis-XIII-Stil, die man aber als eigentliche Landesstile auch für Rathäuser verwendet. In Deutschland, England und Frankreich gilt der maurische Stil weiterhin als exotisch, doch in Spanien steigt er zum Landesstil auf, ein Status, der in Griechenland dem hellenisierenden Klassizismus gebührt.

Auf der anderen Seite geschieht es durchaus, daß man ein und denselben Stil für sehr unterschiedliche Bauwerke benutzt, ganz einfach weil die gedanklichen Verbindungen verschieden sind. So sind sowohl eine Berliner Synagoge aus dem Jahre 1859 als auch die exzentrische Residenz des Victor Vaissier in Tourcoing (1892) in maurischem Stil gebaut. So wie die ikonologischen Einfälle mit ihrem Ideenreichtum und ihren komplizierten Gedankengängen für die Renaissance Bedeutung hatten, sind auch diese manchmal recht künstlichen Ergebnisse für die Baukultur des 19. Jahrhunderts äußerst wichtig, denn sie dienen

180 Das Hospiz von Barbieux in Roubaix (Nord); Louis Barbotin; 1890-1893. Das Motiv des Portikus von Fontainebleau wird hier wiederaufgenommen, doch in einer bürgerlicheren und regionalen Weise, die dem übrigen Programm entspricht. Die Dachfenster folgen denen des Hôtel de Montescot in Chartres (1614), nach der Publikation von Sauvageot (1867).

181 Fenster der ehemaligen Börse von Lille (Nord); 1652

182 Fenster eines Gebäudes in der Rue des Manneliers in Lille (Nord). Der Geschmack am flämischen manieristischen Stil kann sich hier auf ein örtliches Vorbild stützen.

183 Roundwyck House in Kirdford (West Sussex); John Loughborough Pearson; 1869-1870

184 Das Parlament von Glyndwr, Machynlleth (Wales); 15. Jahrhundert. Eines der Vorbilder des Old-English-Stils.

185 St. George's Church in Edinburgh, Projekt; Alexander Thomson

186 St. Vincent Street Church in Glasgow; Alexander Thomson; 1857-1859. Eine malerische Mischung aus griechischen und ägyptischen Elementen.

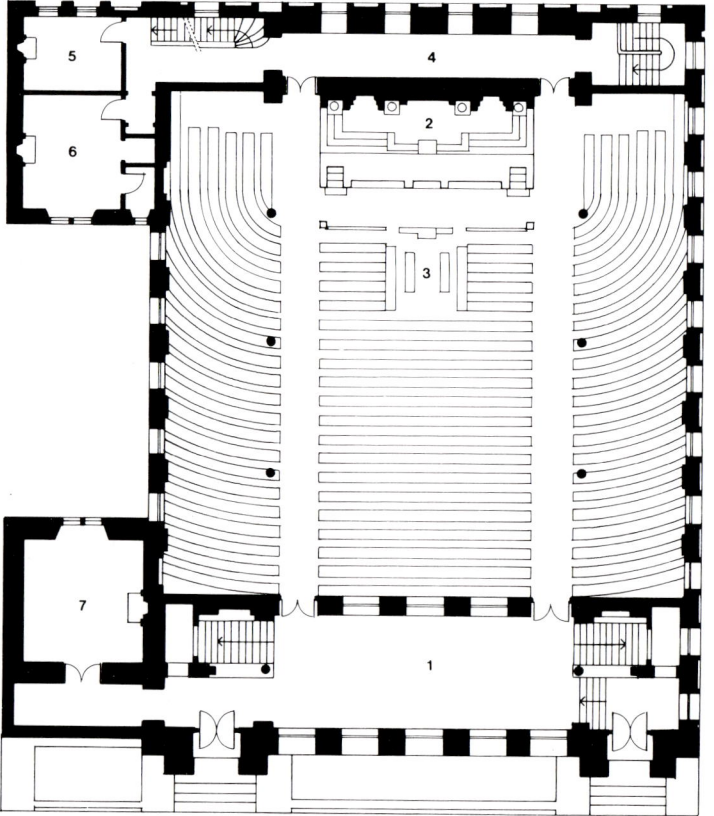

187 St. Vincent Street Church in Glasgow, Grundriß; Alexander Thomson; 1857-1859

als roter Faden im Labyrinth der Stile. Dieses Stilsystem steht natürlich hier und da mit einer unmotivierten Romantik im Widerstreit, ebenso wie mit dem Siegeszug der Geschmacklosigkeit, was Augustus Welby Pugin (1812-1851) Gelegenheit gibt, sich über die »Schweizer Alpenchalets im Flachland, die italienischen Villen des Nordens und die griechischen Tempel der Geschäftsstraßen« zu mokieren.

Die Auseinandersetzung um die Neugotik in den vierziger Jahren endet mit einer paradoxalen Umkehrung der Ausgangslage: Der romantisch-sakrale neugotische Stil nimmt rationalistische Züge an und strebt nach erhabener Gliederung und nach Proportionen, wie sie der Klassizismus verwirklicht. Die Klassizisten ihrerseits gestehen dem gotischen Stil seine Eignung für die Sakralarchitektur zu, geben dem eigenen Stil mit Mansardendächern eine romantische Note und fügen in ihre neubarocken Kompositionen Pilaster im Stil der Frührenaissance und manieristische Giebel ein.

188 Holmwood an der Netherlee Road, Cathcart, Glasgow; Alexander Thomson. Überraschende Verschmelzung von antikem Tholos und dem Motiv des Erkerfensters.

189 Die New Zealand Chambers an der Leadenhall Street in London; Richard Norman Shaw; 1871-1873 (im Zweiten Weltkrieg zerstört). Der Queen-Anne-Stil taucht hier erstmals bei einem Bürohaus auf. Gelungenes Beispiel für die Anpassung alter Bauformen an moderne Bedürfnisse: Die Fassade ist in erster Linie eine Glaswand, um Licht in die Büroräume gelangen zu lassen.

190 Die Thomaskirche in Berlin, Inneres; F. Adler; Entwurf 1864, Ausführung 1865-1869. Besonders in der Vierung wird deutlich, wie der Architekt nach einer Verschmelzung von romanischem und Renaissancestil sucht.

191 Die Kreuzkirche in Berlin; Johannes Otzen; 1888. Gotische Detailformen sind an einem ungewöhnlich kompakten Baukörper verwendet.

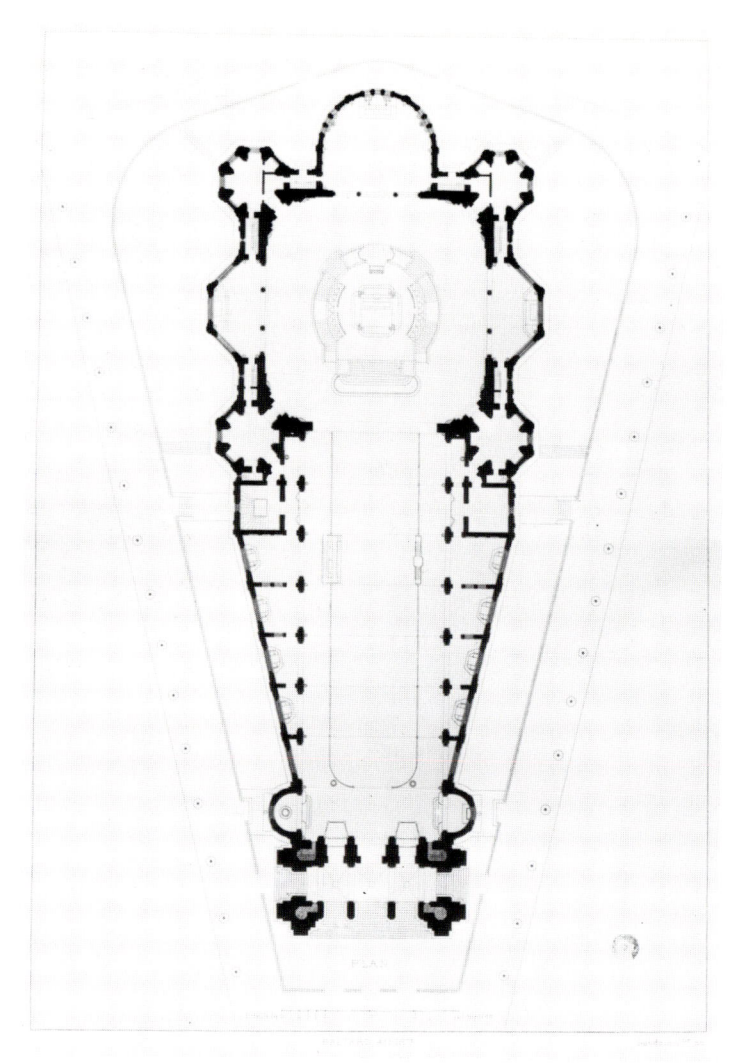

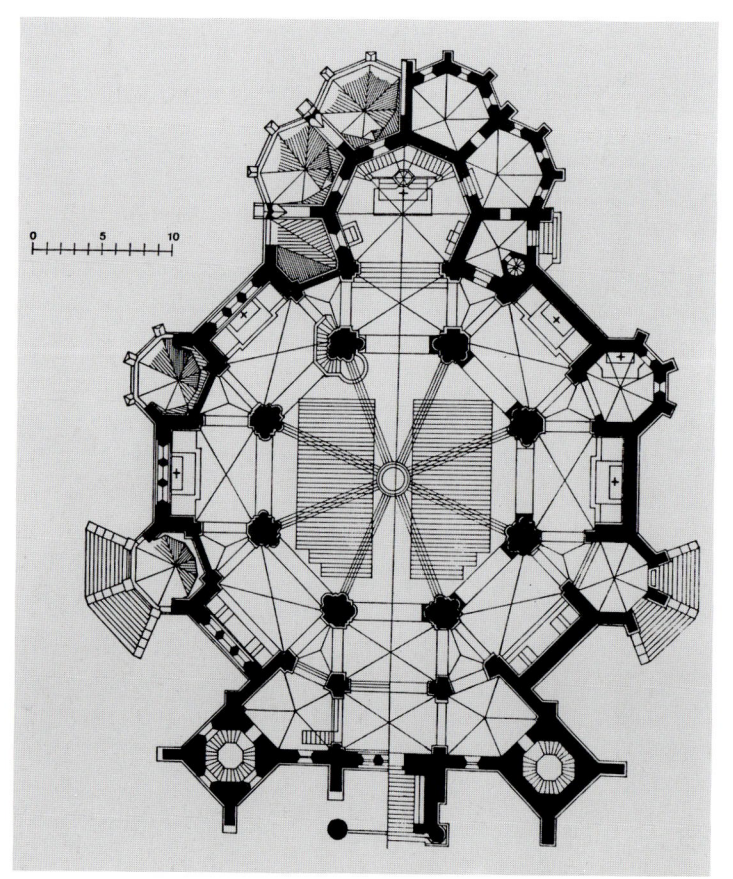

192 Die Kirche Saint-Augustin in Paris, Grundriß; Victor Baltard; 1860-1891; nach: Narjoux, 1880-1883, Bd. III

193 Die Kirche Maria vom Siege im Bezirk Fünfhaus in Wien, Grundriß; Friedrich von Schmidt; 1868-1875

194 Die Kirche Saint-Augustin in Paris, Blick in die Kuppel; Victor Baltard; 1860-1891. Die Metallkonstruktion, die die Erweiterung des Schiffes ermöglicht, ist hier sichtbar belassen. Der auf diese Weise erzielte Kontrast in Proportionen und Farben läßt die romanisch beeinflußten Formen leichter erscheinen.

195 Die Kirche Maria vom Siege im Bezirk Fünfhaus in Wien; Friedrich von Schmidt; 1868-1875. Eine geglückte Synthese von gotischen Formen, klassischer Kuppel und barocker Übereckstellung der Türme.

196 Das Haus des Buchdruckers Lorenz, Maximilianstraße 30-34, München, Friedrich Bürklein; 1854 begonnen. Ein Versuch, einen neuen Stil zu schaffen.

Zwei Pole bestimmen nun die Baukultur: die Neugotik, die in Großbritannien ihre bedeutendsten Erfolge feiert, und der Klassizismus, der in Europa weiter die Bautätigkeit bestimmt, womit der Gegensatz zwischen angelsächsischer und französischer Kultur, den wir bereits zu Beginn des Jahrhunderts festgestellt haben, weiter bestehen bleibt. Amerika und Mitteleuropa stehen im Bann dieser beiden Pole, allein Berlin, das von der außerordentlichen Persönlichkeit Karl Friedrich Schinkels profitiert, kann sich inmitten dieser Einflüsse behaupten.

Von der archäologischen Treue zur Neugotik

Genau in dem Moment, als die neugotische Bewegung ihre ersten, selbstgesteckten archäologischen und liturgischen Ziele erreicht, setzt ein wichtiger Wandel ein. Die symbolischen, religiösen, nationalen und romantischen Werte, denen die Gotik ihre Wiederentdeckung verdankt, verschwinden zwar nicht, aber sie büßen gegenüber den Kriterien von Konstruktion, Gliederung und Ästhetik erheblich an Bedeutung ein. Die vom Mittelalter inspirierte Kultur wird abwechslungsreicher, verfeinert sich und findet in immer mehr Ländern Aufnahme. Die Architekten gehen mit den mittelalterlichen Vorbildern immer ungehemmter um und betonen die Unterschiede der Bauprogramme — von der Dorfkirche bis zur großstädtischen Kathedrale — formal stärker. Schließlich ist die Gotik nicht mehr der Sakralarchitektur, romantischen Landhäusern und den nationalen und königlichen Bauten vorbehalten, sondern sie emanzipiert sich zum Universalstil, der sich für öffentliche (Rathäuser, Museen) und geschäftliche Gebäude (Banken, Hotels) wie auch für die neuen Bauaufgaben (Bahnhöfe, Kaufhäuser) anbietet. Die Gotik meldet ein Exklusivrecht an, sie will die klassischen und italienischen Stile, mit denen sie bisher gleichberechtigt war, ersetzen. Die junge neugotische Generation will, ganz wie die Italiener des Quattrocento, die nach Jahrhunderten der Kulturlosigkeit die noble klassische Baukunst zu neuem Leben erwecken wollten, den von der Renaissance zerschnittenen Faden wieder aufnehmen. Ihr Ziel ist nichts anderes als eine Renaissance des Mittelalters!

Im Jahre 1843 schrieb Augustus Welby Pugin: »Ich werde meine Schüler auf Reisen schicken, aber ich werde auch die Ziele bestimmen, für den einen Durham, für andere die Glockentürme des Lincolnshire, für wieder andere die Turmspitzen von Northampton und die ehrwürdigen Säulen des Yorkshire ... jede Grafschaft wird als Schule dienen.« Den ersten neugotischen Kirchen Englands haftet allen der Reiz des wirklich Einheimischen an. Auch nach 1850 widmen sich die englischen Architekten dem Studium örtlicher Vorbilder, was angesichts ihrer gleichzeitigen Tätigkeit bei Restaurierungen und Neubauten nicht verwunderlich ist. Ein Beispiel für die bereitwillige Umsetzung technischer und formaler Lösungen aus dem einen Bereich in den anderen liefert William Butterfield (1814-1900), der das bei der Restaurierung der Kirche von Dorchester entdeckte Motiv des im Fenster auslaufenden Strebepfeilers in seiner St. Matthew's Church in Stoke Newington verwendet. Doch für diese Architektengeneration weitet sich der kulturelle Horizont merklich. Dank des freien Kulturaustausches und des aufkommenden Eisenbahntourismus entdecken die Engländer die »kraftprotzende Gotik« (muscular gothic) der französischen Kathedralen sowie die phantasievolle italienische Gotik.

Das englische Gegenstück zu Viollet-le-Duc ist in gewissem Sinne Sir George Gilbert Scott (1811-1878), der anläßlich des Wettbewerbs für die Hamburger Nikolaikirche mit der deutschen Gotik Bekanntschaft gemacht hat. 1847 unternimmt er eine erste Frankreichreise, und 1851 geht er auf die »große Rundreise« bis nach Italien, wo sein Interesse nicht der Renaissance, sondern der Romanik und Gotik gilt. Die meisten Architekten der neuen Generation folgen seinem Beispiel. William Burges (1827-1881) hält sich nach drei Studienreisen im eigenen Land (zwischen 1844 und 1849) anderthalb Jahre in Frankreich, Deutschland und Belgien auf und kehrt 1854 noch einmal nach Frankreich und Italien zurück. John Loughborough Pearson (1817-1897) bereist Belgien im Jahre 1853 und Frankreich 1855 und 1859. George Edmund Street (1825-1881) besucht Frankreich in den Jahren 1850 und 1852, Deutschland 1851

197   Die Votivkirche in Wien, Entwurf; Wilhelm Stier; 1853. Der Entwurf ist noch ganz vom Ideal des Kölner Doms und den Schinkelschen Kirchen geprägt.

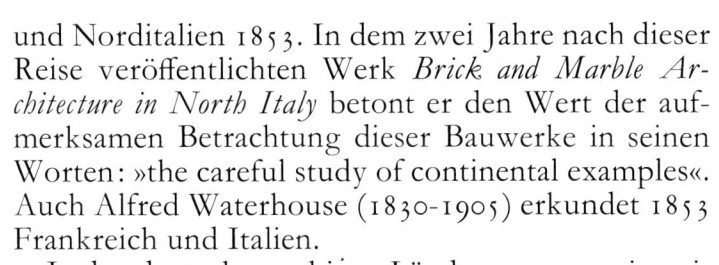

198   Die Votivkirche in Wien; Heinrich von Ferstel; Entwurf 1853, Ausführung 1856-1879. Im Vergleich zur Münchner Mariahilfkirche werden die Fortschritte der »archäologischen Gotik« um 1850 deutlich. Wie bei den gleichzeitigen Bauten von Sir George Gilbert Scott und Jean-Baptiste-Antoine Lassus ist das moderne Merkmal der Kirche ihre allzu vollkommene Ausführung.

und Norditalien 1853. In dem zwei Jahre nach dieser Reise veröffentlichten Werk *Brick and Marble Architecture in North Italy* betont er den Wert der aufmerksamen Betrachtung dieser Bauwerke in seinen Worten: »the careful study of continental examples«. Auch Alfred Waterhouse (1830-1905) erkundet 1853 Frankreich und Italien.

In den deutschsprachigen Ländern, wo man inzwischen eingesehen hat, daß die Gotik in der Landschaft der Ile-de-France und nicht in Deutschland ihren Ursprung nahm, hält das Interesse an der lombardischen Romanik an.

In Frankreich, dem ergiebigsten Feld für das Studium der Gotik, geht das Interesse an der deutschen und englischen Gotik, das im wesentlichen auf der Frühzeitigkeit der neugotischen Bewegungen in diesen Ländern beruhte, etwas zurück. Hingegen erforscht man das eigene architektonische Erbe immer gründlicher. Eugène-Emmanuel Viollet-le-Duc (1814-1879) beendet 1868 die Veröffentlichung seines *Dictionnaire raisonné de l'architecture française*. Er bemüht sich, durch sorgfältige Analysen die universellen rationalen Prinzipien der Architektur des Mittelalters zutage zu fördern, doch vernachlässigt er keineswegs die bescheidenere einheimische Architektur, deren Konstruktionsmethoden einfacher und offensichtlicher sind. Die Aufmerksamkeit der Franzosen, die sich lange ausschließlich auf die Gotik des 13. Jahrhunderts richtete, wendet sich nun auch der byzantinisch-romanischen Baukunst zu (Félix de Verneihl, *L'Architecture byzantine en France, St-Front de Périgueux et les églises à coupole de l'Aquitaine*, 1851). Im letzten Drittel des Jahrhunderts, zugleich mit den ersten Ansätzen zu einem neuen Regionalbewußtsein, widmet man sich auch den örtlichen Sonderformen der Baukunst, der südfranzösischen Romanik zum Beispiel (Henri Antoine Revoil, *L'Architecture romane dans le Midi de la France*, 1861-1867) oder der

199 Die Kirche Saint-Jean-Baptiste in Belleville, Paris 19ᵉ; Entwurf 1853, Ausführung 1854-1859. Die Kirche »ist unter den Bauwerken der Hauptstadt die Krönung dessen, was ich die Renaissance des 19. Jahrhunderts nennen möchte... Man würde meinen, sie datiere aus der Zeit Ludwigs des Heiligen und sei eines jener frommen Gebäude, mit denen der heilige König seine gute Stadt umgab und befestigte.« (Decloux/Noury 1862, S. 111)

bretonischen Spätgotik. Genährt von Reisen, Veröffentlichungen und den ersten Daguerrotypien und Photographien (ab 1871) gewinnt man immer freieren Zugang zur Kultur des Mittelalters, wird also auch im Umgang mit ihr immer freier. Nur wenige Architekten pflegen weiter eine archäologisch zu nennende Stiltreue.

Jean-Baptiste-Antoine Lassus (1807-1857), der seinem Entwurf für die Kirche Notre-Dame-de-la-Treille in Lille 1856 das polemische Motto »Historismus ist die Plage der Kunst« voranstellte, ist der bedeutendste französische Vertreter des archäologischen Purismus. Man darf diesen Purismus allerdings nicht mit der grassierenden »Gemeinde-Gotik« verwechseln, deren seelenloses Kopienwesen eher auf eine übereilte Planung als auf gestalterische Absicht zurückzuführen ist. Lassus ist von den »Prinzipien« der mittelalterlichen Baukunst durchdrungen, die nach seinen eigenen Worten »den wirklichen und einzig akzeptablen Ausgangspunkt der modernen Kunst« bilden. Sein Wunsch ist es, die überlieferte Kunst zu vervollkommnen, ohne zum Nachahmer irgendeines ihrer Produkte zu werden. Seine Werke sind eine exakte, unterkühlte Anwendung dieser Grundsätze (Saint-Nicolas in Nantes, 1850-1876; Sacré-Cœur in Moulins, 1850-1867; Saint-Pierre in Dijon, 1855-1858; Saint-Jean-Baptiste im Pariser Arbeiterviertel Belleville, 1853-1859). Viollet-le-Duc hat sich nicht getäuscht, als er von Saint-Jean-Baptiste in Belleville als von einer »gelehrten Pastiche« sprach, einer »lebensgroßen Studie des 13. Jahrhunderts« (*Paris-Guide*, 1867, Band 3, S. 727).

Lassus versucht nicht, neue Formen im Geist des Mittelalters zu schaffen, er stellt auf einer Grundform — meist wählt er die französische Kathedrale des 13. Jahrhunderts — eine Auswahl der gelungensten Lösungen eines stilistisch zusammenhängenden Korpus zusammen. In dieser Hinsicht wirkt die Eingabe, die er 1856 seinem Entwurf für Notre-Dame-de-la-Treille in Lille beifügt, erhellend. Lassus ist durchaus mit dem über zweitausend Jahre vor ihm lebenden griechischen Meister Apelles zu vergleichen, der die schönsten Mädchen Athens bat, für seine Venus Modell zu stehen: Er dimensioniert seine Kathedrale nach dem Modell der Kathedrale von Laon, gibt den Emporen die Maße derjenigen von Notre-Dame in Châlons-sur-Marne, entnimmt das Chormodell dem »bewundernswerten Chor der Kathedrale von Le Mans«, wählt für das Chorgestühl dasjenige von Poitiers zum Vorbild und für den Fußboden Amiens, jenes »kostbare Beispiel des prächtigsten, abwechslungsreichsten und ökonomischsten aller Systeme«. Er bezieht sich nicht mehr auf die Natur und das klassische Schönheitsideal, sondern — der Unterschied ist allerdings eher oberflächlich — auf die mittelalterliche Vergangenheit.

Im Frankreich der fünfziger Jahre bauen Hippolyte Louis Durand (1809-1881) im Departement der Basses-Pyrénées, Gustave Guérin (1814-1881) in Tours, Paul Abadie (1812-1884) in Angoulême und viele weitere Architekten auf die gleiche Art ebenso sorgfältig ausgeführte wie langweilige Kirchen. Überhaupt könnte man für jedes Land Europas eine Liste solcher tapferen Handwerker der archäologischen Neugotik aufstellen, die ihre Tätigkeit auf Restaurierungen und Neubauten mittelalterlichen Stils verteilen: in Belgien Louis de Custe (1817-1891), in

200 Die Kirche St. Willibrordus in Amsterdam; Petrus Josephus Hubertus Cuijpers; 1866. Idealentwurf einer Kathedrale.

den Niederlanden Petrus Josephus Hubertus Cuijpers (1827-1921), in Wien Heinrich von Ferstel (1828-1883) und sogar oft genug Sir George Gilbert Scott in England. Cuijpers beweist allerdings ein ausgeprägtes Gefühl für die Struktur der Baustoffe, das seinen französischen Kollegen fehlt, und Scott, der wie Lassus Gefahr läuft, hier und da zum simplen Nachahmer zu werden (die Christ Church von Ealing ist die getreue Kopie von Bloxham, wie *The Ecclesiologist* sehr wohl bemerkt), macht bereitwillig Anleihen bei Vorbildern außerhalb Englands.

In der Tat bleibt der Konflikt zwischen archäologischer Vorbildlichkeit und dem Trachten nach einem modernen gotischen Stil nicht lange aus, und beim Tode von Lassus im Jahre 1857 ist sein anti-eklektisches Ideal schon veraltet.

John Ruskin (1819-1900) in England und Viollet-le-Duc in Frankreich werden — auf anderen, wenn nicht geradezu entgegengesetzten Grundlagen — bei der Richtungsänderung der neugotischen Bewegung eine entscheidende Rolle spielen. Beide wollen die Neugotik aus dem klerikalen, antiquarischen Ghetto befreien und streben eine Renaissance der Gotik an. Für beide ist die Gotik das Paradigma der Architektur schlechthin, doch beruht ihre Universalität für Ruskin auf ästhetischen und moralischen Werten, so sieht Viollet-le-Duc vor allem ihre konstruktiven und rationellen Stärken; Ruskin schätzt die visuellen Gefühlswerte der Gotik, Viollet-le-Duc ihre bauliche Logik; Ruskin beruft sich auf die italienische Architektur, Viollet-le-Duc auf die französische. Ruskin erzielt mit seiner nostalgischen Ästhetik und seiner Empfindsamkeit für das dekorative Element zweifellos eine glücklichere unmittelbare Wirkung als der kühle Rationalismus und die schmucklose Zeichnung Viollet-le-Ducs, dessen Überlegungen jedoch durch ihre größere Abstraktion eine Modernität erhalten, die in der modernen Bewegung ihre Früchte tragen wird.

Es gibt keinen fließenden Übergang von einer Epoche zur nächsten. Die hervorragendsten Vertreter der ersten Phase der Neugotik sterben einer nach dem anderen, Pugin 1851, Sulpiz Boisserée 1854, Lassus 1857, doch gerade in dieser Zeit erhalten Vinzenz Statz (1819-1898) — der in der zweiten Jahrhunderthälfte im Rheinland zahlreiche neugotische

122

Kirchen bauen wird — und der wichtigste Wiener Neugotiker, Friedrich von Schmidt (1825-1891), in der Bauhütte des Kölner Doms ihre Ausbildung. Viollet-le-Duc und Emile Boeswilwald (1815-1896) greifen auf ihre archäologischen Erfahrungen der vierziger Jahre zurück, um während des Second Empire das Fundament einer modernen Gotik zu legen; Sir George Gilbert Scott, William Butterfield (1814-1900) und John Loughborough Pearson (1817-1897) treten aus dem Schatten Pugins heraus und begründen eine eigene neugotische Stilvariante, die in England Victorian Gothic genannt wird.

Der Kontrast zwischen dem Denkmal für den 1832 verstorbenen Sir Walter Scott von George Meikle Kemp (Entwurf 1836, Ausführung 1840-1844) in Edinburgh und den von Thomas Worthington (1826-1909) 1862 bis 1867 in Manchester und von Sir George Gilbert Scott 1864 bis 1875 in London ausgeführten Prince Albert Memorials illustriert sehr gut die Verlagerungen, die in dieser Zeit vor sich gehen. Das Denkmal in Edinburgh ist einem Baldachin im Flamboyantstil in Melrose Abbey nachempfunden; Kemp hat daraus einige Details mit archäologischer Präzision, doch stark vergrößert, übernommen. Die Viktorianischen Denkmäler zu Ehren des Prinzgemahls machen freimütige Anleihen bei den gotischen Scaligergräbern in Verona und bedienen sich unbekümmert eklektisch eines polychromen anglo-italienischen Vokabulars.

John Ruskin legt seine Gedanken in zwei Büchern dar: *The Seven Lamps of Architecture* (1849) und *The Stones of Venice* (1851-1853), und seine Vorträge im »Athen des Nordens«, Edinburgh, 1854 unter dem Titel *Lectures on Architecture and Art* veröffentlicht, lassen durchaus den Willen zur Provokation erkennen. Ruskins architektonische Ästhetik wirkt oft emphatisch, manchmal konfus und widersprüchlich, er rationalisiert a posteriori seine subjektiven Neigungen: seine Empfindsamkeit gegenüber Baustoffen, Strukturen, Farben, Italien im allgemeinen und dem Licht Venedigs im besonderen. Seine Ästhetik ist — wie bei Pugin — nicht von seinen ethischen und sozialen Vorstellungen zu trennen. Er verurteilt die griechische Architektur wegen ihrer Verbindung zum Sklavenstaat, die Renaissance wegen ihrer erregten Sinnlichkeit, und er speist seine Bewunderung der Gotik aus dem sehnsüchtigen Traum von einem Mittelalter der freien Handwerker und Künstler, dem genauen Gegenteil des anbrechenden Maschinenzeitalters. In seinen Augen sind vier Stilarten der

201 Walter Scott Monument in Edinburgh; George Meikle Kemp; Entwurf 1836, Ausführung 1840-1844.

202 Albert Memorial in Westminster, London; Sir George Gilbert Scott; Entwurf 1862, Ausführung 1864-1875

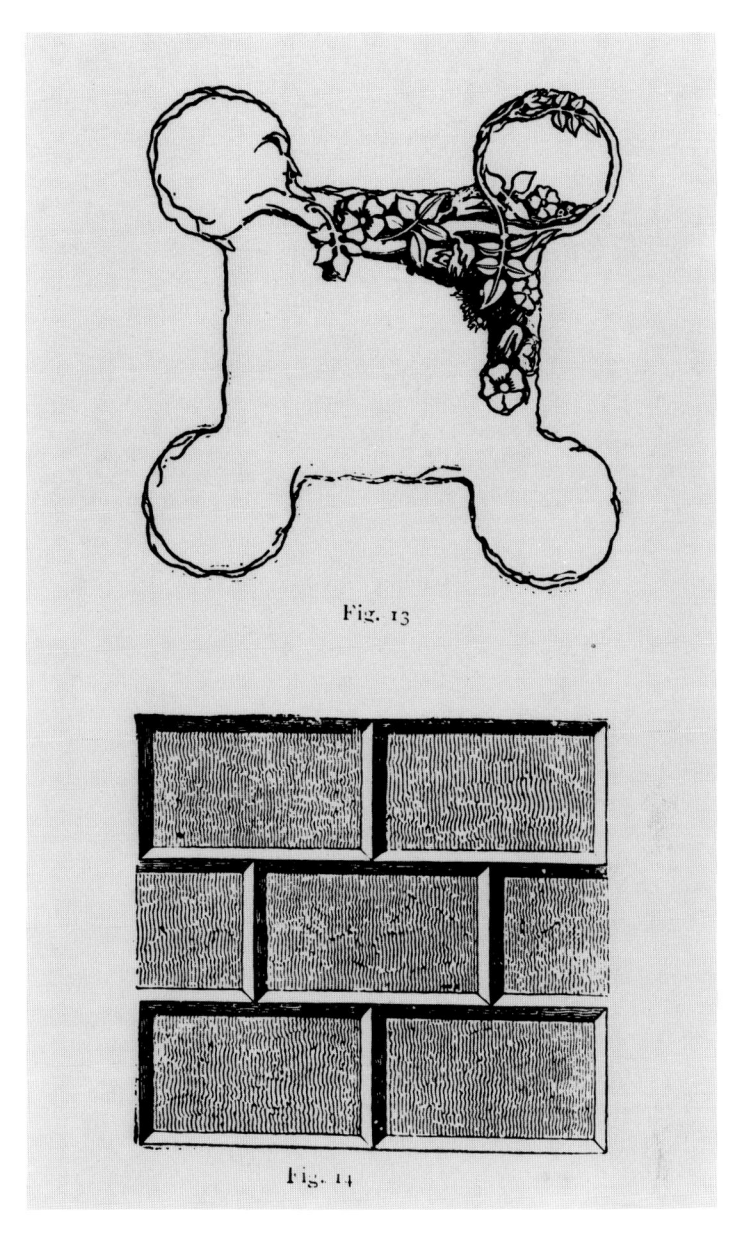

203 Ein Ruskinscher Kontrast: mittelalterliche und klassische skulptierte Fläche (nach: Ruskin 1854, S. 58, Taf. VIII)

Nachahmung würdig: die Pisaner Romanik (Pisan Romanesque), die englische Hochgotik (English Early Decorated), aber vor allem die Frühgotik der italienischen Republiken (the Early Gothic of the Western Italian Republics) und die venezianische Gotik (the Early Gothic in its purest development). Giottos Florentiner Kampanile und der Dogenpalast von Venedig sind in seinen Augen Werke von einer unübertrefflichen Vollkommenheit (models of all perfection). Ruskin bewirkt in doppeltem Sinne eine Verschiebung: Indem er die dekorativen und visuellen Werte stärker als die symbolischen und liturgischen betont, säkularisiert er die neugotische Bewegung. Und mit seiner Bevorzugung der italienischen Gotik gegenüber der englischen Kathedrale söhnt er den italophilen Dilettantismus mit der Gotik aus. Den Ecclesiologists und Augustus Welby Pugin war daran gelegen, für Kirchen, öffentliche Gebäude

204, 205 Church of All Saints in Westminster, London, Außenansicht und Inneres; William Butterfield; 1850-1859

und Privatbauten getrennte Stile zu entwickeln, Ruskins Wille zur Ästhetisierung stellt dagegen wieder eine einheitliche Stilsprache her, in der die Lagerhalle mit dem gleichen Vokabular behandelt wird wie das Rathaus. Ruskin hat zweifellos eine wegweisende Rolle gespielt, doch seine Sensibilität gegenüber den Farbwerten der Baustoffe und der plastischen Struktur wie auch seine grenzenlose Bewunderung der italienischen Architektur des Mittelalters, sei sie profan oder sakral, wird von der Gesamtheit seiner Generation geteilt.

George Edmund Street und Sir George Gilbert Scott verteidigen fast zur gleichen Zeit ganz ähnliche Ideen. In seinen Schriften *A Plea for the Faithful Restoration of our Ancient Churches* (1850) und vor allem *Remarks on Secular and Domestic Architecture, Present and Future* (1858) betont Scott genau wie Ruskin die Eignung des gotischen Stils nicht nur für religiöse Bauten und romantische Residenzen, sondern auch für öffentliche Gebäude und Geschäftshäuser. Scott teilt mit Ruskin ferner das Interesse an der italienischen Gotik, in der er die Polychromie der Gliederung, die Schlichtheit der Baukörper und die Regelmäßigkeit der Öffnungen schätzt. Andererseits verhält er sich weniger dogmatisch, ästhetisch unbekümmerter und in der Wahl seiner Quellen eklektischer als Ruskin, denn er beschäftigt sich auch mit der französischen und der nordeuropäischen Gotik. Scott empfiehlt namentlich die niederländische und die deutsche Gotik zur Nachahmung; die Tuchhalle von Ypern ist in seinen Augen die Urform der profanen Neugotik. Das gotische System ist für ihn lediglich der Kern (nucleus) eines unbegrenzten Forschungsgebietes, und er beabsichtigt, nach einer notwendigen Lehrzeit »den Spitzbogen den neuen Forderungen« seiner Zeit anzupassen und dabei die neuen Baustoffe und neuen Konstruktionstechniken einzubeziehen. Ruskin denkt gar nicht daran, einen neuen Stil zu entwickeln, doch Scott hofft, nach einer notwendigen Lehrzeit der Geburt einer wahrhaft modernen Gotik beizustehen.

206 Church of St. James the Less in Westminster, London; George Edmund Street; 1859-1861

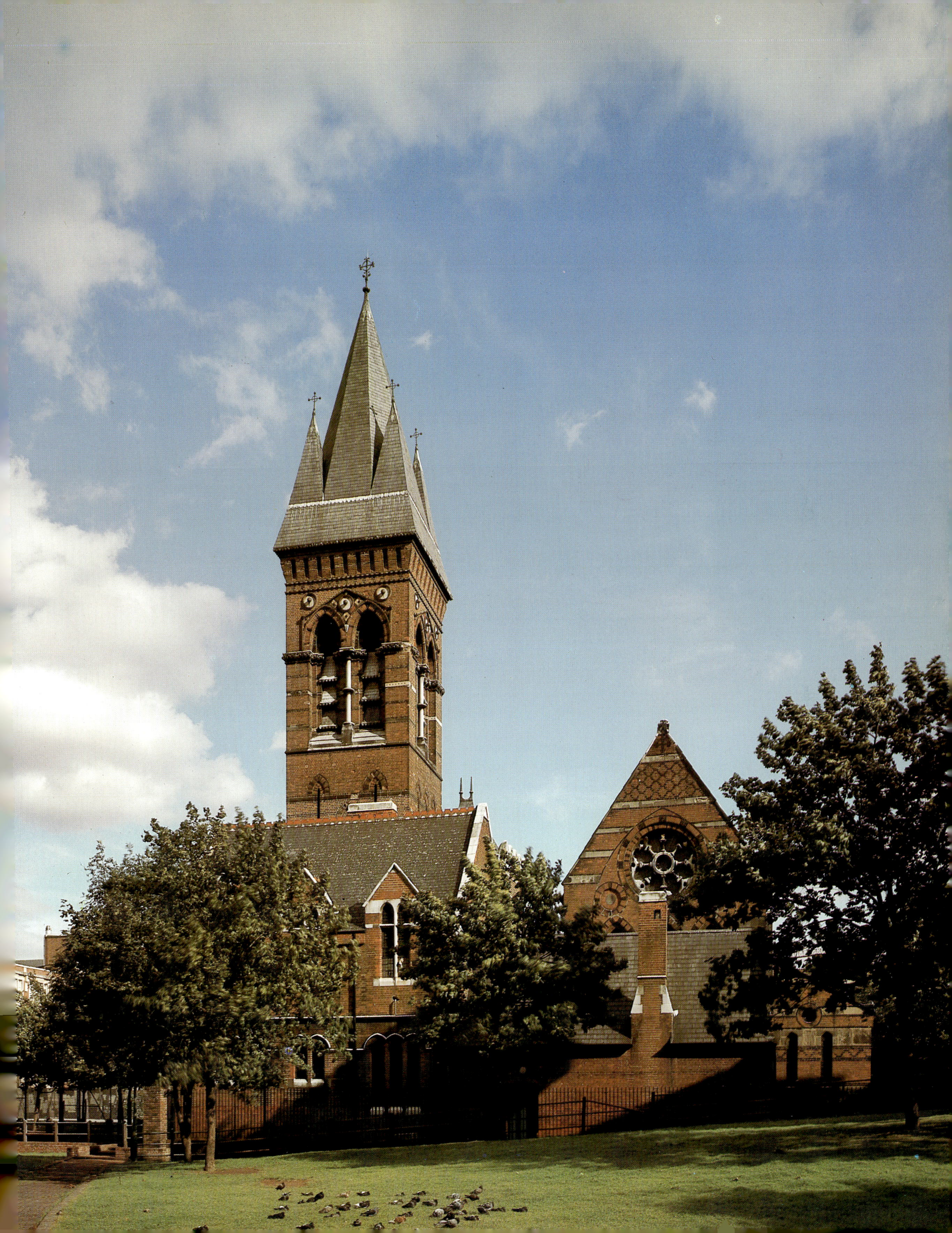

207 Church of St. James the Less in Westminster, London, Außenansicht und Grundriß; George Edmund Street; 1859-1861; nach: *The Builder*, 15. Juni 1861, S. 411

208 Church of St. James the Less in Westminster, London, Inneres; George Edmund Street; 1859-1861

209 Church of St. Saviour in Islington, London, Blick in den Chor; William White; 1865-1866

210, 211　St. Martin's Church in Camden, London, Außenansicht und Inneres; Edward B. Lamb; 1862-1865

212, 213　Church of Christ the Consoler in Skelton-on-Ure, bei Ripon (North Yorkshire), Außenansicht und Inneres; William Burges; Entwurf 1870, Ausführung 1871-1876. Die Kirche ist ein idyllisch gelegener Gedächtnisbau, den der Marquess of Ripon zum Andenken an seinen von griechischen Banditen ermordeten Schwager errichten ließ. Die Grundform ist englisch, mit einzelnen französischen Motiven (Kreuzblumen und krabbenbesetzte Wimperge am Turm, Orgeltribüne). Das Ganze zeichnet sich vor allem durch seine machtvollen Volumen aus, die für alle Bauten von Burges charakteristisch sind.

Die britischen Architekten bleiben dem heimischen Stil ihrer kleinen Landkirchen treu, doch gelingt es ihnen aufgrund hervorragender archäologischer Kenntnisse ihrer landschaftstypischen Architektur, eines hochentwickelten Gefühls für die Romantik der Baustoffe und des Mäzenatentums eines unabhängigen und unternehmungslustigen Adels, diese bescheidenen Schöpfungen in einer Weise zu verfeinern, die im übrigen Europa nicht ihresgleichen hat. In den Stadtkirchen offenbaren sich Unabhängigkeit und ästhetische Liberalität dieser Architekten noch deutlicher. Hier begünstigen eine entscheidende Ausweitung des kulturellen Horizonts und der innige Wunsch, zur Ausbildung einer modernen Gotik beizutragen, die unterschiedlichsten und liebenswürdigsten Experimente.

Dieser neue, viktorianische Stil tritt bezeichnenderweise zuerst in jenen Bauprogrammen auf — Kirchen, Schulen, Universitätsgebäuden —, die der gotische Stil schon seit geraumer Zeit für sich gewonnen hat. Erst danach wird man ihn auch für öffentliche Gebäude und Geschäftshäuser verwenden. Für die Kirchen und Schulen in Stadtgemeinden scheint das italienische Modell die besten Lösungen zu bieten, und die Northern District School von St. Martin in the Fields in London (1849, von James William Wild, 1814-1892) bietet als eines der frühesten Beispiele profaner italianisierender Gotik einen ebenso großen Kontrast zu den neugotischen Landschulen wie im Kirchenbau die Church of All Saints in der Londoner Margaret Street gegenüber den Kirchen der vierziger Jahre.

Die Church of All Saints wird 1850 bis 1859 von William Butterfield (1814-1900) im Auftrag der Ecclesiologists gebaut und bewußt als Beispiel einer konstruktiven Polychromie angelegt. Butterfield hat aus dem allzu schmalen Grundstück das beste gemacht und eine romantisch brillante Gliederung der Baukörper erreicht, überragt von einem hohen Glok-

214   St. Augustine's Church in Westminster, London, Außenansicht; John Loughborough Pearson; Entwurf 1870, Ausführung 1871-1898. Der Turmhelm erinnert an Saint-Etienne in Caen in der Normandie, der große Bogen der Eingangsfassade an die Kathedrale von Peterborough, der kleine Narthex mit Pultdach an Byland Abbey; es handelt sich aber weniger um Zitate als um das freie Spiel mit mittelalterlichen Bauformen.

215   St. Augustine's Church in Westminster, London, Blick vom Schiff in den Chor; John Loughborough Pearson; Entwurf 1870, Ausführung 1871-1898. Die Kirche hat beinahe die Größe einer Kathedrale und ist in einem mehr französischen als englischen gotischen Stil des 13. Jahrhunderts errichtet. Der Raum wirkt mit den eingezogenen Strebepfeilern — entsprechend der Kathedrale von Albi, von der Pearson ein Photo besaß – und den Chorschranken sehr elegant. Der in Werkstein gebaute Chor steht mit seinen Plastiken und Glasmalereien in Kontrast zum Langhaus, dessen Backsteinwände teilweise mit Malereien geschmückt sind.

kenturm; doch sein Glanzstück ist das in horizontalen und schräglaufenden Bändern aus roten und schwarzen Backsteinen gegliederte Mauerwerk. Im Innern setzt er noch reichere farbige Akzente: Roter und schwarzer Backstein, grün, gelb und grau glasierte Terrakotta bilden an Boden und Wänden flache geometrische Motive, Variationen zu Motiven der Cosmatenkunst, die Matthew Digby Wyatt (1820-1877) in seinen *Specimens of the Geometrical Mosaics of the Middle Ages* 1849 veröffentlicht hat. Die Kapitelle und Gesimse sind jedoch nach wie vor typisch englisch. In den Jahren danach entwirft Butterfield ein gutes Dutzend Landkirchen, kehrt aber zu einer lebhafteren Polychromie zurück, die besonders in St. Augustine's Church, Penarch, Glamorgan (1864), der Church of All Saints, Babbacombe, Devon (1865), der Keble College Chapel, Oxford (1867), der Rugby School Chapel (1870-1872) und anderen ihre volle Ausdruckskraft entfaltet.

Diese grelle Polychromie hat viele seiner Zeitgenossen schockiert, doch hat Butterfield durch die relative Abkehr vom abstrakten Ideal archäologischer Treue zugunsten eines künstlerischen Eklektizismus einen Weg eröffnet, den auch George Edmund Street, William White (1826-1900) und andere sogleich einschlagen. Butterfield »holte das Gothic Revival vom Thron der vornehmen Gelehrsamkeit«.

Bei der Kirche St. James the Less (1859-1861) stellt Street den Glockenturm in der Art eines italienischen Kampanile frei neben das Schiff; er übernimmt Anregungen von der Turmspitze der Genueser Kirche Sant'Agostino, von den Zwillingsfenstern des Kampanile von Sant'Andrea in Mantua und von der runden Apsis der Klosterkirche von Bonport; im Innern begegnen wir wieder der für die viktorianische Gotik charakteristischen Polychromie. White bemüht sich, in der Kirche Holy Saviour in Islington (1865-1866) eine Farbsättigung zu erreichen, die an byzantinische Mosaiken erinnert. Edward B. Lamb (1805-1869) ar-

216 Das University Museum in Oxford; Sir Thomas Deane und Benjamin Woodward; 1855-1860 (Zustand vor dem Umbau des Laboratoriumspavillons rechts)

217 Das University Museum in Oxford, überdeckter Innenhof; Sir Thomas Deane und Benjamin Woodward; 1855-1860. Man vergleiche die »gotischen« Metallbogen mit ihren ziemlich naiv gestalteten Verstrebungen mit denen der Pariser Bibliothèque Sainte-Geneviève und des Londoner Natural History Museum.

218 Das University Museum in Oxford, Grundriß von 1893: A Medizin, B Chemie, C Zoologie, D Geologie, E Anthopologie (Pitt Rivers Museum), F Anatomie, G Physiologie, H Morphologie, I Physiklaboratorium Clarendon, J Wohnung des Konservators; 1 Eingang, 2 Portier, 3 Salons und Büros, 4 Laboratorien, 5 Versammlungsräume

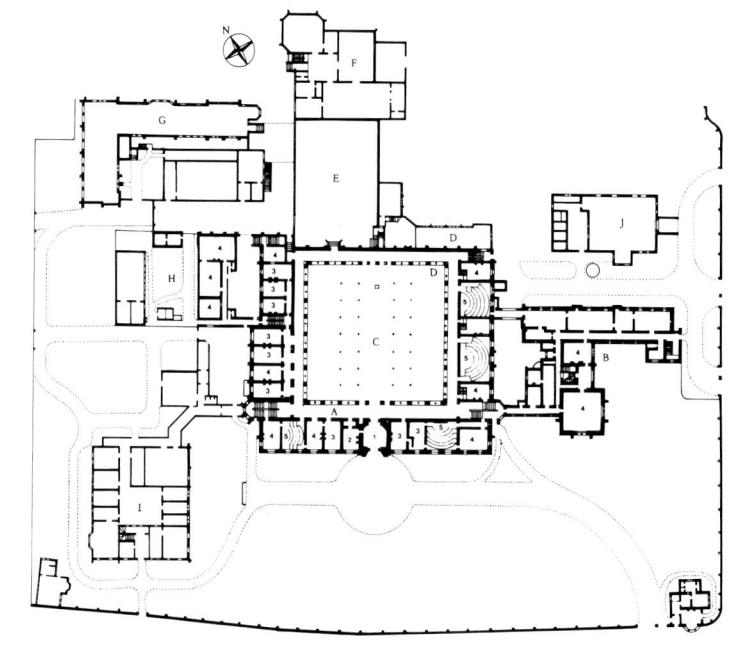

beitet im Auftrag der Low Church und bleibt einer überwiegend romantischen Gotik treu, die noch aus der Zeit vor den Ecclesiologists stammt. Er entwickelt äußerst komplizierte Holzkonstruktionen (Church of St. Martin, Gospel Oak, London, 1862-1865). James Brooks (1825-1901) nützt die Möglichkeiten des Backsteins zu Flächenwirkungen und schafft bei seinen Bauten im Londoner East End hohe, schmucklose, lichtdurchflutete Kirchenschiffe: St. Columba, Kingsland Road (1867), St. Chad, Haggerston (1868-1869), The Ascension, Lavender Hill (1876), The Transfiguration, Lewisham (1880-1886), und andere seiner Kirchen folgen dem Beispiel, das John Loughborough Pearson mit der Church of St. Peter (1863-1865) in Vauxhall, London, gegeben hat.

Der universelle Anspruch der neugotischen Bewegung kündigt sich mit dem Bau des University Museum in Oxford (1855-1860) an, dessen Architekten Sir Thomas Deane (1792-1871) und Benjamin Woodward (1815-1861), die Unterstützung Ruskins genießen. Woodward — der schon zwei Jahre zuvor beim Dubliner Trinity College italianisierende Motive eingeführt hat — gibt dem Hauptbau mit seinem Innenhof, dessen Glasdach auf gußeisernen Säulen ruht, eine ausgeprägte italienische Note. Die Gebäudedächer sind jedoch nordeuropäisch, und als Vorbild des Laborgebäudes dient der Küchenbau von Glastonbury in der Grafschaft Somerset. Auf Wunsch Ruskins wurden zwei irische Bildhauer, die Brüder O'Shea, berufen, um die Kapitelle auszuarbeiten.

Einem Vorschlag Streets folgend, setzt man diese italianisierende Gotik auch sogleich in den Fassaden von Geschäftsbauten ein. Benjamin Woodward liefert 1855 mit dem inzwischen zerstörten Crown Life Assurance Office in London die erste Anwendung der Grundsätze Ruskins; das Fryer & Bynion Warehouse (1856), eine Variation des Dogenpalastes, und die Royal Insurance Buildings (1861), beide von Alfred Waterhouse in Manchester errichtet, sind ebenfalls zerstört. 1864 baut George Aitchison (1825-1910) das Bürohaus 59-61 Mark Lane in London. Die Fenster der von George Somers Clarke d. Ä. (1825-1882) gebauten General Credit and Discount Company, 7 Lonchbury, London, sind unmittelbar von den Beispielen abgeleitet, die Ruskin in seinem *Stones of Venice* veröffentlicht hat.

Gegen die Verwendung der Neugotik im öffentlichen Bauprogramm gibt es größeren Widerstand. Scotts gotischen Entwürfen für die Rathäuser von Hamburg (1854-1855) und Halifax sowie für die Government Offices in Whitehall, London, 1857, ist kein Erfolg beschieden. Der Hamburger Entwurf gewinnt zwar den Wettbewerb, gelangt jedoch nicht zur Ausführung. In Halifax gibt man dem klassizistisch historisierenden Entwurf von Sir Charles Barry den Vorzug. Den Wettbewerb für die Ministerien von Whitehall gewinnen zunächst drei Einsendungen im italienischen Stil, doch nach dem Sturz der Regierung Palmerston erhält Scott mit der Unterstützung des konservativen Premierministers 1858 den Auftrag. Als Palmerston, der den neugotischen Symbolismus der Tories verabscheut, ins Amt zurückkehrt, muß Scott, um den Auftrag nicht zu verlieren, einen neuen Entwurf im italienischen Stil vorlegen, nachdem sein byzantinischer Kompromißvorschlag abgelehnt worden ist. Dieser Kampf der Stile, der mit seinen politischen Intrigen und behördlichen Reißbrettspielen ganze fünf Jahre dauert, beweist zweierlei: einmal, wie dauerhaft der Symbolwert eines Baustils ist, und zum andern, wie wenig selbst den Architekten ein bestimmter Baustil bedeutet. Gezwungen, im Stil der italienischen Renaissance zu arbeiten, kauft Scott, wie er selbst berichtet, kostbare Bücher über dieses Thema und studiert die Baurisse des Louvre ebenso gewissenhaft wie früher die englischen Kathedralen. In Wirklichkeit hat der Stilwechsel wenig Einfluß auf die Gliederung der Bauten, und die Zeitgenossen haben den heroischen Streit mit dem Zwist der Bewohner von Brobdingnag und Liliput in *Gullivers Reisen* (Jonathan Swift) verglichen.

Scotts neugotischer Entwurf wurde nicht akzeptiert, weil er mit der politisch-religiösen Symbolik behaftet blieb, die ursprünglich wesentlich zum Erfolg dieses Stils beigetragen hatte. Es war sein Pech, in eine Tendenzwende zu geraten, die sich nach 1860 zusehends deutlicher abzeichnet. Im Jahre 1859 baut R. J. Withers die bescheidenen Verwaltungsgebäude von Cardigan, und Alfred Waterhouse gewinnt den Wettbewerb für den Schwurgerichtshof von Manchester (1859-1864; zerstört) mit einem Entwurf, der italienische und englische Motive in einem eklektischen Gemisch vereint. 1861 krönt man einen Entwurf von Edward William Godwin (1833-1886) im Stil der französischen Gotik des 13. Jahrhunderts für das Rathaus von Northampton und mißachtet das negative Gutachten des technischen Beraters der Stadtverwaltung, William Tite (1798-1873), der einem Bau im italienischen Stil den Vorzug gibt. Zum ersten Mal wird damit im öffentlichen Bauwesen ein Entwurf gekrönt, der sich freimütig zur Ruskinschen

219 Foreign and India Offices in London, Entwurf in gotischem Stil; Sir George Gilbert Scott; um 1859 (Royal Institute of British Architects, London, Scott, Nr. 84, 10)

220 Foreign and India Offices in London, Entwurf in italienischem Stil; Sir George Gilbert Scott; um 1860-1863 (Royal Institute of British Architects, London, Scott, Nr. 84, 34)

221 Town Hall von Northampton, Wettbewerbsentwurf, Schnitt und Aufriß der rückwärtigen Fassade; Edward William Godwin; 1861 (London, Victoria and Albert Museum, E. 579-1963)

131

222 New Town Hall von Manchester; Alfred Waterhouse; 1868-1877. Der Architekt orientierte sich mehr an nordeuropäischen (Tuchhalle von Ypern) als an italienischen Vorbildern, doch die zahlreichen Erker geben dem Bau ein englischeres und malerischeres Aussehen.

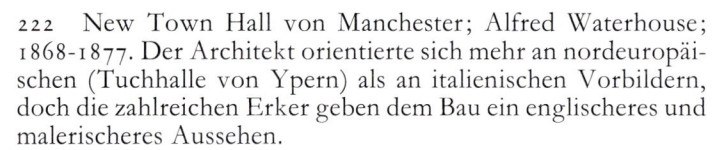

223 New Town Hall von Manchester, Entwurf; Alfred Waterhouse; 1868

Ästhetik und zu einer nichtenglischen Gotik bekennt, ein Schlag gegen die italienische und die englisch-gotische Partei. In den darauffolgenden Jahren baut man weitere Rathäuser in diesem Stil: in Preston, Lancashire (1862, Scott; zerstört), in Chester, Cheshire (1864, von W. H. Lynn, 1829-1915), in Congleton, Cheshire (1864, Edward William Godwin), in Manchester (1868-1877, Alfred Waterhouse), in Bradford (1869-1873, Lockwood und Mawson), in Rochdale, Lancashire (1866-1871, William Henry Crossland).

Bedenkt man die Bedeutung der Urformen in der architektonischen Vorstellungswelt des 19. Jahrhunderts, wird man sich über den Erfolg der modernen Gotik im Rathausbau nicht weiter wundern. Als Vorbilder dienen einerseits der Broletto in Como, der Palazzo Pubblico in Siena, andererseits Rathäuser in den Niederlanden, in Ypern, Löwen und Gent und der Synodalpalast von Sens in Frankreich.

Mit dem Wettbewerb für den Londoner Justizpalast erreicht diese Bewegung 1866, also zehn Jahre nach der Ausschreibung des Wettbewerbs für die Governement Offices, ihren Höhepunkt: war 1856 nur bei 18 von 218 Eingaben der gotische Stil verwendet, so diesmal bei allen ohne Ausnahme. Man krönt den Entwurf von George Edmund Street; die Bauarbeiten werden erst 1874 begonnen und ziehen sich bis 1882 hin. Nun betrachtet man die Neugotik als universell tauglich. Man baut Museen wie das Bristol City Museum (1866-1871, Foster und Ponton; heute Universität), Krankenhäuser wie die Leeds Infirmary (1864-1868, Sir George Gilbert Scott) oder Edinburgh Royal Infirmary (1870-1879, von David Bryce, 1803-1876), Universitäten wie in Glasgow (1866-1871, Sir George Gilbert Scott), Hotels wie das Midland Grand Hotel, St. Pancras, London (1868-1874, Sir George Gilbert Scott), Clubs wie den Manchester Reform Club (1870, von Edward Salomons, gest. 1906) und Schulen. Mark Girouard hat ganz richtig bemerkt, daß die Baugeschichte des Natural History Museum von London (1873-1881) derjenigen der Government Offices aufs Haar gleicht, nur sind die Stellungen in diesem Streit umgekehrt. Man bittet Waterhouse, den italienisierenden Entwurf von Captain Fowke (1864) auszuführen, worauf jener ihn

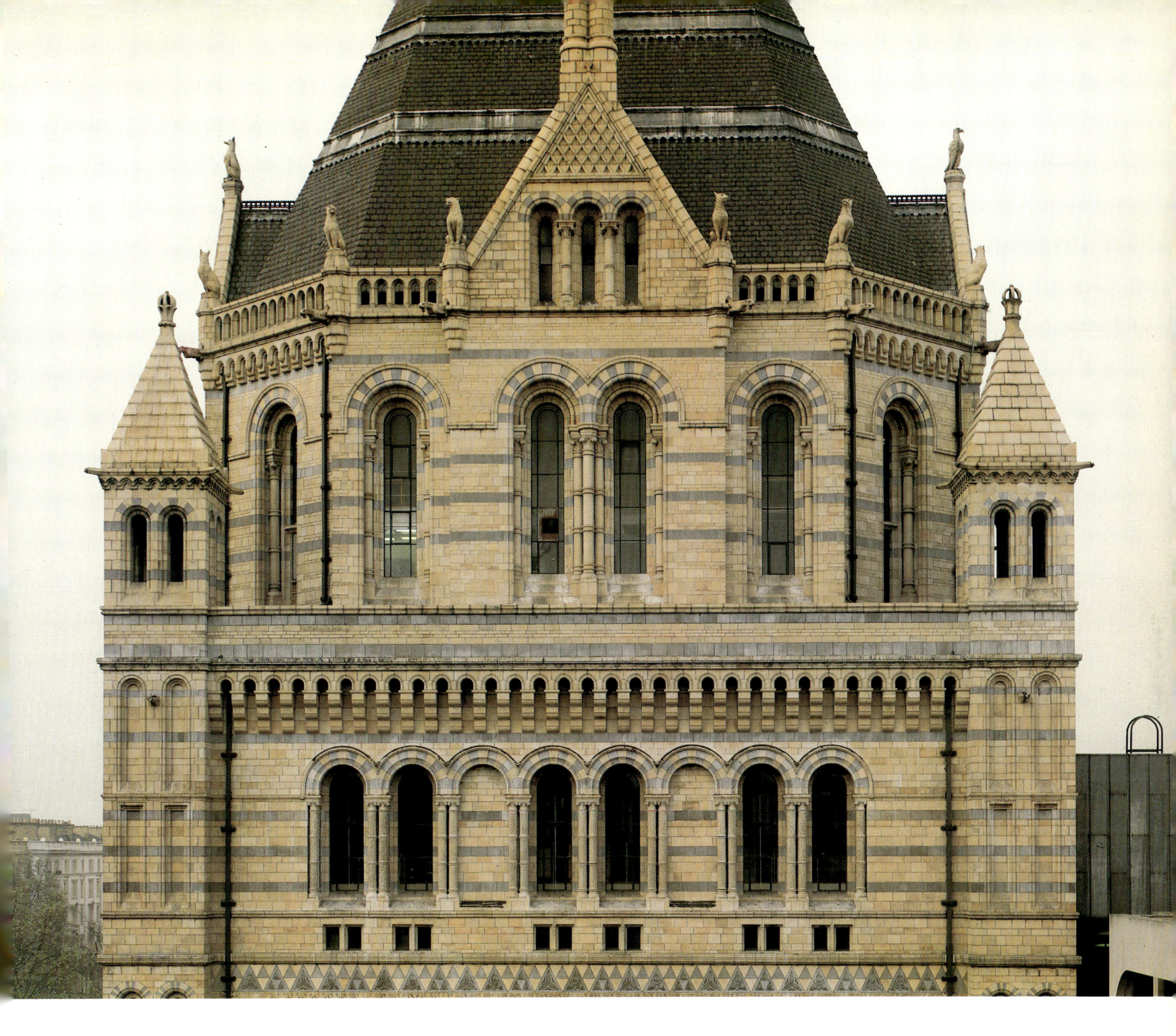

224 Natural History Museum in Kensington, London; Alfred Waterhouse; Entwurf 1872, Ausführung 1873-1880

1868-1871 in die Formensprache der deutschen Romanik überträgt, eine für einen Klassizisten wie Waterhouse akzeptablere Lösung. Im Vergleich zu Scott und seinem byzantinischen Projekt für die Ministerien in Whitehall schlägt Waterhouse also den umgekehrten Weg ein. Die Wahl eines romanischen Baustils entspricht zugleich einem Zurückweichen der Gotik, was in den siebziger Jahren deutlich wird. Man verzeichnet zwar einige späte Bauprojekte — die Rathäuser von Barrow-in-Furness, Lancashire (1878-1887, W. H. Lynn), und Middleborough, Yorkshire (1883-1889, G. O. Hoskins), die Zweigstellen der Prudential Assurance Company in London und Liverpool (1878-1886, Alfred Waterhouse) oder die zahlreichen Schulen in Manchester (1873-1898, John Henry Chamberlain und Martin) —, doch unverkennbar kommt die Neugotik aus der Mode, die Architekten wenden sich den neuen Formen des Queen Anne Style oder des Neubarocks zu.

Einige Bauwerke außerhalb Englands erinnern an bestimmte Eigenheiten der viktorianischen Gotik. Emile Boeswilwald (1815-1896) erlaubt sich in der kaiserlichen Kapelle von Biarritz in Südwestfrankreich eine ebenso grelle Polychromie wie William Butterfield, doch ist der Backstein hier nur übermalt. In den Kirchen, die er in den Pariser Vororten baut, bemüht sich Claude Naissant um eine Läuterung der Formen und eine geometrische Abstraktion, an der zwar die beschränkten Finanzmittel nicht unschuldig

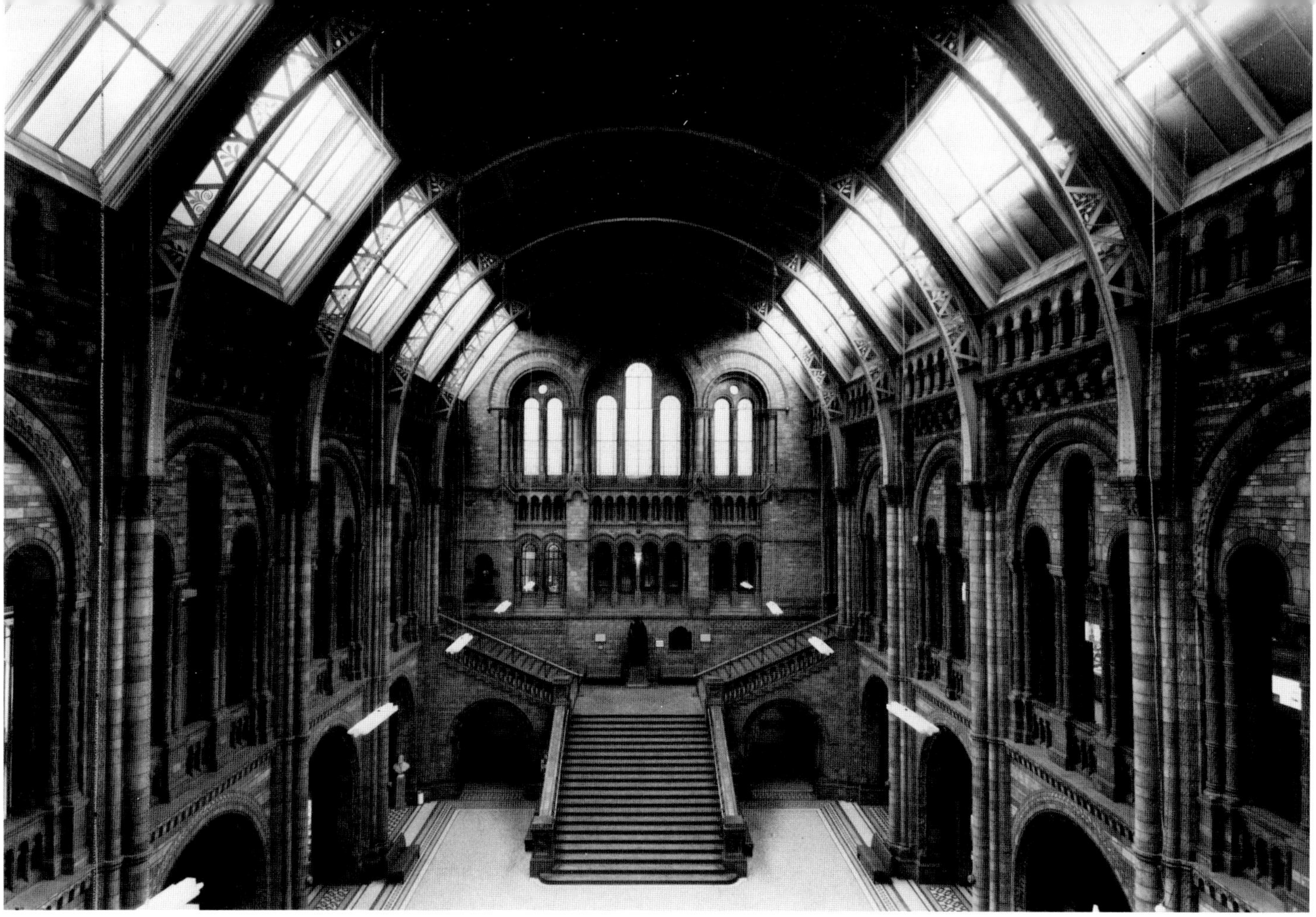

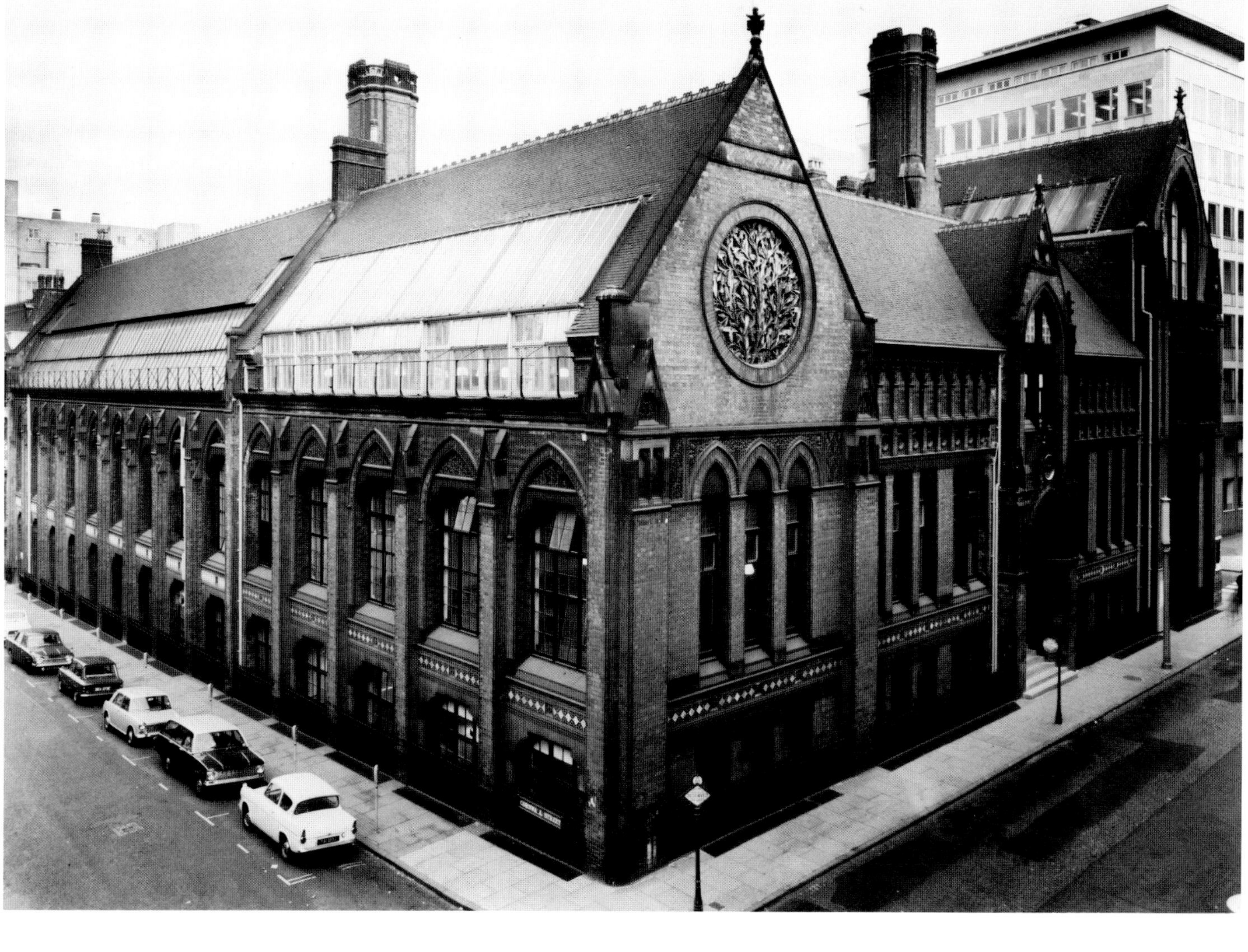

225 Natural History Museum in Kensington, London, zentrale Halle; Alfred Waterhouse; Entwurf 1872, Ausführung 1873-1880. Eine Verkleidung aus farbiger Terrakotta — Schmuck und Feuerschutz zugleich — umhüllt wie auch am Außenbau die Metallstruktur, die erst unter der teilweise verglasten Decke klar zutage tritt.

226 College of Arts and Crafts in Birmingham; John Henry Chamberlain und Martin; 1881-1885. Bewußte Asymmetrie der Fassade, Flachreliefs und farbige Muster — der ganze Ruskinsche Formen- und Motivschatz ist hier vereint; die etwas abstrakte Linienführung ist allerdings schon ein Anzeichen neuer Entwicklungen.

227 Die kaiserliche Kapelle in Biarritz (Pyrénées-Atlantiques); Emile Boeswilwald; 1877. Die Kapelle besteht immer noch, allerdings ist heute der auf die Backsteine gemalte mehrfarbige Außenschmuck, ein Anklang an die viktorianische Polychromie, verschwunden. (Nach: *Revue générale de l'architecture*, 1877, Taf. 3)

228 Die Kirche Saint-Pierre in Charenton; Claude Naissant; 1857-1859. Die Reduktion des historischen Vokabulars auf beinahe abstrakte Formen erinnert an die pädagogischen Vorbilder von Jean Nicolas Louis Durand, aber auch an die gleichzeitig entstandenen Londoner Kirchen von James Brooks; ein ähnliches Programm — bescheidene Vorstadtkirche — führte zu vergleichbaren Ergebnissen, selbst wenn dort die Grundform gotisch, hier jedoch romanisch, mit Renaissance-Elementen, geprägt ist.

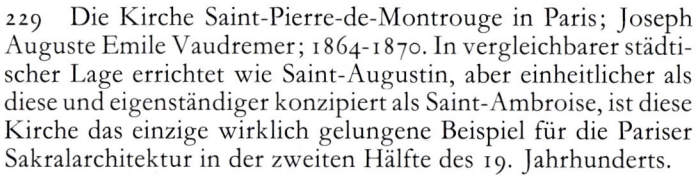

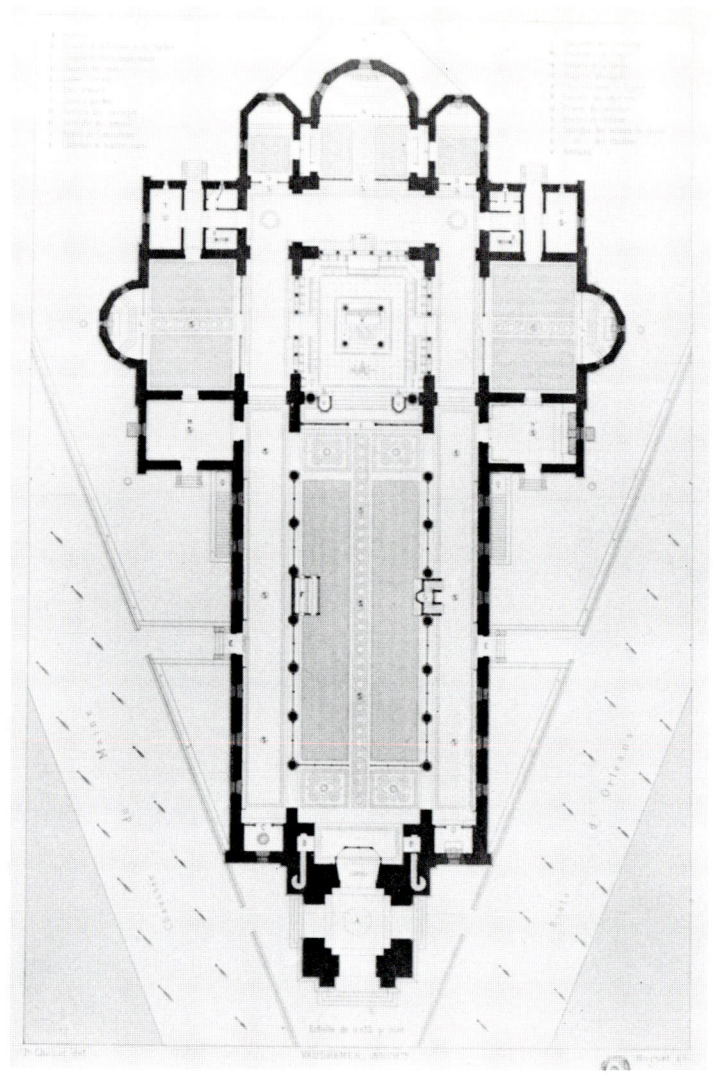

229 Die Kirche Saint-Pierre-de-Montrouge in Paris; Joseph Auguste Emile Vaudremer; 1864-1870. In vergleichbarer städtischer Lage errichtet wie Saint-Augustin, aber einheitlicher als diese und eigenständiger konzipiert als Saint-Ambroise, ist diese Kirche das einzige wirklich gelungene Beispiel für die Pariser Sakralarchitektur in der zweiten Hälfte des 19. Jahrhunderts.

230 Die Kirche Saint-Pierre-de-Montrouge, Grundriß; Joseph Auguste Emile Vaudremer; 1864-1870; nach Narjoux, 1880-1883, Bd. III

sind, doch sind seine Kirchen — mit der Einschränkung, daß Naissant romanische und nicht gotische Motive verwendet — mit den Versuchen James Brooks' (1825-1901) zu vergleichen. Meist bedienen sich die französischen und deutschen Architekten romanischer und nicht gotischer Vorbilder; es scheint, als ließen sie sich von der anspruchsvollen Tradition des Mittelalters einschüchtern oder suchten einen Kompromiß mit der römischen Antike. Mit der Kirche Saint-Pierre-de-Montrouge in Paris (1864-1870) gelingt es Joseph Auguste Emile Vaudremer (1829-1914), eine moderne romanische Kirche zu schaffen, so wie es Street und Burges in England mit gotischen Formen gelungen war. Vaudremer muß auf einem heiklen, dreieckigen Grundstück bauen, das von zwei großen Avenuen begrenzt wird. Mit der kontrastierenden, geschickt gestaffelten Gliederung von Glockenturm, Langhaus, Querschiff und Apsiden beweist er seine Meisterschaft. Wie seine englischen Kollegen zehrt Viollet-le-Duc beim Bau seiner nicht sehr zahlreichen Kirchen von einem außerordentlichen visuellen Gedächtnis. In Aillant-sur-Tholon versetzt er den Glockenturm mit der Eingangshalle an die Seite, damit er dem Rathaus gegenüber zu stehen kommt. In Saint-Denis-de-l'Estrée verwendet er romanische und gotische Formen, um Langhaus und axiale Kapelle voneinander zu unterscheiden. In seinen Schriften und seiner Lehrtätigkeit gibt Viollet-le-Duc jedoch der französischen Neugotik eine eher konstruktive und rationalistische denn ästhetische Orientierung.

Etliche ihm nahestehende Architekten wie Anatole de Baudot (1834-1915), Emile Boeswilwald, Jules Désiré Bourdais (geb. 1835) und Eugène Louis Millet (1819-1879), deren Arbeiten in der *Gazette des architectes et du bâtiment* erscheinen, folgen ihm auf diesem

231, 232 Die Kirche von Masny (Nord), Schnitte und Hauptfassade; Emile Boeswilwald; Entwurf 1860, Ausführung 1861-1864. Die gußeisernen Säulen waren grün, rot und gelb.

Weg. Ihre Gemeinsamkeit liegt in der rationellen, methodischen Bauplanung, der sowohl innen als auch außen betonten Konstruktion und der Bevorzugung heimischer Baustoffe, was die Verwendung moderner Baumaterialien jedoch nicht ausschließt.

In Masny setzt Boeswilwald die Spitzbogen aus Backstein, dem traditionellen Baumaterial Nordfrankreichs, auf gußeiserne Säulen, wobei »das Dekorative ein Ergebnis der deutlich hervorgehobenen Bauweise« ist. Boeswilwald beabsichtigt offenbar eine abstrakte Vereinfachung gotischer Formen.

Bourdais legt 1869 seine »grundsätzlichen Überlegungen, die dem Entwurf der protestantischen Kirche von Nègrepelisse zugrunde liegen« dar. Die Kirche soll zu normalen Zeiten 800 Menschen Platz bieten, eine Kapazität, die an Festtagen auf 1000 Plätze erhöht werden kann; die Baukosten sollen 50 000 Francs nicht überschreiten. Er benötigt eine Fläche von 270 Quadratmetern; er wählt ein Quadrat von 16,50 Metern Seitenlänge, und um ein günstiges Verhältnis von Breite zu Höhe zu erhalten, soll die Höhe des Baus mindestens 12 Meter betragen. Er erklärt ferner: »Um teure Strebepfeiler zu vermeiden, entschied ich mich, die Ecken einzuziehen, wodurch ich vier feste Auflager erhielt, auf denen ich zwei diagonale Dachbinder ohne Zuganker aufsetzte. Um den Schub des Daches so nahe wie möglich am Fuß der Widerlagsmauern angreifen zu lassen, wählte ich als Lösung teilweise sichtbare Streben, die, gegenseitig von einem Bundbalken abgestützt, als seitliche Auflager dienen.« In seiner Darstellung wird eine originelle Lösung zur logischen Lösung eines Konstruktionsproblems, in der stilistische Überlegungen keine wesentliche Rolle spielen. Die Fassade seiner Kirche zeichnet sich durch Schlichtheit und durch die demonstrative Verwendung heimischer Baustoffe aus.

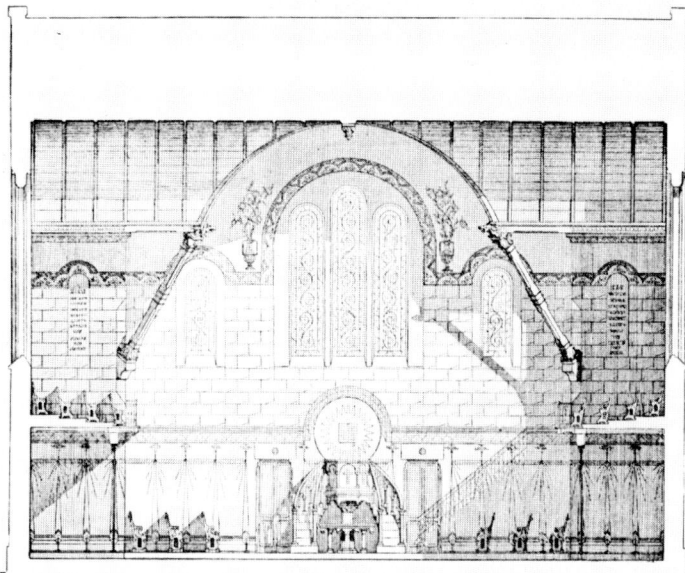

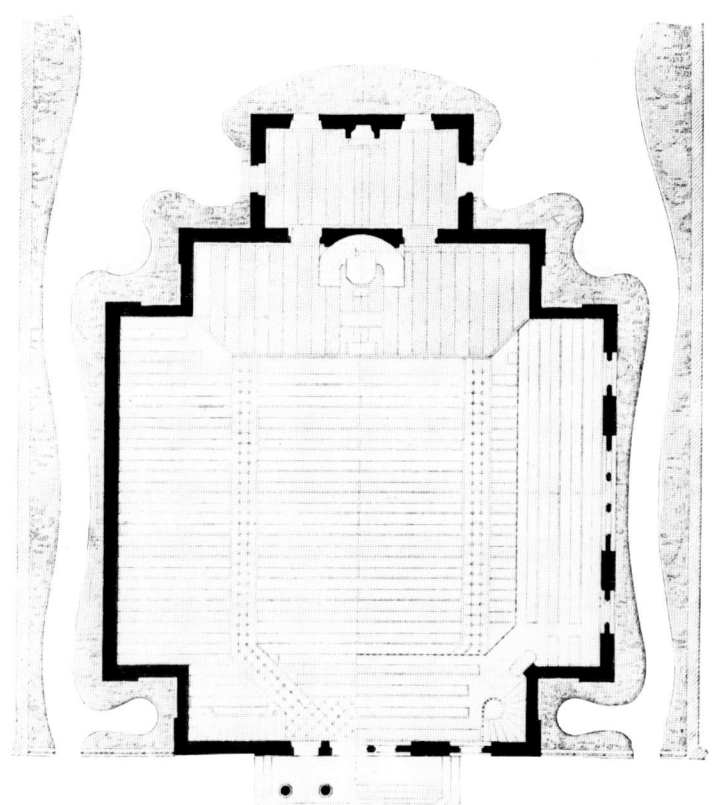

In den USA muß die viktorianische Gotik zwar mit der Konkurrenz des »French Style« rechnen, aber sie findet doch in zahlreichen Profanbauten Anwendung. Die Zugehörigkeit zum British Empire mag im kanadischen Ottawa eine Rolle spielen, wenn die Architekten Fuller und Jones 1859 für das Parlament einen gotischen Entwurf vorlegen, bei dem Scotts Projekt für Whitehall Pate gestanden hat.

In Europa erregt der Einzug der Neugotik in die profane Architektur lebhaften Widerstand. Scott hat 1872 mit seinem neugotischen Vorschlag für den Berliner Reichstag keinen Erfolg, man zieht den klassizistischen Entwurf von Ludwig Franz Karl Bohnstedt (1822-1885) vor. Ehe Joseph Louis Duc (1802-1879) schließlich eine großangelegte klassizistische Fassade für den Pariser Justizpalast (1857-1868) schafft, studiert er mehrere gotische Lösungen mit der Absicht, seinen Bau den Resten des mittelalterlichen Palasts und der Sainte-Chapelle anzupassen.

Man verzeichnet in den deutschsprachigen Ländern eine stattliche Reihe neugotischer Rathäuser, von denen das Wiener Rathaus das bedeutendste ist; doch die gleichzeitige Verwirklichung eines klassizistischen Parlaments deutet darauf hin, daß es sich hier mehr um ein Bekenntnis zur eklektischen Stilvielfalt als um ein zusammenhängendes neugotisches Bauprogramm handelt. Das gelungenste profane Beispiel der Neugotik ist Imre Steindls (1839-1902) Budapester Parlamentsgebäude (1881-1902). Hier klingt die Erinnerung an die Londoner Buildings of Parliament und vor allem an Scotts Reichstag-Entwurf nach. Die gotisierende Kuppel erinnert an jene der Kirche Maria vom Siege in Wien. Steindl setzt seinen Bau in der unübertrefflichen Lage am Donauufer glänzend in Szene. Die Gliederung ist meisterhaft, mit Dächern, Strebepfeilern und Türmchen geht er spielerisch um.

In Frankreich erklärt die Bevorzugung der Klassik im Unterricht der Ecole des Beaux-Arts die Seltenheit öffentlicher Gebäude im Stil des Mittelalters. Viollet-le-Duc, der sich dieses Hindernisses in der Ausbildung der Architekten bewußt ist, nützt seine politischen Kontakte (er geht beim Kaiserpaar ein und aus) und schlägt 1863 eine Reform der Beaux-Arts vor. Die Reform scheitert am Widerstand der Studentenschaft, und damit kündigt sich das Ende einer Renaissance der Gotik an. Dem Siegeszug eines nicht weniger originellen eklektischen Klassizismus steht nichts mehr im Wege.

233, 234, 235   Protestantische Kirche in Nègrepelisse (Tarn-et-Garonne), Aufriß, Querschnitt und Grundriß; Jules Désiré Bourdais; 1869. »An diesem Bau beeindruckt vor allem die Schlichtheit der Anlage und des Konstruktionssystems, außerdem die Offenheit, mit der das letztere hervortritt.« (*Gazette des architectes et du bâtiment*, 1869, S. 82)

236 Die Hauptpost in Aachen; 1889. Ein Beispiel für den neuromanischen Stil bei Verwaltungsgebäuden.

237 Das Rathaus von Hamburg; Martin Haller, Mitarbeit von acht weiteren Architekten; 1886-1897

238 Das Parlamentsgebäude in Budapest, die große Treppe; Imre Steindl; 1881-1902

239 Das Parlamentsgebäude in Budapest, der Versammlungssaal der Abgeordneten; Imre Steindl; 1881-1902

240 Das Parlamentsgebäude in Budapest; Imre Steindl; 1881-1902

241 Das Parlamentsgebäude in Budapest, Grundriß; Imre Steindl; 1881-1902

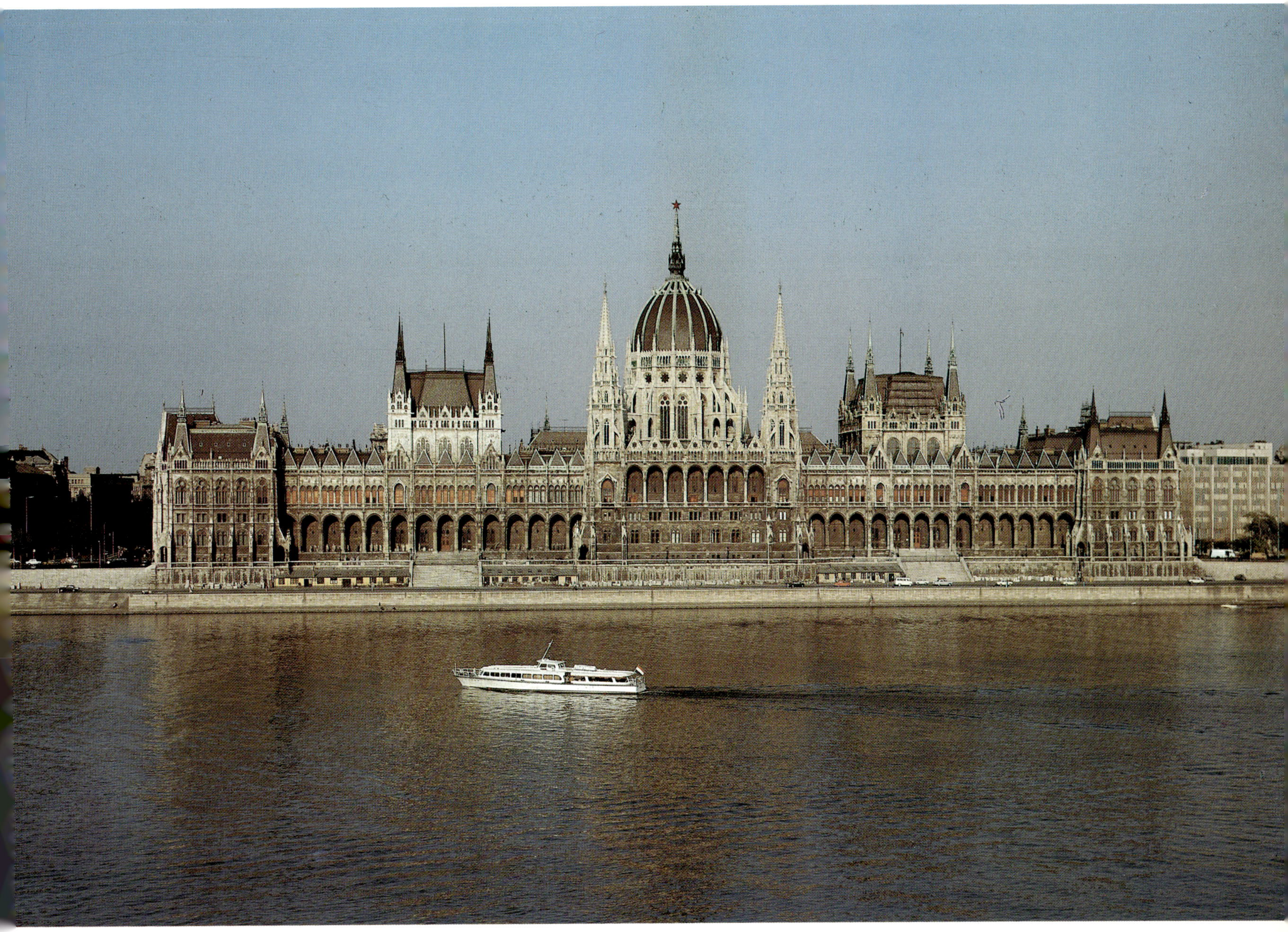

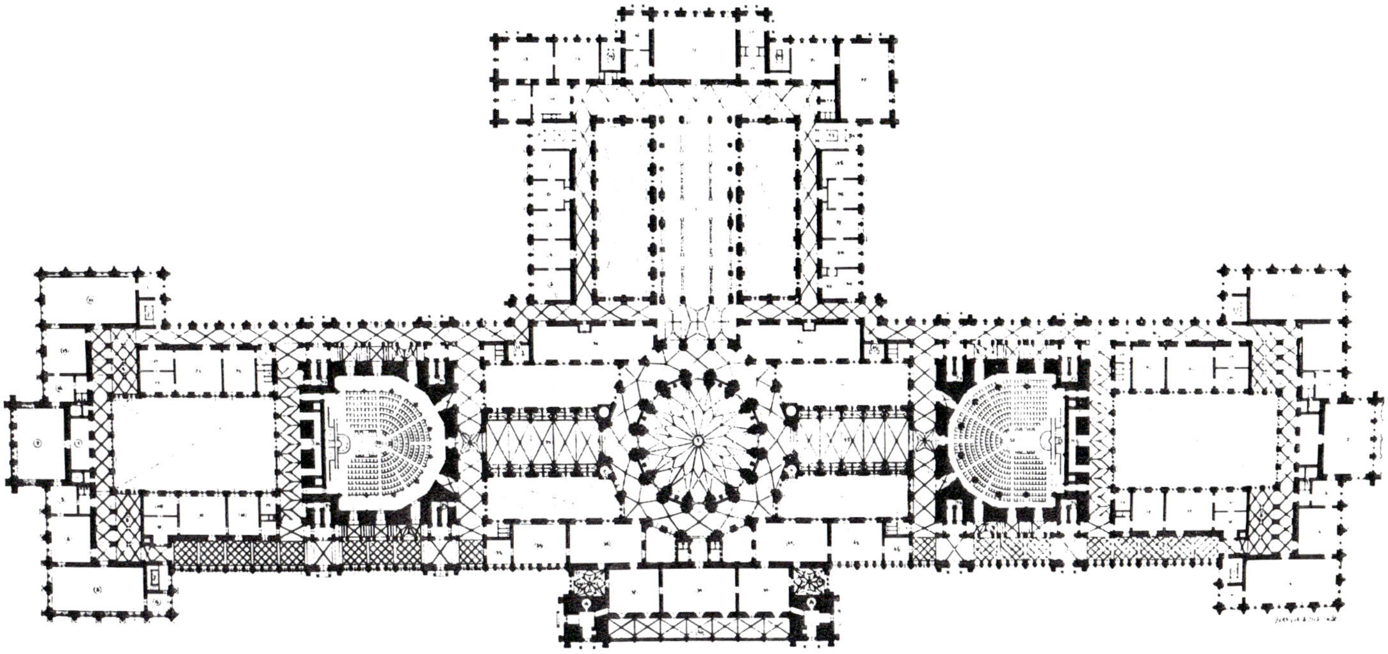

142

242 Winn Memorial Library in Woburn, Mass.; Henry Hobson Richardson; 1877-1878. Das erste einer bedeutenden Reihe von Bibliotheks- und Universitätsgebäuden. Das Spiel mit verschiedenen Volumen, unzähligen Säulchen und einer reichen Polychromie wirkt recht aufdringlich. Schon einige Monate später findet Richardson in der Ames Memorial Library von North Easton zum ausgewogenen, klassischen Rhythmus seines Modern Romanesque Style.

243 Austin Hall in Cambridge, Mass., erster Entwurf; Henry Hobson Richardson (Büro); 1881. Der Entwurf ist ehrgeiziger als der für die Crane Memorial Library in Quincy (1880-1883), doch ähnlich geglückt in der asymmetrischen Verteilung der Massen. Die Bezeichnung »Romanesque«, die Richardsons Werken von den Zeitgenossen verliehen wurde, darf nicht täuschen. Man beachte die elisabethanischen durchfensterten Erker, den syrisch beeinflußten Bogen des Portals und das attikaähnliche Fensterband, das man in klassizistischem Stil an den Schinkelschen Bauten in Berlin schon sehen konnte.

244 Crane Memorial Library, Quincy, Mass.; Henry Hobson Richardson; 1880-1883. Richardson ist es hier gelungen, aus dem Gegensatz zwischen dem Granit von Milford und dem Longmeadow-Stein, der ausgewogenen Asymmetrie der Baukörper und der Öffnungen und aus Detailformen verschiedener Herkunft — syrisch, romanisch, elisabethanisch — seine eigene architektonische Sprache zu schaffen.

245 Trinity Church in Boston, Mass., erster Entwurf; Henry Hobson Richardson; 1873. Querschiff und Apsis werden später abgeändert. Zudem näherte Richardson den Turm dem der Neuen Kathedrale von Salamánca an. Das sich von der glatten Wand gut abhebende Motiv der Rose wurde von William A. Potter bei der New South Church von Springfield wiederaufgegriffen.

246 Trinity Church in Boston, Mass., Grundriß: 1 Kirche, 2 Kapellen, 3 Vorraum, 4 Umkleideraum, 5 Orgel

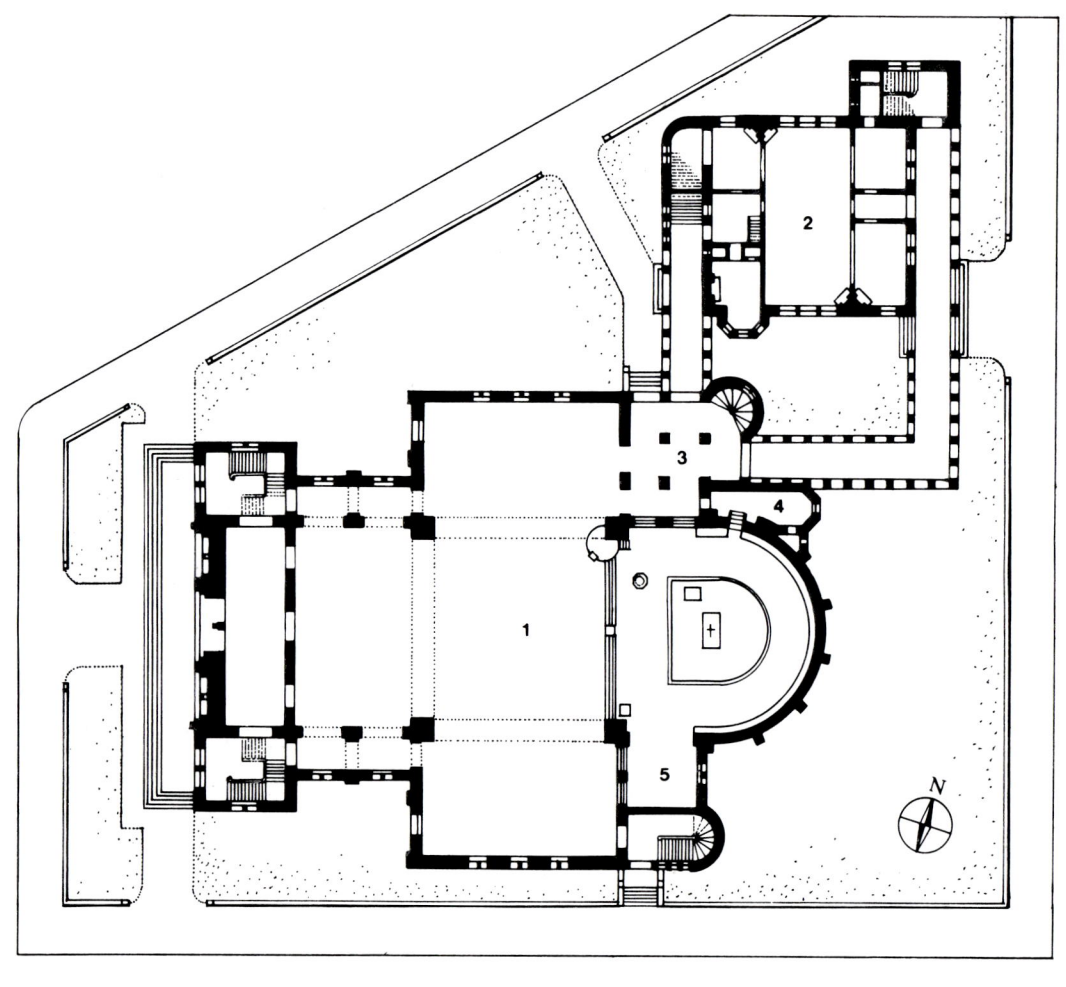

247 Trinity Church in Boston, Mass., Ansicht von Südosten (Zustand um 1880); Henry Hobson Richardson; Entwurf 1873, Ausführung 1874-1877. Eingang und Osttürme wurden später von Shepley, Rutan & Coolidge ausgeführt.

Historismus oder Spätformen des Klassizismus

Ungeachtet ihrer vielen Wandlungen hat die klassische Tradition immer vom Trugbild eines zeitlosen Schönheitsideals gelebt. Da man jetzt die Verschiedenheit der klassischen Formen je nach den zeitlichen und geographischen Gegebenheiten klar erkennt, ist die Auflösung dieses Ideals unausweichlich. Eine geschichtliche, relativistische Betrachtungsweise der gesamten klassischen Tradition ersetzt die normative Ästhetik des Klassizismus. Architekten und Historiker lernen, die verschiedenen Stilarten innerhalb dieser Tradition zu unterscheiden, deren typische Motive nun die Palette der Schaffenden bereichern. Zu Beginn des Jahrhunderts hatte schon die Erfahrung Leo von Klenzes (1784-1864), der für die Münchner Glyptothek je einen griechischen, römischen und italienischen Entwurf vorlegte, gezeigt, daß das öffentliche Bauwesen mehrere Stile zuläßt. Der Wandel nach 1850 besteht darin, daß im neuen kulturellen Kontext jeder dieser Stile bloß noch eine Spielart innerhalb eines neuen Formensystems ist, das man als eklektischen Klassizismus oder Historismus bezeichnen kann, ein letztes Aufflackern der klassischen Tradition.

Es ist dies eine natürliche Folge der Ausweitung der kulturellen Beziehungen, aber auch eine Reaktion auf den eleganten, doch unpersönlichen und zu unverbindlichen Klassizismus italianisierenden oder hellenisierenden Charakters. Um 1850 treten üppigere, romantischere und landesspezifischere Formen auf. Die Architekten reagieren auf die doppelte Läuterung der Formensprache durch die akademische Klassik und den Klassizismus, indem sie die Gesamtheit der Formen der klassischen Tradition, einschließlich ihrer nationalen Abwandlungen, aufgreifen: italienische und französische Renaissance, nordeuropäischer Manierismus, italienischer, englischer und französischer Barock, französisches und deutsches Rokoko.

Die Kontraste zwischen dem Molière-Brunnen (1841-1844, von Louis Tullius Joachim Visconti, 1791-1853) und der Fontaine Saint-Michel (1856-1860, von Gabriel Davioud, 1823-1881), zwischen St. George's Hall in Liverpool (1841-1856, von Harvey Londsdale Elmes, 1813-1847) und dem Rathaus von Leeds (1871-1878, von Cuthbert Brodrick), zwischen dem Capitol von Nashville, Tennessee (1845-

248 Town Hall in Albany, N. Y.; Henry Hobson Richardson (Büro); 1880. Der Turm ist eine wirkungsvolle Eckverbindung der beiden kleinen Plätze, an denen das Rathaus liegt.

249 New South Church in Springfield, Mass., Entwurf; William A. Potter, 1876; nach *American Architect and Building News*, 2. Dez. 1876

1859, von William Strickland, 1788-1854), und dem Rathaus von Boston (1861-1865, von Arthur Gilman und Griedley Bryant) verdeutlichen, wie sehr sich die Vorstellungen vom »vornehmen Baustil« in den fünfziger Jahren ändern. Die Architekten lösen sich sowohl von der heroischen Strenge des Klassizismus als auch von der anmutigen Eleganz des Cinquecento, sie offenbaren deutlich eine Vorliebe für überladene plastische Gestaltungen, die man im heutigen Sprachgebrauch oft fälschlich als »barock« bezeichnet. Den einfachen Bauformen, horizontal angelegten Kompositionen, gleichmäßigen Kolonnaden und großen Wandflächen der klassischen Tradition ziehen sie gestaffelte Kompositionen mit Risaliten, Pilastern und einer Vielzahl kräftiger, oft farbig behandelter Ornamente vor.

Die vielfältigen Stilbezeichnungen — Style Napoléon III oder Second Empire in Frankreich, General Grant Style oder French Style in den USA, Stile Umberto I oder Neobarocco in Italien — weisen zwar einerseits auf den offiziellen Charakter, den französischen Ursprung und die nationale Färbung der Bewegung hin, doch verschleiern sie, einzeln genommen, die Internationalität des Phänomens, dem sie zugehören. Der Einfluß der Ecole des Beaux-Arts und der Nimbus des »neuen Paris« Napoleons III. begünstigen zweifellos den Erfolg dieser Bewegung in England, den USA, Deutschland und Österreich, doch die Einführung eines romantischeren, emphatischen klassischen Stils beginnt schon vor der Gründung des Zweiten Kaiserreichs. Außerdem gibt es auch außerhalb Frankreichs ähnliche Entwicklungen, die keineswegs in einem direkten Zusammenhang mit Paris stehen. Beim eklektischen Klassizismus oder Historismus handelt es sich wie beim Klassizismus eher um eine Bewegung als um einen Stil, und man kann auch nicht von einer bloßen Spätform des Klassizismus sprechen, auch wenn das eine oder andere Beispiel dies nahelegt. In einigen Fällen gelingt es den Architekten dieser Bewegung, die Bedingungen eines modernen Klassizismus zu erfüllen: Sie setzen ohne zu zögern neue Baustoffe ein, lösen erfinderisch vollkommen neue gestalterische Probleme, nutzen die Möglichkeiten der Variation, der Einfügung neuer Motive und sogar formaler Neuerungen innerhalb der klassischen Tradition, wobei sie durch die bewußte Ausnutzung historischer Beziehungen bedeutungsvolle Kontraste schaffen.

250 Die Fontaine Molière an der Rue Richelieu in Paris; Louis Tullius Joachim Visconti; 1841-1844. Vermutlich war die Ikonographie des Brunnens der Grund, eher einen französischen als einen italienischen klassischen Stil zu wählen. Aufgelockert mit malerischen Elementen (Form der Säulen, Ornamentfries), zeugt er von der Rückkehr zur klassischen nationalen Tradition.

251 Die Fontaine Saint-Michel in Paris; Gabriel Davioud; 1856-1860

Den Kontrast, den man zwischen den archäologisch denkenden Jean-Baptiste-Antoine Lassus und Sir George Gilbert Scott und der nachwachsenden Generation der Neugotiker wie George Edmund Street und William Butterfield, die die Renaissance der Gotik von ihren Fesseln befreien, beobachten kann, findet man auch im Wirken der in den zwanziger Jahren ausgebildeten Architekten wie Gottfried Semper, Henri Labrouste oder Sir Charles Barry wieder, die durch eine einfache Verlagerung ihres Interesses — vom Cinquecento auf das Seicento — zu einem emphatischeren Stil gelangen, der die Forderungen des Zeitgeschmacks erfüllt. Der Vergleich der beiden Opernhäuser, die Gottfried Semper (1803-1879) im Abstand von dreißig Jahren in Dresden gebaut hat, veranschaulicht diesen Kontrast aufs deutlichste. In seinem ersten Bau (1838-1841) verwendet Semper eine zurückhaltende italienisierende Gliederung; der Einfluß von Kolosseum und Schloßhof-Modell sind fast allzu offensichtlich. Die Oper brennt 1869 nieder, und Semper baut sie zwischen 1871 und 1878 nach einem neuen Entwurf wieder auf. Darin sind plastische Wirkung und Formensprache voll ausgebildet: rustizierte Säulenordnung des Erdgeschosses, Doppelsäulen des Risalits, bekrönende Statuen.

In seinem Werk *History of Modern Styles in Architecture* (1862) betont James Fergusson (1808-1886) — wie auch Semper —, daß man die stilistischen Möglichkeiten der italienischen Renaissance noch vervollkommnen könne: »Within the limits of Italian Renaissance, progress seems possible.« Verschiedene Bauten in Italien, wo der Renaissancestil als eigentlicher Landesstil verstanden wird, bezeugen dies mit großem Erfolg. In Griechenland bringt der griechische Klassizismus, der aus den gleichen Gründen eine späte Blüte erlebt, ebenfalls ausgezeichnete Werke hervor: das Zappeion und die Nationalbibliothek in Athen, das Museum von Korfu.

Ähnlich wie bei Semper verläuft auch der Wandel bei Henri Labrouste. Die Fassade der Bibliothèque Sainte-Geneviève (1843-1850) hatte er noch in Anlehnung an das Cinquecento gestaltet, sein Entwurf für die Bibliothèque nationale hingegen bekennt sich offen zur französischen Tradition der Klassik. Die Spätwerke von Félix Louis Jacques Duban (1797-1870) und Joseph Louis Duc (1802-1879) scheinen andererseits die Möglichkeit einer vorsichtigen Erneuerung der klassischen Tradition, ohne direkte Nachahmung, anzudeuten. Die Idee eines Fortschritts in der Kunst wird damit schlicht geleugnet. Jens Vilhelm Dahlerup (1836-1907) in Kopenhagen und Martin Philipp Gropius (1824-1880) und Friedrich Hitzig (1811-1881) in Berlin bestätigen diese Perspektive mit glänzend gelungenen Bauwerken.

Andere Architekten gehen mit dieser erweiterten klassischen Kultur freizügiger um. Nicht immer beweisen sie Stilsicherheit; sie variieren die Details nach Belieben und pfropfen einer neubarocken Gestaltung Motive unterschiedlichster Herkunft auf.

Auf den ersten Blick scheint die Geburt des neuen Stils in Frankreich eng mit der Vollendung des Louvre zusammenzuhängen. Die von Félix Louis Jacques Duban durchgeführte Restaurierung des alten Louvreflügels, bei der es sich teilweise um Rekonstruktion handelt, und der Bau des neuen Louvreflügels, an dem nacheinander Louis Tullius Joachim Visconti und Hector Lefuel (1810-1880) arbeiten, entsprechen dem Verhältnis zwischen der Restaurierung der Kathedralen und der Neugotik: In beiden Fällen bedeutet die Restaurierung die Schulung in einem Baustil. Diese Erklärung taugt jedoch nur bedingt. Visconti bereinigt 1852 die Silhouette des Pavillon de l'Horloge, dem er in seiner Gestaltung Rechnung tragen muß, doch nach Viscontis Tode überlädt Lefuel das Werk mit neuer Ornamentik und betont die plastische Wirkung des Ganzen. Mit der Preisgabe des internationalen linearen, klassizistischen Ideals sowie der Reinheit des italienischen Raffaelismus zugunsten eines schwülstigeren und ausgeprägter französischen Stils weist Lefuel einer neuen Generation den Weg: Auguste Bailly (1810-1892), Théodore Ballu (1817-1885), Gabriel Davioud (1823-1881), Charles Garnier (1825-1898), Auguste Joseph Magne (1816-1885), Antoine Gaétan Guérinot (1820-1891), Henri Espérandieu (1829-1874) und vielen anderen.

Es scheint, als suchten sie mit ihren majestätischen Kuppeln und ihren kompliziert gegliederten Säulen einen Mittelweg zwischen der klassizistischen Trockenheit und der gotischen Überfülle, eine Art klassischer Version romantisch-gotischer Silhouetten und Motive. In neuentdeckter Freiheit führen sie die Polychromie der venezianischen Renaissance und des Louis-XIII-Stils, die romantischen Motive der französischen Renaissance und des nordeuropäischen Manierismus in ihre neubarocke Gestaltung ein. Vorbedingung dazu ist einerseits die Zergliederung der Stilarten in Einzelmotive — die, aus dem Zusammenhang gelöst, an die Stelle der klassischen Säulenordnungen, Fensterstürze oder Bekrönungen treten —, andererseits die für den Historismus typische Trennung von architektonischem Vokabular und Syntax. Man ersetzt die dorische Säule durch Pilaster im Stil François I oder durch gegliederte Säulen à la Philibert de l'Orme und die klassische Fensterbekrönung durch einen gotischen Kielbogen oder verwendet Eckverzahnungen im Louis-XIII-Stil. César Daly

252 Die Oper in Dresden, 1. Bau, Südseite; Gottfried Semper; 1838-1841 (1869 abgebrannt)

253 Die Neue Oper in Dresden; Gottfried Semper; 1871-1878 (1945 zerstört)

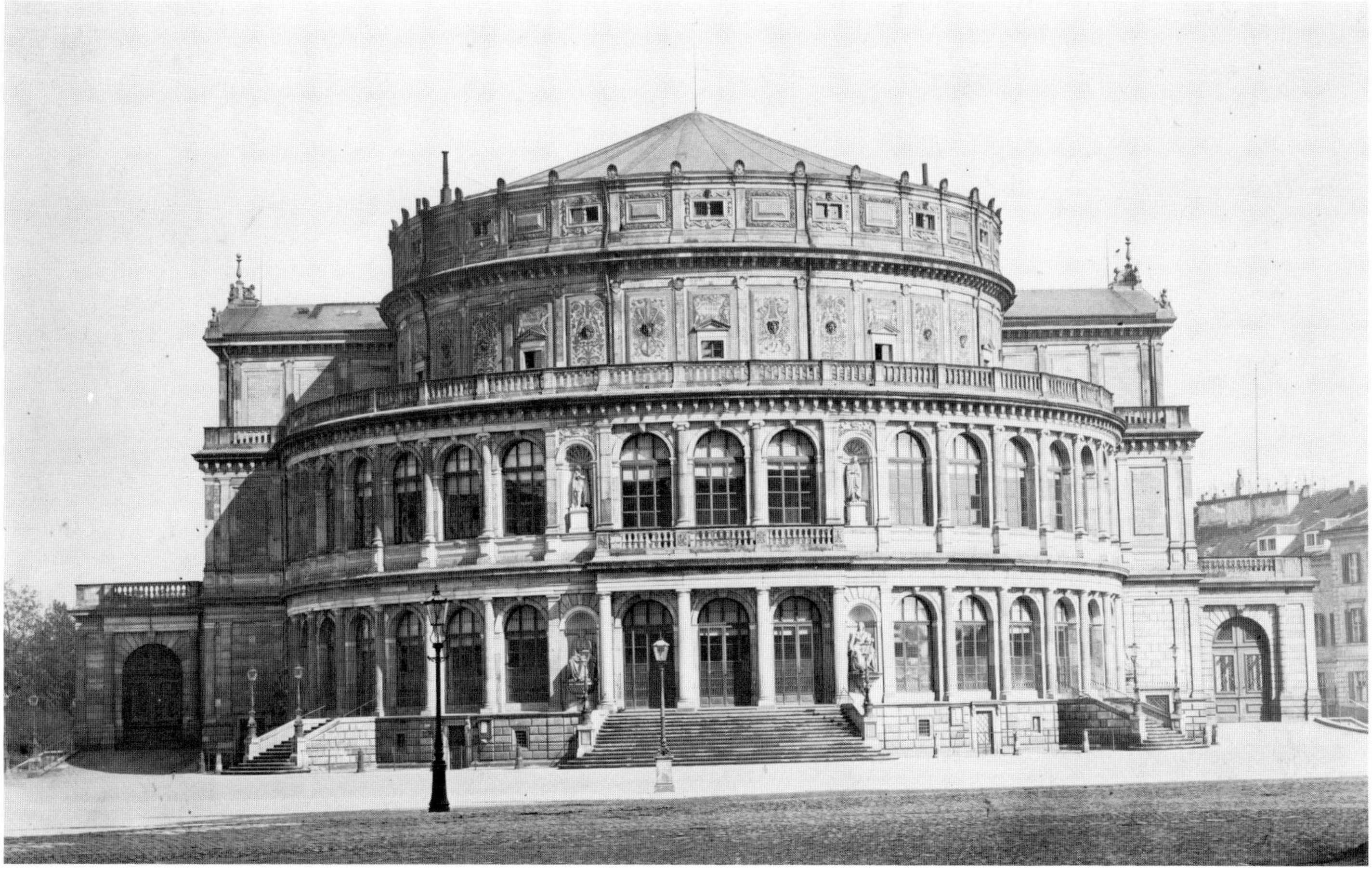

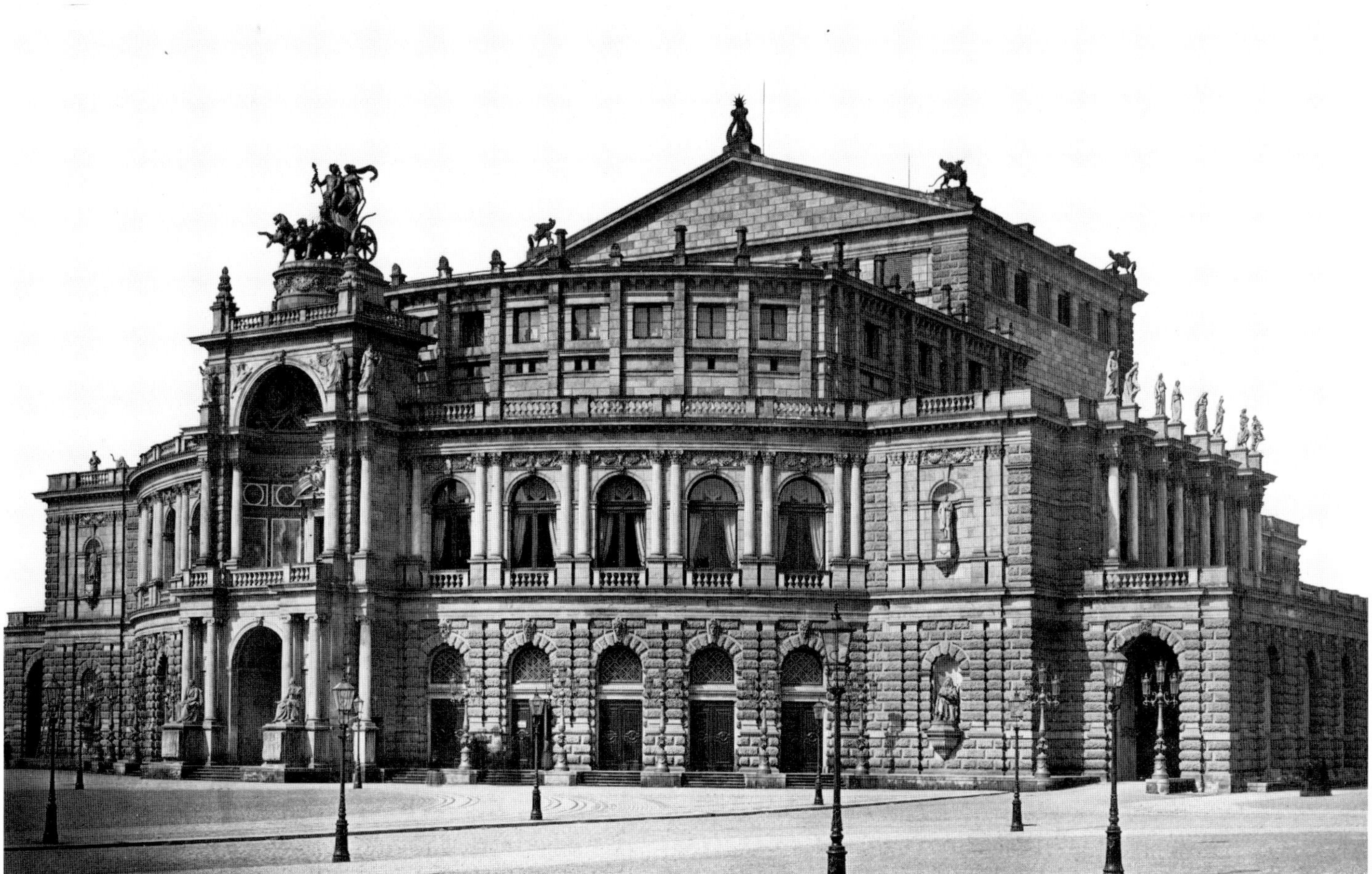

254 Die Gemäldegalerie in Dresden, Fassade gegen die Elbe; Gottfried Semper; 1847-1854. Freie Verwendung der Formensprache der italienischen Renaissance.

255 Das Zappeion in Athen, Peristyl; Fr. Boulanger und Theophil von Hansen; 1874-1888

256 Die Hamburger Kunsthalle; Hermann von der Hude und Georg Theodor Schirrmacher; 1863-1869

257 Der Palazzo Ceriana an der Piazza Solferino in Turin; Carlo Ceppi; 1878. Der in der klassischen Tradition stehende Bau ist von unauffälliger Vollkommenheit; alles wirkt neu und vertraut zugleich.

258 Das Palais de Justice in Paris, Fassade auf die Place Dauphine; Joseph Louis Duc; 1857-1868. Nach der Meinung des Architekten Paul Sédille folgt die Gesamtidee der Fassade einem Tempel von Dendera, doch ist das Triglyphenmotiv von den Veroneser Palästen Michele Sanmichelis übernommen, und die Kapitelle sind nach Bauten des kleinasiatischen Stratonikeia kopiert.

151

152

◁ 259   Die Ecole des Beaux-Arts in Paris, Fassade auf den Quai Malaquais; Félix Louis Jacques Duban; 1860-1862. Auf den unerwartet großen Fenstern und Okuli, die viel Licht in die Ausstellungsräume dieses neuen Gebäudes einfallen lassen, beruht der eigenständige Charakter der Fassade. Der ruhige, genaue Entwurf mit feiner Schattengebung wurde von den Zeitgenossen als »neugriechisch« bezeichnet, was weniger einen Stil als eine bestimmte Tönung umschreibt.

◁ 260   Der Neue Louvre in Paris, erster Entwurf für einen Pavillon; Louis Tullius Joachim Visconti; 1852-1853. Indem Visconti zum eleganten französischen Stil Lescots zurückkehrt, findet er ein nationales Äquivalent zum linearen, verfeinerten italianisierenden Stil seines Lehres Percier.

◁ 261   Studie für die neue Westfassade des Pavillon de l'Horloge von Lemercier im Pariser Louvre; Hector Lefuel; um 1854. Nach dem strengen, doch gerechten Urteil von Eugène Delacroix war Lefuel ein mittelmäßiger Arrangeur. Die Studie zeigt seine Vorliebe für üppige Ornamentik und ist, im Unterschied zu den klaren Zeichnungen der vohergehenden Generation, als etwas verschwommene Lavierung ausgeführt.

262   Die Mairie des ersten Arrondissement in Paris; Jakob Ignaz Hittorf; 1857-1861. Gemäß dem Wunsch Haussmanns nimmt die Fassade die Volumenverteilung der gegenüberliegenden Kirche Saint-Germain-l'Auxerrois auf. Erinnert die Rose noch an den Sakralbau, so folgen die anderen Elemente mehr dem »profaneren« Stil der italienischen Frührenaissance.

263   Die Mairie des ersten Arrondissement in Paris; Jakob Ignaz Hittorf; 1857-1861. Historismus im Detail: klassische Säulen, Öffnungen in der Art der lombardischen Architektur vom Ende des Quattrocento, »gotische« Balustraden.

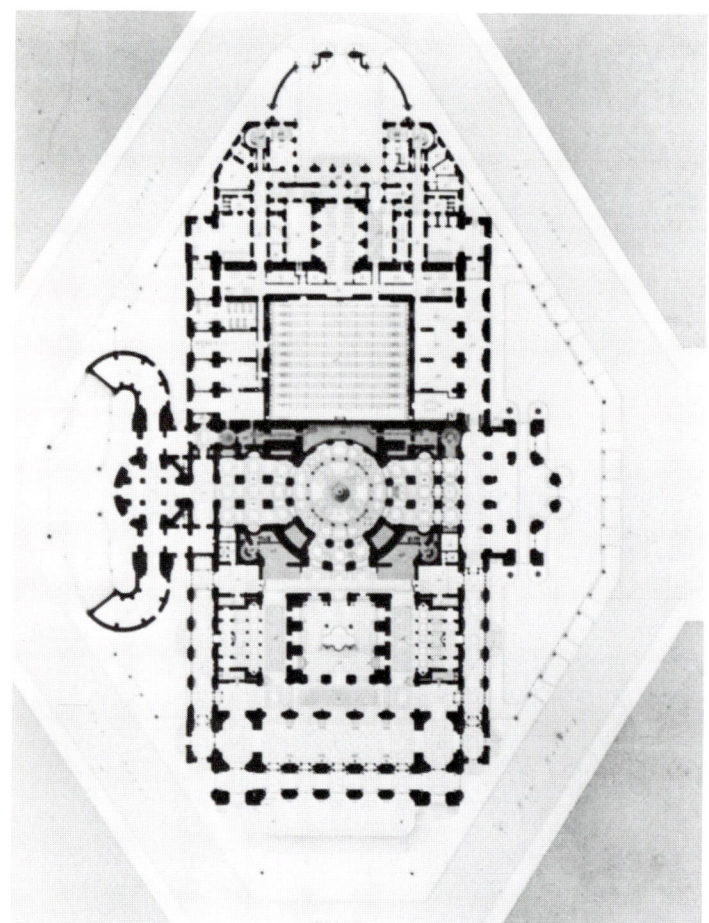

264 Die Grand Opéra in Paris, Fassade auf die Place de l'Opéra; Charles Garnier; 1860-1874

265 Die Grand Opéra in Paris, Grundriß des Erdgeschosses; Charles Garnier; 1860-1874

266 Die Grand Opéra in Paris, Querschnitt; Charles Garnier; 1860-1874

267 Die Grand Opéra in Paris, Große Treppe; Charles ▷ Garnier; 1860-1874

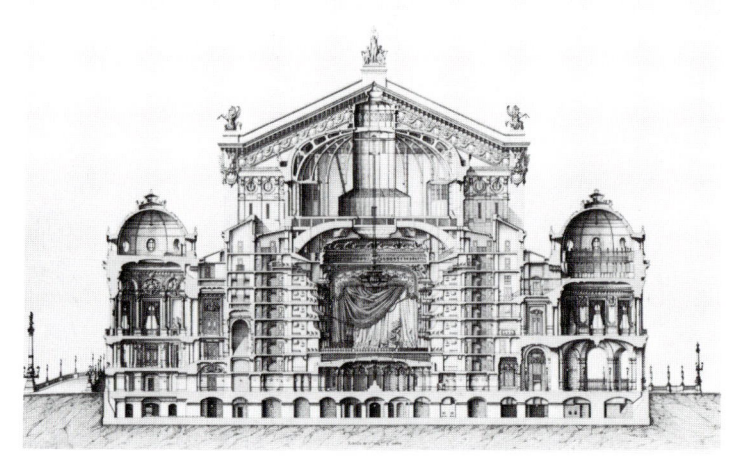

155

268 Das Palais de Longchamp in Marseille (Bouches-du-Rhône); Henri Espérandieu; 1862. Das Musée des Beaux-Arts und das Musée d'Histoire Naturelle sind über eine Galerie mit einem Wasserreservoir verbunden.

(1811-1893) bemerkt dazu boshaft: »Für den Historismus bildet die gesamte Vergangenheit eine Art Möbellager, aus dem man von Tag zu Tag je nach Bedarf und Stimmung entnimmt, was einem nützlich oder willkommen scheint. Für die Architekten des Historismus ist die Vergangenheit eine mit Motiven gefüllte Kunstmappe.«

Die in unseren Augen befremdende Wirkung mancher »klassischer« Bauwerke des 19. Jahrhunderts, deren Ausführung durchaus tadellos ist, entsteht häufig durch die kaum merklichen Verschiebungen der Proportionen und der Linienführung und durch die Kreuzung von Motiven der Renaissance und des Manierismus in einer Gestaltung, die sich der Syntax des akademischen Prunkstils bedient.

Klassizismus, Neupalladianismus und Romantik ordneten sich in ihrer Suche nach einem Schönheitsideal, nach aristokratischer Eleganz und gefälliger Abwechslung stets einer allgemeingültigen Ästhetik unter und bedienten sich einer internationalen Sprache. Das Auftreten der nationalen Kunstgeschichte, die sich nicht nur für das Mittelalter interessiert und die überall vom Aufschwung des Nationalgefühls begleitet wird — dessen Bedeutung für die politische und kulturelle Geschichte des 19. Jahrhunderts bekannt ist —, verleiht der eklektischen Baukultur eine bemerkenswerte nationale Dimension.

Dennoch kann diese bedeutsame nationale Färbung des Historismus nicht darüber hinwegtäuschen, daß die internationale Ausstrahlung der Ecole des Beaux-Arts und der Ruhmesglanz des »neuen Paris« Napoleons III. die Stilunterschiede verwischt. Das Mansardendach und vor allem die majestätische Kuppel des Pavillon de l'Horloge, der Sockel und die Risalite des Louis-XIV-Stils werden zu europäischen Gemeinplätzen.

In England läuft die Entwicklung parallel. Die von Harvey Londsdale Elmes 1841 begonnene St. George's Hall in Liverpool ist der letzte große klassizistische Bau Englands. Elmes gelingt es, einem komplizierten Programm (Konzertsaal, Versammlungssaal und Schwurgerichtshof) mit großer Schlichtheit der Baukörper gerecht zu werden. Die schmucklose Nüchternheit ihrer Linienführung erin-

269 Die Town Hall in Leeds (Yorkshire); Cuthbert Brodrick; 1853-1858

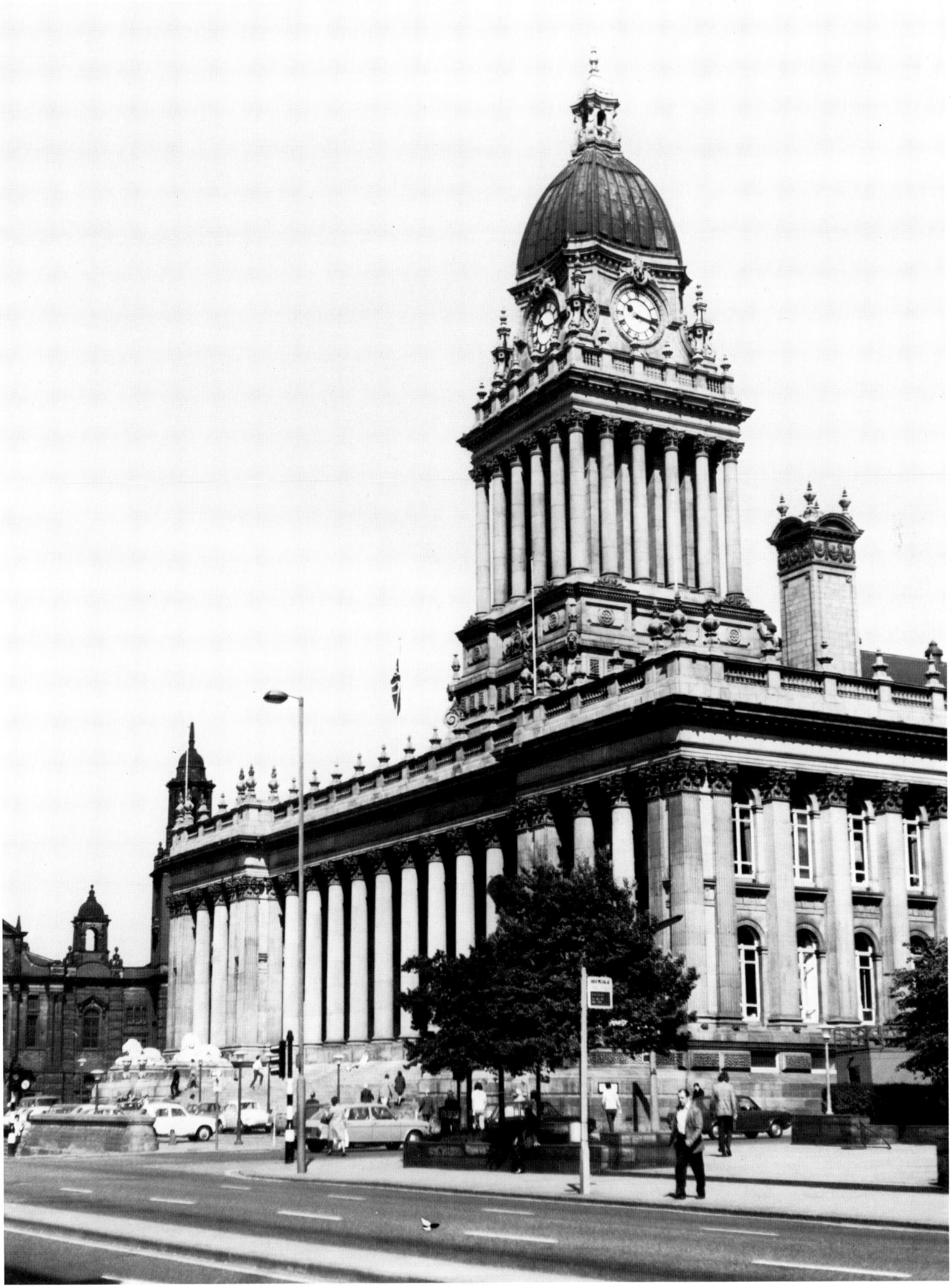

270 City Hall in Boston, Mass.; Arthur Gilman und Griedley Bryant; Entwurf 1860, Ausführung 1861-1865. Der Bau in kaltem spätklassizistischem Stil lehnt sich an den Pavillon de l'Horloge des Louvre von Jacques Lemercier und an den Gaston-d'Orléans-Flügel in Blois von François Mansart an.

nert an die Formen Karl Friedrich Schinkels (1781-1841), dessen Berliner Bauten Elmes sorgfältig studiert hat. Zwölf Jahre später zieht Cuthbert Brodrick mit seinem Rathaus von Leeds (1853-1858) dieser heroischen Nüchternheit einen pompöseren Stil vor, den man ebenfalls in der Innendekoration der von Charles Robert Cockerell 1856 fertiggestellten St. George's Hall und im Rathaus von Halifax (1859, von Sir Charles Barry, 1795-1860, und Edward Middleton Barry, 1830-1880) wiederfindet. Die Kolossalordnung von Brodricks Rathaus in Leeds erinnert zwar an die St. George's Hall, doch die seitlichen Vorsprünge, die gestaffelte Komposition und die üppige Ornamentik des Kampanile lassen keinen Zweifel daran, daß hier ein anderes Stilgefühl am Werk ist: Die »barocke« Rhetorik hat die griechische Reinheit und die Eleganz des Cinquecento ersetzt.

Der Einfluß der neueren französischen Architektur ist nicht zu leugnen. Wahrscheinlich haben die Entwürfe von Sir Charles Barry, Henry Bayly Garling (gest. 1909) und Henry Edward Coe (1826-1885) für die Government Offices von Whitehall im Jahre 1856 gewisse Pariser Vorbilder für spätere englische und amerikanische Bauwerke vermittelt.

Prosper Mérimée, Schriftsteller und Inspecteur des monuments historiques, der 1863 in London weilt, schreibt an Viollet-le-Duc, man baue zahlreiche riesige Hotels »in der Art des Louvre«. In der Tat bildet der neue Louvreflügel von Lefuel für den vom bürgerlichen Eisenbahntourismus angefachten Hotelboom der Jahre 1850-1880 einen kulturellen Bezugspunkt (der in den sechziger Jahren unseres Jahrhunderts eine Entsprechung im Vorbild der »Ville radieuse« von Le Corbusier für Hotels der internationalen Klasse hat). Das hindert Sir George Gilbert Scott jedoch nicht daran, das Midland Grand Hotel von St. Pancras Station in London neugotisch zu gestalten, und in den Berg- und Meerkurorten nehmen die Architekten mit Vorliebe rustikale heimische Baustile zum Vorbild. Den Zeitgenossen entgeht auch nicht, daß Philip Charles Hardwick (1822-1882) schon in den Jahren 1851-1853 das Great Western Hotel von Paddington Station in London im Louis-XIV-Stil baut, und 1863-1865 setzt Cuthbert Brodrick dem Grand Hotel von Scarborough in der Grafschaft Yorkshire steile Mansardendächer auf.

In den USA bekennt die Bezeichnung »French Style« für den Baustil, der sich auch hier durchgesetzt hat, offen dessen Herkunft. Der Bericht der Jury zum Abschluß des Wettbewerbs für das Rathaus von Boston — der von Griedley Bryant gewonnen wird — im Jahre 1860 läßt daran keinen Zweifel: »Dieser Stil gelangt insbesondere in den neuen Gebäuden des Louvre in Paris zur Anwendung, dem größten und elegantesten Bauwerk, mit dem der geniale Kaiser diese bezaubernde Stadt bereichert hat. Dieser Stil verdankt seine Popularität in Europa und in den größten Städten unseres Landes seiner überragenden, echten Schönheit sowie der Anpassungsfähigkeit an die Bedürfnisse und Formen unserer Zeit.« (*Report of the Committee on Public Building, City Document No. 44*, Boston 1860, S. 15-16)

Alfred B. Mullett (1834-1890) wird 1865 zum obersten Baumeister der amerikanischen Bundesregierung ernannt; er bevorzugt den French Style für die zahlreichen offiziellen Bauwerke, die während General Grants Präsidialzeit errichtet werden. Für diesen ausgesprochenen Verwaltungsstil sind das City Post-Office von New York (1869-1875; zerstört), die Post von Saint Louis, Missouri (1873-1875) und das Executive Office Building des State Department in Washington, D.C. (1871-1875) die herausragenden Beispiele. Diese Stilverschiebung wird ebenso bei den

271 Das City Post-Office in New York; Alfred B. Mullett; 1869-1875 (zerstört). Schablonenartiger Klassizismus, der sich herrscherlich gibt, mit übereinandergestellten Säulenordnungen und eckigen Kuppelformen. (Nach: *The Builder*, 25. Nov. 1871, S. 927)

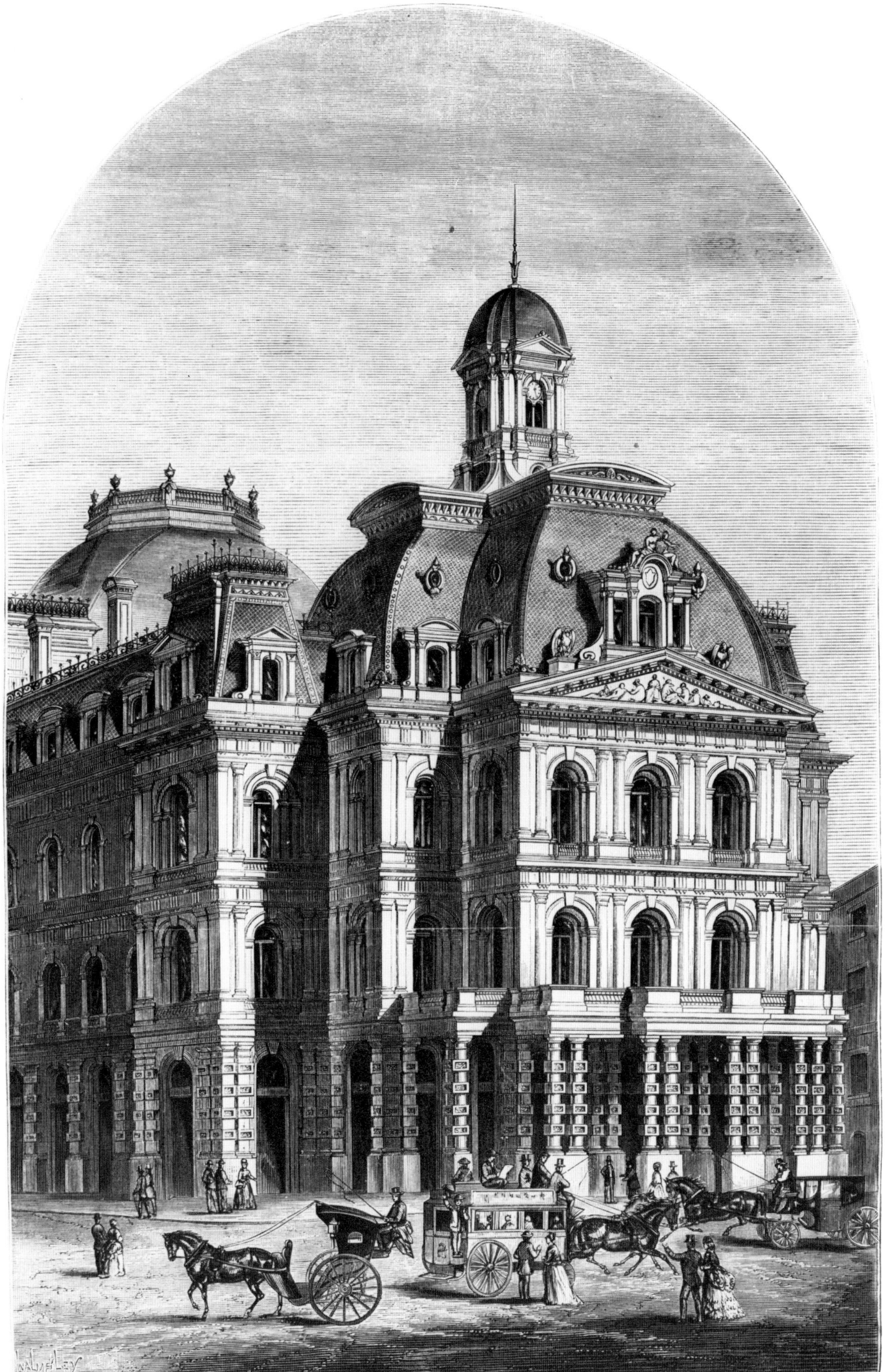

272 Das Palais de Justice in Brüssel; Joseph Polaert; Entwürfe 1861-1863, Ausführung 1866-1883. »Diese großen architektonischen Linien, die babylonischen Kolonnaden, die großartigen Eingangs- und Treppenräume, deren Anlage an das berühmte ägyptische Labyrinth erinnert, diese Kuppel, die Stadt und Umgebung beherrscht, und das riesige Gesims dienen den praktischen Zwecken, zu denen das Gebäude errichtet wurde, sicher nur sehr wenig. Das Bauwerk ist vor allem Zeugnis des Stolzes unserer jungen Nation.« (Parlamentsbericht von Le Hardy de Beaulieu, 1879)

273 Das Palais de Justice in Brüssel, Treppenanlage; Joseph Polaert; Entwürfe 1861-1863, Ausführung 1866-1883. »Die Stadt ist mit einem Sechstel beteiligt; dieses Sechstel möge so teuer wie möglich sein, damit der Palast sich seiner Bestimmung und der Stadt, in der er sich erheben soll, würdig erweise.« (Gemeinderatsrede des Bürgermeisters Jules Anpasch, Oktober 1874)

274 Das Kunstgewerbemuseum in Berlin, Fassadenentwurf; Martin Gropius und Heino Schmieden; 1875. Mit seinen farbigen Ziegeln und dem eleganten hellenisierenden Stil steht das 1877-1881 errichtete Gebäude ganz in der Schinkelschen Tradition.

275 Das Polytechnikum (Technische Hochschule) in Aachen; Robert Cremer; 1865-1870 (links); das Chemiegebäude; Franz Everbeck; 1875-1879 (rechts). Andauernder Erfolg des italianisierenden Stils.

161

276 Das Stadttheater in Ausgburg; Ferdinand Fellner und Hermann Helmer; 1876-1877. Von einem bekannten, auf Theaterbauten spezialisierten Büro errichtet, folgt das Gebäude dem Typ mit offener Loggia über Arkaden, auf den man in zahlreichen Ländern stößt und den die Pariser Grand Opéra am besten repräsentiert. Fellner und Helmer bauten unter anderem auch das Wiener Volkstheater (1888-1889) und das Zürcher Stadttheater (1890-1891; heute Opernhaus).

277 Die Kaisergalerie an der Ecke Friedrichstraße/Behrensstraße in Berlin; Kyllmann & Heyden; 1871-1873 (1944 zerstört). Ein typisches Beispiel des Historismus mit mehr französischen als italienischen Anleihen. Motive der Frührenaissance vermischen sich mit Louvre-Zitaten (Fenster mit Karyatiden). Die achteckigen Türmchen betonen das Malerische der Silhouette.

278 Die Börse in Berlin; Friedrich Hitzig; 1859-1863, Erweiterung nach Plänen Hitzigs 1880-1883

279 Der Reichstag in Berlin; Paul ▷ Wallot; 1889-1898. Die Modernität der großen Metallkuppel im Zentrum der Anlage kann nicht über die Banalität der hier eingesetzten barocken Rhetorik hinwegtäuschen.

280 Der Justizpalast in München; ▷ Friedrich von Thiersch; 1887-1897

163

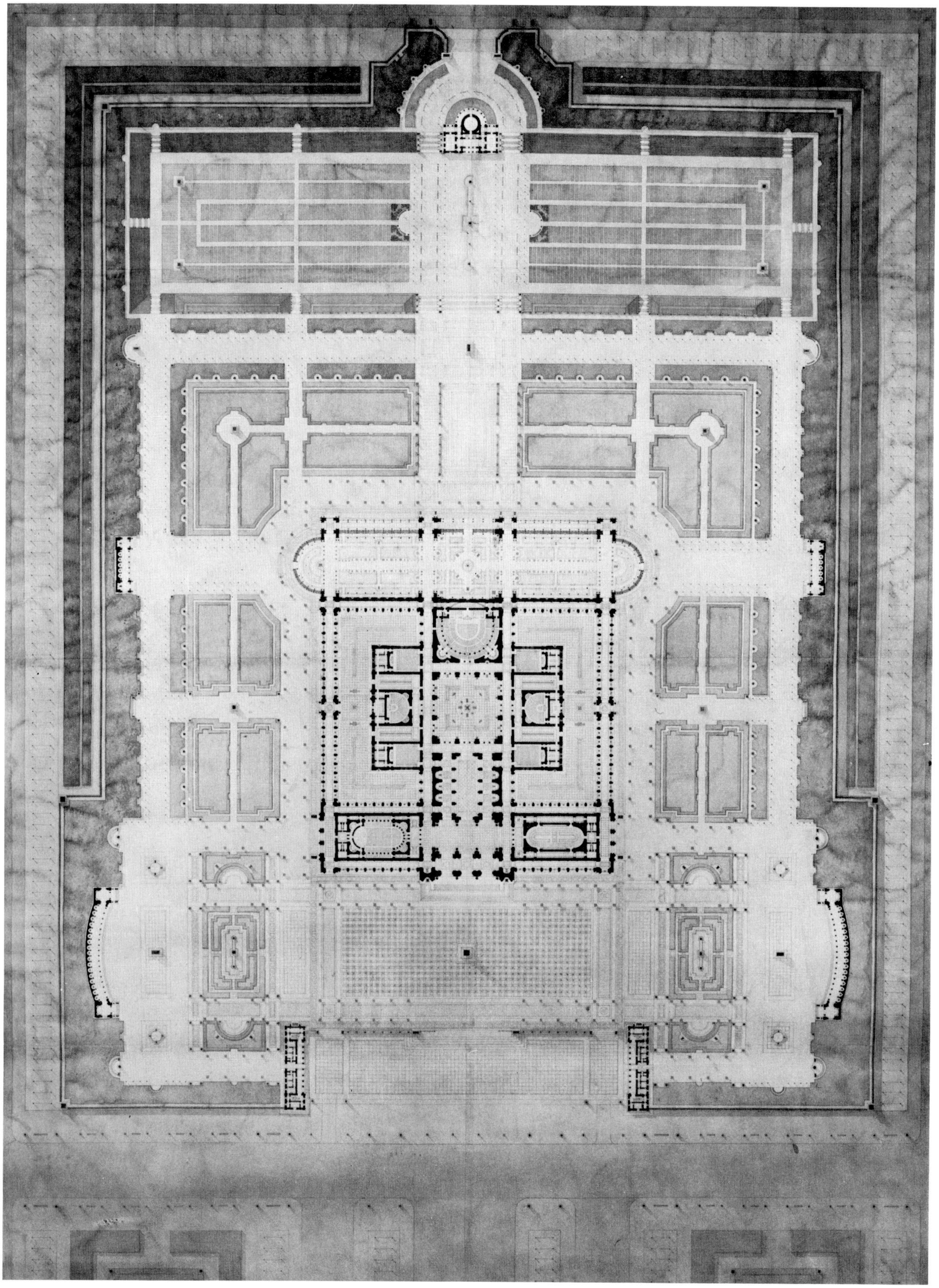

281 Entwurf eines Athenäums für eine Hauptstadt, Gesamtplan; Paul Henri Nénot; 1877

282 Die Ny Carlsberg Glyptotek in Kopenhagen, Entwurf; Jens Vilhelm Dahlerup; Entwurf 1888, Ausführung 1893-1895. Mit seinen schwarzen Marmorsäulen und roten Ziegeln, der italianisierenden Formensprache und der ausgewogenen Gesamtanlage ist der Bau ein gelungenes Beispiel des Spätklassizismus.

Capitols der amerikanischen Staaten sehr deutlich: Concord, New Hampshire (1864), Albany, New York (1869, Thomas Fuller), Springfield, Illinois (1867, Cochrane), Lansing, Michigan (1871). In diesen Bauten gibt man den neugriechischen Charakter zugunsten großer, gestaffelter Anlagen auf, die in neubarocken Kuppeln gipfeln.

Auch die Justizpaläste von Brüssel und Rom belegen diesen megalomanen Spätklassizismus, in dem die Riesenanlagen, wie sie in den Preisausschreiben der Ecole des Beaux-Arts gefordert waren, ihren Niederschlag finden.

Steht die klassizistisch-neugotische Stilschlacht für die Zeitgenossen auch im Vordergrund, muß man dennoch festhalten, wieviel zahlreicher im Vergleich zu den Spaltungen die Wechselbeziehungen dieser Stile sind. In beiden Parteien trifft man auf allzu didaktische Architekten wie Jean-Baptiste-Antoine Lassus oder Christian Frederik Hansen, auf einfallsreiche Baumeister wie Charles Garnier oder George Edmund Street sowie auf einige belanglose Dekorateure. Einigen Architekten gelingt es, eine eigene Formenlehre zu entwickeln und ihren Werken eine persönliche Note zu geben, sei es in der Verwendung des griechischen Klassizismus (Alexander Thomson, 1817-1875), des romanischen Stils (Henry Hobson Richardson, 1838-1886), der Neugotik (William Burges, 1827-1881) oder des Queen Anne Style (Richard Norman Shaw, 1831-1912). Mit leichtem Spott weist Alexander Thomson darauf hin, daß die Glasgow University (1866) von Sir George Gilbert Scott des Anscheins ungeachtet klassizistisch und nicht neugotisch ist: In der Tat ist Scotts griechischer Stil viel romantischer als mancher neugotische Bau außerhalb Englands.

In der Komposition stehen sich bis zum Ende des Jahrhunderts zwei Systeme gegenüber: das klassische System mit regelmäßigen Rastern, Axialsymmetrie und abgestuften, gestaffelten Gliederungen auf der einen Seite, auf der anderen das romantische System mit asymmetrischem Gleichgewicht, willkürlich geformten Öffnungen und zerklüfteter Silhouette. Zu Beginn des Jahrhunderts ergänzten sie sich, jetzt konkurrieren sie. Das zuerst kleinen Garten- und Parkbauten, College-Gebäuden und exzentrischen Residenzen vorbehaltene romantische Kompositions-

283 Das Treppenhaus im Foreign Office in Westminster, London; Sir George Gilbert Scott; 1863-1868. Die Anlage der Escalier des Ambassadeurs von Versailles, die Kassettendecke der römischen Maxentiusbasilika, eine »byzantinische« Pendentifkuppel: Mit allen Mitteln sucht hier die historisierende Architektur nach dem größtmöglichen Effekt.

284 Die Feststiege des Wiener Rathauses; Friedrich von Schmidt; 1872-1883. Häufig zeichnen sich die Treppenhäuser der öffentlichen Gebäude, in welchem Stil sie auch ausgeführt sind, durch gewaltige Dimensionen aus.

system dehnt seinen Anwendungsbereich ganz natürlich auf den bürgerlichen Villenbau, Sommerhäuser, Schlösser und um 1840 auf den Kirchenbau aus, um schließlich nach 1850 auch im städtischen Bauwesen und in öffentlichen Bauten Einzug zu halten. Außerhalb Englands allerdings schätzt man dieses typisch angelsächsische System nur im Villen- und Schloßbau.

Folgenreicher als die Spaltung der Stile ist die Kluft zwischen zwei völlig verschiedenen Philosophien der Architektur: Es gibt ein künstlerisches, formbetonendes Konzept und ein rationelleres, konstruktionsorientiertes. Im einen Fall bedeutet ein Stilwechsel eine völlig neue Bauform, im anderen ist die Form an sich bloßes Ornament, und man wechselt ungezwungen von einem Vokabular ins andere.

Es scheint, als habe man sich zuerst in Deutschland für die Ästhetik von Backsteinmauerwerk und Terrakotta interessiert. Dieses Interesse fällt mit der Aufwertung der regionalen Baustile und der Entdeckung der abstrakten islamischen Polychromie zusammen. In England schlägt die viktorianische Gotik einen ähnlichen Weg ein. In Frankreich liefert die Betonung der Konstruktionsweise in der Lehrtätigkeit von Henri Labrouste und Viollet-le-Duc den Schlüssel zur architektonischen Ästhetik: »Accuser les matériaux«, die Baustoffe zur Geltung bringen, lautet ihr Leitmotiv. Die Verwendung glasierten Backsteins, die Einführung von Eisenträgern als Tür- und Fensterstürze, von Eisensäulen als Fensterpfosten, von Holz im Vordach oder Dachüberhang und von Glasdächern ermöglicht zahlreiche Variationen, ohne die

Baustoffe der ihnen innewohnenden Aussagekraft zu berauben. Viollet-le-Duc und seine Nacheiferer legen so die Grundlage eines einfachen, modernen Baustils, den man in Schulen, Gymnasien, Krankenhäusern und Arbeitersiedlungen wiederfindet, wobei die leuchtende Polychromie manche Bauten — wie die Berufsschule von Armentières — geradezu übersättigt.

 Diese schon um die Jahrhundertmitte sehr ausdrucksstarke Baukultur wird gegen Ende des Jahrhunderts immer nuancierter und entwickelt zahlreiche Nebenformen. Ohne Unterlaß schlagen Architekten neue Vorbilder vor und weisen auf interessante Besonderheiten dieser oder jener Epoche der Baugeschichte hin. In England zum Beispiel entdeckt man 1865-1870 den Queen Anne Style (1702-1714), dessen geschmeidige, romantische Formen den Erfordernissen der Zeit gut zu entsprechen scheinen; in Frankreich spielt der Louis-XIII-Stil eine ähnliche Rolle. In der gleichen Zeitspanne wenden sich Belgier, Holländer und Deutsche dem flämischen und dem nordeuropäischen Manierismus zu. Etwas später, von 1870 bis 1875, schenken die amerikanischen Architekten der eigenen Kolonialarchitektur vermehrte Aufmerksamkeit. Eine geradlinige Stilentwicklung gibt es jedenfalls nicht, jeder Gebäudetyp verlangt nach seinem eigenen Stil. So fällt zum Beispiel die Rückkehr zum Barock Christopher Wrens, die sich bei mehreren englischen Amtsgebäuden der neunziger Jahre beobachten läßt, zeitlich mit den Bemühungen zusammen, die heimischen Regionalstile fruchtbar zu machen.

Ingenieurbau als Architektur der Zukunft?

»Die Spezies der Lithomisten-Päpste wird ebenso aussterben wie die Mastodonten und die Plesiosaurier, und sie wird von der neuen Spezies der eisenverarbeitenden Künstler ersetzt werden.«
(Jobard, *Journal de l'architecture*, Brüssel 1848)

»Wahrscheinlich naht die Zeit, in der man ein neues System architektonischer Gesetze entwickeln wird, das dem Eisenbau vollkommen angepaßt ist.«
(John Ruskin, *The Seven Lamps of Architecture*, London 1849, Bd. II)

»Für eine neue Baukunst setzen viele ihre Hoffnung auf das Eisen... Das ist ein Fehler und ein großer Fehler. Das Eisen ist ein Mittel, es wird nie eine Grundlage sein.«
(Charles Garnier, *A travers les arts*, Paris 1869)

Erste Versuche

Solange das Eisenerz mit Holzkohle geschmolzen und das Eisen in der Schmiede von Hand bearbeitet wurde, mußte seine Verwendung in der Architektur beschränkt bleiben: Man benutzte Ketten, um Kuppeln statisch zu sichern (St. Peter in Rom und St. Paul's in London), und armierte Sturzbalken von besonderer Spannweite (Kolonnaden des Louvre, das Panthéon in Paris). Mit der Verbreitung der 1709 erfundenen Eisenverhüttung mit Koks in der zweiten Hälfte des 18. Jahrhunderts und des seit 1784 bekannten Puddelverfahrens um 1820 entstehen für Eisen und Gußeisen, deren Herstellungskosten fortan sinken, neue Anwendungsbereiche.

Erst im Rückblick erkennt man, wie sehr Gußeisen und Eisen ganz allgemein die Architektur revolutioniert haben. In der ersten Jahrhunderthälfte behandeln alle Lehrwerke der Baukunst diese Materialien zusammen mit Stein und Holz und stellen die neuesten englischen und französischen Bauten vor: 1802-1817 der *Traité théorique et pratique de l'art de bâtir* von Jean-Baptiste Rondelet (1743-1829), 1823-1828 die *Études relatives à l'art de la construction* von Louis Clémentin Bruyère (1831-1887) und 1847 das Supplément zu Rondelets *Art de bâtir* von Abel Blouet (1795-1859). Kennzeichnend für diese Autoren ist ihr lebhaftes Interesse an allem Neuen, ein Erbe der Aufklärung. Kann man von einer Schlacht der Stile sprechen, so kann von einem Krieg der Baustoffe nicht die Rede sein, jedenfalls nicht unter einem ästhetischen Gesichtspunkt. Ein ökonomisches Problem besteht zweifellos, denn 1828 betont Louis Clémentin Bruyère die Vorteile der gußeisernen Pfeiler und Bogen, deren Verwendung man nur empfehlen könne, gäbe es da nicht »den leider etwas hohen Kostenpunkt«. Es ist demnach nur natürlich, daß Gußeisen zuerst in den Industriegebieten, wo es erschwinglicher ist, Verwendung findet. Man setzt es bei bestimmten Bauaufgaben ein, bei denen Feuerfestigkeit, Druckwiderstand und Formbarkeit den noch recht beträchtlichen Mehrpreis rechtfertigen.

In England tragen etliche verheerende Brandkatastrophen in den großen, mehrstöckigen Spinnereien der Midlands — allein fünf in einem Umkreis von 80 Kilometern um Derby im Jahre 1791 — im letzten Jahrzehnt des 18. Jahrhunderts dazu bei, daß man ein Konstruktionssystem mit ausschließlich metallenen Stüzen einführt. Gußeiserne Pfeiler und Eisenbalken tragen leichte Gewölbe aus Backstein. Erste Beispiele dieses Konstruktionstyps scheinen die 1796-1797 erbaute Leinenspinnerei von Shrewsbury (nur 19 Kilometer von Coalbrookdale entfernt, wo 1777-1779 die erste gußeiserne Brücke gebaut wurde), ein Werk von

285 Die Spinnerei von Shrewsbury in der Nähe von Manchester (heute Malzdepot »The Maltings«), Schnitte, Grundriß des zweiten Obergeschosses; Charles Bage; 1796-1797. Zum ersten Mal verzichtete man völlig auf Holz; selbst die Fensterverkleidungen waren aus Metall.

286 Das Albert Dock in Merseyside, Liverpool; Jesse Hartley; 1845. Aufgrund der Bombardierungen während des letzten Weltkrieges tritt die Baustruktur deutlich zutage.

169

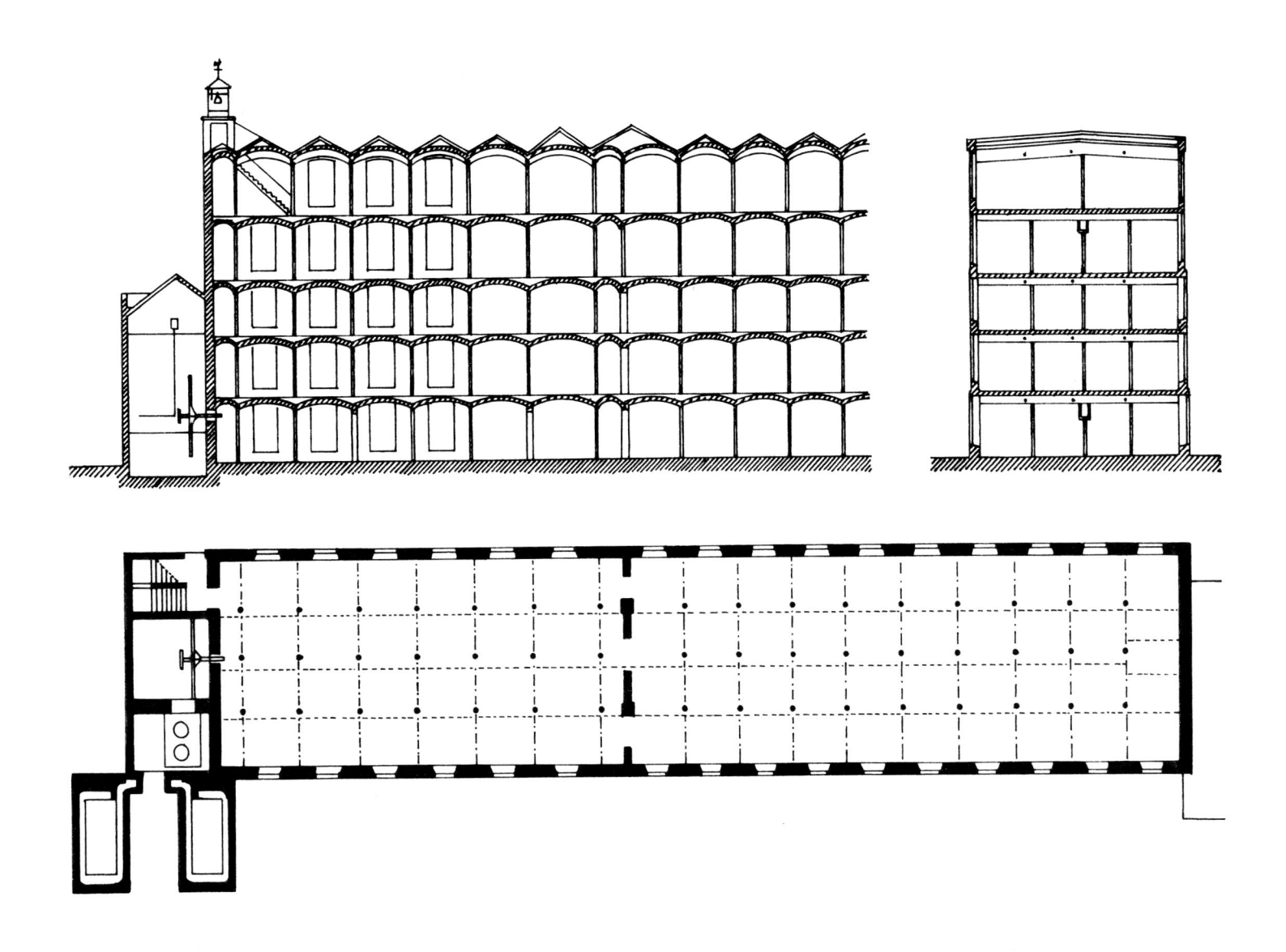

287 Die Halle au blé (seit 1889 Handelsbörse) in Paris, Inneres; François Joseph Bélanger und F. Brunet; 1806-1811. Die Londoner Kohlenbörse (1846-1849) von James Bunston Bunning und die Kornhalle in Leeds (1860) von Cuthbert Brodrick beruhen auf einem ähnlichen Entwurf. Die Dachkonstruktion war ursprünglich, mit Ausnahme einiger Fensteröffnungen in der Kuppel, mit Kupferplatten verkleidet, die man bei der Umwandlung der Halle in eine Handelsbörse durch Glasscheiben ersetzte.

Charles Bage (1752-1822), und die Baumwollspinnerei in Salford bei Manchester (1799-1801) zu sein. Der Bau in Salford wurde von den Erfindern der Dampfmaschine, Matthew Boulton (1728-1809) und James Watt (1736-1819), für die Firma Philips & Lee ausgeführt. (Die Behauptung William Fairbairns in *On the Application of Cast and Wrought Iron to Building Purposes*, London 1854, dies sei der eigentliche Prototyp, ist unrichtig.) Die 1786 entstandene North Mill in Belper, mit hölzernen Geschoßdecken, brannte 1803 ab und wurde 1803-1804 nach der neuen Konstruktionsweise wiederaufgebaut, und 1807 besitzen mindestens sieben englische Spinnereien eine durchgehende Eisenkonstruktion. Mit geringfügigen Verbesserungen läßt sich das System bald bei anderen Industriebauten anwenden: Beispiele sind das St. Katherine's Dock in London (1825, von Thomas Telford, 1757-1834, und Philip Hardwick, 1792-1870), die Lagerhalle der Lion Brewery in London, deren neupalladianische Fassade ebenfalls bemerkenswert war (1836, Francis Edwards; 1949 zerstört), die Werkhallen der Stadtverwaltung von Brüssel (1842-1845), das Albert Dock in Liverpool (1845, Jesse Hartley), die Werften von Portsmouth (1843-1849).

In den letzten Jahrzehnten des 18. Jahrhunderts unternimmt man auch in Frankreich zahlreiche Versuche mit Boden- und Dachkonstruktionen aus Eisen. Es scheint, als habe der psychologische Schock nach jedem neuen Brand die Einführung neuer und oft kostspieliger Techniken gefördert. In Paris brennt 1781 die Oper des Palais-Royal aus, und Victor Louis (1731-1800) versieht das neue Théâtre Français mit einer eisernen Dachkonstruktion. Den hölzernen Dachstuhl der 1802 niedergebrannten Halle au blé ersetzt François Joseph Bélanger (1744-1818) 1811 durch eine Kuppel aus 51 in der Gießerei von Creusot gegossenen Bindern, die er mit Kupferplatten deckt. Jean Antoine Alavoine (1776/1778-1834) beginnt

288 Gußeiserner Dachstuhl für die Kathedrale von Chartres, Entwurf; Leture; 1836

289 Runde Halle mit Stützen und Kuppel aus Metall, Entwurf; 1844-1845; Schlosserei-Wettbewerb der Pariser Ecole des Beaux-Arts

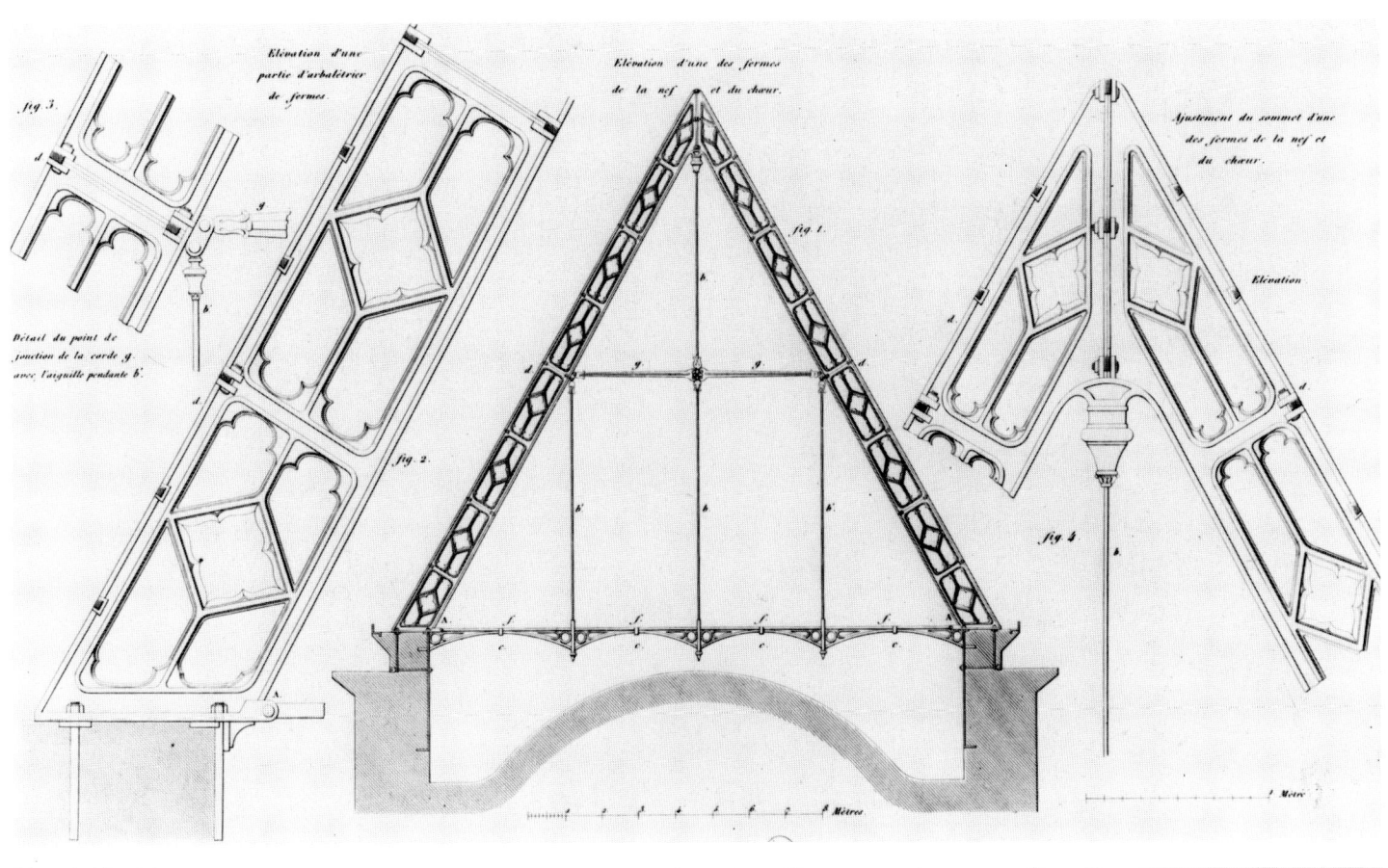

fig. 3.

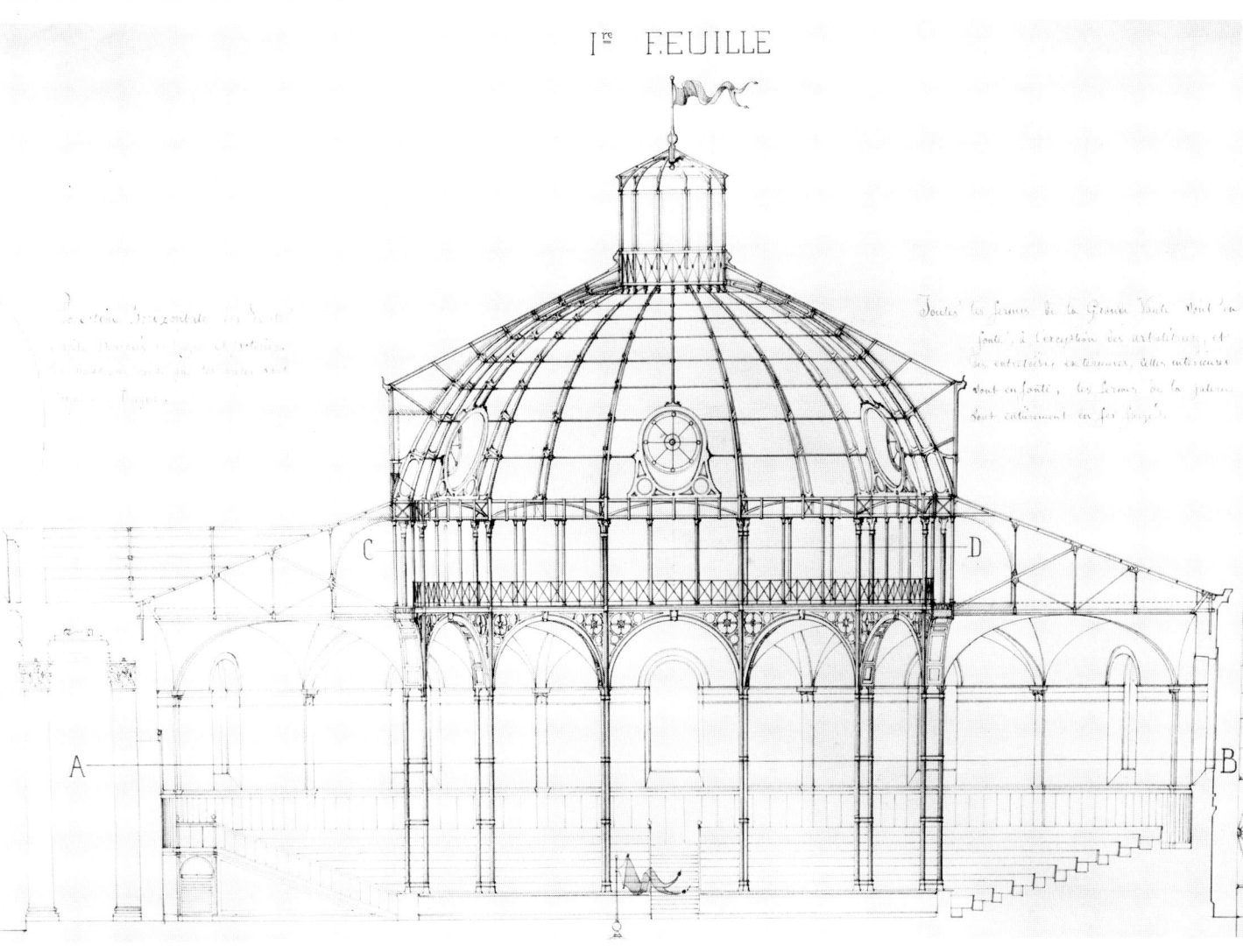

Détail du point de jonction de la corde g avec l'aiguille pendante b'.

Élévation d'une partie d'arbalétrier de fermes.

fig. 2.

Élévation d'une des fermes de la nef et du chœur.

fig. 1.

Ajustement du sommet d'une des fermes de la nef et du chœur.

Élévation

fig. 4.

1re FEUILLE

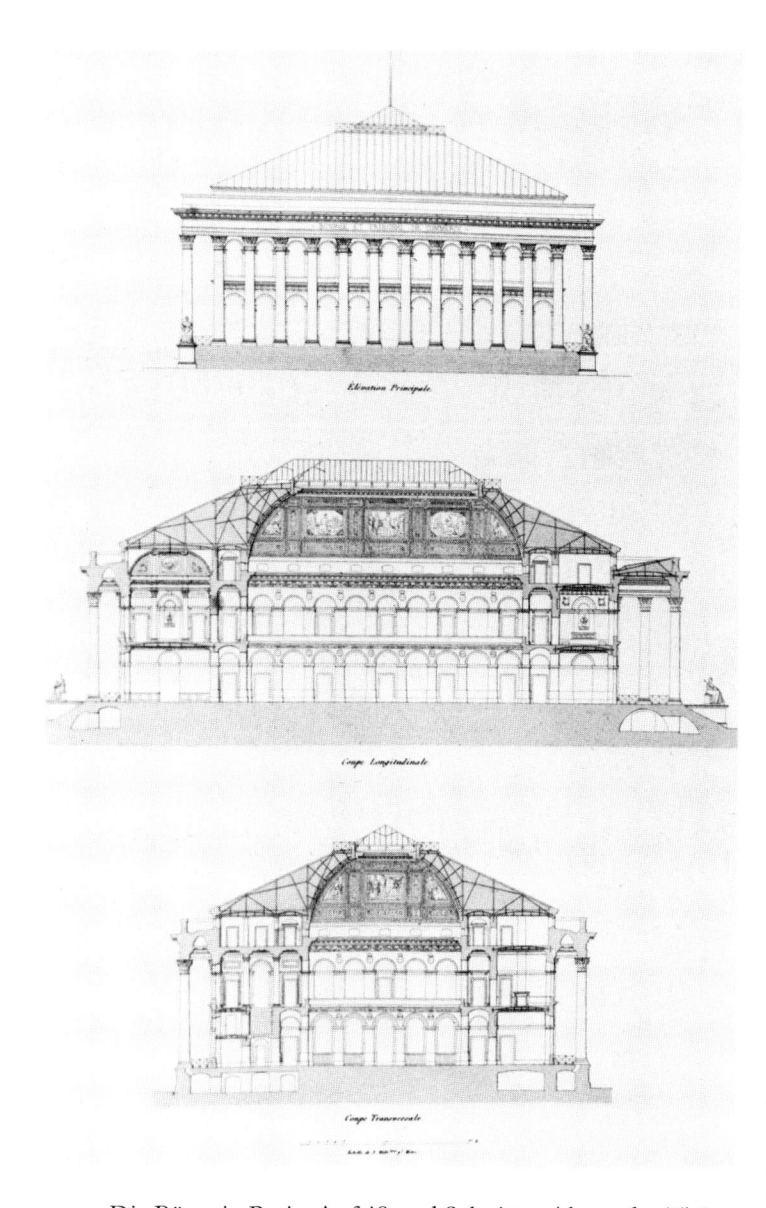

290 Die Börse in Paris, Aufriß und Schnitte; Alexandre Théodore Brongniart und Etienne Eloy de Labarre; 1808-1815 (1902-1903 vergrößert). Nach dem Bau der Halle au blé werden in Frankreich die Gebäude mit Innenhöfen, die von einer mit Stuck verkleideten Metallkonstruktion überdeckt sind, immer häufiger.

1823 den Wiederaufbau der Turmspitze der Kathedrale von Rouen mit einer Gußeisenkonstruktion. Edmond Baron verwendet 1837-1838 in der Kathedrale von Chartres gußeiserne Dachbinder, eine Lösung, die schon 1822 in der Londoner Southwark Cathedral praktiziert wurde. Um 1830 wird die eiserne Dachkonstruktion im Theaterbau allgemein üblich, denn das Anzünden der Kronleuchter ist nach wie vor eine heikle Angelegenheit. Wie François Thiollet (1782-1859) 1837 bemerkt, erklärt gerade dieses Bestreben, die Brandgefahr zu verringern, den Ersatz des Holzes durch Eisen in »Basaren und Einkaufsgalerien«. Die gleiche Überlegung hat Henri Labrouste 1842 zu seiner Eisenkonstruktion für die Bibliothèque Sainte-Geneviève bewegt. Die Verwendung von Gußeisen läßt sich auch mit dem striktesten Klassizismus vereinen: Die Dachkonstruktionen sowohl der Pariser Madeleine als auch der Walhalla bei Regensburg sind frühe Beispiele des für das 19. Jahrhundert charakteristischen Einklangs von moderner Technik und geschichtlicher Betrachtungsweise.

Auf ähnliche Art scheinen sich die leichteren Metallkonstruktionen bei Bauten durchzusetzen, in denen man einen maximalen Lichteinfall erreichen will, zum Beispiel bei Gewächshäusern: Gewächshäuser im Nymphenburger Park in München (1807 und 1816, von Friedrich Ludwig von Sckell, 1750-1823), des Jardin des Plantes in Paris (1833, von Rohault de Fleury, 1801-1875), der Kew Gardens in London (1845-1847, von Decimus Burton, 1800-1881, und Richard Turner). Da solche Konstruktionen sowohl feingliedrig als auch robust sind, erkennt man sie ebenfalls dort als gute Lösung an, wo die Sicht möglichst frei bleiben soll: bei den Emporen protestantischer Kirchen (Church of All Saints in Wellington, 1785; Church of St. Chad in Shrewsbury, 1792), Auditorien (High School von Edinburgh, 1825), Theater (Walnut Theater in Philadelphia, Pa., 1827-1828), Veranda-Überdachungen (Naval Hospital von Port Nelson, Virginia, 1826) und Markthallen (Hungerford Market in London, 1835, zerstört; Marché de la Madeleine in Paris, 1835, zerstört).

Bald wird auch die Eignung des Eisens zum Formguß genutzt. Die Eisengießereien bringen in Serie vorfabrizierte gußeiserne Bauelemente auf den Markt. Man konstruiert die ersten gußeisernen Treppen, zum Beispiel die Treppe mit Gußeisensäulen im Palais des Prinzen Albert von Preußen (1818), die Treppen im Royal Pavilion von Brighton (1825, John Nash) und in der Galerie d'Orléans in Paris (1829). Gußeiserne Balkon- und Treppengeländer ersetzen die schmiedeeisernen. In der Kirche Saint-Vincent-de-Paul in Paris benutzt Jakob Ignaz Hittorf zu Dachrinnen geformte Gesimse aus Gußeisen »anstelle des Marmors oder der Terrakotta, die in der Antike Verwendung fanden«; das hat den »Vorteil, auf steinerne Karniese verzichten zu können, wodurch man ebenfalls die beträchtlichen Kosten der Steinskulptur spart«. Henri Labrouste wählt für die Bibliothèque Sainte-Geneviève die gleiche Lösung.

Die Reproduktion komplizierter Formen der Romantik — Maßwerk, chinesische oder maurische Gitter — in großer Zahl ist ein weiterer Aufgabenbereich

291 Gewächshaus im Park von Nymphenburg in München; Friedrich Ludwig von Sckell; 1807

292 Das Palm House in den Royal Botanical Gardens in Kew (Surrey); Decimus Burton und Richard Turner; Entwurf 1844, Ausführung 1845-1848. Da das Gewächshaus von Rohault de Fleury in Pariser Jardin des Plantes und das Great Store von Chatsworth (Derbyshire) abgerissen wurden, ist dieses Palm House der bedeutendste noch erhaltene Gewächshausbau aus der ersten Hälfte des 19. Jahrhunderts.

173

293 Gewächshaus, Entwurf; Alfred Normand; 1843; Schlosserei-Wettbewerb der Pariser Ecole des Beaux-Arts

des Formgusses. Die Britannia Iron Works in Derby stellen Rosetten und gotische Flamboyant-Fenster her (Beispiele in der Eaton Hall in Eaton, Cheshire, 1804-1812). Thomas Rickman (1776-1841), der als einer der ersten ein wissenschaftliches Interesse an der Gotik bekundet hatte, errichtet mehrere Kirchen, in denen alle gotischen Bauelemente des Innenraums aus Gußeisen sind (St. George's Church in Everton bei Liverpool, 1813-1841). Friedrich Schinkel (1781-1841) führt das Kriegsdenkmal auf dem Berliner Kreuzberg (1819-1821) in Eisenguß aus, und von Alavoines Turmspitze für die Kathedrale von Rouen war schon die Rede. In den USA verwendet John Haviland (1792-1852) an der Backsteinfassade der Miner's Bank in Philadelphia (1829-1830) angestrichene, gesandete Gußeisenplatten, um so steinernes Bossenwerk vorzutäuschen. Die Idee macht bald Schule. 1842 legt Gabriel Davioud, Schüler der Ecole des Beaux-Arts in Paris, bei einem Wettbewerb für Eisen- und Schlosserarbeiten den Entwurf eines Leuchtturms mit einer Gußeisenfassade vor.

Dennoch ist die Feststellung von Molinos und Pronnier in ihrem *Traité théorique et pratique de la construction des ponts métalliques* (1857), der Brückenbau spiele »in der Metallkonstruktion bei weitem die wichtigste Rolle«, ganz richtig. England hat mit der Brücke von Coalbrookdale über den Severn den Weg gewiesen, doch schon 1801 beginnen Louis Alexandre de Cessart und Jacques Dillon den Bau des Pont des Arts in Paris (1852-1857 von Louis Tullius Joachim Visconti und Hector M. Lefuel weitergeführt, 1871-1876 von Lefuel vollendet, 1981 abgerissen). Bald plant man überall Eisenbrücken; Patente werden angemeldet, Fachberichte erscheinen, und man unternimmt Studienreisen. Der Erfinder Georg von Reichenbach (1772-1826) entwickelt 1810 eine gußeiserne Röhrenbrücke, veröffentlicht 1811 seine *Theorie der Brückenbogen* und entwirft 1814 eine Brücke über die Isar. In dieser ersten Zeit gleicht jeder Versuch einer Eisenkonstruktion einer Wette mit ungewissem Ausgang: In England hat Captain Brown 1817 ein Patent für einen »flat iron link« angemeldet, doch die Union Bridge, die er 1820 über den Tweed spannt, bricht sechs Monate später zusammen.

Eisen wird zunächst nur als Ersatzbaustoff für Holz (Eisenträger), Stein (Wölbungsrippen), Taue (Eisenketten) eingesetzt, doch der Fortschritt bleibt nicht aus. Beispielhaft ist in dieser Hinsicht die Entwicklung der Kettenbrücke. Im Jahre 1808 läßt der amerikanische Ingenieur James Finley eine Hängebrückenkonstruktion patentieren, an der er seit 1801 arbeitet. In seinem 1811 in New York veröffentlichten *Treatise on Bridge Architecture* erklärt T. Pope das System Finleys. Die erste moderne, an Eisentauen aufgehängte Brücke wird 1815 in Philadelphia, Pa., konstruiert. Thomas Telford übernimmt dieses System, das sich besonders dort eignet, wo der Brückenspiegel wegen der Schiffahrt sehr hoch liegen muß, für seine Brücke über die Menai Straits in Wales (1818-1826). 1821 entsendet Frankreich den Ingenieur Louis Marie Navier (1785-1836) nach England mit dem Auftrag, eine Untersuchung über Hängebrücken durchzuführen. Drei Jahre später veröffent-

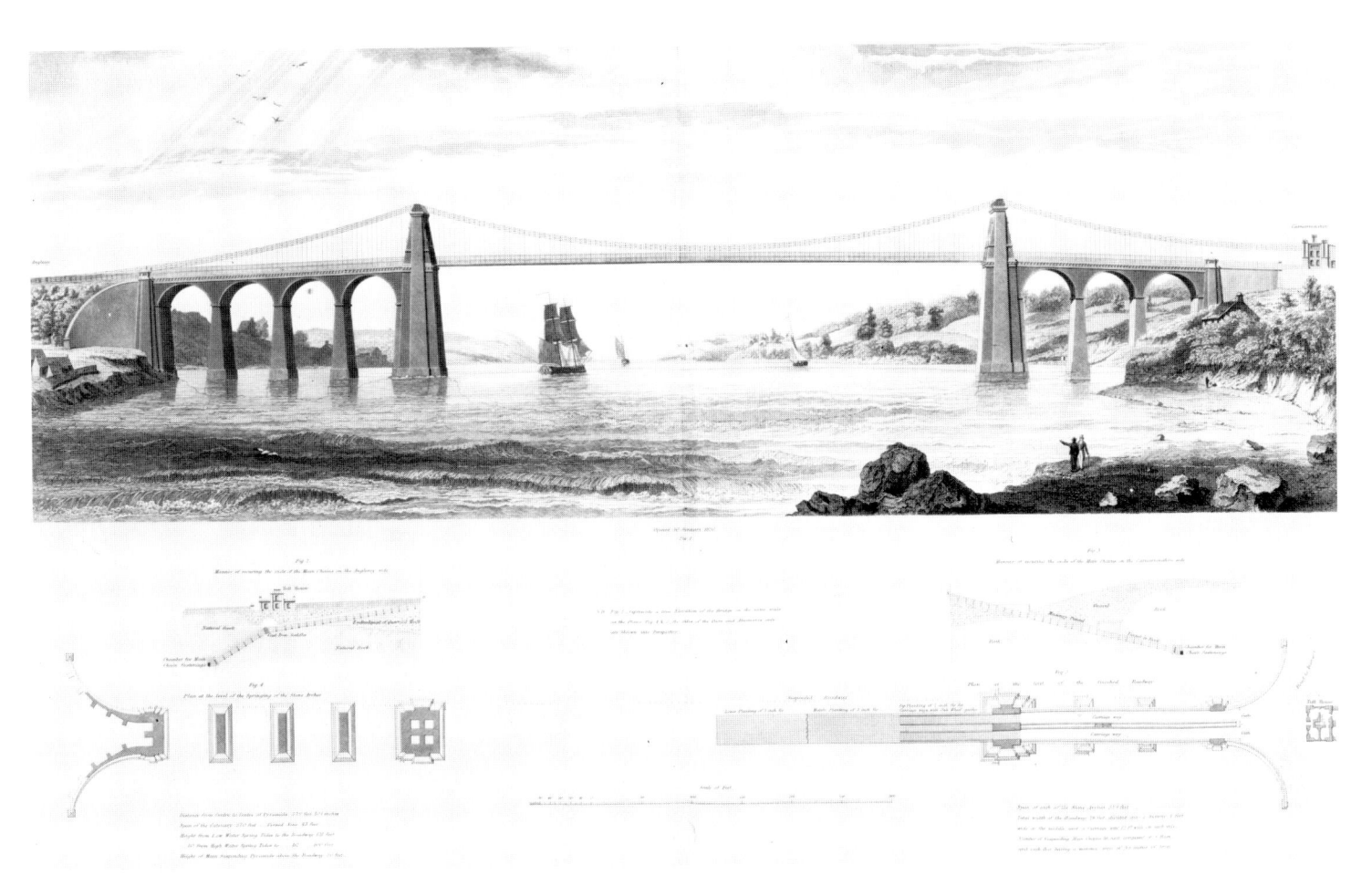

294 Die Brücke über die Menai Straits zwischen Caravonshire und der Insel Anglesey (Wales); Thomas Telford; 1818-1826. Die Holzunterlage wurde 1893 durch eine eiserne ersetzt. Die Eisenketten tauschte man 1940 gegen Stahlketten aus.

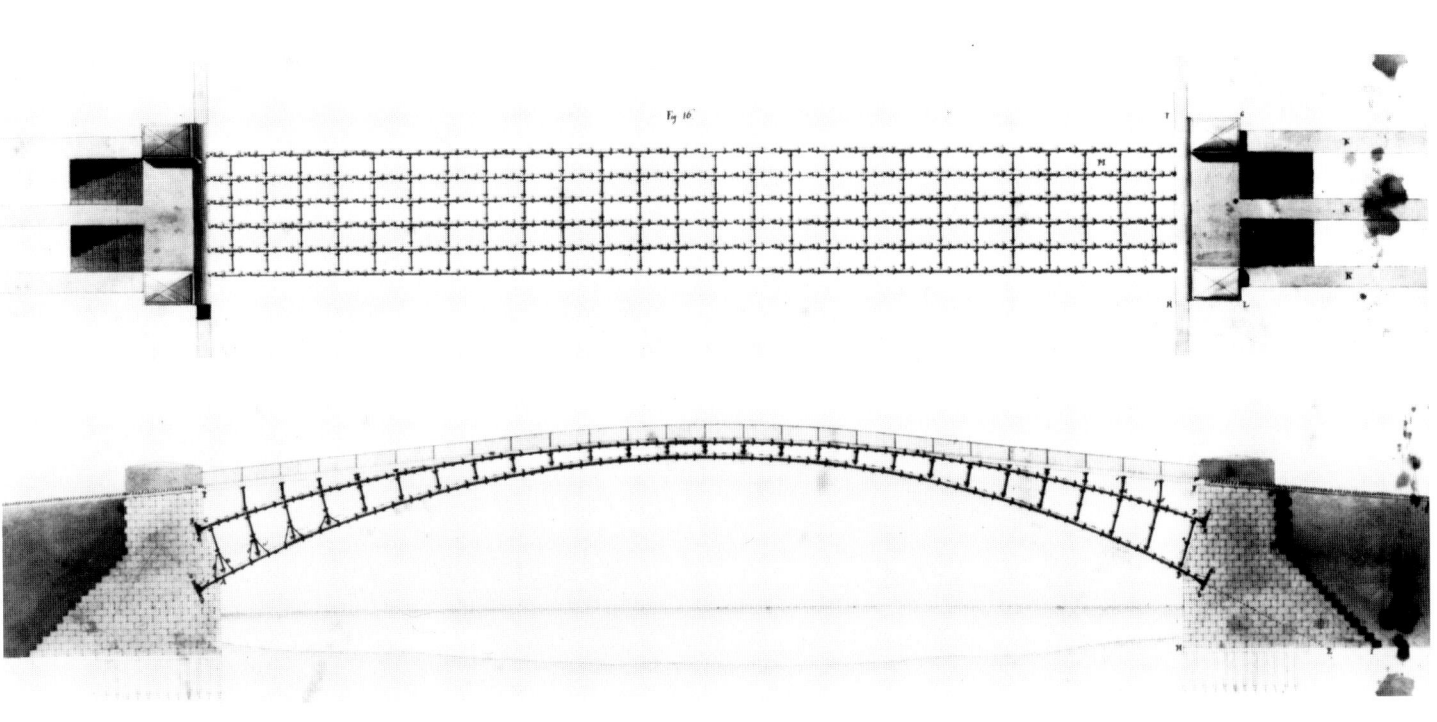

295 Entwurf einer gußeisernen Röhrenbrücke; Georg von Reichenbach; 1810

297 Die Hängebrücke über die Saane in Freiburg (Schweiz);
Joseph Chaley; 1832-1834

296 Die Brücke von Conway (Wales); Thomas Telford; 1826. Die Brücke ist nach denselben technischen Prinzipien wie die Hängebrücke über die Menai Straits gebaut und in ihrem ursprünglichen Zustand erhalten. Die zinnenbekrönten Pfeiler stehen in Beziehung zum Schloß im Edwardian Style im Hintergrund, doch sind sie auch einer allgemeineren und kraftvolleren Symbolik verbunden, da die Ingenieure ägyptische, römische und mittelalterliche Elemente verwendeten. Links, auf der Abbildung kaum zu erkennen, die Röhrenbrücke von Robert Stephenson, in ihrer Technik Stephensons Britannia Bridge über die Menai Straits verwandt.

licht Marc Seguin (1786-1875) in Paris seine Arbeit über die *Ponts en fil de fer*; mit der Rhonebrücke bei Tournon (1823-1825; 1965 zerstört) hat er Gelegenheit, seine Ideen zu erproben. In den folgenden Jahrzehnten ersetzen Eisentaue allmählich die aus Stangen- oder Ringgliedern geformten Ketten. Der Industrie gelingt es, die Tragfähigkeit ihrer Taue ständig zu verbessern, und bis zum Ende des Jahrhunderts wachsen die Abstände zwischen den Brückenpfeilern: Die Spannweite der Brücke über den Tweed bei Berwick, 1826, beträgt 110 Meter; 1834 erreicht man bei Freiburg in der Schweiz, über die Saane, 271 Meter; 1836 sind es bei La Roche Bernard über die Vilaine in Frankreich 198 Meter; in den USA gelingt es vor allem John Roebling (1806-1869) mit der Brücke über den Ohio bei Wheeling in West Virginia (308 Meter), 1854-1857, und der Niagarabrücke, 1851-1855, die Marke noch weiter zu setzen.

Die Verwendung von Holz, von Stein und Eisen oder von Eisen allein steht nach wie vor zur Wahl. Gußeisen ist nur eine der möglichen Lösungen des großen Problems dieses Jahrhunderts: feuerfeste Konstruktionen zu schaffen. So sind die Amerikaner Benjamin Latrobe (1764-1820), Robert Mills (1781-1855) und William Strickland (1787-1854) weit mehr an Mauerwerk aus »fire-proof stone« interessiert als an Metallkonstruktionen.

Auch Sir Joseph Paxton, der englische Spezialist für Gewächshäuser, beschäftigt sich weiterhin mit Holzkonstruktionen und äußert 1852 seine Bedenken über das Eisen, das seiner Ansicht nach noch zu teuer ist, zumal man in der Technik des lamellierten oder Lagenholzes Fortschritte gemacht hat und große, leichte und doch solide Dachbinder herstellen kann. Paxton verwendet sie im großen Gewächshaus von Chatsworth (1836-1840), in der Querhalle des Crystal Palace (1850) und in King's Cross Station (1851-1852). Im Brückenbau kommt der Stein zwar teurer zu stehen, gilt aber noch immer als dauerhafter und edler; so benutzen die Ingenieure sowohl Eisen als auch Stein entsprechend den jeweiligen Gegebenheiten. Von seinen 42 Brücken baut Thomas Telford nur fünf aus Eisen, darunter die Menai-Straits-Brücke und 1845 die Brücke von Craigellachie, doch ihnen vor allem verdankt er seinen Ruhm. Haben sich die Franzosen für den englischen Brückenbau interessiert, so beweisen die Engländer ihrerseits schon in den ersten Jahrzehnten des Jahrhunderts Interesse an der hochentwickelten Steintechnik von Jean Rodolphe Perronet (1708-1794). Auch hier manifestiert sich Modernität, Thomas Harrison erreicht mit der Grosvenor Bridge von Chester (Cheshire) eine Spannweite von gut 60 Metern.

Eine Entdeckung: die Ästhetik des Metalls

In den vierziger Jahren finden die neuen Bautechniken in ganz Europa Verbreitung: Die erste dänische Eisenbrücke wird 1844 bei Odense gebaut, die erste spanische 1845-1852 in Sevilla, und es bleibt keineswegs bei vereinzelten Vorstößen. Die Entwicklung der Eisenbahn begünstigt die Expansion der Metallindustrie. Die Eisenpreise werden im Vergleich zum Holz immer konkurrenzfähiger. Die Entwicklung des Polonceau-Dachbinders im Jahre 1837, gefolgt von Trägern und Bindern aus vernietetem Walzeisen, ermutigen die Konstrukteure, immer größere Spannweite zu überbrücken.

Solange Gußeisen vornehmlich in Nutzbauten wie Spinnereien, Werfthallen, Markthallen und Brücken und als tragendes Element in Dach- und Geschoßdeckenkonstruktionen verwendet wurde, beeinflußten die neuen Bautechniken Geschmack und ästhetische Vorstellung der Architekten nur in geringem Maße. Doch dank der Parallelentwicklung in der Glasindustrie konnten jetzt die Gewächshäuser ganz andere, gewaltige Dimensionen annehmen und sich vom einfachen Nutzbau zu einem Ort des Promenierens, Flanierens und Vergnügens, zum »Wintergarten« entwickeln. Die weiten Glasdächer auf schlanken Gußeisensäulen führen zur Entstehung einer neuen Form öffentlicher Plätze, zu Einkaufsgalerien und Basaren. Glas und Eisen halten in neuartige Bauprogramme Einzug, sie prägen das Bild der Bahnhöfe und Ausstellungshallen. Von nun an stellt sich die Frage nach den ästhetischen Gesetzen des Metalls.

Die Ästhetik des Eisens kennt zwei Pole: die Schlankheit der Säulen und die vollkommene Formbarkeit des Werkstoffs. Gleichzeitig wird ein Problem direkt angesprochen, das für die Architekten im 19. Jahrhundert zentral bleibt: Es gibt keinen anerkannten Bezugsrahmen. Aufgrund der Druckfestigkeit des Gußeisens ist ein ganz anderes Verhältnis von Säulenquerschnitt zu Säulenhöhe möglich als bei Steinsäulen. Die Schlankheit der Gußsäule ist einer ihrer wichtigsten funktionellen Vorteile, der ihr jedoch das System der klassischen Säulenordnungen verschließt, auf das sich die ganze architektonische Ästhetik noch immer stützt. Die formalen Möglichkeiten der Formgießerei sind andererseits keine ausreichende Grundlage für die Lösung der Stilfrage des 19. Jahrhunderts: »Der Guß nimmt wohl jede Form

298 Der Jardin d'hiver an den Champs-Elysées in Paris; H. Meynadier und Rigolet; 1846-1847 (1852 zerstört)

299 Die Bibliothèque Sainte-Geneviève in Paris, Deckenkonstruktion des Lesesaals; Henri Labrouste; 1842-1850

an, aber man muß noch einmal fragen, ob sich jede Form für die Architektur eignet?«.

In den ersten Jahrzehnten nach ihrem Aufkommen ordnet sich die Eisenarchitektur der klassischen Ästhetik und ihren Stichwörtern »erhaben« und »romantisch« unter. In den Docks von Liverpool betont der derbe Guß noch die Massigkeit der Säulen pompejanischen Stils. In der St. George's Hall versucht Thomas Rickman, den Eindruck gotischer Rippen im Flamboyantstil zu wecken. Im Royal Pavilion von Brighton rechtfertigt John Nash die bizarren Proportionen seiner Säulen durch die Verwendung einer exotischen Formensprache, indischer Basen und Palmenkapitelle. Doch es dauert nicht lange, bis die Grundzüge einer spezifischen Ästhetik des Metalls zu erkennen sind. Bereits 1817 stellt John Claudius Loudon in seinen *Remarks on Hot-Houses* fest, Gewächshäuser könnten auch »ohne griechische Säulenordnung und ohne gotische Formen schön sein«. Die Überschrift eines Artikels, der 1837 in *Architectural Magazine and Journal* erscheint, ist vielsagend: *On the Effects which Should Result to Architecture from the General Introduction of Iron Building*. Darin erwähnt Ambroise Poynter die Möglichkeit der Verbindung von Gotik und arabischer, indischer oder chinesischer Baukunst, betont aber vor allem die »enormen dekorativen Möglichkeiten« der gußeisernen Dachkonstruktionen: »Wie schön könnten doch die gußeisernen Längs- und Querträger hoch über den Kapitellen wirken, wenn man die Sicht darauf, wo immer möglich, freiließe.« Henri Labrouste versucht bereits in der Bibliothèque Sainte-Geneviève, nur solche Motive zu verwenden, die dem Charakter des Metalls entsprechen. Die vornehme Zurückhaltung der von ihm gewählten Formen darf über ihre wahre Modernität nicht hinwegtäuschen.

Die Zeitgenossen, die einen Bahnhof betreten, in einer Galerie bummeln oder ein Gewächshaus besuchen, entdecken faszinierende lichtdurchflutete Räume, deren Helligkeit und spiegelnde Flächen ohne Beispiel sind. Die von einer Eisenkonstruktion getragenen Glasflächen vermitteln, indem sie einen Raum überdecken, der durch seine Helligkeit wie ein Außenraum wirkt, ein Raumgefühl, dessen Neuartigkeit nur mit der Entwicklung des gotischen Maßwerks zu vergleichen ist, das zu seiner Zeit die Auflösung und Verwandlung einer Mauer in farbige Glaswände erlaubte.

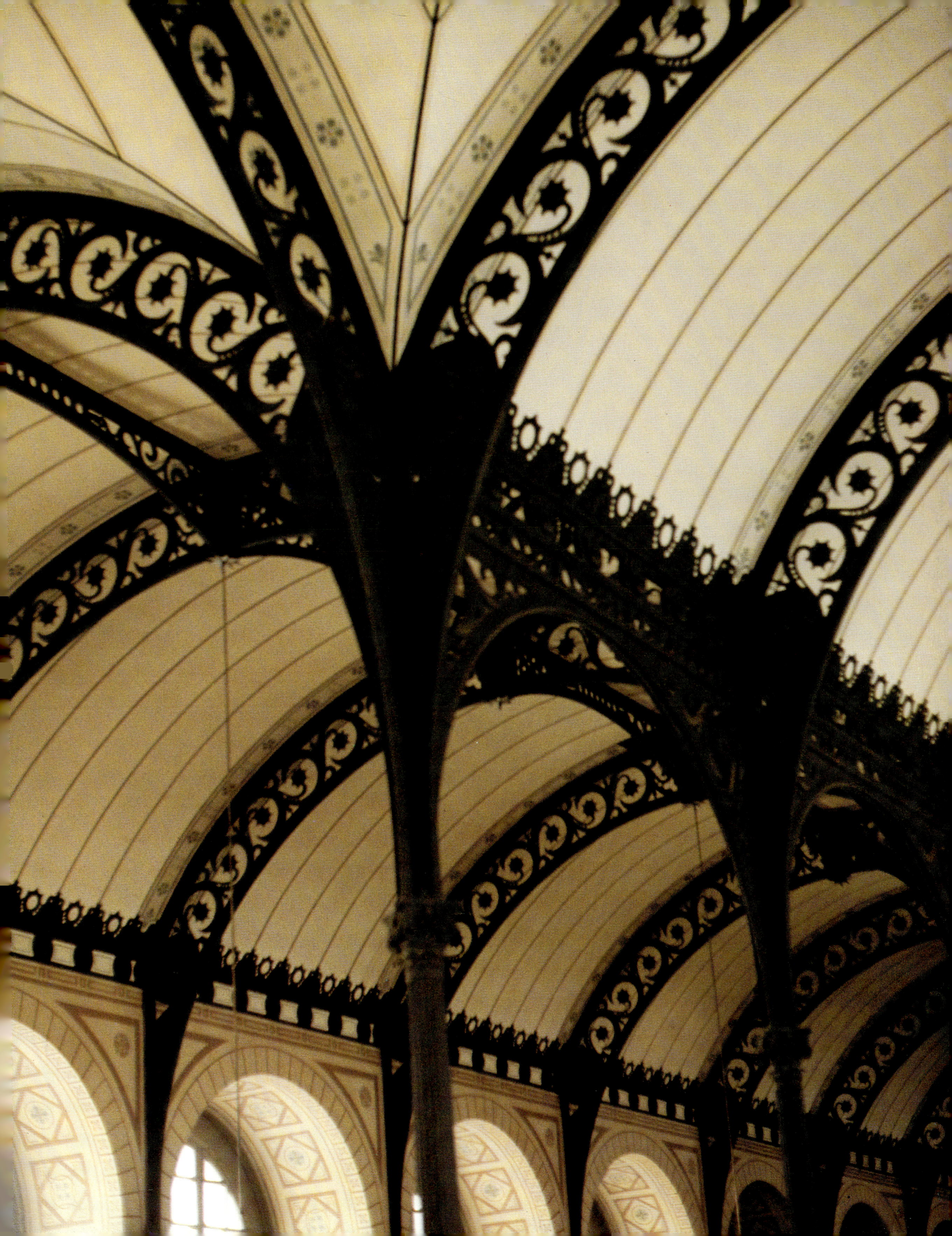

Als dann um die Jahrhundertmitte die lange Zeit gültigen stilistischen Gewißheiten zu wanken beginnen, scheint vielen die rationelle Baukunst der Ingenieure, die im Industriezeitalter mit einem Mal als Schöpfer der modernsten Bauten dastehen, als Ausweg und Heil in einer verworrenen Lage. In der Zeit, in der Europas ökonomische Entwicklung einen gewaltigen Sprung nach vorne macht, der selbst die Geschichte zu beschleunigen scheint, sehen sie im Eisenbaustil den Stil, auf den das Jahrhundert gewartet hat.

Dieser Hoffnung verleihen etliche Kommentatoren Ausdruck, Ambroise Poynter hatte den Ton angegeben und erweiterte seinen Artikel zu einem Buch (1842). 1845 veröffentlicht William V. Pickett sein *New System of Architecture*, in dem er die allgemeine Verwendung des Metalls anregt. César Daly, der Herausgeber der *Revue générale de l'architecture et des travaux publics*, gibt im Jahr darauf seiner Hoffnung Ausdruck, der Bahnhof möge der »Beginn einer Erneuerung der Architektur« sein, »der großen Schöpfung der Industrie wird zweifellos eine große Schöpfung der Ästhetik antworten«.

Jobard, der Direktor des belgischen Industriemuseums, geht 1848 sogar so weit, in dem in Brüssel erscheinenden *Journal de l'architecture* das bevorstehende Ende der Steinkonstruktion vorherzusagen: »Wir befinden uns in voller Fahrt auf die Ordnung des Metalls zu, die sich von allem bisherigen in schärferer Weise unterscheiden wird, als dies selbst zwischen toskanischer Ordnung und Spitzbogen der Fall ist. Denn das Metall beugt sich jeder Form, die die einfallsreichsten unter unseren so zahlreichen, geschmackssicheren und begabten Künstler auch nur erträumen können. Die architektonischen Meisterwerke aus Tausend und einer Nacht, die bis heute in Alben und Souvenirbücher verbannt waren, lassen sich mit Guß und Eisen verwirklichen. Selbst die furchterregenden biblischen Visionen des Malers Martin, die geheimnisvollen brahmanischen Kompositionen des Gelehrten Coudère und bis hin zu den eleganten Arabesken des Ingenieurs Midolle, alle lassen sich in gußeiserne, von bewundernswerten Glaswänden und -dächern erhellte Klöppelei umsetzen. Man vergesse nicht, daß diese sämtlichen Wunderwerke weniger kosten werden als der frostempfindliche Stein, als die der Verwitterung preisgegebenen Ziegel, als das kurzlebige Holz, sie werden hundertmal länger bestehen.« ... »Wie wenig Aufwand und welche Ersparnis bedeutet es, Hunderte von identischen Teilen gießen zu können, Winkelstücke, Rosetten, Tür- oder Fensterstöcke, Bogenrippen; welch ein Unterschied, eine Holzform oder hundert Steinformen herzustellen, hundert Hohlsäulen zu gießen, die in der gleichen Form auch als Schornsteine dienen können, oder hundert Säulen aus Marmor zu hauen?«

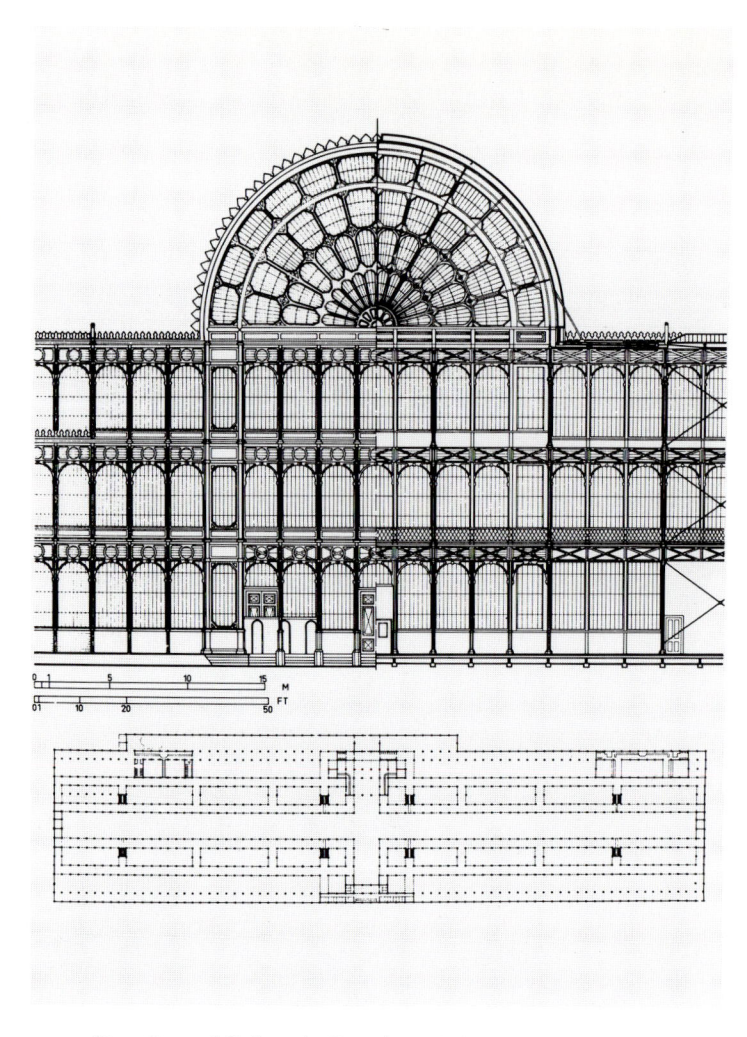

300 Der Crystal Palace in London, Schnitt und Grundriß; Sir Joseph Paxton; 1850-1851

Der prophetische Ton dieses Artikels läßt die messianische Stimmung des Revolutionsjahrs 1848 erklingen, aber er findet Gehör. Zwar meint César Daly, Jobard »schlage der Steinkonstruktion etwas voreilig das Haupt ab«, doch er druckt den Artikel 1849 in seiner Zeitschrift nach. Zwei Jahre später sieht es so aus, als sollte Jobard recht behalten, denn die Welt entdeckt anläßlich der Weltausstellung von London den märchenhaften Raum des Kristallpalasts von Sir Joseph Paxton.

Die Idee einer friedlichen, internationalen, wirtschaftlichen und industriellen Begegnung und Konkurrenz nimmt man in den vierziger Jahren immer ernster. Das führt im Januar 1850 zum Entschluß, im darauffolgenden Jahr in London eine internationale Ausstellung zu organisieren. In dem einberufenen Building Committee sitzen sowohl Architekten wie Sir Charles Barry, Robert Charles Cockerell und Owen Jones als auch Ingenieure wie Robert Stephenson (1803-1859), William Cubitt (1785-1861) und Isambard Kingdom Brunel (1806-1859); am 13. März 1850 schreibt das Building Committee einen internationalen Wettbewerb aus. Schon im April gehen 245

301 Der Crystal Palace in London im Bau; Sir Joseph Paxton; 1850-1851. Das Gebäude für die Londoner Weltausstellung von 1851 wurde im Hyde Park errichtet. Im Vordergrund sieht man die hohlen Stützen und dahinter die hölzernen Bogen zur Überdeckung der Querhalle.

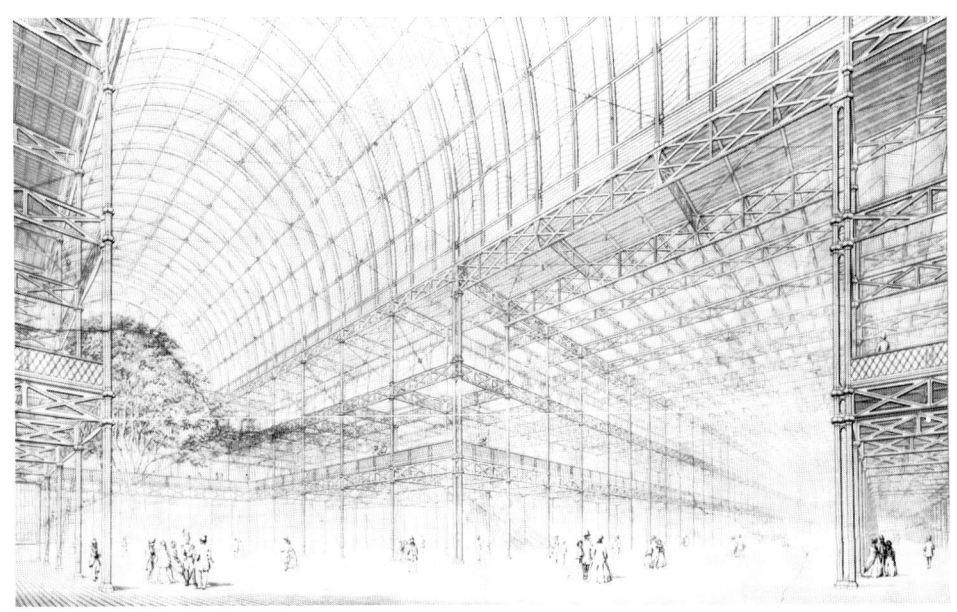

302 Der Crystal Palace in London, Inneres; Sir Joseph Paxton; 1850-1851. Der Stich zeigt das Innere vor dem Aufbau der Ausstellung. Rastersystem und Dimensionen des Gebäudes sind vom Zeichner deutlich hervorgehoben.

Projekte ein, darunter die des Franzosen Hector Horeau (1801-1872), der bereits beim Bau eines Jardin d'hiver in Lyon Erfahrungen mit Eisen-Glas-Konstruktionen gesammelt hat, und des Iren Richard Turner, eines Glashaus-Spezialisten, dem wir das Palm House in Kew Gardens verdanken. Die Entwürfe dieser beiden finden zwar Beachtung, doch die Kommission beschließt, eine Gruppe aus ihren eigenen Reihen mit der Ausarbeitung eines neuen Projektes zu beauftragen. Diese Arbeit wird am 22. Juni in der *Illustrated London News* vorgestellt.

In der Zwischenzeit, genau am 7. Juni, hat sich Sir Joseph Paxton von einem der Komiteemitglieder versichern lassen, daß man auch einen weiteren Entwurf prüfen würde. Paxton hat sich wie Richard Turner mit großen Gewächshäusern hervorgetan — zum Beispiel jenen von Chatsworth 1845-1850 —, und die Idee, die er am 11. Juni grob skizziert, besteht aus einem riesigen Glashaus mit einem Flachdach aus Gußeisen und Glas. Bis zur Sitzung des Building Committee eine Woche später arbeitet Paxton alle technischen Details aus. Er nimmt mit Metallbaufirmen wie Fox und Henderson, die für die Eisenbahn arbeiten, und mit dem Glashersteller Robert Chance, der für das Gewächshaus von Chatsworth ein neues Herstellungsverfahren für Flachglas erfunden hat, Kontakt auf. In London erklärt er seinen Entwurf im Unterhaus des Parlaments einigen einflußreichen Abgeordneten, und am 6. Juli wird das Projekt in der *Illustrated London News* veröffentlicht. Einige Mitglieder der Kommission zeigen sich von der Schlichtheit des Baus geradezu schockiert. Sir Charles Barry droht mit seinem Rücktritt, falls man nicht wenigstens für die Haupthalle ein Tonnengewölbe wähle.

303 Der Crystal Palace in London, Sir Joseph Paxton; 1850-1851. Das Gebäude steht hier noch im Hyde Park; später wurde es demontiert und in Sydenham wiederaufgebaut.

Schließlich kommt es zu einer Kompromißlösung: Die Querhalle wird mit einer Tonne überspannt; das ermöglicht zugleich, an dieser Stelle einige Bäume — die Ausstellung findet im Hyde Park statt — in der Halle stehenzulassen. Nun hat man sowohl einen Ausstellungsbau als auch ein Gewächshaus. Der so korrigierte Entwurf Paxtons wird am 26. Juli 1850 angenommen und die Ausführung beschlossen. Sieben Wochen benötigen Charles Fox, um die Bauzeichnungen auszuführen, und William Cubitt, um sie zu verifizieren: Am 26. September 1850 steht die erste Gußeisensäule in Hyde Park, und im Januar 1851 ist das Gebäude fertiggestellt, man kann mit der Einrichtung der Ausstellung beginnen. Pünktlich am 1. Mai 1851 wird die Ausstellung eröffnet, und bis zum Schlußtag am 6. Oktober registriert man sechs Millionen Besucher.

Joseph Paxton (1801-1855), der Sohn eines Farmers, begann seine Karriere als Gärtnerlehrling. 1826 erkennt der Herzog von Devonshire das Talent des jungen Mannes und ernennt ihn zuerst zum Obergärtner von Chatsworth, bald danach zu seinem Verwalter und Bevollmächtigten. Zwanzig Jahre lang schult sich Paxton nicht nur als Konstrukteur von Gewächshäusern für die herzoglichen Riesenseerosen Victoria regia, sondern auch als Geschäftsmann. Das Ergebnis heißt Crystal Palace. Paxtons Entwurf, der in der Meinung des Building Committee zu wenig grandios angelegt war, setzt sich nicht nur durch, weil der Baumeister geschickt seine persönlichen und politischen Verbindungen, seine Pressekontakte und die gute Einführung bei den Industriellen der Midlands ausnutzte, sondern vor allem wegen der Dringlichkeit des Projektes: Er war »vielleicht der einzige, der die Hauptforderung, die Halle vor der Eröffnung der Ausstellung am 1. Mai 1852 fertigzustellen, erfüllen konnte« (*Revue générale de l'architecture*, 1855, S. 120).

Die Verwendung von 3800 Tonnen Gußeisen, 700 Tonnen Eisen, 900 000 Quadratfuß Glas und 600 000 Quadratfuß Holz sollte nicht darüber hinwegtäuschen, daß der Kristallpalast — »Crystal Palace« wird der Bau am 2. November 1851 vom satirischen Magazin *Punch* getauft — kein revolutionäres Werk ist. Paxton hat ganz einfach die in Chatsworth wenige Jahre zuvor erprobte Konstruktion in einen weit größeren Maßstab übertragen, und seine Verbindungen zur Industrie haben ihm die unerläßliche Unterstützung gesichert. Der Kristallpalast ist aus wenigen, vorgefertigen Standardteilen erbaut: Die

304 Der Crystal Palace in London, Entwurf für die Innenausstattung; Owen Jones; 1850

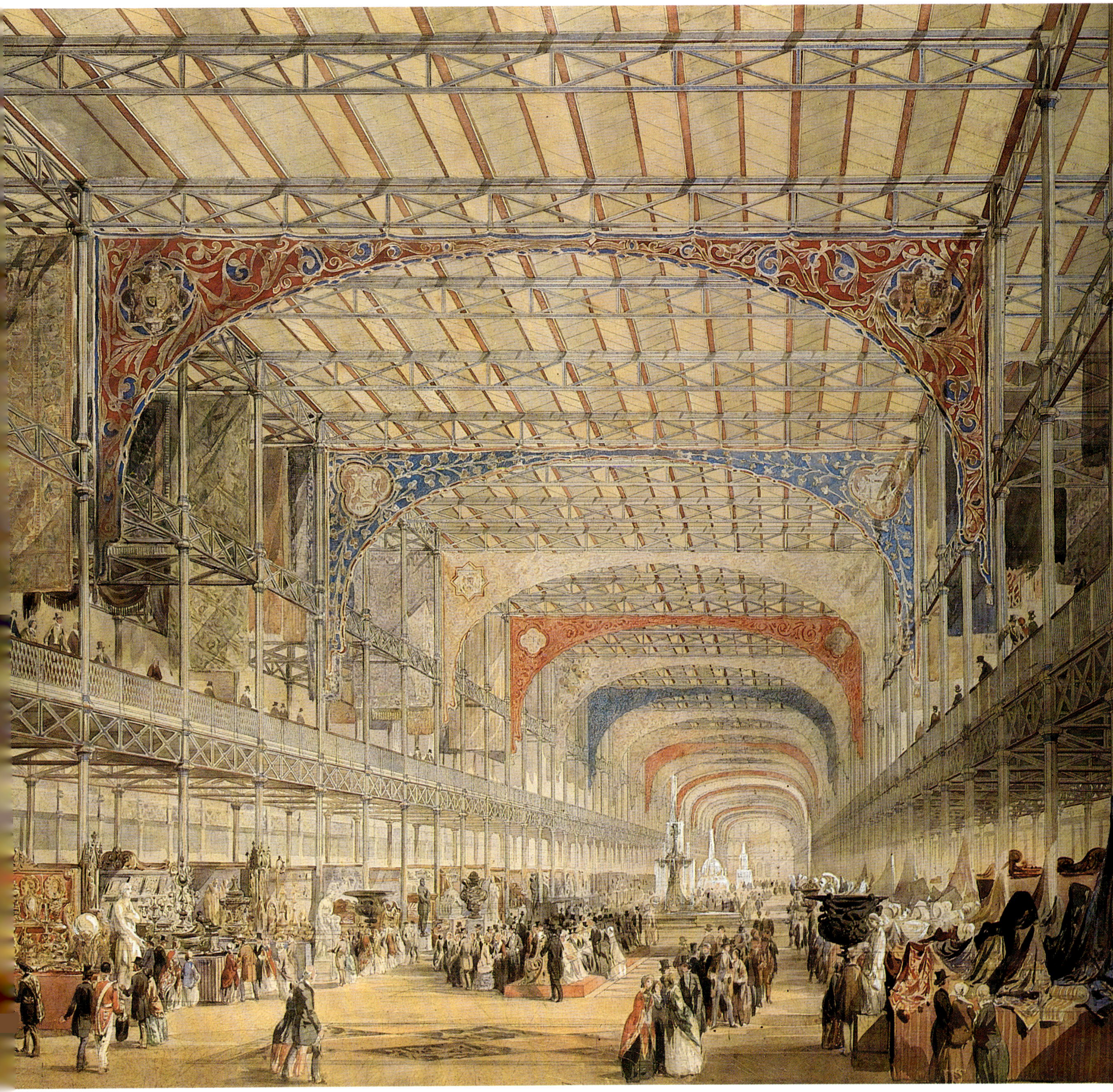

305 Der Brand des New Yorker Crystal Palace am 5. Oktober 1858. Das 1853 errichtete Gebäude diente für jährlich wiederkehrende Messen und Ausstellungen.

gußeisernen Säulen tragen ein Gitterwerk von waagrechten Tragbalken; die Glasplatten werden ähnlich einem Sheddach montiert, so daß abwechselnd Grate und Rinnen entstehen, was den Abfluß des Regenwassers durch die Hohlsäulen ermöglicht. Alle Dimensionen des Baus sind Mehrfache der Grundzahl 24 (Fuß). Die Bauteile konnten industriell vorgefertigt und ohne Umstände auf ein leichtes Fundament gestellt werden. Wie beim Gewächshaus von Chatsworth benutzt Paxton große rundbogige Dachbinder aus Lagenholz für das Tonnengewölbe der Querhalle, deren Ausmaße mit 72 Fuß fast genau mit denen in Chatsworth übereinstimmen. Das Gewölbe und die Decken sind vollständig verglast. An den Seiten stehen jeweils zwei Holzsäulen zwischen den Eisensäulen, die Wandung besteht aus Holz und Glas.

Natürlich haben einerseits die unvorstellbaren Dimensionen, andererseits die einfache Konstruktion und das Prinzip der Wiederholung ebenso einfacher Grundformen — Voraussetzung für die schnelle Ausführung — auch Auswirkungen rein architektonischer Art. Charles Downes stellt 1852 in seiner wissenschaftlichen Beschreibung des Bauwerks, die er aufgrund der Konstruktionszeichnungen der Baufirmen verfaßt, fest: Paxton »erzielt eine vollkommene Symmetrie und erreicht schöne Effekte dank der weiten Durchblicke und der großzügigen Perspektiven, die sich zwischen den Säulen sowohl in der Diagonalen als auch in der Breite und in der Tiefe ergeben.« Die im *Ecclesiologist* veröffentlichte Chronik ist ein Beispiel der unter den Zeitgenossen typischen Reaktion, in der sich verwundertes Staunen über »diese beispiellose räumliche Wirkung« und Vorbehalte die Waage halten: »Die perspektivische Wirkung ist derart, daß man eine wahrhaft neue und besondere Erfahrung des Raumes hat, einer Helligkeit in allen Teilen und eines märchenhaften Glanzes, den man sich nie erträumte. In unseren Augen ist jedoch die sichtliche, wirkliche Kühnheit der Bauweise, die man gar nicht genug loben kann, eine der befriedigendsten Eigenschaften des Baus. Stabilität und Solidität fehlen jedoch sowohl der Form als auch der Absicht. Wir können nicht umhin zu vermuten, der Entwurf hätte für ein dauerhaftes Bauwerk ganz anders aussehen müssen. Auch scheint uns die end-

306 Der Glaspalast in München; August von Voit; 1854 (zerstört)

307 Der Glaspalast in München, Schnitt; August von Voit; 1854

185

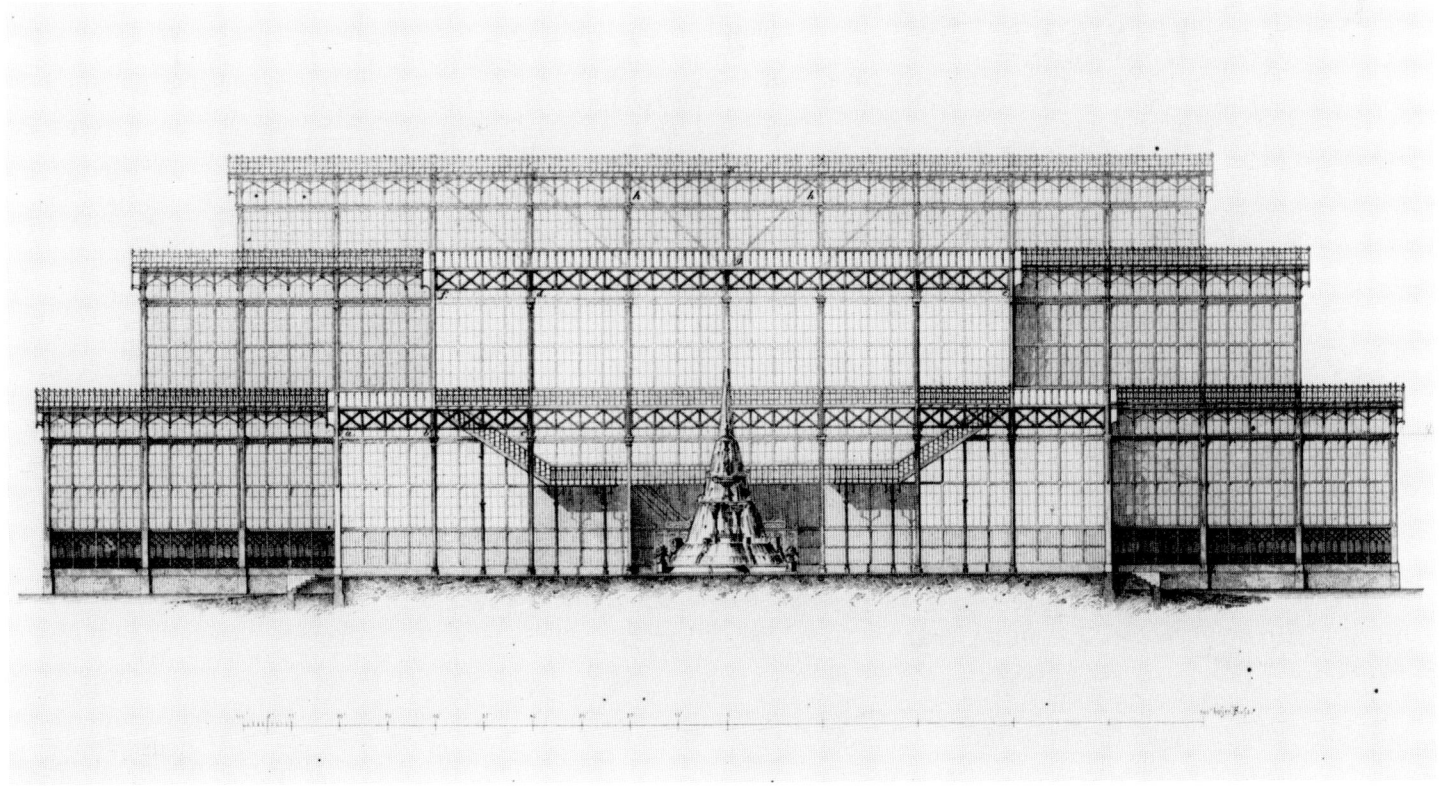

lose Wiederkehr der Motive — die in einer solchen Konstruktion unumgänglich ist – ein Grund zu sein, diesem Bauwerk keinen überragenden architektonischen Wert zuzusprechen.« Wie ein verstärkendes Echo dieser Einschränkungen lesen sich die Kommentare von Hector Horeau (1801-1872) — »ein ebenso monotoner wie ungefälliger Glasblock« — und von Louis Auguste Boileau (1812-1896) — »dieser große rechteckige Glaskäfig« —, obgleich man bei beiden in Rechnung stellen muß, daß hier die Bissigkeit ausgeschiedener Wettbewerbsgegner anklingt, wenn nicht gar die Verachtung des ehrgeizigen Rivalen.

Owen Jones erhält den Auftrag, den im Rohbau etwas dürftig wirkenden Kristallpalast auszuschmücken. Einerseits hat Jones schon Erfahrung mit Wintergärten und Gewächshäusern, andererseits beschäftigt er sich seit zwanzig Jahren mit Fragen der Polychromie. Nach mehreren Versuchen, die von einer öffentlichen Auseinandersetzung begleitet werden, erhält das Äußere des Baus einen blau und weißen Anstrich, für das Innere wählt man die drei Primärfarben, die nach den neuesten Farbtheorien verteilt werden: fünf Teile Rot zu drei Teilen Gelb und acht Teilen Blau, entsprechend den Empfehlungen von G. Field in seiner *Chromotography*, London 1825. Die Farbflächen werden durch Leerflächen getrennt, um — einer Empfehlung von Eugène Chevreul (1786-1889), *De la loi du contraste simultané des couleurs*, Paris 1839, folgend — Simultankontraste auszuschließen. Die Säulen streicht man gelb, das Gitter der Träger blau und die Deckenbalken des Dachskeletts rot; diese Farben kehren in den Stoffbahnen wieder, die in jedem dritten Feld herabhängen und eine Gewölbewirkung erzielen. Im Sinne Owen Jones' sollte dieses Farbsystem, »indem es jede einzelne Linie hervorhebt, Höhe, Länge und Raumausdehnung des Gebäudes verstärkt betonen«.

Den Besuchern blieb nichts, als die Licht- und Farbeffekte zu bestaunen. In der Ausgabe vom 1. Mai 1851 betont der Berichterstatter der *Illustrated London News* »die außerordentliche Schönheit des Schauspiels, das sich beim Betreten der südlichen Querhalle bietet: Der Querbau ist am strahlendsten beleuchtet, weil die große Tonne dem Himmel geöffnet und nicht wie der Rest des Gebäudes mit Stoff verhängt ist. Von diesem zentralen Ort aus wird das Licht nach allen Seiten allmählich sanfter, und während das Auge den Fluchten folgt, nimmt es die drei Primärfarben Sir David Brewsters, Rot, Gelb und Blau, im Vordergrund in ihrer ganzen Intensität wahr, doch in der Ferne fließen sie zufolge der Gesetze von Parallaxe und Verkleinerung des Blickwinkels zusammen, um schließlich in einem neutralen Grau zu verschmelzen. Um dem Stilgefühl Owen Jones' gerecht zu werden, sollte sich der Besucher an ein Ende des Gebäudes stellen und mit dem Blick den endlosen Säulenreihen der Halle folgen, bis sich die außerordentliche Pracht des Schauspiels in einem verschwommenen Nebel verliert, wie ihn allein William Turner zu malen versteht.«

Die Idee, Crystal Palace im Hyde Park stehenzulassen und einen riesigen Wintergarten daraus zu machen, fand keinen Anklang. Sir Joseph Paxton gründete eine Firma, die den Bau aufkaufte, auseinandernahm und die Teile für einen in gewissem Sinn ehrgeizigeren Neubau im Süden Londons, in Sydenham, verwandte (1852-1854). Dort war der zweite Crystal Palace bis zu seiner Zerstörung durch einen Brand im Jahre 1936 Mittelpunkt eines riesigen Vergnügungsparks, den schon bei seiner Entstehung eine Eisenbahnlinie mit der Stadtmitte verband.

In der europäischen Architekturgeschichte des 19. Jahrhunderts nimmt der Kristallpalast eine recht zwiespältige Stellung ein. Durch ihn entdeckt Europa die gestalterischen Möglichkeiten von Eisen und Glas, und bald wollen auch andere Städte ihren Kristallpalast haben. Doch wie zahlreiche Brände beweisen, sind deren konstruktive Qualitäten wenig überzeugend, und vom architektonischen Standpunkt aus befriedigen sie noch immer nicht.

In den folgenden Jahrzehnten beurteilt man diese Bauweise nicht günstiger, auch wenn der Eisenbaustil von 1841 bis 1851 einen Aufschwung erlebt und manche Zeitgenossen zu Begeisterungsstürmen über die neu erschlossene Raumwirkung hinreißt. Die Visionen des Belgiers Jobard erfüllen sich nicht, bloß eine Handvoll schwärmerischer Architekten und ehrgeiziger Ingenieure vertreten gleich ihm die Ansicht, das Eisen werde den Stein verdrängen.

Die beiden französischen Architekten Hector Horeau und Louis Auguste Boileau, die Sir Joseph Paxton so verbittert angegriffen haben, übernehmen nun die Rolle der Apostel dieser neuen Architektur in der Absicht, »die so oft angeprangerte Anomalie unseres Jahrhunderts zu beenden, das als einziges keinen allgemein anerkannten Baustil besitzt«, wie Boileau schreibt. Mit einer rührenden Naivität verfaßt Horeau zahlreiche kleine Schriften, die die Eignung der Eisenkonstruktion als Universalbauweise belegen wollen: Die Eisenbauten seien »Muster der modernen Industrie, die es heute ermöglicht, die Visionen der Maler von Pompeji ohne enorme Ausgaben zu verwirklichen, eine leichte Architektur, vielgestaltig, feuerfest, dauerhaft, erweiterungsfähig, polychrom dank des Materials, mobil und praktisch zu demontieren«. Louis Auguste Boileau verfaßt zwei Bücher — *Nouvelle forme architecturale*, Paris 1853, und *Le fer, principal élément constructif de la Nouvelle architecture*, Paris 1871 —, in denen er die Geschichte der Baukunst als den in langem Kampf errungenen Sieg des freien Raums über die Materie darstellt, wobei die Eisenarchitektur die entscheidende Schlacht schlägt: »Wo man in der Gotik nicht weiterwußte, gibt es in

308 Die Infiorata, Entwurf; Hector Horeau; 1868. Das Glashaus Infiorata sollte das Zentrum eines Gebäudekomplexes mit kultureller, unterhaltender und geschäftlicher Bestimmung sein (Läden, Versammlungsräume, Turnhallen, Theater, mit Lift erreichbares Observatorium). Der Entwurf ist in technischer Hinsicht ungenau, besticht aber durch sein Programm und den nochmals wiederholten Traum einer Metallarchitektur.

der Moderne ein Durchkommen, wir führen die unterbrochene Tradition des 16. Jahrhunderts fort.« Diese These übernimmt 1890 der belgische Ingenieur Arthur Jules Vierendeel (1852-1940) in seinem Buch *L'architecture métallique au XIXe siècle* Wort für Wort. Noch unter dem Eindruck von Eiffelturm und Galerie des Machines, die für die Pariser Ausstellung von 1889 geschaffen wurden, schreibt er: »Diese beiden Werke zeugen von der Kraft des Metalls und der modernen Industrie. Sie symbolisieren auf großartige Weise die Macht, die der Mensch über die Materie gewonnen hat.«

Die Berufung auf die pompejanische und gotische Architektur, die Tatsache, daß Hector Horeau nach 1855 kaum noch Gehör findet, der Erfolg von Louis Charles Boileau (geb. 1837) mit dem Warenhaus Au Bon Marché und der Mißerfolg seines Vaters Louis Auguste mit seinen »cathédrales synthétiques« sind für die Situation bezeichnend: Die kulturellen und historischen Voraussetzungen und die Besonderheiten des Bauprogramms bleiben entscheidend. Die Idee eines allgemein geeigneten Eisenbaustils, die dank der erstaunlichen Erfolge der Ingenieure bis zum Ende des Jahrhunderts weiterlebt, ist nicht mehr als eine Randerscheinung.

Dagegen nimmt man die Metallkonstruktion ohne Schwierigkeit in das Repertoire der Baukunst auf. Man beschäftigt sich mit Gußeisen und Stahl zwar mit dem gleichen nüchternen Interesse für die konstruktiven Möglichkeiten wie bei Holz oder Stein, aber auch der Metallbau ist denselben Strömungen wie alle anderen Techniken unterworfen. Auf die romantisch-gotische St. George's Church in Everton bei Liverpool (1816-1818) von Thomas Rickman folgt die archäologisch exakte Gotik der Kirche Saint-Eugène in Paris (1855, Louis Auguste Boileau), deren Säulen aus Gußeisen denen des Refektoriums von Saint-Martin-des-Champs nachempfunden sind, wie Boileau selbst erklärte. St. Jude's Church in London von George und Henry Godwin erhält durch die

309 Die Kirche Saint-Eugène in Paris, Inneres; Louis Auguste Boileau, 1854. Das Bauprinzip steht dem der Bibliothèque Sainte-Geneviève nahe, mit gußeisernen Säulen, die ein Gewölbe aus Gips über einem Metallnetz tragen; die Säulen selbst jedoch folgen denen des Refektoriums von Saint-Martin-des-Champs.

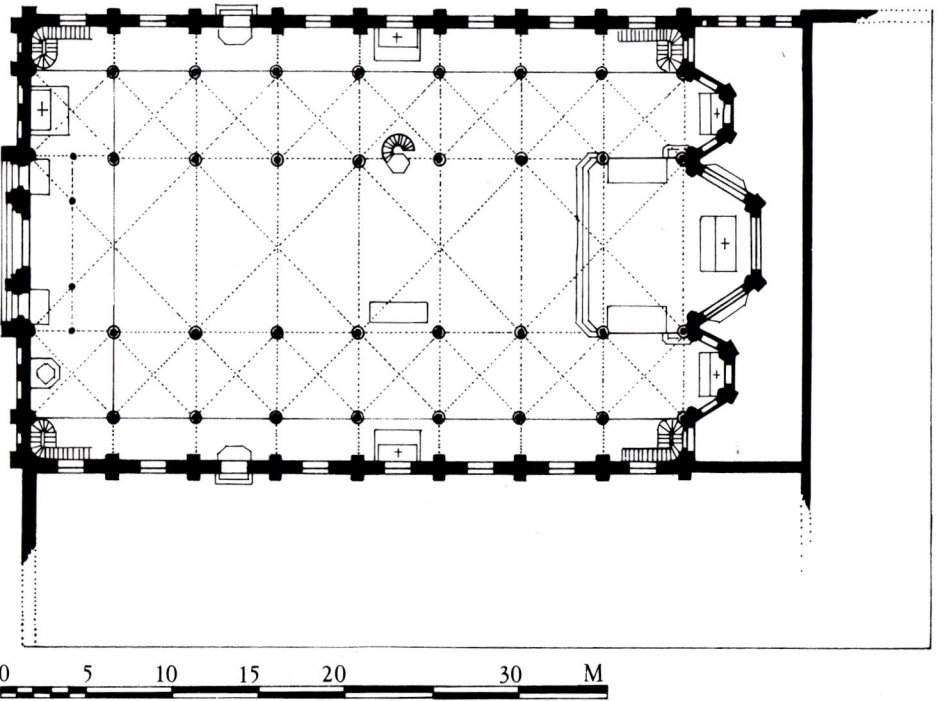

310 Die Kirche Saint-Eugène in Paris, Grundriß; Louis Auguste Boileau; 1854

311 Refektorium von Saint-Martin-des-Champs in Paris. Im Salon von 1837 hat Jean-Baptiste-Antoine Lassus ein Restaurierungsprojekt vorgelegt; die Arbeit wurde jedoch schließlich Félix Louis Jacques Duban übertragen (?).

312 St. Jude's Church in South Kensington, London; George und Henry Godwin. Viktorianische Vielfarbigkeit, sichtbarer Dachstuhl, gußeiserne Säulen (nach: *The Builder*, 13. Mai 1871).

313 Mietshaus in Chalon (Saône-et-Loire), Entwurf; Félix Narjoux; 1875. »Zwischenböden und Dachgebälk sind aus Eisen, wie die Zeichnung erkennen läßt... Die Fassaden erinnern an die hübschen Häuser in Cluny, als hätte der Architekt deren Architektur unseren heutigen Bedürfnissen anpassen wollen.«

Verwendung farbiger Ziegel viktorianischen Geschmacks bei vergleichbarer Eisenbauweise einen ganz anderen Charakter.

Eklektizismus und neue Baustoffe

Die Architekten in ihrer Gesamtheit verstehen rasch, sich die neue Bauweise, deren Preise konkurrenzfähig geworden sind, dienlich zu machen. Sie weigern sich jedoch, ihr eine Vormachtstellung einzuräumen, und betrachten die Metallkonstruktion als eine zusätzliche Möglichkeit neben Stein und Holz. Beispielhaft für zahllose Bauwerke dieses richtig verstandenen Eklektizismus ist das 1857-1859 gebaute Kopenhagener Wasserwerk: Während das Pumpenhaus einen hölzernen Dachstuhl erhielt, verwendete man in Anbetracht der Explosionsgefahr für das Maschinenhaus mit der Dampfmaschine eine Eisenkonstruktion.

Zwischen 1850 und 1855 werden überall die hölzernen Geschoßdecken durch solche mit eisernen Doppel-T-Trägern ersetzt, denn seit 1851 gibt es keine billigere Konstruktionsmöglichkeit mehr. Im Kirchenbau verwendet man weiter eiserne Dachstühle, ebenso auch bei den Restaurierungen historischer Bauten (Eglise de la Trinité, Paris; Kuppel der Eglise du Val-de-Grâce, Paris). Thomas Ustick Walter (1804-1887) wählt für die Kuppel des Capitols in Washington (1855-1865) Dachbinder aus Gußeisen, so wie vor ihm Auguste Ricard, gen. de Montferrand (1786-1858) für seine St. Petersburger Isaakskathedrale (1841 vollendet). Die Verwendung großer Eisenbinder ermöglicht es Charles Garnier in der Pariser Oper, im Treppenhaus einen Raum von bisher unvorstellbarer Weite zu schaffen und zugleich die Brandgefahr einzuschränken. Nicht ein einziger Architekt lehnt es ab, sich dieses technischen Fortschritts zu bedienen.

In bestimmten, genau definierten Bauprogrammen – Werkstätten, Bahnhofshallen, Warenhäuser, demontierbare Ausstellungspavillons und Bibliotheken – setzen sich Gußeisensäulen und -dachstühle endgültig durch, denn ihre optische Schlankheit und zugleich hohe Tragfähigkeit sind nach einhelliger Meinung nicht zu überbieten. In der stilistischen Typologie des Historismus bleibt das Metall jenen Bauaufgaben vorbehalten, für die es vollkommen geeignet scheint, und wird jetzt auch sichtbar belassen.

Nach Abel Blouets Meinung sind die Gewächshäuser »diejenigen von allen Bauten, in denen das Eisen am sinnvollsten verwandt« wird. Ein Gewächshaus-Boom erfaßt ganz Europa: Serres du Thabor in Rennes (1862-1863); Umbraculo und El Invernaculo im Park der Zitadelle von Barcelona (1883-1887); kleine Glashäuser in den Gärten der bürgerlichen Villen; Wintergärten, die aus Mietshausfassaden herauskragen; Riesengewächshäuser, die den Stolz der öf-

314 Die Kirche Notre-Dame de la Croix in Paris; Louis J. A. Héret; 1863-1880. Die gußeisernen Rippen stören kaum den einheitlichen Eindruck des Innenraumes.

315 St. Pancras Station in Camden, London; W. H. Barlow und R. M. Ordish; 1865-1867. Man erkennt hier gut die Verankerung der Metallträger.

316 Die königlichen Gewächshäuser in Laeken bei Brüssel; Alphonse Balat; Wintergarten: 1875-1876; Verbindungsgang zum Palmenhaus: 1885-1887

317 Die königlichen Gewächshäuser in Laeken bei Brüssel, Inneres des Wintergartens; Alphonse Balat; 1875-1876. Auf 36 toskanischen Säulen ruhen über einer Gebälkzone die Metallträger der Rotunde von mehr als 40 Metern Durchmesser. Eine beinahe 8 Meter breite kreisförmige Galerie führt unter den die Rotunde stützenden Strebepfeilern entlang.

318 Wintergärten für ein englisches Landhaus, Entwurf; Edward William Godwin (nach: *Artistic Conservatories*, 1880, Taf. 12)

191

319 Das Palmenhaus im Palais d'hiver von Pau (Pyrénées-Atlantiques); Ende 19. Jahrhundert (zerstört)

320 Les Halles Centrales in Paris, Fischmarkt; Victor Baltard; 1855-1857 und 1860-1866 (1973 abgerissen)

321 Les Halles Centrales in Paris, Schnitt; Victor Baltard; 1855-1857 und 1860-1866 (nach: *Gazette des architectes et du bâtiment*, Bd. VII, 1869-1871)

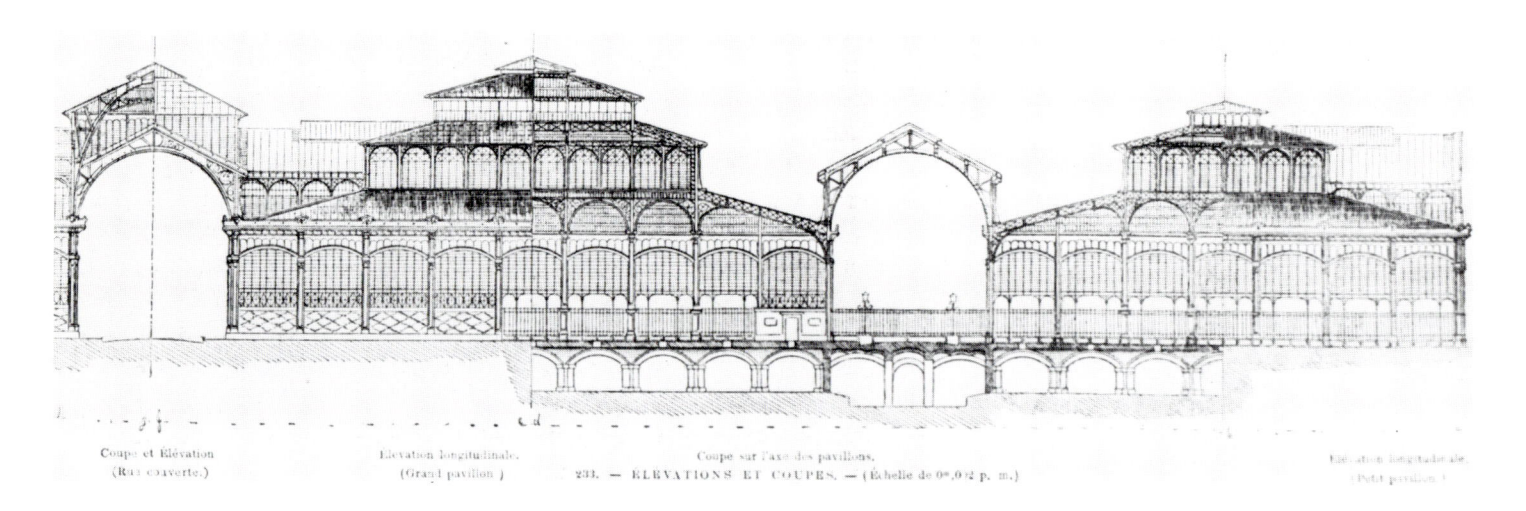

322 Athenäum für eine Hauptstadt, Schnitte; Paul-Henri Nénot; 1877. Erster Hauptpreis der Ecole des Beaux-Arts in Paris. Das Programm forderte Versammlungsräume, eine Bibliothek und ein Gewächshaus.

fentlichen Parks bilden und auch der königlichen, wofür der Wintergarten im Königlichen Park von Laeken bei Brüssel heute bestimmt das schönste Beispiel ist (1875-1876, von Alphonse Balat, 1819-1895).

In ähnlicher Weise wirkt das Vorbild der ersten bescheidenen Markthallen, die zu Beginn des Jahrhunderts gebaut wurden (Marché de la Madeleine, Paris, 1824, von Marie Gabriel Veugny, Dachkonstruktion eingestürzt; Hungerford Market, London, 1830-1833, Charles Fowler, 1792-1867). Nach einigem Zögern entscheidet sich Victor Baltard (1805-1874) zugunsten eines eisernen Schirmdachsystems für die Halles de Paris (1853-1858) wie auch James Bunston Bunning beim Bau des New Metropolitan Castle Market in London (1854-1856). Die *Revue générale de l'architecture* kommentiert 1857 lobend: »Hier haben wir Gelegenheit, die Verwendung von Gußeisen rückhaltlos zu bejahen. Die Säulen sind schlank, zart, anmutig und schmeicheln dem Auge, denn der Raum ist hier vorteilhaft und ökonomisch genutzt worden. Jeder einzelne Pavillon ist durchaus stattlich genug, ohne die anmutige Konstruktion zu verleugnen, die einer Markthalle zukommt, denn sie soll ja schließlich an den Marktplatz erinnern.«

Die *Gazette des bâtiments* bestätigt 1864 in einem Bericht über die Eröffnung des Marché Saint-Honoré in Paris, daß das hervorragende Londoner Beispiel eine Erfolgsformel zur Verfügung stellt. Allein in Paris baut man zwischen 1857 und 1900 gut dreißig Markthallen dieser Art, mehr als die Hälfte davon 1865-1870, doch nur sechs haben überlebt, darunter der Marché du Temple (1863-1865) und der Marché Saint-Quentin (1866). Im übrigen Frankreich findet man ebenfalls Dutzende von Beispielen, etwa den Marché Saint-Nicolas in Lille (1867), den Marché des Lices in Rennes (1868-1871), den Marché von La Roche-sur-Yon (1890). Die in Auxerre 1867-1868 geplante Eisenhalle wird erst 1900-1903 ausgeführt. In Spanien sind die Markthallen La Cebada und Los Mostenses (1870-1875) in Madrid zu nennen, El Borne (1875-1876) in Barcelona, die Markthallen in San Antonio (1876-1882), Valladolid (1878-1882) und Salamanca (1898-1909). Vorläufer der gedeckten Märkte von Brüssel ist der Marché de la Madeleine, den Pierre Cluysenaar (1811-1880) 1847-1848 mit Polon-

323 Die Maximilians-Getreidehalle in München; Carl Muffat; 1851-1853; zeitgenössischer anonymer Stahlstich

324 Der Viehmarkt des Schlachthofes von Anderlecht, Brüssel; Emile Tirou; 1889-1890

ceau-Bindern überdacht; ihm folgen 1872-1874 die Zentralmarkthallen von Léon Suys, die Märkte der Chaussée d'Etterbeek (1873) und von Saint-Géry (1881) von Adolphe Vanderheggen sowie der Schlachthof von Anderlecht (1889-1890) von Emile Tirou, ein Quadrat von beachtlichen 100 Metern Seitenlänge.

Der Metallbau setzt sich bei ganz verschiedenartigen Bauaufgaben durch: Schwimmbäder, die die Illusion von Freibädern geben sollen, so das Wiener Dianabad (1841-1843) von Karl Etzel oder Brill's Bath von Brighton (1866, Sir George Gilbert Scott); Bahnhöfe, in denen die Spannweite des Dachstuhls einem späteren Ausbau der Gleisanlagen Rechnung trägt und wo die schlanken Gußsäulen auf den Bahnsteigen wenig Raum beanspruchen; Theater, Tribünen der Pferderennbahnen, Stierkampfarenen, Sportpaläste und Zirkushallen, alles Orte, in denen das Blickfeld möglichst frei bleiben soll (Theater von Pernambuco; Hippodrome du Pont de l'Alma, Paris, 1878; Rennbahn von Roubaix, 1880; Stierkampfarenen von Valencia, 1860-1870, Madrid, 1874, und Bilbao, 1882).

Beim Bau von Bibliotheken entscheiden sich die Architekten aus Sicherheitsgründen, um die Brandgefahr zu verringern, für Metallkonstruktionen. Dem Beispiel Henri Labroustes (Bibliothèque Sainte-Geneviève, Paris, 1845) folgen Sidney Smirke (1798-1877) mit dem Lesesaal des British Museum (1854-

325 Großer Lesesaal der Bibliothèque nationale in Paris, Detail der Dachkonstruktion; Henri Labrouste; 1857-1867

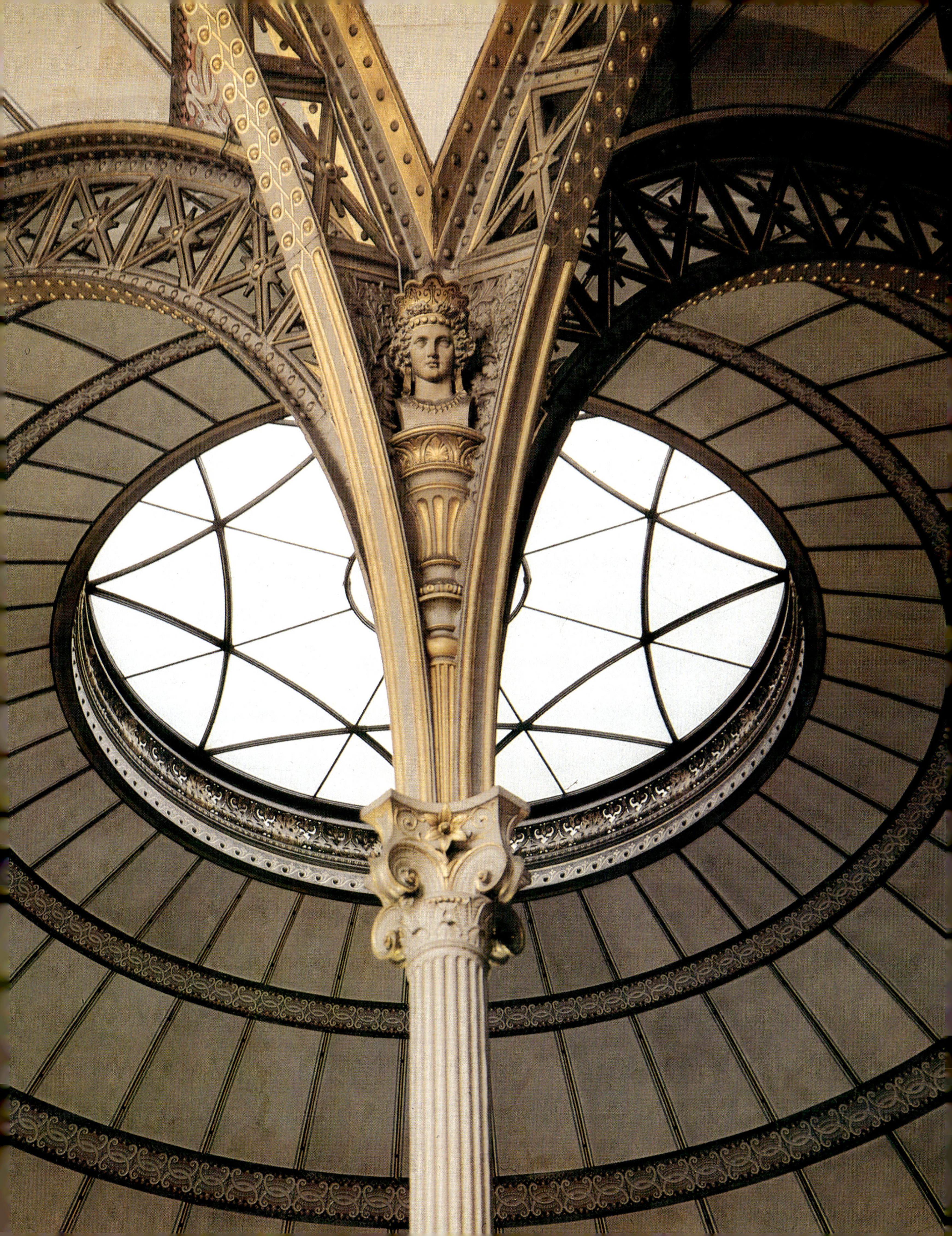

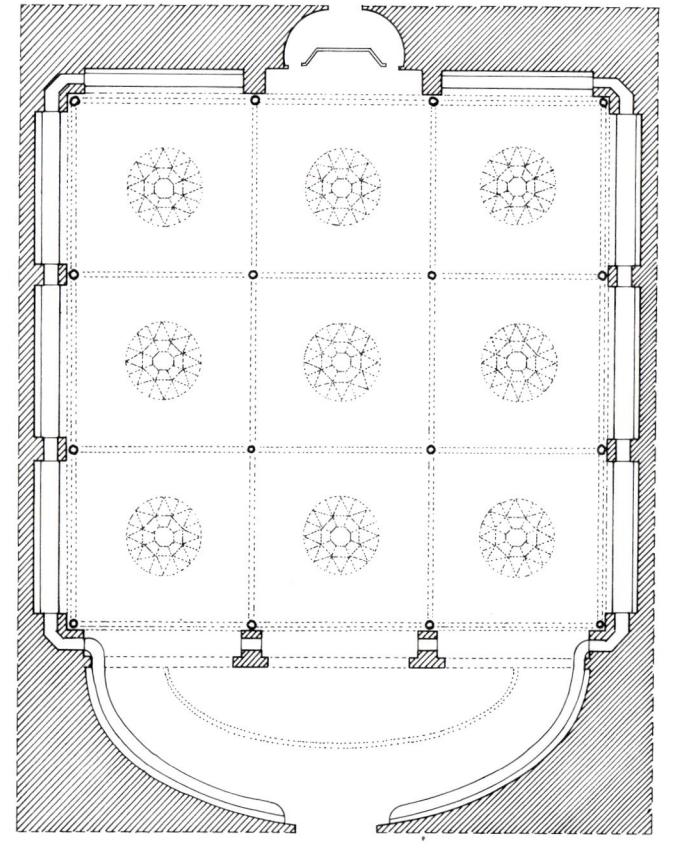

326 Großer Lesesaal der Bibliothèque nationale in Paris; Henri Labrouste; 1857-1867

327 Großer Lesesaal der Bibliothèque nationale in Paris, Grundriß; Henri Labrouste; 1857-1867 (Umzeichnung nach: *Nouvelles Annales de la Construction*, Bd. 15, 1869, Taf. 21)

328 Der Crumlin-Eisenbahnviadukt in der Nähe von Newport (England); Charles Liddell, Ingenieur, und Thomas W. Kennard, Unternehmer; 1853-1857. Eines der ersten Beispiele einer reinen Eisenbrücke.

329 Die Elbbrücke in Hamburg; 1877. Die Brücke hängt an parabolisch geschwungenen Trägern. Ins Monumentale umgesetzte Idee, die Isambard Kingdom Brunel zweimal verwirklicht hatte (Chepstow Bridge über den Wye, 1852; King Albert Bridge über den Tamar, 1854-1859)

330 Die Müngstener Brücke über das Wuppertal im Bergischen Land; A. Rieppel. Mit einer Spannweite von 160 Metern und einer Höhe von 69 Metern ist sie immer noch eine der höchsten Eisenbahnbrücken Deutschlands.

198

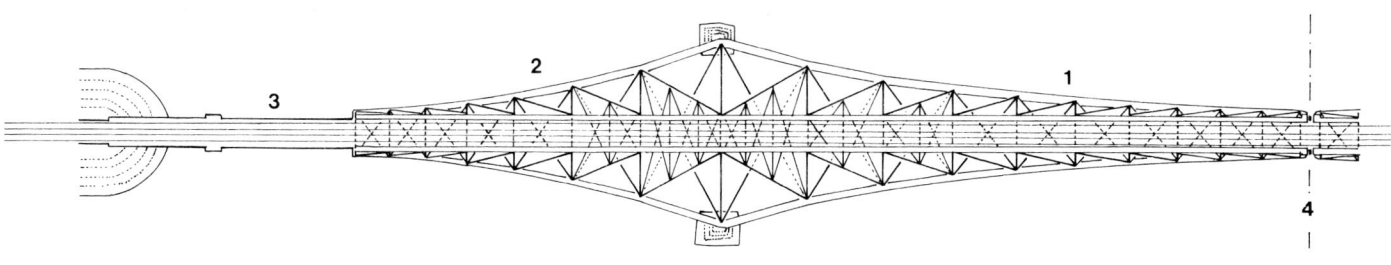

1857) und Johan David Herholdt (1808-1902) mit der Universitätsbibliothek von Kopenhagen (1856-1861); Labrouste verwendet für den großen Lesesaal und die Magazine der Pariser Bibliothèque nationale 1857-1867 auch wieder eine Eisenkonstruktion.

Um 1845 macht die Bautechnik der Eisenbrücken ebenfalls Fortschritte. Die Ingenieure rücken von den Vorbildern ab und suchen nach neuen technischen Lösungen: vernietetes Eisenrohr für die Britannia Bridge über die Menai Straits in Wales (1845-1850, Robert Stephenson), Eisengitterwerk für den Crumlin-Eisenbahnviadukt bei Newport (1853-1857, Charles Liddell und Thomas W. Kennard). Die industrielle Stahlherstellung, die dank der Erfindung der Bessemerbirne seit 1855 möglich ist, erlaubt die Errichtung immer spektakulärerer Bauwerke wie der Forth Bridge über den Firth of Forth in Schottland (1882-1890, von Sir Benjamin Baker, 1840-1907, Sir John Fowler, 1817-1898, und Sir William Arrow, 1839-1913) oder des 120 Meter hohen Eisenbahnviaduktes über den Viaur auf der Strecke Rodez-Albi in Frankreich (Entwurf 1887, Ausführung 1896-1902, von Paul Bodin, 1847-1926 und der Société des Batignolles).

Völlig logisch fällt für die Pavillons der Weltausstellungen die Wahl ebenfalls auf Metallkonstruktionen. Die Modernität dieser Bauten erscheint uns heute so reizvoll — in noch größerem Maße, als die der Bahnhöfe und Warenhäuser —, weil sie dem oft langweiligen Schwulst des Spätklassizismus vollständig den Rücken gekehrt haben. Deswegen sollte man nicht vergessen, daß gerade diese Pavillons im 19. Jahrhundert als Lösung einer spezifischen Bauaufgabe und neuartiger technischer Probleme entstanden sind. Sie sind Provisorien und müssen in kurzer Zeit gebaut werden, also begnügt man sich mit einem schnörkellosen Baustil, der hinter die ausgestellte Ware zurücktritt. Ihre Verwirklichung führt zum Einsatz einer spektakulären Technik im Zeichen des industriellen Aufschwungs; stilistisch fügen sie sich in die eklektische Typologie der zeitgenössischen Architektur. Selbstverständlich zeigen die als ständige Einrichtungen gedachten Messehallen ein anderes Gesicht, sie schmücken sich mit allen Attributen der Palastarchitektur.

Die hervorragendsten dieser Bauten lassen sich ohne die bei anderen Bauaufgaben gewonnene Erfahrung nicht denken: Sir Joseph Paxton geht von Gewächshäusern zum Kristallpalast über, Charles Dutert (1845-1906) und Gustave Eiffel (1832-1923) von Eisenbahnbrücken zur Galerie des Machines und zum Eiffelturm. Überhaupt spielt die erfolgreiche Eisenbahnindustrie in der Entwicklung der Metallbautechnik eine äußerst wichtige Rolle. Andererseits sind die genannten Werke Anlaß technischer Premieren, denen keineswegs nur ein Werbeerfolg beizumessen ist, denn die gelungensten Bauten vermitteln eine derart neue Raumvorstellung, daß sie das Bild und die Perspektiven der Architektur vollkommen auf den Kopf stellen.

Von Weltausstellung zu Weltausstellung ist nicht nur die Überdachung immer größerer Grundflächen bemerkenswert — Wien, 1873, ist doppelt so groß und Philadelphia, 1876, dreimal so groß wie London 1851 —, sondern auch die Gruppierung immer zahlreicherer Nebenpavillons um die Haupthallen sowie das Bedürfnis, die Grenzen des Machbaren immer wieder neu abzustecken. Einen ersten Höhepunkt erreicht man 1889 in Paris mit der — 1910 zerstörten — Galerie des Machines, deren Dachstuhl eine Spannweite von 115 Metern hat (1867 hatte man nur 35 Meter erreicht), und mit dem 300 Meter hohen Eiffelturm, dem ersten Weltwunder des Industriezeitalters. Diese Sucht nach Rekorden und heroischen Abmessungen erreicht 1899 auf der Weltausstellung von Chicago einen vorläufigen Höhepunkt, als man beschließt, die Bogen des Manufacturers and Liberal Arts Building einige Fuß weiter zu spannen, um den Weltrekord der Galerie des Machines zu schlagen.

Die schmucklose Strenge des Londoner Crystal Palace, die keinem ästhetischen Konzept, sondern der Dringlichkeit verpflichtet war, wird nie wieder erreicht. Die immer beliebtere Ausstellungsidee verlangt nach einer anderen Gebäudekonzeption, nach permanenten Bauten, deren Fassaden und Details sorgfältiger ausgearbeitet werden müssen. Das erklärt den Kontrast zwischen Werken wie dem Pariser Palais de l'Industrie (1855, von Jean-Marie Viel, 1796-1863, und Alexis Barrault, 1812-1867), der als ständige Einrichtung konzipiert wurde und erst 1900 dem Grand Palais weichen mußte, oder dem Palais du Trocadéro (1878, von Gabriel Davioud, 1823-1881), das 1937 abgerissen wurde, und einem temporären Pavillon, wie dem für die Ausstellung von 1878 entworfenen Bau von Léopold Hardy (1829-1894). Bezeichnend ist in dieser Perspektive die Entscheidung, bei der Haupthalle der Londoner Ausstellung von 1862, die Francis Fowkes baute, einige Ideen des aus Zeitmangel abgelehnten Entwurfs des Building

331 Die Forth Bridge über den Firth of Forth in der Nähe von Edinburgh (Schottland); Sir Benjamin Baker, Sir John Fowler und Sir William Arrow; 1882-1890

332 Der Viaur-Eisenbahnviadukt (Tarn) der Linie Rodez-Albi; Paul Bodin und Société des Batignolles; Entwurf 1887, Ausführung 1896-1902. Die Spannweite des Mittelbogens beträgt 220 Meter, während sie für den des Garabit-Viaduktes von Gustave Eiffel nur 165 Meter mißt. Man zog der zunächst geplanten Steinbrücke einen Metallbau vor, weil die andere Verankerung ein geringeres Gefälle ermöglichte.

333 Der Viaur-Eisenbahnviadukt (Tarn) der Linie Rodez-Albi, Grundriß; Paul Bodin und Société des Batignolles; Entwurf 1887, Ausführung 1896-1902

200

334 Weltausstellung in Wien, 1873, Vogelschau auf das Ausstellungsgelände

335 Weltausstellung in Paris, 1878, Haupteingang am Champ-de-Mars; Léopold Hardy. Man beachte die Pfeiler aus genietetem Eisenblech und farbigen Ziegeln.

Committee aus dem Jahre 1850 aufzugreifen: Sein Bau erhält Außenmauern aus Backstein und eine große verglaste Zentralkuppel. Die Kuppeldurchmesser werden von Ausstellung zu Ausstellung größer, ebenso die Stützweiten der Bogen, mit denen man die Hallen überspannt: 102 Meter in Wien 1873, 110 Meter in Lyon 1894.

Bis zum Ende des Jahrhunderts haftet den Ausstellungsgebäuden etwas von der Zwiespältigkeit des Kristallpalasts an, die schon den Londonern nicht entgangen war. Das zauberhafte Schauspiel des Lichts steht diesen Ausstellungsbauten gut an, doch eine Erneuerung der Architektur können sie nicht bringen. Dennoch sind technische Meisterleistungen und Anstöße für die Stadtplanung Ergebnisse der Weltausstellungen.

Zwischen hier getrennt dargestellten Bauprogrammen bestehen natürlich viele Wechselbeziehungen. Doppeltonnengewölbe mit Steinmauern als Widerlager, in Eisen konstruierte Kuppeln trifft man in den unterschiedlichsten Bauten. Polonceau-Binder werden sowohl in Markthallen als auch in Bahnhöfen verwendet, und dieselben Architekten bauen Passagen und Austellungsgebäude. Die Architekten eignen sich rasch die technischen Mittel der Ingenieure an; das gilt für klassische Baumeister wie Joseph Louis Duc (Archivsaal des Palais de Justice in Paris, 1863) und für neugotische wie Sir George Gilbert Scott (Brill's Bath in Brighton, 1866).

Die ästhetischen und baulichen Vorzüge der neuen Baustoffe finden viel Gefallen. Dies zeigt sich zum Beispiel in einem der Lieblingsmotive des Jahrhunderts, dem glasgedeckten Innenhof, der in ganz verschiedene Bauprogramme aufgenommen wird. Bereits 1815 überdeckt Etienne Eloy de Labarre (1764-1833) den Hof der Pariser Börse (von Alexander Théodore Brongniart, 1739-1813, und Hippolyte Lebas, 1782-1867) mit einem eisernen Dachstuhl, dessen Mittelpartie er verglast. Die gleiche Lösung wird auch für das Hôtel des Monnaies in Nantes 1825 gewählt. Die Vervollkommnung dieser Glasdächer geht Hand in Hand mit dem Bau der Einkaufspassagen, man verglast immer größere Flächen und bald ganze Höfe. Das neue Bauelement, mit dem man im Herzen des Bauwerks eine tageslichtgleiche Helligkeit schafft, findet so viel Anklang, daß man es bald überall einsetzt, in Privathäusern, wo es meist mit dem Wintergarten einhergeht, wie in öffentlichen oder halböffentlichen Bauten: Börsen (Kohlenbörse, London, 1846-1849, James Bunston Bunning; Berliner Börse, 1859-1863, Friedrich Hitzig; Getreide-

336, 337 Der Eiffelturm in Paris im Bau, Juni und September 1888. Die Entwürfe für den Turm, der von Gustave Eiffel als monumentaler Eingang zur Pariser Weltausstellung von 1889 vorgesehen war, datieren aus den Jahren 1884-1886; der Bau begann 1887.

338, 339 Weltausstellung in Paris, 1889, Galerie des Machines; Architekt Charles Dutert, Ingenieur V. Contamin; 1887-1889 (1910 zerstört). Die Halle war, bei einer Scheitelhöhe von 43 Metern, 420 Meter lang und 115 Meter breit; den bisherigen Breitenrekord besaß St. Pancras Station in London (1893) mit 73 Metern. Als Verglasung dienten weiße, mit einigen bläulichen Ornamenten verzierte Scheiben. »Trotz schöner Seitengalerien gewöhnt sich der Blick nur schwer an solche, bisher unvorstellbare Dimensionen«, schrieb ein Besucher.

börse, Leeds, 1861-1863, Cuthbert Brodrick), Clubs des englischen Adels (Reform Club, London, 1837-1841, Sir Charles Barry), soziale Wohnheime (Sailors' Home, Liverpool, 1846-1849, von John Cunningham; Cité Napoléon, Paris, 1849-1853, von Marie Gabriel Veugny), Hotels (Hôtel du Louvre, Paris, 1853-1855; Hôtel Terminus, Paris, 1889; Hôtel Thiriez, Lille, 1874; Palace Hotel, San Francisco, 1874-1875), Unterrichtsgebäude (University Museum, Oxford, 1855-1857, von Benjamin Woodward; Brüsseler Universität, 1892, von Ernest Hendrickx), Kaufhäuser (Au Bon Marché, Paris, 1868-1872, von Louis Charles Boileau; Palais du Midi, Brüssel, 1875), Banken (Comptoir d'Escompte, Paris, 1880-1889, von Corroyer), Bürogebäude (Guaranty Loan Building, Minneapolis, 1888-1890, von E. Townsend Mix) und so weiter. Manchmal fügt man das Glasdach auch erst nachträglich ein wie bei der Ecole des Beaux-Arts in Paris, wo Ernest Georges Coquard (1831-1902) 1871 den Hof des 1833 von Félix Louis Jacques Duban errichteten Palais des Etudes überdacht, oder in der Londoner Royal Exchange, wo der 1841 von William Tite angelegte Hof 1880 überdeckt wird. Man geht sogar noch weiter, und wie man im 17. Jahrhundert die Loggien der Renaissance verglaste, so überdeckt man jetzt die Höfe von Florentiner Villen des 16. Jahrhunderts mit Glasdächern, die von gußeisernen Säulen getragen werden (Villa della Petraia bei Florenz).

Gleichzeitig setzt sich eine bescheidenere Form der Metallkonstruktion für Veranden und Wetterdächer durch, die ebenfalls in Mode kommen (Fassade der Residenz des Herzogs von Salisbury in der Londoner Arlington Street, um 1869; Hermesvilla im Lainzer Tiergarten in Wien, 1898) und, wie bereits erwähnt, für Glasdächer von Warenhäusern und Bürogebäuden (Oriel Chambers, Liverpool, 1864, von Peter Ellis).

Der mit vorfabrizierten, transportablen Elementen arbeitende Eisenbaustil eignet sich auch für die Kolonien, wo nur wenig Architekten und qualifizierte Handwerker zur Verfügung stehen. In den vierziger Jahren bieten die britischen Eisengießereien in ihren Katalogen ein stetig wachsendes Angebot an vorgefertigten Bauteilen an; die Zeit ganzer Fassaden und Häuser aus Metall scheint nicht mehr fern. Die Firma Britannia Iron Works, die 1818 die berühmten Derby Castings lanciert hat, tritt 1848 unter der Leitung von Andrew Handyside mit dem Bau von für den Export bestimmten Eisenfertighäusern auf den Markt. Die Konkurrenten wie Edwin May in Liverpool, Henning in Bristol, E. T. Bellhouse & Cie in Manchester oder Charles D. Young & Co in Edinburgh lassen sich nicht lumpen. Auch in Frankreich und Belgien zieht man allmählich nach.

Diese Entwicklung wird von den Architekturzeitschriften aufmerksam verfolgt. Zwar erweisen sich

340 Weltausstellung in Paris, 1889, zentrale Rotunde; Jules Bouvard. Die Halle sollte ein Gegenstück zum permanenten, 1878 von Gabriel Davioud erbauten Ausstellungsgebäude des Trocadéro sein.

die Eisenbauten für die Kolonien nicht als so geeignet, wie man gehofft hatte, aber der Export von gußeisernen Bauornamenten nimmt bis zum Ende des Jahrhunderts weiter zu. Schließlich prägen die aus vorgefertigten Gußteilen erbauten Veranden in Johannesburg, Kapstadt, New Orleans und San Francisco den Charakter der Stadtlandschaft.

Seit dem Jahre 1848 baut man in den USA ganze Häuserfassaden aus vorgefertigten Gußteilen, und diese Begeisterung hält bis etwa 1870 an. Allerdings erweist sich die Behauptung eines der Hauptverfechter dieser Bauidee, James Bogardus (1800-1874) — der seine New Yorker Fabrik 1848 sehr werbewirksam mit Gußfassaden gebaut hatte —, diese Bauten seien weniger feuergefährlich, als unzutreffend. Es geht in Amerika dabei nicht darum, wie in Europa für die Läden große Schaufensterflächen zu schaffen, sondern um die Gestaltung von Fassaden, deren Eleganz nicht hinter den Steinfassaden zurückbleibt. Die Gießereien liefern nicht nur Säulen, Tür- und Fensterrahmen, sondern auch Bossen im Stil der Florentiner Rustika. Das Harper's Building (1854) und das Haughwout Building (1857) von John P. Gaynor vermitteln einen besseren Eindruck von diesem äu-

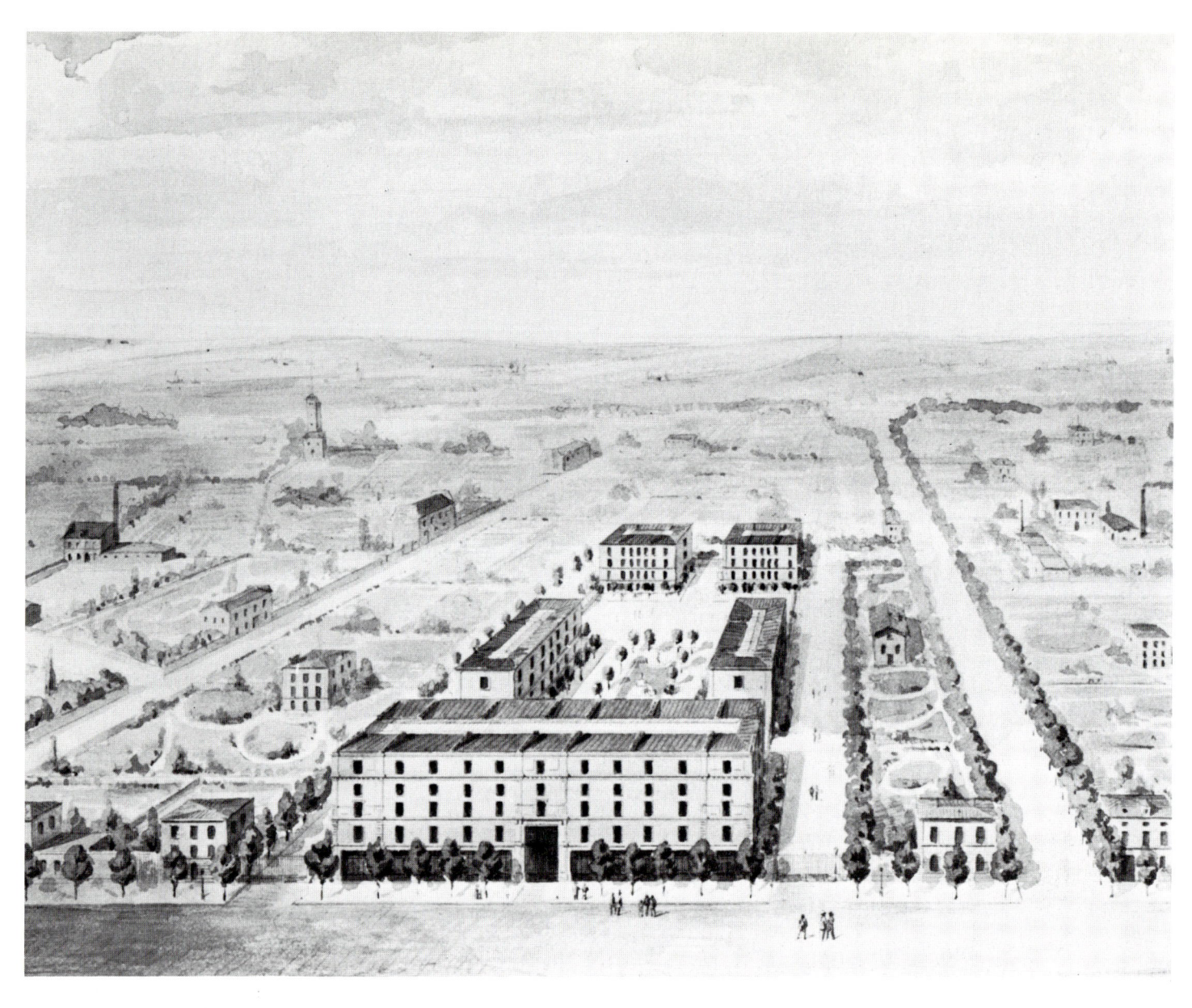

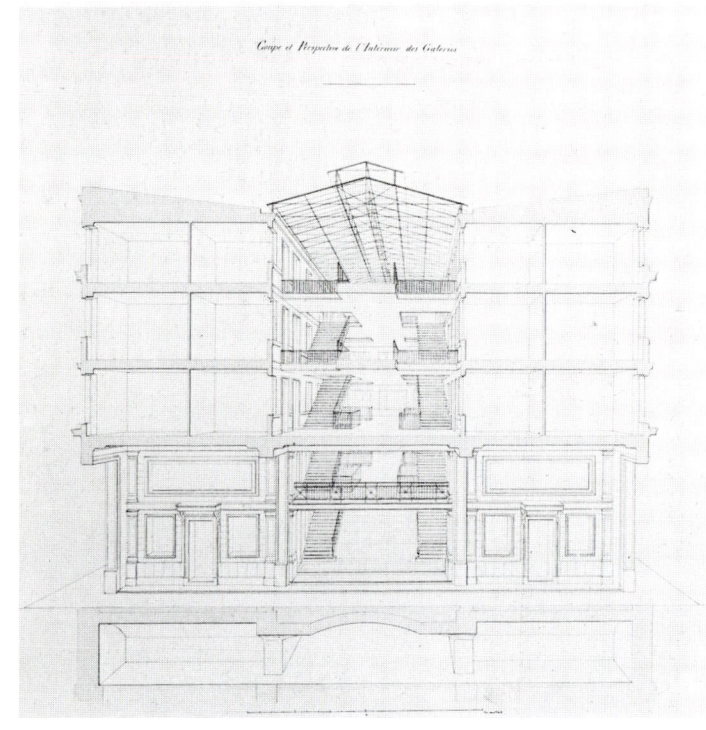

341 Die Arbeiterstadt Cité Napoléon, Rue Rochechouart 58, Paris 9ᵉ, Gesamtansicht; Marie Gabriel Veugny; 1849-1853

342 Die Arbeiterstadt Cité Napoléon, Rue Rochechouart 58, Paris 9ᵉ, Schnitt und Perspektive der Erschließungsräume; Marie Gabriel Veugny; 1849-1853

343 Das Pouhon in Spa, Wintergarten. Harmonische Verbindung von klassischen Bauelementen, Eisenkonstruktion und dem Grün der Pflanzen.

205

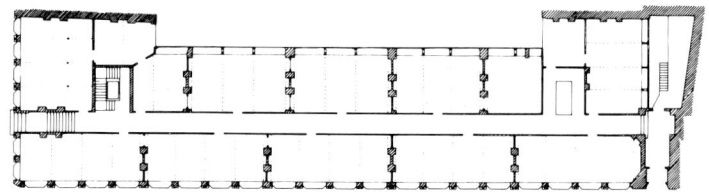

344 Die Oriel Chambers, Water Street, Liverpool; Peter Ellis; 1864. Zwischen dünnen Stützen in einem hochstilisierten gotischen Stil vorspringende Fenster zur besseren Erleuchtung der Büroräume, technisch ermöglicht durch die Metallkonstruktion des Gebäudes.

345 Die Oriel Chambers, Water Street, Liverpool, Grundriß; Peter Ellis; 1864

346 Die Bogardus Factory, Ecke Centre und Duane Streets, New York; James Bogardus; 1848 (zerstört)

347 Das Haughwout Building, Ecke Broadway und Broome Street, New York; John P. Gaynor; 1857. Die Gußeisenelemente wurden von der Firma Daniel Badger geliefert.

ßerst populären Baustil als die ersten, teilweise zerstörten oder entstellten Werke (Fabrik Bogardus in New York; Drugstore von John Milhau, 1848; Laing Stores, 1849). In der Tat kann Bogardus 1858 auf mindestens fünfzehn Bauten dieser Art in New York und ebensoviele in verschiedenen anderen Städten verweisen, unter anderem in Baltimore, Chicago, Philadelphia und San Francisco. Die Geschäfte der Firma Daniel Badger scheinen noch besser zu gehen, denn im Firmenkatalog sind 1865 über 600 ausgeführte Projekte in den gesamten Vereinigten Staaten verzeichnet, darunter 55 Fassaden von zwei bis sechs Stockwerken. Auch die Cincinnati Iron Foundry und die Eagle Foundry beliefern diesen Markt. Ein solcher Erfolg erklärt sich durch die außerordentlich schnelle wirtschaftliche Entwicklung des neuen Landes, in dem die nach traditioneller Art arbeitenden Architekten und Handwerker die Bauaufträge gar nicht alle ausführen können. Mit der Formbarkeit des Gusses läßt sich der Eindruck einer ebenso anspruchsvollen Bauweise wie der Architektur in Stein erzielen.

In Frankreich legt Louis Clémentin Bruyère 1852 für die Prüfung im Fach »Construction générale« der Ecole des Beaux-Arts einen Entwurf für ein Haus in Metallkonstruktion vor, doch in den sechziger Jahren beschäftigt man sich in Frankreich vor allem mit der Rolle des Metallskeletts als Versteifung von Stein- oder Backsteinmauerwerk. Viollet-le-Duc (1814-1879) veröffentlicht in seinen *Entretiens sur l'architecture* (1863-1872) einen Entwurf, in dem das Holz durch Eisen ersetzt wird, doch François Liger stellt 1867 ein System von Balken aus vernieteten Blechen vor, das in der Folge in den meisten Nutzbauten übernommen wird (Fabriken, Kasernen, Schulen und Krankenhäuser).

Diese Entwicklung verändert wiederum das ästhetische Empfinden gegenüber dem Eisenbau. Einige Architekten versuchen, mit absoluter Offenheit die besonderen Eigenheiten des Metallbaus — Nieten, Fugenleisten, Verbindungsstücke und Gitter, die »vier Bauteile, die auf sehr originelle Weise dekorativ sein können und bisher leider zu wenig beachtet wur-

348 Eisen-Villa mit hübscher gußeiserner Fassade, Modell Nr. 14; Charles D. Young & Company. In Geelong (Australien) besteht noch die Villa Corie, ein um 1885 erbautes Haus des Typs Nr. 14.

349 Eisen-Wohnhaus mit Laden im Erdgeschoß, mit hübscher gußeiserner Fassade, Modell Nr. 15; Charles D. Young & Company

den«, wie Arthur Jules Vierendeel 1890 feststellt — zu nutzen. Andererseits beschäftigt die Architekten die Magerkeit der Metallkonstruktionen; um diesem Übel abzuhelfen, greifen sie zum farbigen Anstrich und damit zu einer durchaus logischen Lösung, denn das Eisen braucht in jedem Fall einen Anstrich als Rostschutz. Diese von Owen Jones im Kristallpalast begonnenen Versuche werden bis zum Ende des Jahrhunderts fortgeführt, doch in den siebziger Jahren kommt die Verwendung von farbigen Keramiktafeln hinzu, die der Metallkonstruktion mehr Gewicht geben soll. In mehreren Ausstellungspavillons — namentlich in Paris 1878 — und in zahlreichen Bahnhöfen in Frankreich und Spanien übernimmt man diese Lösung.

In seinem Kommentar zu dem Entwurf eines Bahnhofs von Jean Camille Formigé (1845-1926) lobt Paul Sédille (1836-1900) die kleinen, lebhaft farbigen Eisensäulen, die den weiten, verglasten Giebel unterteilen, und bemerkt, daß die Verwendung von »glasierter Keramik zusammen mit Eisen... diesem Baustoff etwas von seiner Kälte« nehme. In seinem Pavillon für die Pariser Weltausstellung von 1878 verwendet Léopold Hardy ebenfalls freigiebig glasierte Keramikplatten an der Fassade. In der Ausstellung von 1889 tritt dann beim Grand Palais von Jean Camille Formigé innerhalb dieser Polychromie die kontrapunktische Verwendung von Kunstschmiedearbeiten auf, die, zumindest was ihre kompositorische Bedeutung angeht, Vorläufer der Kunstschmiedearbeiten des Jugendstils sind.

Louis Auguste Boileau begnügt sich nicht mit diesen dekorativen Überlegungen und betont im Zusammenhang mit den Arbeiten für das Warenhaus Au Bon Marché in Paris, daß in einem Metallbau »alle architektonischen Formeln« unnütz seien, »wenn nicht die nötigen Flächen für sie zur Verfügung stehen«. Er führt weiter aus: »Ein solches Bauwerk hält dem Vergleich mit einem Gebäude aus Stein nicht stand und muß unter allen Umständen vermeiden, es nachzuahmen; man muß es von einem anderen Stand-

350 Haus mit gußeiserner Fassade, Rue de l'Aqueduc 5, Paris 10ᵉ, Aufriß; A. Lefèvre; 1878 (nach: *Revue générale de l'architecture*, 4. Reihe, Bd. 6, 1879, Taf. 26)

351 Haus mit gußeiserner Fassade, Rue de l'Aqueduc 5, Paris 10ᵉ, Detail eines Wandpfeilers und Schnitte; A. Lefèvre; 1878 (nach: *Revue générale de l'architecture*, 4. Reihe, Bd. 6, 1979, Taf. 27)

352 Kaserne der Garde républicaine, Rue de Schomberg, Paris 4ᵉ; Jules Bouvard; (nach: Lacroux, 1878, Bd. 2, Taf. 70)

353 Weltausstellung in Paris, 1889, Palais des Beaux-Arts et des Arts Libéraux; Jean Camille Formigé (nach: Chabat, Bd. 2, Taf. 79)

354 Das Collège municipal Chaptal (Lycée Chaptal), Boulevard des Batignolles, Paris 8ᵉ; Eugène Train (nach: *Revue générale de l'architecture*, 1880, Taf. 17)

Élévation principale

MANSARD

209

355 Die Schokoladenfabrik Menier in Noisiel (Seine-et-Marne); Jules Saulnier; 1871-1872. Der Ersatz des Holzes durch Eisen ist hier noch deutlich zu spüren.

356 Verwaltungsgebäude der Compagnie des chemins de fer de l'Est, Rue du Faubourg-St-Denis 144, Paris 10ᵉ; Adrien Gouny; 1887. Verwendung verschiedenster Materialien: Werkstein, Backstein, glasierte Ziegel, genietete Eisenplatten, gußeiserne Säulchen.

357 Weltausstellung in Paris, 1878, Pavillon du Ministère des Travaux Publics; Ingenieur de Dartein. Ein typisches Beispiel für die moderne »Backstein und Eisen«-Architektur.

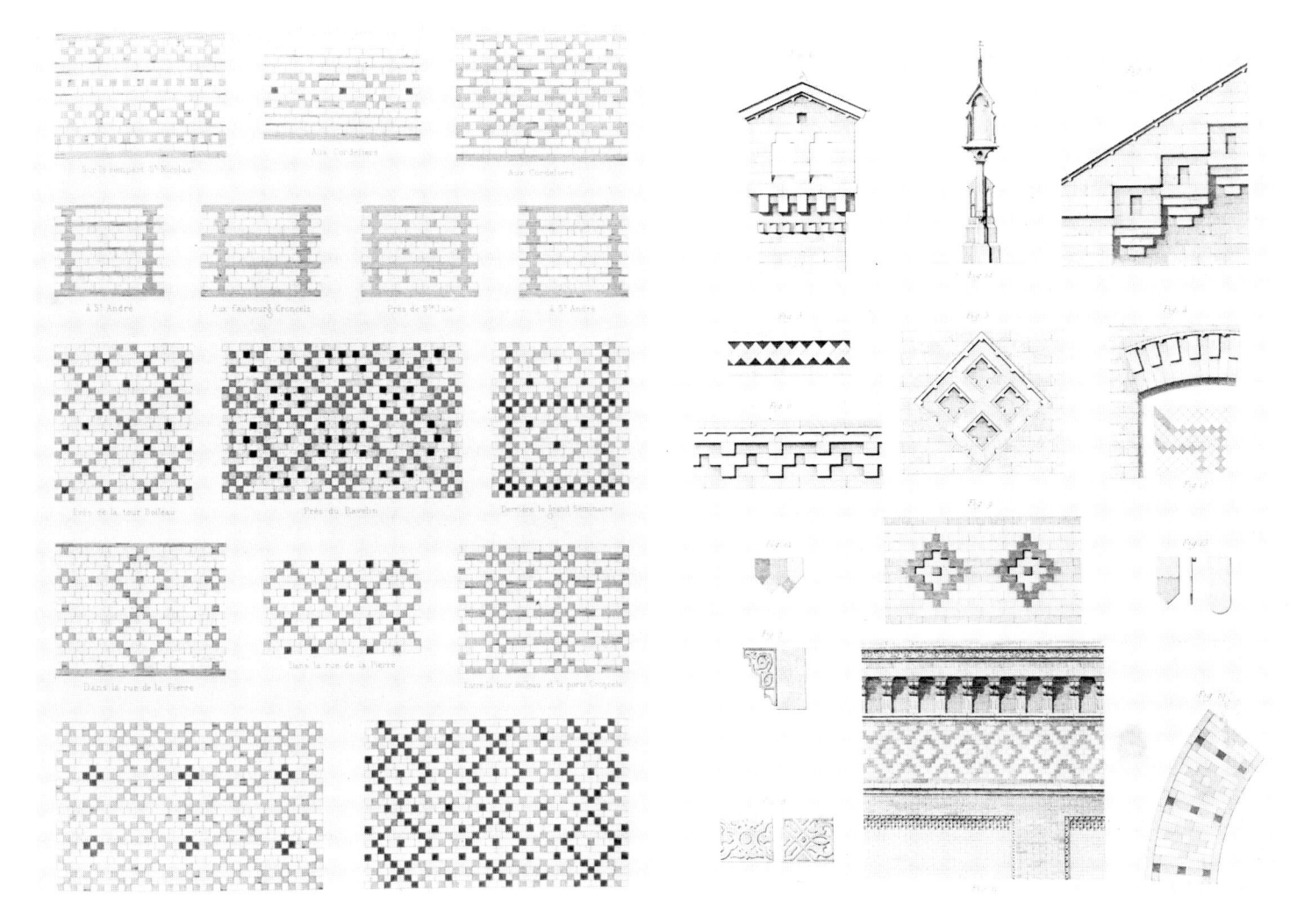

358, 359 Backsteinkonstruktionen in München und in Troyes. Die beiden Tafeln veranschaulichen das Interesse für abstrakte Motive im Spiel mit Farbe und Stellung der Ziegel; neben französischen Vorbildern aus Troyes stehen fortschrittlichere deutsche Versuche.

punkt aus betrachten ... Die Aufmerksamkeit sollte nicht der Masse des Baues gelten, sondern dem Raum, den er umgibt, das heißt, anstatt das Licht auf den plastischen Formen spielen zu lassen, soll es das ganze Gebäude durchfließen, durch seine Überfülle oder eine vorsichtige Dosierung des Lichts einmal strahlenden Glanz, dann Zwielicht oder Reflexe schaffen, die den Raum funkeln lassen, wie man einen Kristallleuchter durch verschieden große Prismen zum Funkeln bringt. In diesem Licht-Konzert spielt die Architektur die Rolle der Fassung des Juwels: Sie muß so weit in Erscheinung treten, daß das Tageslicht im Innenraum in seiner vollen Intensität und dank der filternden Glasflächen und Zwielichtzonen heiterer, voller und reicher schwingt als das einfache Tageslicht im Freien.«

Dieses scharfsinnige Erfassen der spezifischen Ästhetik des Eisens bleibt jedoch eine Ausnahme. Für die meisten Architekten gilt das Eisen als ein neben andere Materialien einzureihender Baustoff mit eigenen plastischen und bautechnischen Eigenschaften. Seine Verwendung hängt weiter entweder von rationellen architektonischen Überlegungen oder von einem Hang zum dekorativen Eklektizismus ab.

Der Vorrang des Programms am Beispiel von Gefängnis und Krankenhaus

»Der Architekt wird bedenken, daß sein Plan Ausdruck eines Gefängnissystems sein muß, das im vorliegenden Programm dargestellt wird. Den Ruhm, die ästhetischen Forderungen der Kunst und des architektonisch Schönen zu erfüllen, kann er nicht erstreben, ihm wird das unendlich wichtigere Verdienst zuteil, zum großen Werk der moralischen und sozialen Wiedergeburt der Verurteilten beizutragen.«
(*Programme pour la construction d'une prison centrale à Alexandrie*, Turin, 1839)

»Der Entwurf einer Heilanstalt für Geisteskranke ist keine unwesentliche Sache, die man allein den Architekten überlassen sollte. Ein Hospital für Geisteskranke ist ein Instrument der Heilung.«
(Docteur Esquirol, *Des établissements d'aliénés en France*, Paris 1819)

Die Stilfragen treten hinter dem Programm zurück

Die Zersplitterung der architektonischen Sprache und die naive oder gelehrte Nachahmung vergangener Baustile sind die offensichtlichsten, aber auch die oberflächlichsten Merkmale der Baukunst des 19. Jahrhunderts. In Wirklichkeit verdecken sie die grundsätzlich durchgehend vorhandene, zwar unauffälligere, doch wesentlichere Modernität der Bautechniken und der Bauprogramme.

Im Jahre 1858 bemerkt der Architekt Adolphe Etienne Lance (1813-1874): »Die Scharmützel verschiedener Baustile, die man noch ab und zu beobachtet, berühren uns schon lange nicht mehr.« Und in den beiden folgenden Jahren äußert sich César Daly in der *Revue générale de l'architecture et des travaux publics* im gleichen Sinne: »In Frankreich sind seit 1852 Stilfragen in den Überlegungen der Architekten nur noch zweitrangig. Die staatliche Bauaktivität und die Notwendigkeit, mehr und schneller zu produzieren, verleihen in unserem Beruf den praktischen Problemen den absoluten Vorrang.« Um die Jahrhundertmitte erkennen einige besonders scharfblickende Beobachter bereits klar, was — jenseits und trotz aller Stilunterschiede — die Einheit und die Modernität ihrer Epoche ausmacht: Es ist die Lösung gänzlich neuer technischer Probleme und Bauaufgaben, die sich aus den Wandlungen und neuen Forderungen der bürgerlichen Industriegesellschaft ergeben und immer komplexer werden.

Die Verwendung industriell gefertigter Bauelemente wie Geschoßdecken und Dachstühle aus Eisen, glasierte Keramik und Terrakotta, die Errungenschaften des Komforts wie Zentralheizung und Lüftungsanlagen, Gas und Elektrizität, Badezimmer und Toiletten mit Wasserspülung, alle diese praktischen Fragen, die in Architekturzeitschriften sehr viel Platz einnehmen, verändern unmerklich auch die traditionellsten Programme. 1857 schreibt César Daly über den Londoner Reform Club von Sir Charles Barry: »Der Reform Club hat die wesentlichen Züge eines modernen Baus. Wir meinen damit nicht den italienischen Stil der Fassade und auch nicht die überaus intelligente Raumaufteilung, sondern etwas Intimeres, das nicht ins Auge sticht und zunächst noch nicht einmal auffällt. Es ist jedoch überall und in allem zu spüren und erzeugt nach einer Weile eine in weitestem Sinne verstandene Behaglichkeit.«

Etwas weiter führt Daly aus: »In den Gebäuden, die zur Versammlung einer größeren Anzahl Menschen bestimmt sind, wie Hotels, Zirkel, Clubs und so weiter, wird man die Entwicklung dieser charakteristischen Züge der zukünftigen Architektur am besten beobachten können. Dort wird der technische Fortschritt am häufigsten den Bedürfnissen des täglichen Lebens angepaßt: Dampfmechanik und Elektrizität, verschiedene Systeme der Heizung, Lüftung und Beleuchtung, Transportmittel, um das Gepäck, das Heizmaterial oder ein Tischgedeck ohne viel Geräusch und Aufhebens in sämtliche Stockwerke und Zimmer zu transportieren.«

Ohne Unterlaß nimmt die Komplexität der Bauaufgaben zu, und die Planung verlangt von den Architekten immer mehr Aufmerksamkeit. Man verlangt von ihnen, Gebäude zu entwerfen, die völlig neuen Aufgaben genügen sollen und für die ihnen keine historischen Vorbilder zur Verfügung stehen. Wie der Amerikaner Henry van Brunt 1886 bemerkt, muß der Architekt des 19. Jahrhunderts Gebäude für ganz verschiedene Zwecke schaffen, um »Bedürfnissen zu entsprechen, von denen die Geschichte bisher nicht berichtet... Bauten aller Art im Eisenbahnwesen; Kirchen mit Sprechzimmern, Küchen und Versammlungsräumen; Hotels unvorstellbaren Ausmaßes; öffentliche Bibliotheken, die sich in ihrem Betrieb völlig von früheren Beispielen unterscheiden; Geschäfts- und Bürogebäude, nach denen das Handels- und Berufsleben früherer Zeiten nie verlangte; Schulen und Hochschulen, deren Ausstattung nicht mit den ehrwürdigen Beispielen von Oxford oder Cambridge verglichen werden kann; Eisbahnen, Theater, große Ausstellungssäle, Kasinos, Zuchthäuser, Gefängnisse, Rathäuser, Konzertsäle, Mietshäuser und all die anderen Bauten, deren das komplexe Wesen der modernen Gesellschaft bedarf.«

Doch auch das Programm der traditionellsten Bauwerke erneuert sich, erfährt eine Spezialisierung und wird zunehmend komplexer. Im 18. Jahrhundert sind die Gemeinschaftseinrichtungen spärlich, ihre Typologie bleibt wenig ausgeprägt. Mit dem Fortschreiten der Aufklärung und in dem Maße, wie der bürgerliche Liberalismus zunimmt, beobachtet man die Entstehung eines immer engmaschigeren Netzes öffentlicher Bauten — Schulen, Gemeindeämter, Museen, Krankenhäuser, Gefängnisse —, deren Programme einerseits immer komplexer und der jeweiligen Aufgabe besser angepaßt werden, andererseits aber auch zu Wiederholungen und zur Typisierung führen. Immer häufiger muß der Architekt mit einem Spezialisten zusammenarbeiten. Psychiater, Hygieniker, Experten des Strafvollzugs, Pädagogen, Museumskundler nehmen Einfluß auf die Entwürfe der Bauten ihres Arbeitsgebietes: Krankenhäuser, Gefängnisse, Schulen und Museen. Die Veröffentlichung der ersten amerikanischen Schulmodelle ist für dieses internationale Phänomen durchaus beispielhaft: Sie folgt auf die beiden ersten nationalen Kongresse der »Freunde des Erziehungswesens«, die durch das Fehlen nationaler Richtlinien beunruhigt sind. Zu Beginn des Jahrhunderts sind diese Programme nicht mehr als Versuche, mit deren Ausarbeitung man die besten Architekten betraut, doch etwa in den dreißiger Jahren hat sich eine Typologie herausgebildet. Schon bald wird die Gestaltungsfreiheit der Architekten durch Verwaltungsvorschriften eingeengt, die Fläche, Rauminhalt und Kosten pro Schüler, Kranken oder Insassen festlegen. Am Ende des Jahrhunderts faßt Paul Planat in seiner Enzyklopädie der Architektur die Lage treffend zusammen: »Beim Entwurf eines Schulhauses umreißen die geltenden Vorschriften ganz einfach die Arbeit des Architekten. Wir könnten uns hier darauf beschränken, das vom Erziehungsministerium 1880 veröffentlichte Reglement wiederzugeben.«

Diese unmerklichen, allmählich fortschreitenden Veränderungen, die die Arbeit der Architekten beeinflussen, sind nicht so spektakulär wie der Wettstreit der Baustile, doch sie charakterisieren die Architektur des 19. Jahrhunderts in ebenso großem, wenn nicht noch größerem Maße. Wir wollen auf zwei besonders erhellende Beispiele eingehen — das Gefängnis und das Krankenhaus —, bei denen die formalen Überlegungen enger als anderswo mit dem Programm verbunden sind.

Das Gefängnis als Raum des Strafvollzugs

Der Gefängnisbau ist im 19. Jahrhundert, ebenso wie der Krankenhausbau, dessen Geschichte viele Vergleichsmöglichkeiten bietet, ein bevorzugtes Anwendungsgebiet der rationalen Bau- und Raumgliederung und zugleich außerordentlich interessant, denn die Anlage der Bauten entspricht einer dreidimensionalen Umsetzung der Strafvollzugsprogramme.

Als gegen Ende des 18. Jahrhunderts die Einsperrung die wichtigste Form der Bestrafung wird und die Besserung des Gefangenen das theoretische Ziel, stehen dem als größte Hindernisse Schmutz, Enge und Unordnung gegenüber, wie die bemerkenswerten Untersuchungen von John Howard (1726-1790), *The State of the Prisons in England and Wales* (1777-1784) und *Appendix to the State of the Prisons* (1788), deutlich zeigen. Die Strafvollzugsexperten leisten während des ganzen 19. Jahrhunderts viel Gedankenarbeit, sowohl in Veröffentlichungen als auch bei Kongressen (der erste findet 1846 in Frankfurt am Main statt). Ihre Überlegungen zum Strafvollzugssystem führen zur Ausarbeitung verschiedener, oft gegensätzlicher Programme, zu deren Erfüllung die Architekten, die immer auf die Einhaltung der von der jeweiligen Verwaltung bestimmten Budgets achten müssen, zahlreiche, formal sehr unterschiedliche Lösungen vorschlagen.

Das *Panopticon* (1791), eines der ersten Zeugnisse für das Bemühen um die Übereinstimmung von Form und Programm, das für das 19. Jahrhundert typisch ist, umreißt die Zielsetzung wie folgt: »Eine vollständige Reform der Gefängnisse herbeiführen, das gegenwärtig gute Verhalten und die Besserung der Gefangenen sichern, Gesundheit, Sauberkeit, Ordnung und Fleiß in diesen Stätten einführen, die bisher von moralischer und physischer Korruption infiziert waren... dies durch nichts anderes als eine architektonische Idee.«

360 Das Frauengefängnis in Würzburg; Peter Speeth; 1809-1810. Die Suche auch einer ausdrucksstarken, abschreckenden Fassade bei stilistischer Annäherung an Ledoux.

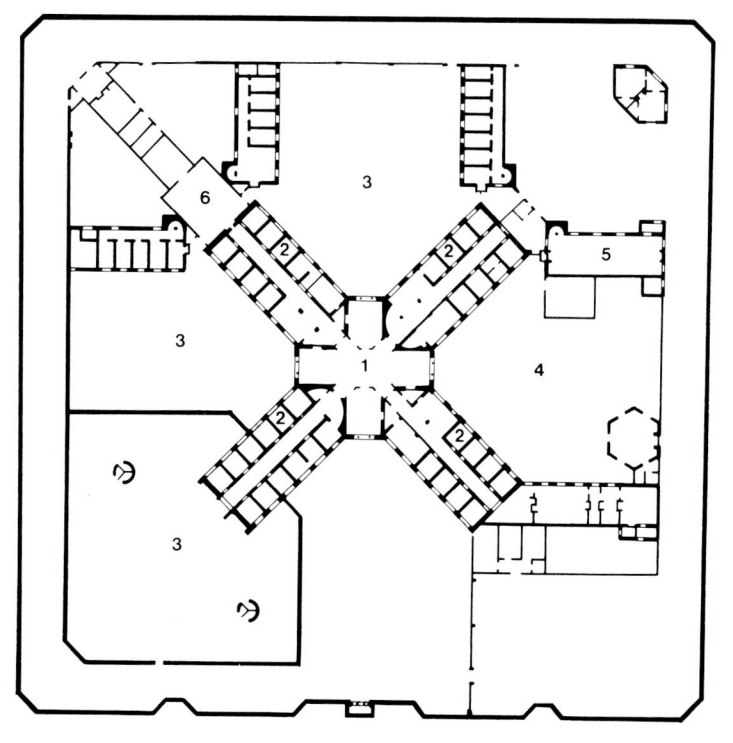

361 Das Gefängnis des County of Suffolk in Ipswich, Grundriß; William Blackburn; 1784-1790. 1 Haus des Direktors; 2 Zellen; 3 Höfe; 4 Frauenhof; 5 Krankenhaus; 6 Studienraum

Bentham schlägt in seinem Text ein kreisförmiges oder vieleckiges ringförmiges Gebäude vor, mit Zellen auf sechs Stockwerken. In der Mitte der Anlage soll, getrennt durch einen glasgedeckten Rundgraben, ein dreistöckiger Turm mit den Wohnräumen des Aufsichtspersonals und der Gefängniskapelle stehen. Von geschlossenen Galerien aus sehen die Wärter, von den Gefangenen kaum bemerkt, direkt in die vergitterten Zellen. Um der Brandgefahr vorzubeugen, empfiehlt Bentham die Verwendung von Eisen anstelle von Holz, »wo immer dies möglich ist«. Doch mehr Beachtung als die Verwendung moderner Baustoffe verdient die »panoptische« Anlage des Gefängnisses. Von dieser »neuartigen Aufsicht, die weniger auffällig ist, dafür aber auf den Sinn wirkt«, erhofft sich Bentham die Besserung der »in kleinen, gut ausgewählten Gruppen« zu dritt oder viert in einer Zelle wohnenden Gefangenen: »Die Augen eines Aufsehers ständig auf sich gerichtet zu wissen, bedeutet den Verlust des Antriebs zum Bösen und verhindert beinahe schon den Gedanken daran.«

Sieht man einmal von der moralischen Utopie ab, die Benthams Entwurf zugrunde liegt, bleibt festzuhalten, daß sein panoptisches System, das die Überwachung Dutzender von Zellen von einem zentralen Punkt aus gestattet, die Architekten des 19. Jahrhunderts immer wieder beschäftigt hat. Mit dem Gefängnis Bridewell in Edinburgh (1791-1795) tritt zum ersten Mal die halbkreisförmige panoptische Anlage auf, doch in der Folgezeit wird man dem kreis- oder halbkreisförmigen Grundriß eine Lösung mit radial angelegten Zellenblocks vorziehen, bei der die Gänge und nicht mehr die Zellen überwacht werden. Das von William Blackburn (1750-1790), einem Freund John Howards, errichtete Gefängnis von Ipswich (1784-1790) ist der Prototyp dieser Anlagen. In Ipswich gehen vier Zellenblocks von einem Mittelturm mit der Wohnung des Aufsehers ab, die Korridore sind genau auf die der Aufseherwohnung ausgerichtet.

In den folgenden Jahrzehnten baut man in Großbritannien und Europa gut zwanzig Gefängnisse dieser Art, doch wird selten eine solche Ausgewogenheit von Wohn- und Überwachungsfunktion des Mittelturms erreicht wie in Ipswich. In Bury Saint Edmunds, in der Grafschaft Suffolk, isoliert man, um eine allzu enge und darum gefährliche Verbindung zu vermeiden, den Mittelturm durch einen Graben, über den nur zwei Stege zu den Haftblocks führen. Die panoptische Idealanlage wird zugunsten größerer Sicherheit geopfert. Bei dem halbkreisförmig angelegten Genfer Gefängnis (1822-1824) gehen zwei Zellenblocks von einem Mittelturm aus, der nicht mehr der zentralen Überwachung dient. Um das Treppenhaus des Mittelturms liegen gut zugänglich die Gemeinschaftseinrichtungen wie Sprechzimmer, Gefängniskapelle und Krankenzimmer. Die günstige

362 Das Zuchthaus von Bury Saint Edmunds (Suffolk), Grundriß; 1803-1805

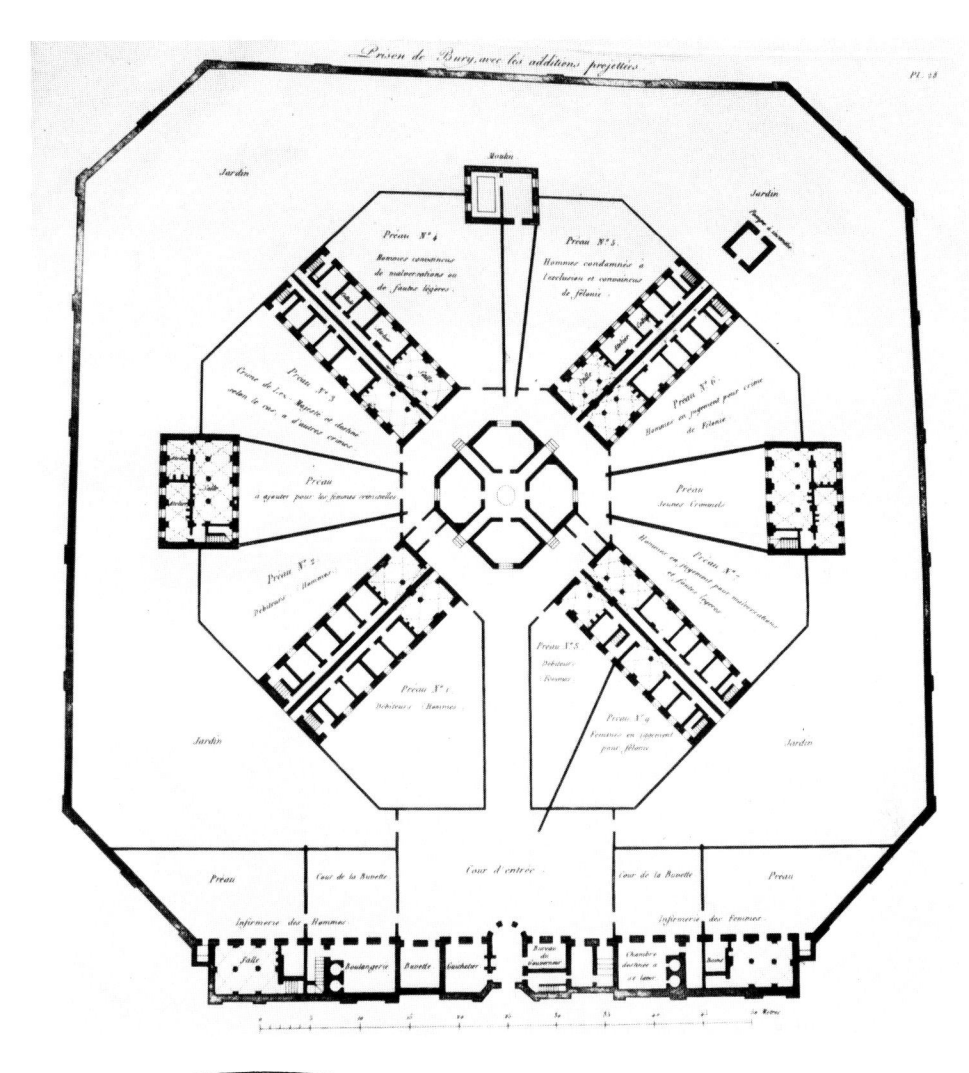

363 Das Gefängnis von Genf, Grundriß des zweiten Obergeschosses; M. Osterrieth; 1822-1825. 1 Krankenstube; 2 Kapelle; 3 Aufseher; 4 Zellen; die Werkstätten sind im ersten Obergeschoß unter den Zellen.

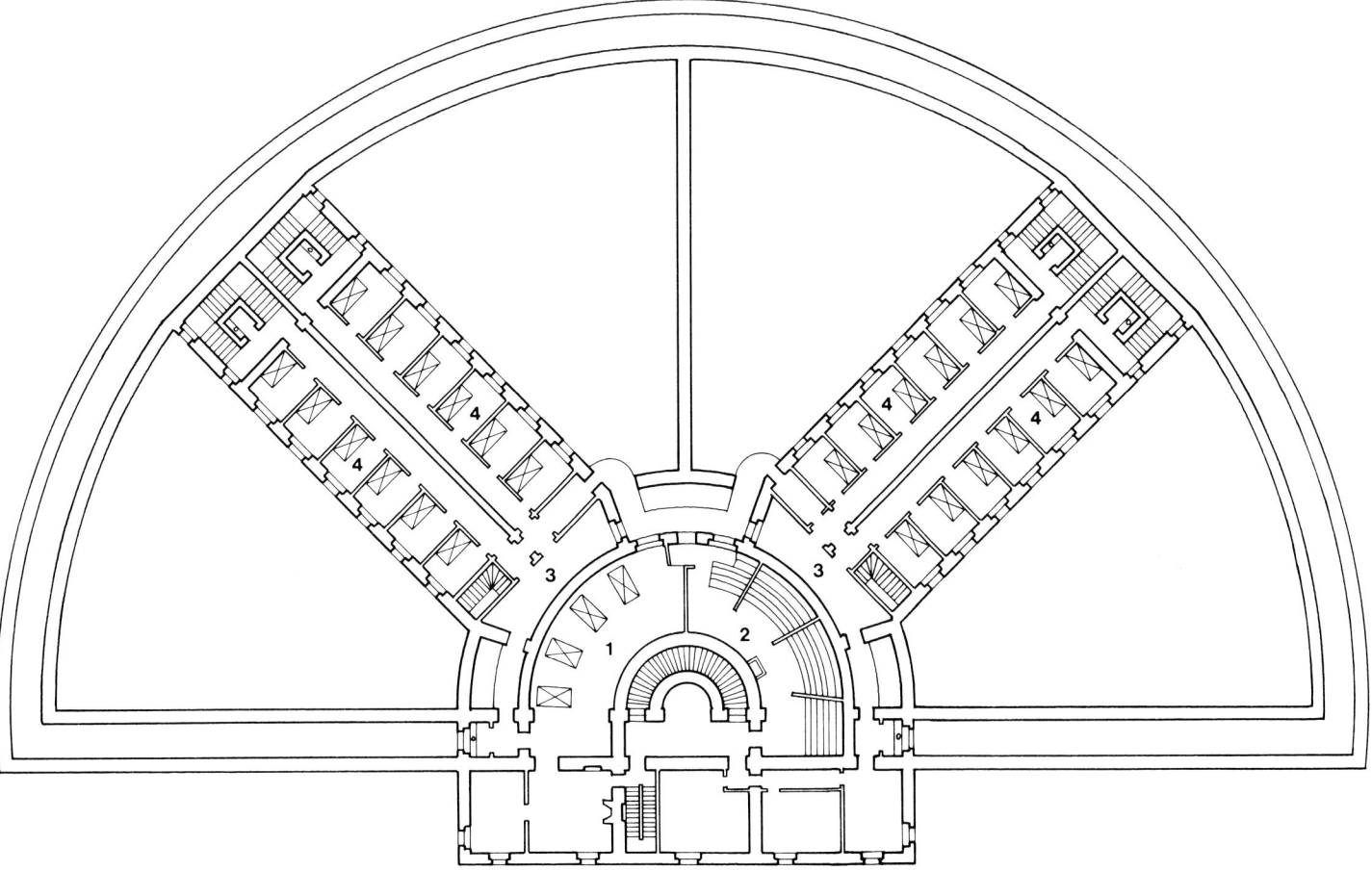

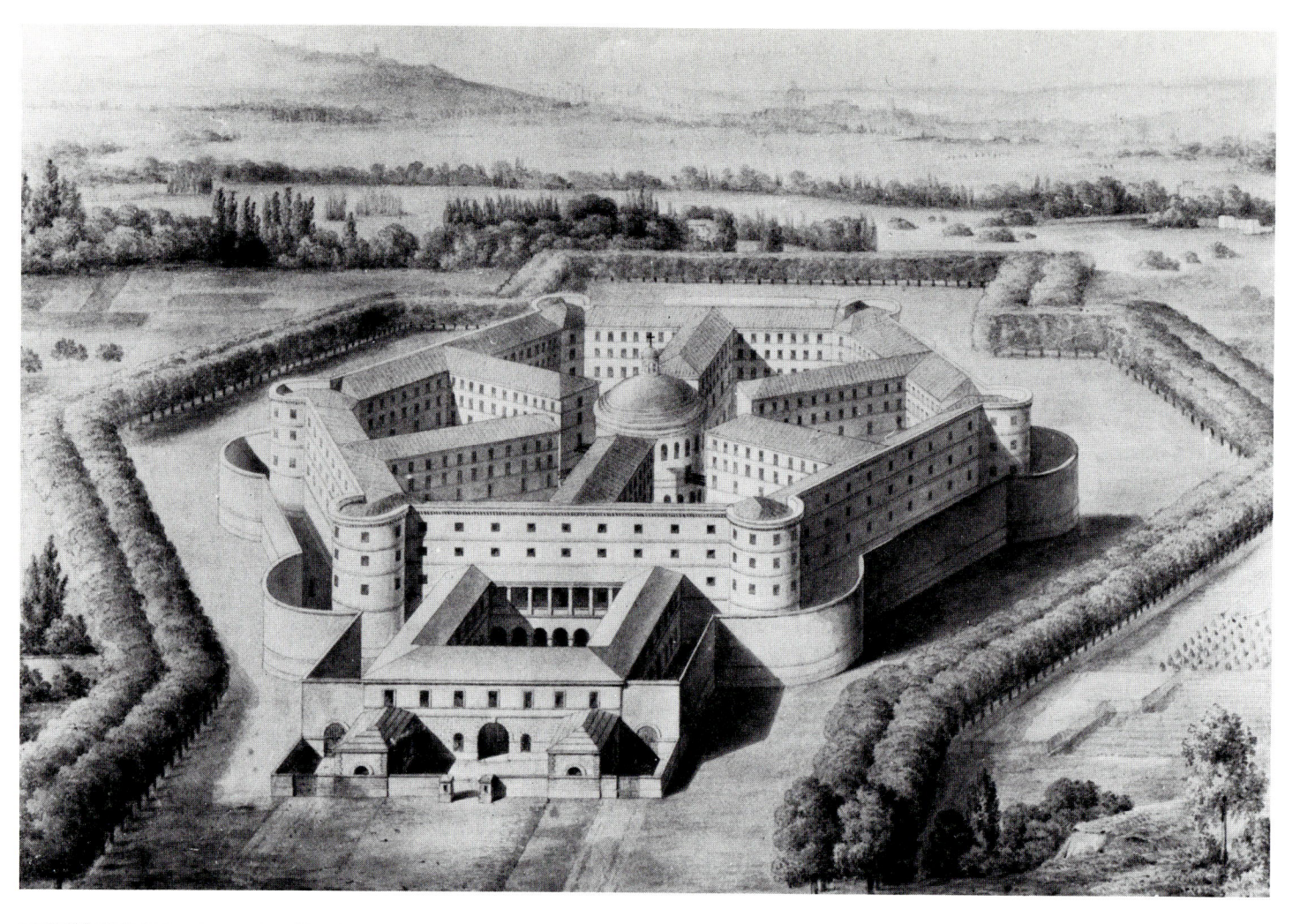

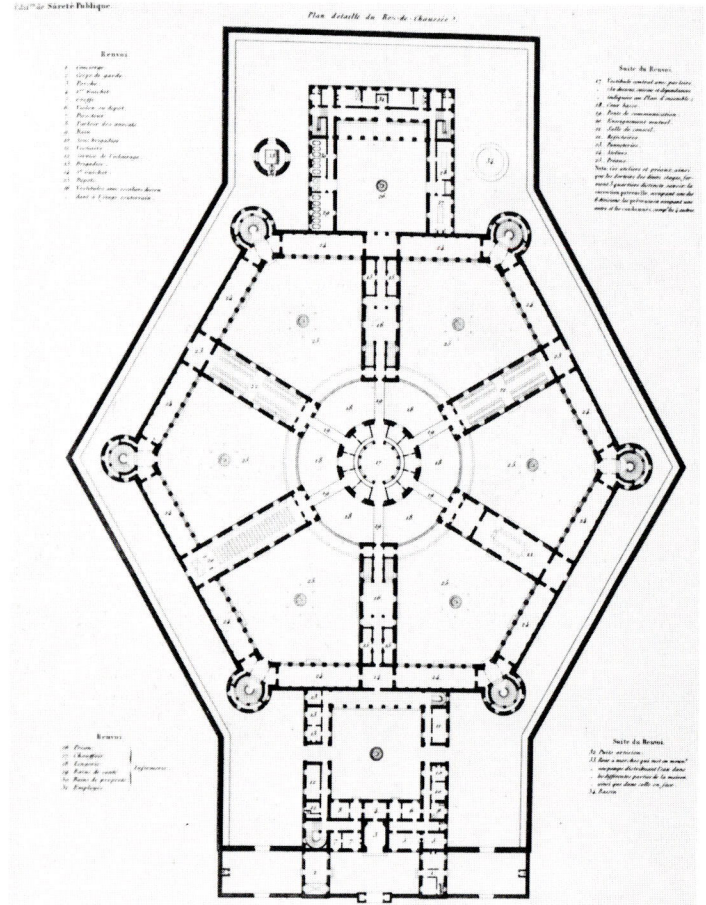

364 Die Jugendstrafanstalt La Petite Roquette in Paris, Ansicht aus der Vogelschau; Louis Hippolyte Lebas; 1826-1836 (1974 abgerissen)

365 Die Jugendstrafanstalt La Petite Roquette in Paris, Grundriß des Erdgeschosses; Louis Hippolyte Lebas; 1826-1836 (1974 abgerissen)

Anlage der Räume und Verkehrswege erhält hier den Vorrang vor dem panoptischen Idealplan. Louis Hippolyte Lebas (1782-1867) überträgt diese Lösung beim Bau der Jugendstrafanstalt La Petite Roquette in Paris (1826-1836) auf eine sechsseitige Anlage. Erste Schlußfolgerungen aus dem europäischen Gefängnisbau zieht 1829 Louis Pierre Baltard (1764-1846) in *Architectonographie des prisons ou parallèle des divers systèmes de distributions dont les prisons sont susceptibles* einen Vergleich der verschiedenen Planlösungen, die für Gefängnisse in Frage kommen.

Der Vorzug des Genfer wie auch des Pariser Gefängnisses besteht jedoch nicht nur in der guten Raumverteilung, sondern auch im Strafvollzugssystem, in dem — ganz ähnlich wie im 18. Jahrhundert in San Michele in Rom (1702-1704) und in Ackerghem bei Gent (1772-1774) — die Gefangenen tagsüber gemeinsam in Werkstätten arbeiten und nachts, weil man die Ansteckungsgefahr der Kriminalität fürchtet, in Einzelzellen eingeschlossen werden. In den zwanziger Jahren ersinnt man in den USA in Philadelphia, Pa., ein Strafvollzugssystem, in dem die Gefangenen noch unerbittlicher isoliert sind. Sie halten sich Tag und Nacht in einigermaßen geräumigen Zellen auf, in denen sie arbeiten, schlafen und wenige Schritte tun können. »In Philadelphia bestrafen die Mauern die Übeltat. In der Zelle steht der Gefangene sich selbst gegenüber. Er kann seinem Gewissen nicht entweichen, es plagt ihn. Die Arbeit, zu der er seine Hände bisher vielleicht noch nie benutzte, erscheint ihm als das kleinere Übel.«

Die Anordnung der nach diesem Programm entworfenen Gefängnisse ist im Detail komplizierter, denn jede Zelle muß gewissermaßen ein Einzelgefängnis sein, doch gesamthaft ist sie einfacher, da es sich ja um ein bloßes Aneinanderreihen gleicher Zellen handelt, die die Gefangenen nicht verlassen. Hier bietet sich die Rückkehr zum panoptischen Idealplan an. John Haviland (1792-1852) liefert mit dem Zuchthaus von Cherry Hill (Eastern Penitentiary) in Philadelphia (1823-1829) das Modell. Man durchquert die Verwaltungs- und Nebenräume am Eingang der Anlage, bevor man den zentralen Überwachungsbau erreicht, von dem sieben zweistöckige Zellenblocks abgehen. In jedem Block liegen die Zellen zu beiden Seiten eines Mittelkorridors, und jede der unteren Zellen hat einen eigenen kleinen Hof. Vom Zentralraum aus sieht man die Gänge ein und überblickt das ganze Zuchthaus. Havilands Zuchthaus vereint die Idee des Zellenblocks, die ursprünglich in San Michele in Rom angewandt wurde, mit der von William Blackburn ersonnenen strahlenförmigen Anlage und dem panoptischen Idealplan Benthams.

Die Flexibilität dieser Formel ist einer ihrer größten Vorzüge. Man bestimmt die Anzahl der Flügel je nach Bedarf, man kann sie verlängern oder weitere Stockwerke aufsetzen — allerdings muß man in die-

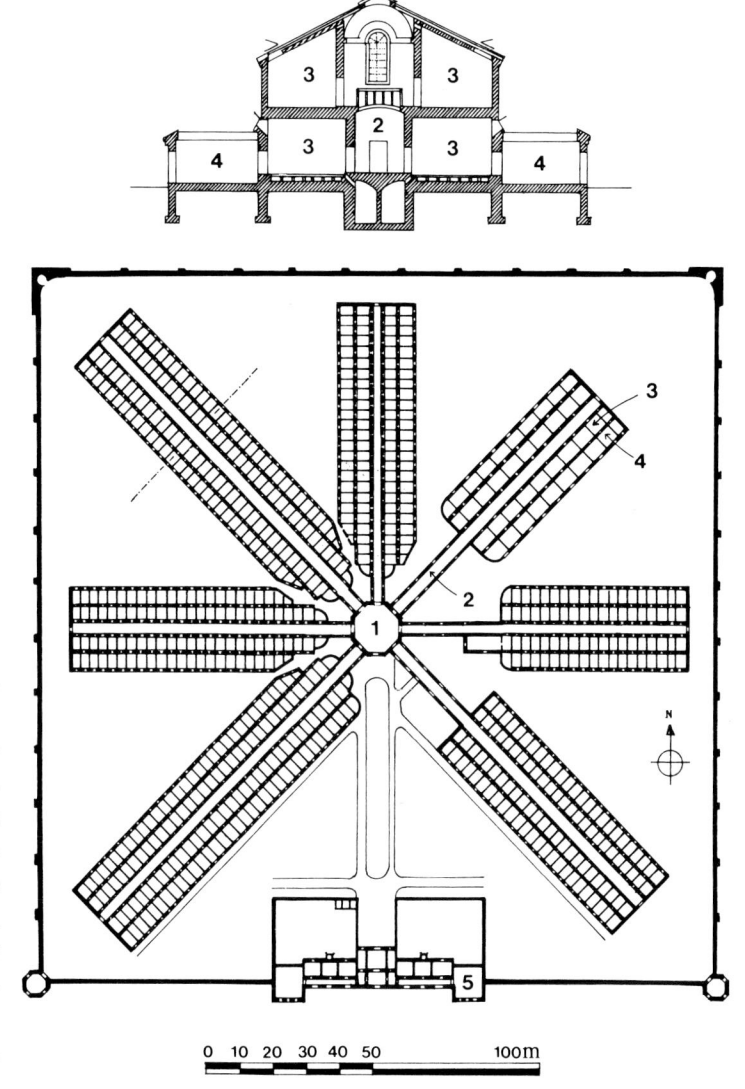

366 Das Gefängnis Cherry Hill (Eastern Penitentiary) in Philadelphia, Pa., Schnitt und Grundriß; John Haviland; 1823-1829.
1 Wachraum; 2 Gang; 3 Zellen; 4 kleine Innenhöfe; 5 Verwaltung

sem Fall separate Höfe anlegen, in die die Gefangenen abwechselnd geführt werden. John Haviland liefert mit dem Staatsgefängnis von New Jersey in Trenton (1833-1836) selbst ein Beispiel dieser Möglichkeiten; von den geplanten fünf Blocks baut er vorläufig nur zwei.

Das »pennsylvanische« System ist schon so grausam genug, doch wahrhaft unmenschlich wird es, wenn die Zellen zu eng geplant werden. Im Gefängnis von Auburn, New York (1823), meutern die von Platzangst befallenen Insassen, und der Direktor veranlaßt den Bau von Speisesälen und Werkstätten: Die Gefangenen essen und arbeiten in Gruppen und suchen ihre Einzelzellen nur zum Schlaf auf, eine Rückkehr zum Strafvollzug, wie man ihn in Ackerghem bei Gent praktizierte, doch durch das zusätzliche Redeverbot entsteht daraus das »Auburnsche« System. Natürlich erreicht Auburn, wo die Anlage aufgrund der gemachten Erfahrungen umgebaut wurde, nicht

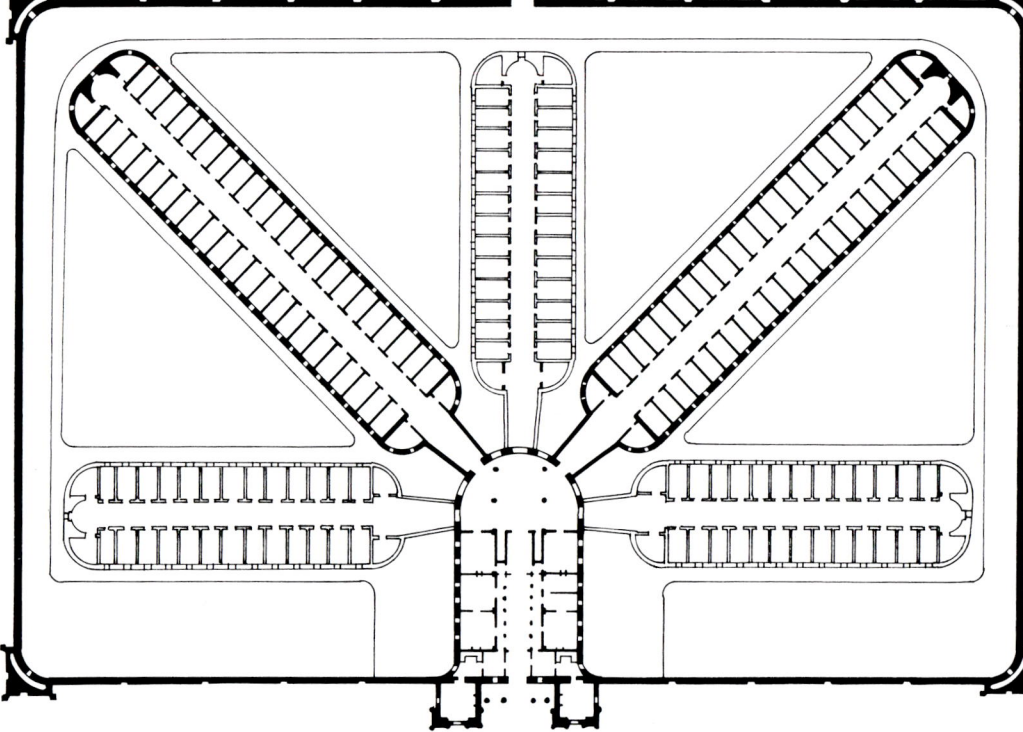

367 Das New Jersey State Penitentiary in Trenton, N. J., Eingang; John Haviland; 1833-1836. Wegen seiner schweren Proportionen und symbolischen Werte schien der ägyptische Stil dem Architekten besonders gut für Gefängnisse geeignet zu sein.

368 Das New Jersey State Penitentiary in Trenton, N. J., Grundriß; John Haviland; 1833-1836

die formale Perfektion von Philadelphia oder Trenton, die wohl gerade deswegen als so nachahmungswürdig galten.

Im Zeichen des fortschreitenden Liberalismus denkt man um 1830 noch gründlicher über den Strafvollzug nach. In Europa interessiert man sich sehr für die amerikanischen Modelle, die — zusammen mit den Schweizer Beispielen — die modernsten Lösungen geben. Die Systeme von Auburn und Philadelphia bilden die anerkannten Bezugspunkte, und die Theorien des Strafvollzugs lassen sich dementsprechend unterscheiden. Nach lebhaften Debatten entschließt man sich 1840 in den meisten Ländern Europas zur Übernahme des pennsylvanischen Systems, und die Architekten entwickeln Varianten des Havilandschen radialen panoptischen Modells. In den USA hingegen zieht man die Lösung von Auburn vor, und die Anlage der meisten Gefängnisse ist sehr unsystematisch, zum Beispiel Sing Sing, New York (1825); Columbus, Ohio (1834); Waupun, Wisconsin (1851); Joliet, Illinois (1856-1858); Western Penitentiary, Pittsburgh, Pennsylvania (1882); Nashville, Tennessee (1895).

Die erste europäische Anlage in der Art von Auburn bauen Sir Joshua Webb und Sir Charles Barry (1840-1842) in London, doch Pentonville Prison wurde seither mehrmals umgebaut. In Pentonville, dessen Grundplan halbkreisähnlich ist, gehen vier Zellenblocks von einem Mittelturm ab, in dem sich die Wachmannschaft aufhält. Davor liegen die Gemeinschaftseinrichtungen, es handelt sich also um eine direkte Übernahme des Systems von Trenton. Die einzige Neuerung, die oft nachgeahmt werden wird, ist

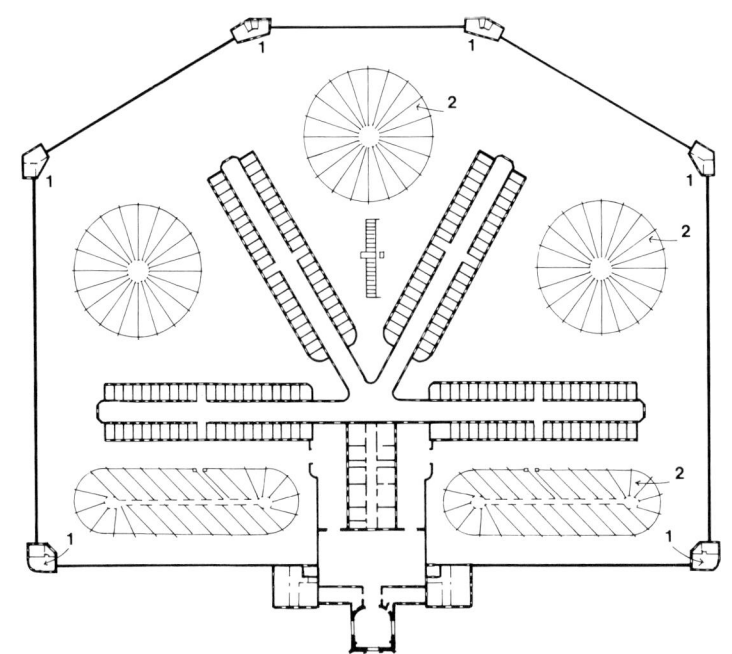

369 Pentonville Prison in London, Grundriß; Sir Joshua Webb und Sir Charles Barry; 1840-1842. 1 Wachtposten, 2 Höfe

370 Holloway Prison in London, Fassade; James Bunston Bunning; 1849-1852 (zerstört)

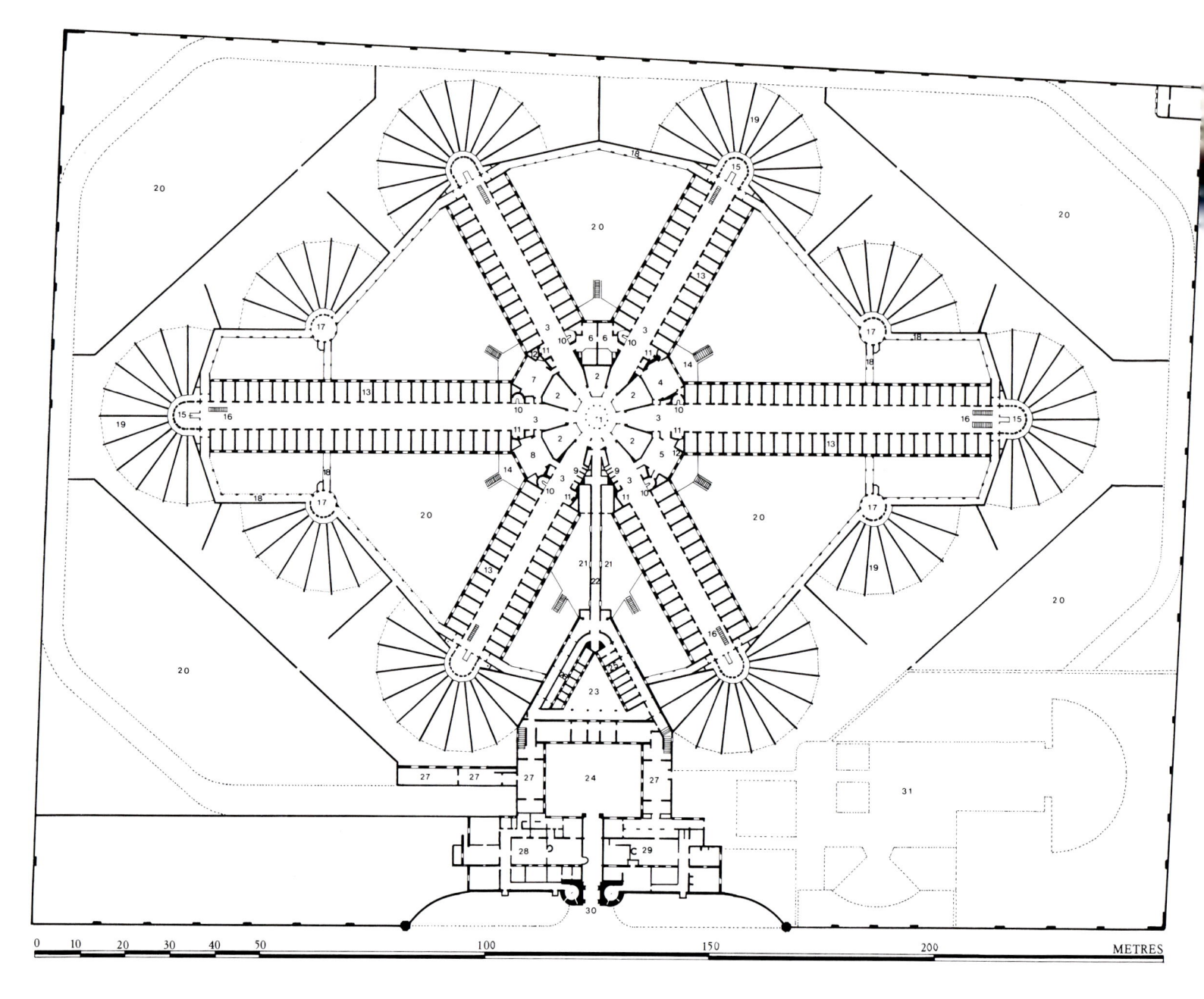

die Anlage kreisförmiger Höfe, die durch strahlenförmig von einem mittleren Wachttürmchen ausgehende Mauern in Einzelabschnitte für jeden Gefangenen unterteilt werden. Pentonville liefert das Muster für weitere englische Gefängnisse, unter anderen Berkshire County Goal, Reading, Berkshire (1942-1844), von Sir George Gilbert Scott und W. B. Mofatt; Holloway Prison in London (1849-1852; zerstört) von James Bunston Bunning. Auf dem Umweg über Pentonville beeinflussen die amerikanischen Gefängnisanlagen auch die ersten europäischen Strafanstalten außerhalb Englands.

Nachdem König Friedrich Wilhelm IV. von Preußen in Begleitung seines Architekten Busse das Pentonville-Gefängnis besucht hatte, beschloß er, für das Gefängnis von Berlin-Moabit (1844), für Münster (1845) und Breslau (1844-1852) das pennsylvanische System zu übernehmen. In der Haftanstalt von Bruchsal (1848) findet man zwar die strahlenförmige

371 Das Gefängnis von Löwen (Belgien), Grundriß; Joseph Dumont; 1846-1858. Da das Gebäude unterhalb eines Boulevard liegt, entspricht das Erdgeschoß des Zellentraktes (Nr. 1-20) dem Untergeschoß des Verwaltungsgebäudes (Nr. 21-30). Der Bau enthält 600 Zellen auf drei Stockwerken. 1 Hauptaufsichtsraum; 2 für die Gefangenen des Erdgeschosses bestimmte Abteilungen der Kapelle; 3 Gänge der Zellenflügel; 4 Küche; 5 Ausgaberaum; 6 Bäckerei; 7 Schlafraum der Wächter; 8 Aufenthaltsraum der Wächter; 9 Räume für die Feuerwehr; 10 Treppen der Zellenflügel; 11 kleine Waschräume und Warenlifte für Lebensmittel; 12 Hauptentlüftungsröhren; 13 Zellen; 14 Verbindungsgänge im Untergeschoß für den Versorgungsdienst; 15 Schlafräume der dienstuenden Wächter und Überwachungsräume für die Höfe; 16 Treppen für die Wächter; 17 Überwachungsraum; 18 Wach- und Verbindungsgang zwischen den Höfen; 19 Höfe; 20 Pflanzgelände; 21 Dampfwäscherei und Nebenräume; 22 Haupteingang der Gefangenen; 23 Hof; 24 Eingangshof; 25 Zellen, Bäder und Desinfektionsräume für die Ankömmlinge; 26 Bäder, Duschen usw.; 27 Vorratskeller; 28 Wohnung des Direktors; 29 Wohnung des Vizedirektors; 30 Haupteingang. Die allgemeine Anordnung ist gleich wie in Philadelphia und Trenton, doch die Verteilung im einzelnen ist auf die Spitze getrieben.

372, 373   Das Gefängnis Beaulieu in Caen (Calvados), Überwachungssystem des Zellentraktes; Romain Harou; nach 1844

Anlage der Zellenblocks wieder, doch der Mittelturm dient wie in Genf nicht der Überwachung, sondern beherbergt die Gemeinschaftseinrichtungen. Auch Joseph Dumont (1811-1859), der im Auftrag des belgischen Justizministeriums in England mehrere Haftanstalten besichtigt, darunter Pentonville und Reading, baut in Belgien zahlreiche Gefängnisse nach dem pennsylvanischen System, unter anderen Löwen (1846-1858), Brüssel (1847-1848; zerstört), Lüttich (1850-1851), Verviers (um 1850).

In einer 1841 vom französischen Innenminister Duchatel veranlaßten Schrift, *Instruction et programme pour les constructions des maisons d'arrêt et de justice*, tritt die Regierung für das pennsylvanische System ein. Dieses Programm wird von einem Atlas begleitet, in dem Abel Blouet (1795-1853), Romain Harou (1796-1866) und Hector Horeau (1801-1872) zahlreiche äußerst interessante Varianten des radial angelegten Gefängnisses mit zentraler Überwachung, aber auch des panoptischen Kreismodells von Bentham und der daraus abgeleiteten Halbkreisvariante darlegen. Wie in Italien, werden in Frankreich alte Gefängnisbauten entsprechend den neuen Erkenntnissen umgebaut, was oft bemerkenswert gut gelingt. Das von Jean-Baptiste-Philippe Harou, gen. Le Romain, gebaute und von seinem Sohn Romain Harou umgebaute Gefängnis Beaulieu bei Caen in der Normandie zum Beispiel veranschaulicht mit seinem neuen Zellenblock die Vorzüge der panoptischen Anlage. In Paris liefert die Haftanstalt Mazas von Jean François Joseph Lecointe (1783-1858) und Emile Jacques Gilbert (1793-1874) ein Modell für spätere Bauten, obwohl die Architekten kaum neue Ideen einführen und der Bau vor allem durch seine technischen Einrichtungen besticht. Die Arbeiten an der 1840 beschlossenen An-

verständlicherweise zahllose Anhänger. Im Gefängnis von Autun im Departement Saône-et-Loire (1847-1856) legt André Berthier fünfzig Einzelzellen in drei Etagen um einen überkuppelten Saal an, der von einem Okulus beleuchtet wird; sie sind von auskragenden Metallgalerien aus zugänglich. Doch die hohen Baukosten dieses Modells erklären die im Verhältnis zu den vorgelegten Projekten geringe Zahl ausgeführter Bauten und die allgemeine Vorliebe der Verwaltung für strahlenförmige Anlagen. Auch in den folgenden Jahrzehnten bleiben Kreisanlagen selten. Beispiele sind das Gefängnis von Dinant in Belgien und das von Arnheim in den Niederlanden (1884), die wohl spektakulärste Anlage dieser Art. Um einen riesigen Saal von 45 Metern Durchmesser, den eine Kuppel mit unverkleideter Eisenkonstruktion krönt, sind auf vier Stockwerken 200 Zellen verteilt.

Dem Modell der strahlenförmig um einen zentralen Überwachungspunkt angelegten Zellenblocks ist in der ganzen Welt Erfolg beschieden: In Belgien legt man im 19. Jahrhundert 17 von insgesamt 20 Gefängnissen nach diesem Muster an, in Deutschland sind es gut 40. In Schweden (Gefängnis von Langholm bei Stockholm), Spanien (Victoria, 1859; Madrid, 1877; Valencia, 1887), Portugal (Lissabon, 1880) und Argentinien (Buenos Aires, 1872) baut man Gefängnisse in diesem System, selbst in Japan, wo unter dem Meiji-Tennô nicht nur Handelsbeziehungen zum Westen aufgenommen werden, sondern auch der westliche Strafvollzug Eingang findet; den ersten Auftrag erhält 1879 ein englischer Ingenieur mit der Strafanstalt Miyagi in Tokio. Den Begründer dieser Typologie, John Haviland, hat man spöttisch den »Kerkermeister der Welt« genannt, doch sein System erfährt nun zahlreiche Wandlungen, seine Patenschaft ist auf den ersten Blick oft kaum ersichtlich. Im Brüsseler Gefängnis Saint-Gilles (1847) bilden Aufsichtsraum und Gefängniskapelle eine ungewöhnliche Einheit; es ist ein geglückter Kompromiß zwischen dem Genfer und dem pennsylvanischen Modell. Im Gefängnis Le Nuove (1860-1870) in Turin bilden die Zellenblöcke ein Doppelkreuz. Ein Vergleich zwischen den Grundrissen der Gefängnisse von Philadelphia (1823) und Löwen (1846-1858) beweist, welche Fortschritte der Gefängnisbau in einem Vierteljahrhundert gemacht hat. Der Optimismus der Zeitgenossen ist verständlich.

Nur eine aufmerksame Analyse der sich wandelnden Gesetzgebung in den einzelnen Ländern könnte die Hintergründe der verschiedenen Detaillösungen erhellen. So läßt sich in der zweiten Jahrhunderthälfte feststellen, daß sich der Gegensatz zwischen dem pennsylvanischen und dem Auburnschen System abschwächt. Man kann dies darauf zurückführen, daß einige Strafvollzugsexperten progressive und auch Mischsysteme befürworten. Das Modell der strahlenförmig von einem zentralen Überwachungspunkt

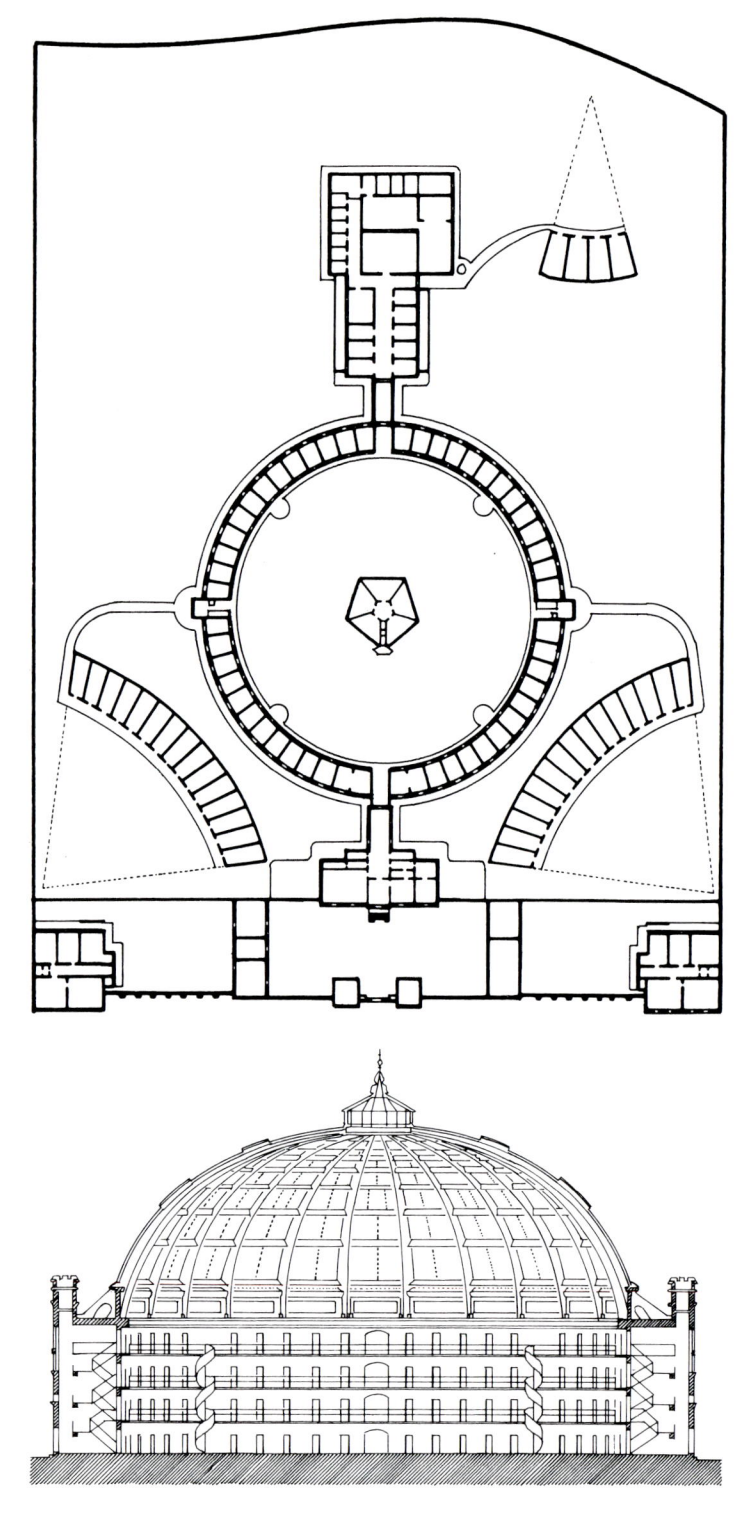

374, 375 Das Gefängnis von Arnheim (Niederlande), Grundriß und Schnitt; 1884. Der Bau übernimmt das System des kreisförmigen Gefängnisses von Autun (1847).

lage werden 1842 begonnen und erst 1850 abgeschlossen.

In einem Jahrhundert, in dem es wenigen französischen Architekten gelingt, aus dem Schatten von Soufflots Panthéon herauszutreten, findet das auf dem zentralen Rundhof aufbauende panoptische Modell

376 Das Gefängnis Alt-Moabit in Berlin; Herrmann; 1869-1871 (Zustand um 1920)

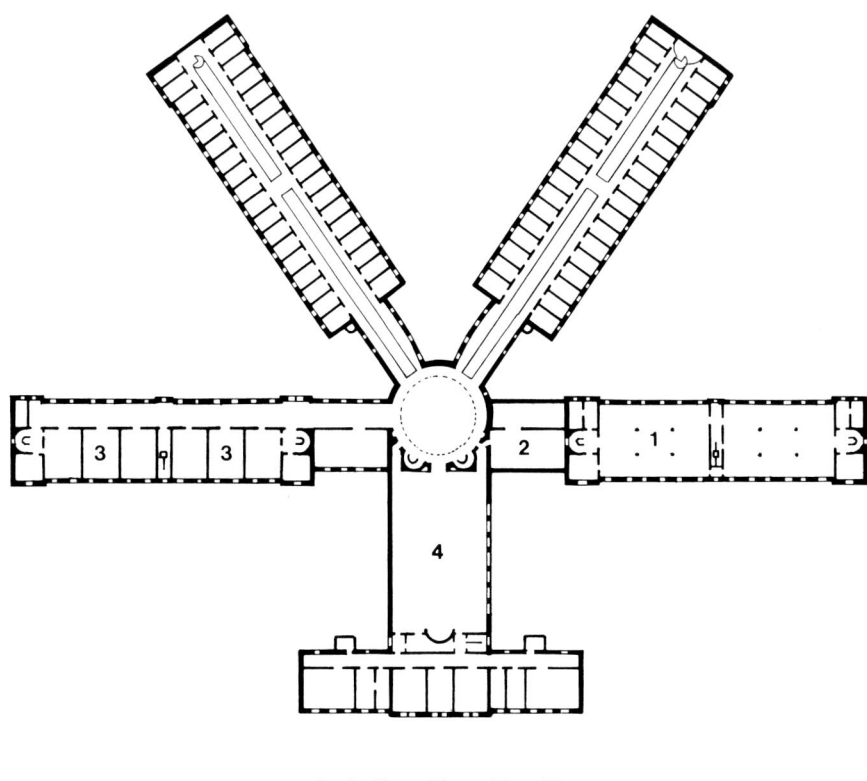

377 Das Zuchthaus von Rendsburg, Grundriß; 1870-1872. 1 Werkstätten; 2 Schule; 3 Schlafräume; 4 Kapelle

ausgehenden Zellenblöcke bleibt nicht mehr mit dem pennsylvanischen Strafvollzugssystem verbunden und setzt sich in allen Programmen durch.

Die Gründe dafür liegen nicht nur in der hohen Selbstmordrate der Insassen beim pennsylvanischen System, sondern vor allem in der unvorteilhaften Kostenanalyse: Das Auburnsche Modell ist zwei- bis viermal kostengünstiger. In Belgien, den Niederlanden und in den meisten skandinavischen Ländern behält man zwar die Einzelhaft bei, doch ermuntert durch den belgischen Strafvollzugsexperten Edouard Dupectiaux führt man das die Haftbedingungen mildernde Besuchsrecht ein. Gefolgt von Deutschland, Spanien und anderen Ländern übernimmt man in Großbritannien das 1853 von Walter Crofton vorgeschlagene sogenannte progressive oder irische System: Nach einer Zeit totaler Isolation werden die Gefangenen in den Auburnschen Strafvollzug überführt. Andere Experten befürworten dem Gefangenen angepaßte Vollzugsordnungen: Einzelhaft für Untersuchungsgefangene, Auburnscher Vollzug für Verurteilte, Kollektivhaft für politische Gefangene oder zahlungsunfähige Schuldner. In Frankreich geht man so weit, die amerikanischen Modelle vollständig abzulehnen. In einem Erlaß von 1854 verlangt der Innenminister Persigny die Rückkehr zur Einsperrung nach Schweregrad; diese Bestimmung wird erst 1875 wieder aufgehoben.

Nach 1850 trifft man also auf Gefängnisse, in denen der Vollzug auf einem Mischsystem beruht (Einzel- und Kollektivhaft, Eigenheiten sowohl des pennsylvanischen als auch des Auburnschen Systems) oder von der besonderen Bestimmung der Anstalt abhängt (Gefängnis oder Zuchthaus): Holloway in London (1849-1852), La Santé in Paris (1862), Zuchthaus von Rendsburg (1870-1875). Doch auch nach der Aufgabe eines mehr oder weniger einheitlichen Konzeptes für den Strafvollzug behauptet sich die strahlenförmige Anlage mit zentraler Überwachung weiterhin. Das von Antoine-George Louvier (1818-1892) entworfene Gefängnis Saint-Paul in Lyon besteht aus einem Einzelzellenblock und fünf Blöcken für den kollektiven Strafvollzug mit Wärmeräumen, Speise- und Schlafsälen; die sechs Blöcke gehen von einem zentralen Aufsichtsturm ab, in dessen erstem Stock sich die Gefängniskapelle befindet. Sicherlich erklärt die Entwicklung im Strafvollzug auch die Aufgabe der strahlenförmigen Anlage zugunsten eines kammförmigen Grundrisses, die gegen Ende des Jahrhunderts zu beobachten ist. Bei dem Kamm-Modell sind die Zellenblöcke im rechten Winkel zu einem Hauptgang angelegt (Wormwood Scrubs, London, 1874-1891; Fresnes bei Paris, 1898), eine Lösung, die an englische Krankenhäuser erinnert. Diese Ähnlichkeit kommt nicht von ungefähr, denn von jeher besteht eine Wechselwirkung zwischen den beiden Bauaufgaben.

Es ist jedoch keineswegs so, als besäße die Gefängnisarchitektur angesichts ihrer praktischen Aufgaben und der Grundriß- und Raumprobleme keine ästhetischen Gesetze. Die Fassade soll eine Metapher der moralischen Welt des Gefängnisses sein, ein erkennbares Zeichen ihrer Funktion. In der *Encyclopedia sondiensis* (London 1826, Bd. 21, S. 421) liest man unter dem Stichwort »Prisons«: »Der Baustil eines Gefängnisses ist eine wichtige Angelegenheit. Er bietet ein wirksames Mittel, die wünschenswerte Empfindung von Abscheu zu steigern... Das Äußere sollte also grob und düster gestaltet werden, in einer Art, die dem Betrachter starken Schrecken und Melancholie einflößt. Schwere Gesimse, das Fehlen von Fenstern und Bauschmuck, enge, niedrige Pforten und eine verhältnismäßig gedrückte Silhouette scheinen die wesentlichen Mittel zu sein, um die beabsichtigte Wirkung zu erzielen.« Diese gestalterische Verkündung des Strafvollzugs — für die Peter Speeth (1772-1831) mit dem Würzburger Frauengefängnis (1809-1810) und Romain Harou mit dem Gefängnis von Beaulieu bei Caen (nach 1844) gelungene Beispiele liefern — liegt den Gefängnisbaumeistern des 19. Jahrhunderts immer am Herzen, man lese nur die *Encyclopédie de l'architecture* (1853, Spalte 181): »Das Gefängnis von Mazas (Paris) ist nicht bloß ein intelligent ausgeführtes Bauwerk und ein Verwaltungsinstrument, es ist ein Kunstwerk. Der Stil des Gebäudes ist so, wie er sein soll: einfach, edel, schlicht bis zur Strenge. Die Form ist, wie es sich gehört, Ausdruck seines Wesens; wenn man sich nähert, verspürt man die Gegenwart von etwas Furchtbarem.

Oft können diese Bauten das Vorbild der Festung nicht verleugnen, und unter dem Einfluß der Wiederbelebung des Mittelalters erhalten manche Gefängnisse das Aussehen mittelalterlicher Burgen oder Bergfriede, sei es in Cherry Hill oder Holloway, in Brüssel oder Auxerre. »Die Türme, Warten, schmalen Fenster, Gitter und Zinnen, all das vermittelt den Eindruck von Macht, von der Aufhebung der Freiheit. Der Stil des Gefängnisbaus muß streng sein. Es ist sogar gut, wenn er als Schreckbild auf das Verbrechen wirkt. So will es das Gesetz, das die Einsperrung vorschreibt«, liest man 1848 im *Journal de l'architecture* über die vom Belgier Joseph Dumont entworfenen Haftanstalten: »Der Anblick eines jeden seiner Gefängnisse gestattet keinen Zweifel über seine Bestimmung.« Nur wenige Gefängnisse kann man jedoch in diesem Sinne als rundum gelungen bezeichnen — Meisterwerke in dieser Hinsicht sind Trenton oder The Tombs in New York, wo John Haviland der in Cherry Hill angewendeten Gotik einen ägyptisierenden Stil vorzieht —, bei den meisten bleibt die Wirkung dekorativ, und der Bau in Auxerre zum Beispiel wirkt mit seinen farbigen Zinnen und der rustikalen Pforte eher romantisch als erhaben und furchteinflößend.

Das Krankenhaus

Von etwa der Mitte des 18. Jahrhunderts an hört eine immer größere Zahl von Krankheiten auf, Schicksal zu sein, sie werden behandelbar oder sogar heilbar. Von nun an spielen hygienische Forderungen und medizinische Praxis eine wichtige Rolle im Krankenhausbau. Zwischen 1760 und 1790 führen der Engländer Howard, der Franzose Tenon und der Österreicher Hunczovsky vergleichende Untersuchungen durch, die einen statistischen Zusammenhang zwischen Sterberate, medizinischen Praktiken und gewissen Raumverhältnissen nachweisen. Sie sprechen sich gegen das bisher übliche vielseitige Hospital aus, in dem Patienten mit Ansteckungskrankheiten, Verletzte und Wöchnerinnen nebeneinander untergebracht sind, und fordern die Schaffung spezialisierter Krankenhäuser. Sie betonen die Bedeutung der Lüftung und einer sinnvollen Orientierung der Säle und kritisieren die traditionellen Grundrisse in Viereck- oder Kreuzform, bei denen die Säle miteinander in Verbindung stehen. Sie empfehlen einen neuen Typus des Krankenhauses, die Pavillonanlage, deren Prototyp das Stonehouse Hospital in Plymouth in der Grafschaft Devonshire ist, das 1760 von Rovehead geplant wurde.

In Frankreich treiben diese neuen hygienischen Erkenntnisse die Architekten an die Zeichentische, mehrere Dutzend Entwürfe werden ausgearbeitet — Anlaß ist der geplante Umbau des Hôtel-Dieu in Paris (1772-1788). Unangefochtenes Vorbild ist der Entwurf des Stadtarchitekten von Paris, Bernard Poyet (1742-1824), aus dem Jahre 1788, der Tenons *Mémoire sur les hôpitaux de Paris* als Illustration diente; 1809 publiziert Jean Nicolas Louis Durand (1760-1834) in seinem *Précis d'architecture* eine Variante zu diesem Projekt. Poyets Entwurf sieht zwei nebeneinanderliegende Pavillons für Männer und Frauen vor, mit nicht mehr als 60 Betten auf zwei Stockwerken. Der Abstand der Gebäude soll das Zweieinhalbfache ihrer Höhe betragen, und Säulengänge sollen sie an beiden Enden verbinden. Die rückwärtige Seite des so gebildeten Innenhofes nimmt die Kapelle ein. Im Jahre 1786 befürwortet die Académie des Sciences diese Lösung für alle Krankenhausneubauten, doch die Nationalisierung der Kirchengüter im Rahmen der Revolution wenige Jahre danach macht Neubauten überflüssig, die Krankenhäuser ziehen in die Klöster ein.

Schließlich dauert es noch etliche Jahrzehnte, ehe die neuen Prinzipien korrekt angewandt werden; in Bordeaux hat man es 1810 nur halbherzig getan, und 1828 in Saint-Mandé bei Paris ließ man sie ganz außer acht. Von 1836 bis 1846 baut Martin Pierre Gauthier (1790-1855), der Architekt der Pariser Stadtverwaltung für Krankenhäuser und Hospize, unter Verwendung eines ersten Entwurfs (1835) von Marie Antoine Delannoy (1800-1860) das Hospice de la Reconnaissance (Hospice Brezin) in Garches bei Paris. Zur gleichen Zeit entsteht in Brüssel das Hôpital Saint-Jean (1837-1843; zerstört), das Henri Louis François Partoes (1790-1873) nach einem eingehenden Studium der modernsten Krankenhäuser Europas entwirft. Doch der fortschrittlichste Bau von allen — bis zur Ausarbeitung eines zeitgemäßen Modells durch Casimir Tollet im Jahre 1872 — ist das Pariser Hôpital Louis-Philippe, später Lariboisière, das Martin Pierre Gauthier 1839 entwirft und das zwischen 1846 und 1854 ausgeführt wird. Die Anlagen des Militärkrankenhauses von Vincennes, des Hôpital Bégin (1856-1858) und des neuen Hôtel-Dieu von Paris (1864-1876, von dem Chefarchitekten der Stadt Paris, Arthur Nicolas Diet, 1824-1890, und Emile Jacques Gilbert, 1793-1874) sind weniger großzügig geplant.

In Großbritannien setzen sich die neuen Prinzipien langsamer durch als in Frankreich. Eine 1853 einberufene Kommission spricht sich für die Pavillonanlage aus. 1858 behandeln mehrere Artikel in der Zeitschrift *The Builder* dieses Thema, und Florence Nightingale (1820-1910) tritt in ihren 1859 veröffentlichten *Notes on Hospitals* sehr bestimmt für die Pavillonanlage ein und beschreibt die vom Standpunkt der Hygiene aus günstigsten architektonischen Lösungen im

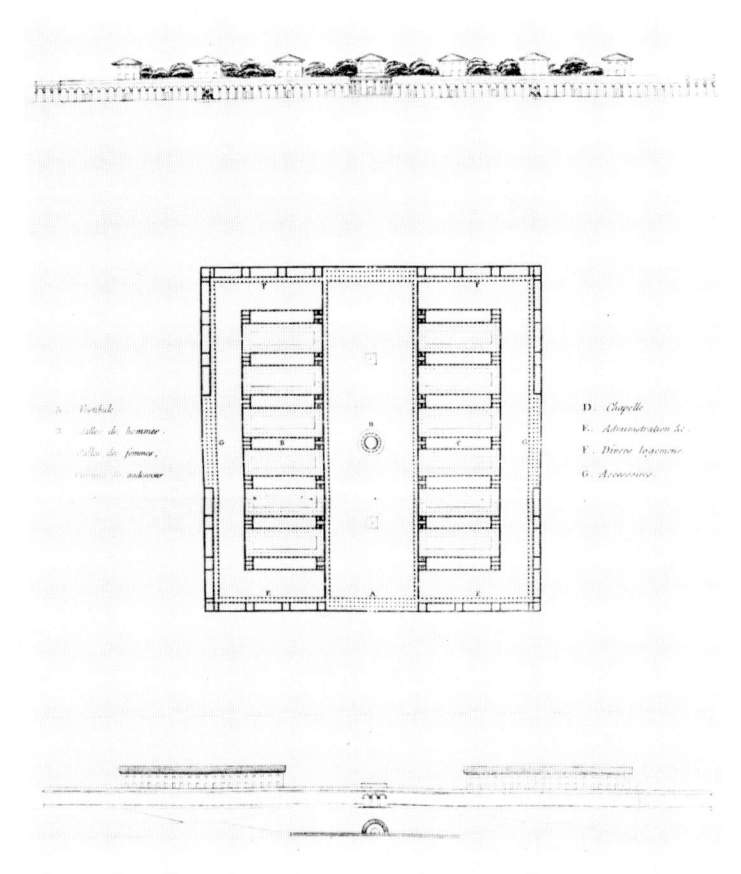

378 Beispiel eines Krankenhauses nach dem von Bernard Poyet entwickelten System; nach: Jean Nicolas Louis Durand, III, Taf. 18

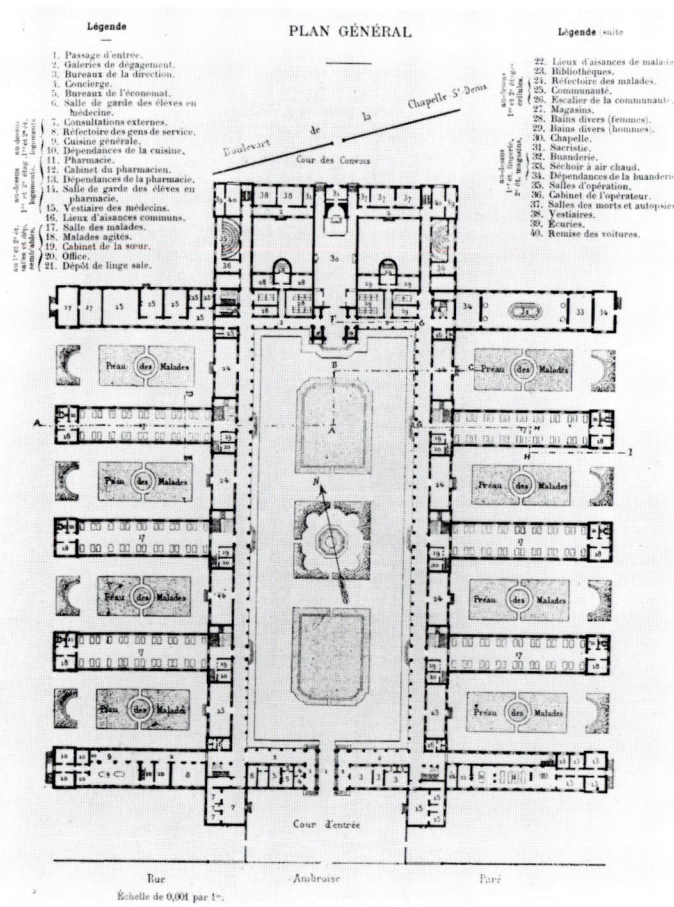

379 Das Diakonissen-Krankenhaus Bethanien in Berlin; Stein, nach Entwürfen von Ludwig Persius, Friedrich August Stüler und, für die Türme, König Friedrich Wilhelm IV.; 1845-1847

380 Das Hôpital Louis-Philippe (später Lariboisière) in Paris, Grundriß; Martin Pierre Gauthier; Entwurf 1839, Ausführung 1846-1854 (nach Tollet, 1894, Abb. 3)

381 Das Hôpital Lariboisière in Paris, Blick in den Hof; Martin Pierre Gauthier; Entwurf 1839, Ausführung 1846-1854. Links und rechts die Pavillons, die über einen Portikus mit darüberliegender Terrasse miteinander verbunden sind; im Hintergrund die Kapelle.

382 New Royal Infirmary in Edinburgh, Hauptfassade; David Bryce; 1870-1879. Die vier Pavillons sind über einen Gang mit dem Hauptgebäude verbunden (nach: *The Builder*, 17. Dezember 1870).

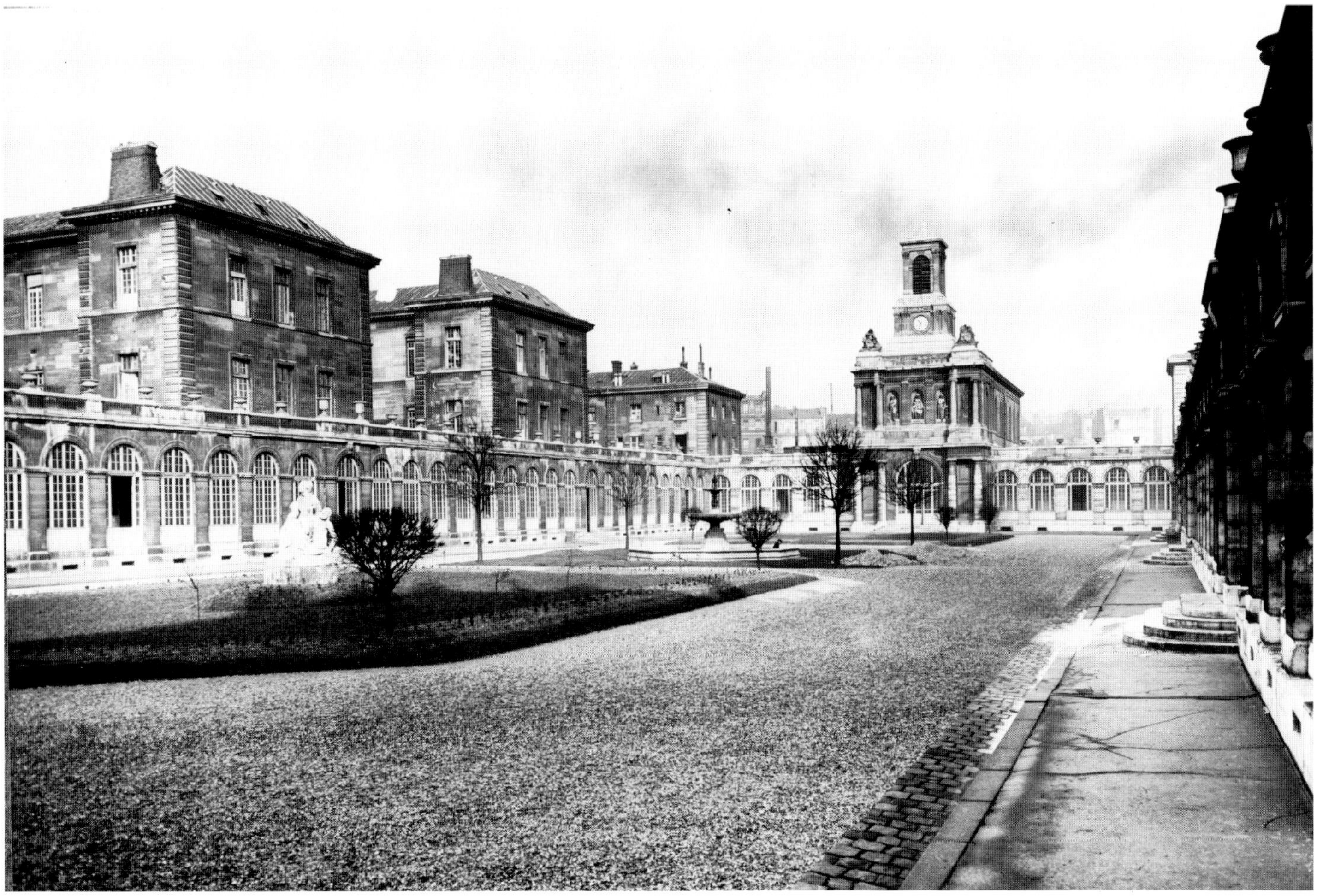

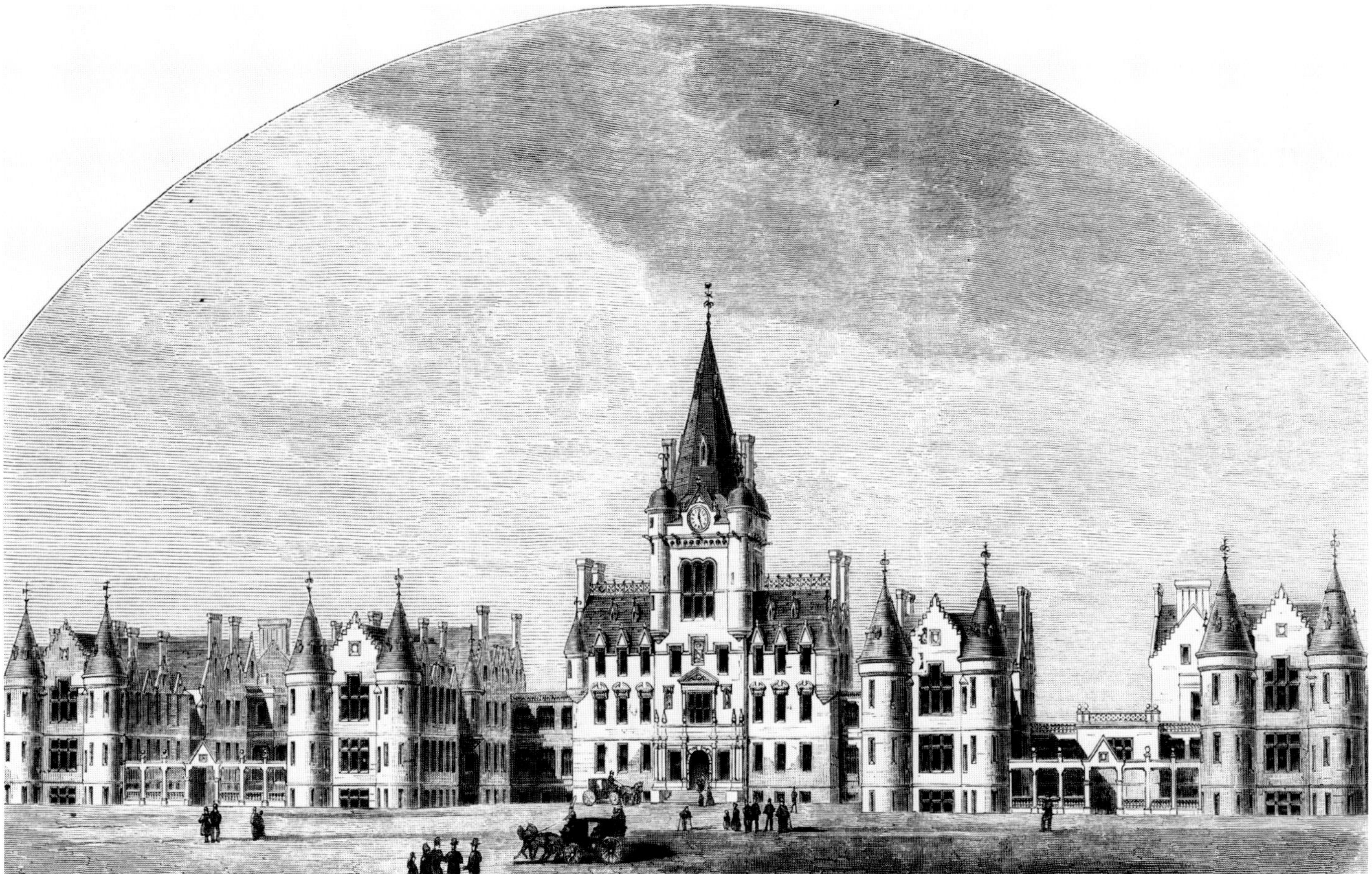

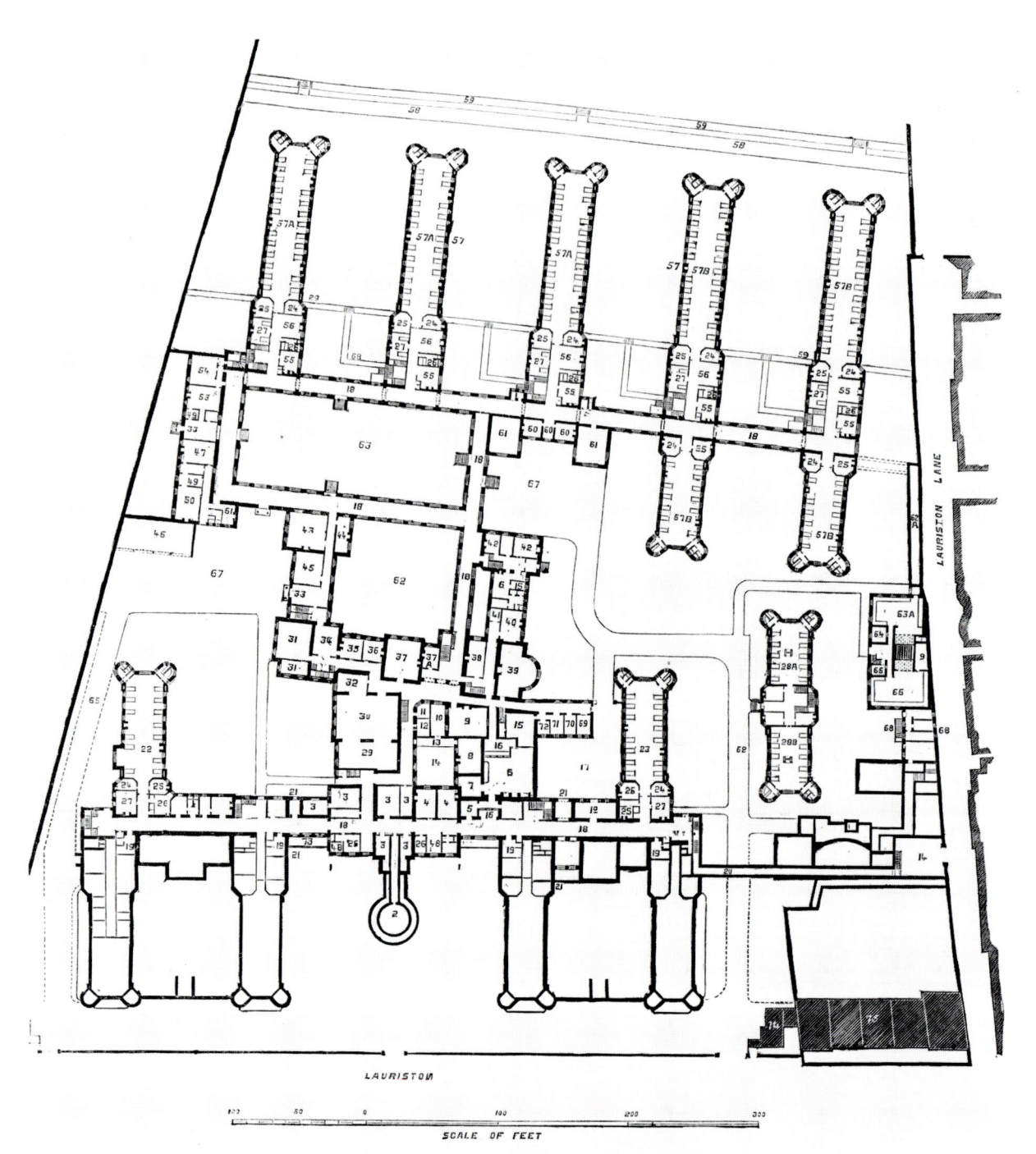

NEW ROYAL INFIRMARY, EDINBURGH.
Plan of Principal Ward Floor, Medical Hospital; and Basement Floor, Surgical Hospital.

REFERENCES.

1. Surgical Hospital.
2. Ice House.
3. Beer and Wine Cellars.
4. Porters' Rooms.
5. Housemaid's Closet.
6. Kitchen.
7. Cook's Store and Office.
8. Probationer Nurses' Dining Hall.
9. Servants' Hall.
10. Shoe Place.
11. Weighing Place.
12. Brushing Place.
13. Covered Passage.
14. Court.
15. Scullery.
16. Service Place.
17. Kitchen Court.
18. Corridor 12 ft. wide.
19. Coals.
20. Tunnel for conveying Dead Bodies from Surgical Hospital to Mortuary.
21. Space for Cross Ventilation.
22. Ward for Foul Discharges.
23. Erysipelas Ward.
24. Doctor.
25. Sisters, Nurses.
26. Bath.
27. Private Ward.
28. Fever Hospital:—
    A. Female Ward.
    B. Male Ward.
29. Nurses' Linen Store.
30. Patients' Linen Store.
31. Store Room.
32. Linen Store for Officers.
33. Entrance.
34. Hall.
35. Mending Room.
36. Work Room.
37. Matron's Office.
37A. Grocery.
38. Bread Store.
39. Nurses' Dining Room.
40. Matron's Dining Room.
41. Pantry.
42. Sick Students' Rooms.
43. Museum.
44. Curator's Room.
45. Preparing Room.
46. Covered Standing or Carriages.
47. Male Reception Room.
48. Lavatory.
49. Examination Room.
50. Female Reception Room.
51. Infectious Room.
52. Drive.
53. Out-door Patients' Waiting Room.
54. Dispensary.
55. Ward Kitchen.
56. Convalescent Room.
57. Medical Hospital:—
    A. Male Ward.
    B. Female Ward.
58. Walk.
59. Sloping Bank.
60. Wards. Special Cases.
61. Class Room.
62. Watson's Hospital Dress Ground.
62A. Underground Passage from Mortuary to Medical Hospital.
63. Garden or Dress Ground.
63A. Washing House.
64. Dirty Clothes.
65. Clean Linen.
66. Laundry House.
67. Gravel Space.
68. Upholsterer's Department.
69. Larder.
70. Milk Store.
71. Butter and Eggs.
72. Vegetables.
73. Area for Light.
74. Lodge.
75. Wharton-place.

383 New Royal Infirmary in Edinburgh, Grundriß; David Bryce; 1870-1879 (nach: *The Builder*, 17. Dezember 1870)

384 New Royal Infirmary in Edinburgh, rückseitige Ansicht; David Bryce; 1870-1879

Detail. Sir Douglas Galton baut 1860-1864 das erste große Krankenhaus, das diese Grundsätze berücksichtigt, das Herbert Royal Military Hospital in Woolwich. Das Beispiel findet viele Nachahmer: St. Thomas' Hospital, London (1865-1871, Henry Currey), The New Royal Infirmary, Edinburgh (1870-1879, David Bryce), das Kinderkrankenhaus in Pendlebury bei Manchester (1872-1878, Pennington & Bridgen). Die Pavillons stehen zwar wie in Frankreich getrennt, doch nicht um einen Hof, sondern im rechten Winkel zu einem Verbindungsbau, in dessen Mitte die Verwaltungsräume untergebracht sind. Diese »Kamm«-Anlage findet man in den USA wieder (Free Boston Hospital; Moser Taylor Hospital in Scranton, Pa.; Roosevelt Hospital in New York), aber auch in Schweden (Sabbatsberg bei Stockholm, 1879), in Australien (Prince Alfred Hospital in Sydney, 1882), in Spanien (Krankenhaus von Huelva, 1883, von Green) und in Iran (Krankenhaus von Teheran, 1890-1891, Ernest Turner).

In Deutschland bleibt man der traditionellen Bauweise noch länger treu, drei Beispiele seien genannt: das Stadtkrankenhaus Hannover-Linden (1829-1831), das Diakonissen-Krankenhaus Bethanien in Berlin (1845-1847), das Militärkrankenhaus Hannover (1846-1856). Erst um 1870 wird mit dem Augusta-Krankenhaus in Berlin (1869) und dem Stadtkrankenhaus Dresden (1870-1876) auch das Pavillonsystem eingeführt. Man zieht in Deutschland jedoch bald eine Lösung vor, die strengeren hygienischen Forderungen entspricht, in der architektonischen Gesamtanlage jedoch lockerer ist: Die Pavillons stehen voneinander isoliert in einem Park. Dieses System, das auf die Feldlazarette des Krimkrieges und des amerikanischen Sezessionskrieges zurückgeht, wird zum ersten Mal beim Krankenhaus Friedrichshain in Berlin (1870-1874, Gropius u. Schmieden) angewendet, dann in Dresden (Carola-Krankenhaus, 1876-1878), Wiesbaden (Stadtkrankenhaus, 1876-1878), Hamburg (Allgemeines Krankenhaus, 1884-1889) sowie in Kiel, Leipzig, Tübingen und anderen Städten.

Die Geschichtsschreibung des Krankenhausbaus im 19. Jahrhundert müßte auch zwei Erscheinungen berücksichtigen, die in ihrer Tendenz scheinbar gegenläufig sind: auf der einen Seite die Abkehr von den offiziellen Ideal-Normen aus finanziellen Gründen (so beträgt die Bettendichte im Pariser Hôtel-Dieu das Vierfache des offiziellen Werts), auf der anderen Seite eine methodische Verbesserung der Details der jeweiligen architektonischen Lösung, um sie den immer strengeren medizinisch-hygienischen Normen anzupassen. Besonders beschäftigt die Architekten die Zirkulation infizierter Luft, die man als wichtigste Ursache von Ansteckungen verdächtigt. Im Jahre 1872 schlägt der Ingenieur Casimir Tollet vor, die Krankensäle mit einem Spitzbogengewölbe zu bauen, das einen besseren Abfluß der verbrauchten Luft sichern soll. Man kann darin eine hygienisch-rationalistische Interpretation der Gotik sehen. Auf der Weltausstellung von 1878 findet der Vorschlag Tollets das Gehör einiger Wiener und englischer Ärzte, und in der Folge baut die Société Tollet ein gutes Dutzend Krankenhäuser in Frankreich — in Paris (Hôpital Bichat), in Saint-Denis, Le Havre, Epernay, Bourges, Le Mans, Montpellier — in Italien in Broni südlich von Pavia (1893), in Spanien in Madrid (1894). Beim Krankenhaus von Antwerpen

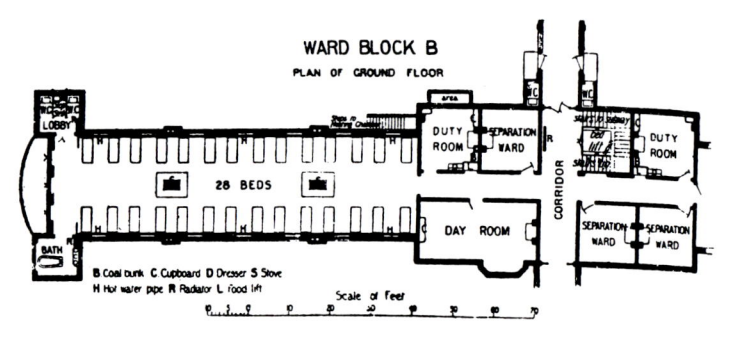

386 St. Saviour's Union Infirmary in Champion Hill (England); Henry Jarvis & Son. Klare Anlage in einem malerischen, an den elisabethanischen angelehnten Stil (nach: *The Builder*, 30. April 1887).

387 St. Saviour's Union Infirmary in Champion Hill, Grundriß eines Pavillons; Henry Jarvis & Son (nach: *The Builder*, 26. Februar 1887)

◁ 385 Das Kinderkrankenhaus in Pendlebury bei Manchester; Pennington & Bridgen; 1872-1878. Das Gebäude ist in italienischem Stil errichtet, gleicht aber seiner Anlage nach den Krankenhäusern in Edinburgh und Paris (nach: *The Builder*, 26. Oktober 1872).

(1878-1880) erprobt der Belgier Baeckelmans ein System mit runden Pavillons. Bei weiteren Neubauten legt man runde und rechteckige Pavillons nebeneinander an. Bald bricht die Debatte über die Rolle der Korridore — die vom Pflegepersonal aus praktischen Gründen geschätzt werden — in der Infektionsübertragung aus. In Boston versucht man beim Bau des Free Hospital, dieses Problem zu lösen. Gegen Ende des Jahrhunderts zieht man allenthalben Bilanz, zwei Veröffentlichungen fassen die Erfahrungen zusammen: *Hospitals and Asylums of the World* von Henry C. Burdette (London, 1891-1893) und *Les hôpitaux modernes au XIXe siècle* von Casimir Tollet (Paris, 1894). Die Autoren legen einen internationalen, systematischen Vergleich der Bettendichte, der Sonneneinstrahlung in den Krankensälen, des Luftkreislaufs, der Heizungssysteme, der Frischluftzufuhr, der Kostenverteilung auf die Patienten und der Sterberaten vor.

Zur gleichen Zeit, da die Pavillonanlage der europäischen Krankenhäuser dank dieser Arbeiten eine gewisse Vollkommenheit erreicht, beginnt man sich in den USA von diesem Modell abzuwenden. Eine exaktere Kenntnis der Infektionsursachen führt zur Einsicht, daß die von einem passiven Hygienekonzept bedingte Platzverschwendung nutzlos und unzeitgemäß ist. Dank des Einbaus von Aufzügen, die genügend Raum für den Transport von Krankenbetten bieten, können jetzt mehrgeschossige Bauten errichtet werden, bei denen Diensträume und Krankensäle wieder, und zwar dichter als zuvor, zusammengelegt sind. Den Prototyp eines solchen Krankenhausblocks, des direkten Vorläufers heutiger Anlagen, schafft George Brown Post 1877 in New York.

Die zunehmende Spezialisierung — zum Beispiel chirurgische Klinik, Frauenklinik, Genesungsheim — hat zahlreiche Varianten zur Folge und gibt den Architekten die Möglichkeit, Ideenreichtum und planerische Begabung zu beweisen. Im Convalescents' Hospital Barnes in Cheadle bei Manchester sieht Lawrence Booth große Aufenthaltsräume und einen riesigen Wintergarten vor.

Die Programme der Heilanstalten für Geisteskranke verlangen natürlich noch viel präzisere und detail-

388 Krankenhaussaal nach dem System Tollet; 1872. A, B, C: Frischluftzufuhr und Ableitung der verbrauchten Luft (nach: Tollet, 1894, Abb. 83i)

389 Das Krankenhaus von Antwerpen, Grundriß eines Hauptsaals mit Nebenräumen; Baeckelmans; 1878-1880 (nach: Tollet, 1894, Abb. 76)

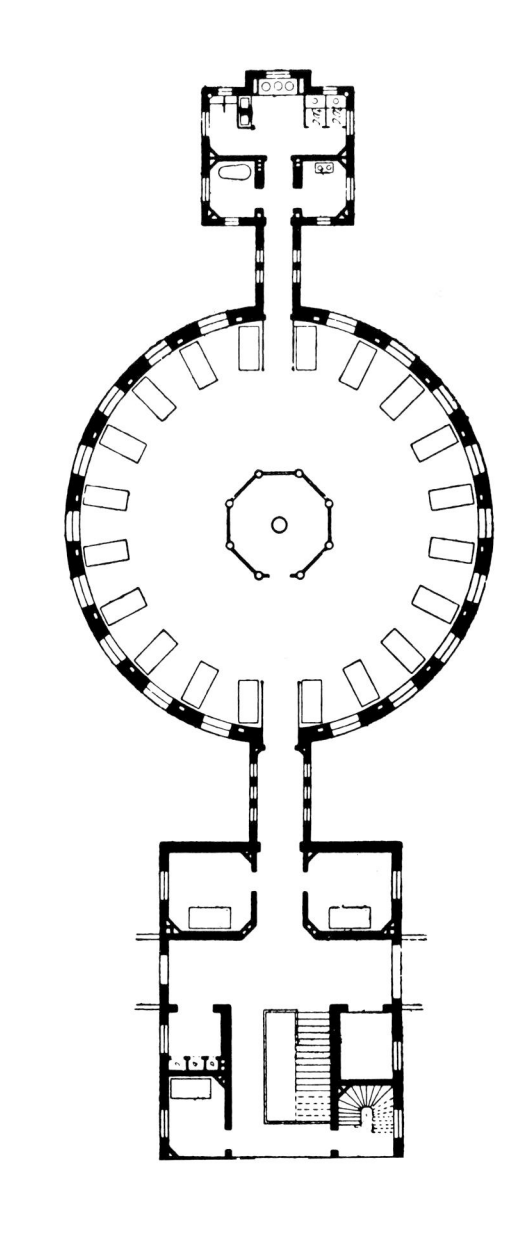

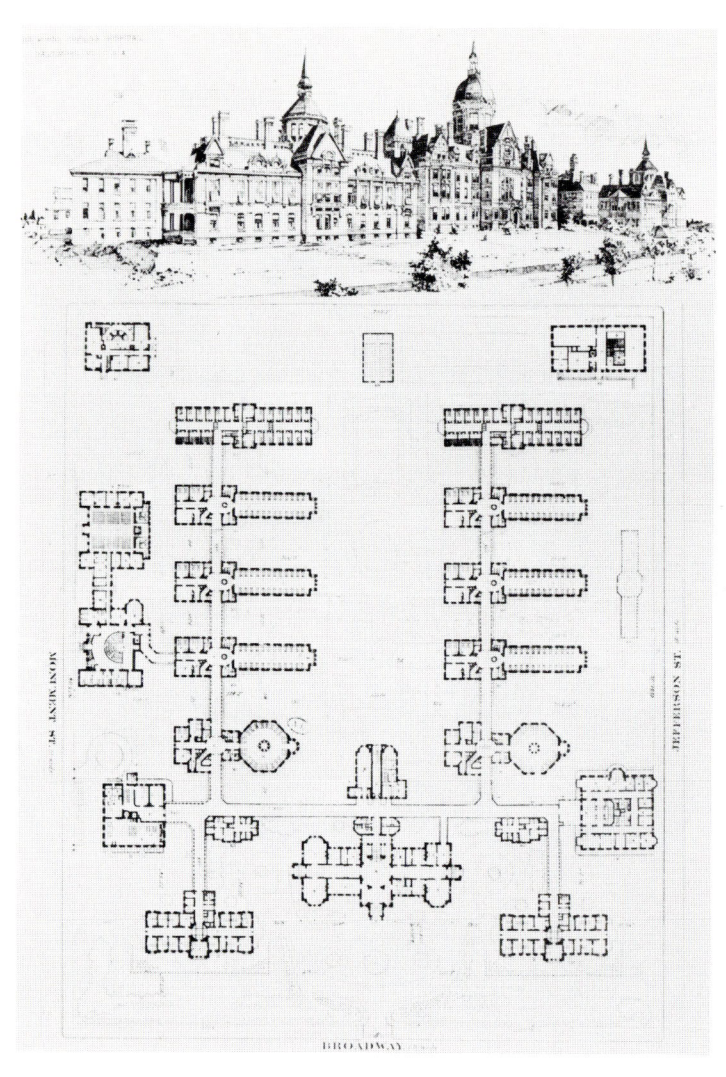

390 Das Johns Hopkins Hospital in Baltimore, 1873-1892 (nach: *Encyclopédie de l'architecture et de la construction*, IV, S. 428, Taf. 66)

liertere Überlegungen. Schon 1785 forderte Colombier, man solle die Anstalten in angenehmer, luftiger und schattiger Lage bauen; die Patienten seien nach Kategorien — Tobsüchtige, Depressive, Schwachsinnige und Genesende — in vier verschiedenen Komplexen unterzubringen, die eingeschossig um einen Hof anzulegen und mit Galerien zu umgeben seien. Der Psychiater Jean Etienne Dominique Esquirol (1772-1840), der einige dänische Heilanstalten besucht hat, greift das Problem in seinem Bericht aus dem Jahre 1819 wieder auf und formuliert zusammen mit dem Architekten Louis Hippolyte Lebas (1782-1867) seine Gedanken zur Idealanstalt: Beidseits einer Mittelachse mit den Diensträumen und Gemeinschaftseinrichtungen und der Verwaltung liegen in zwei Reihen U-förmige eingeschossige Krankenabteilungen; das erlaubt, die Patienten nach Krankheitsbild zu gruppieren. Diese Lösung wird zuerst in der Heilanstalt von Saint-Yon bei Rouen (1821-1825, von Jouannin und Grégoire) angewandt, danach in Marseille (1838) und in Charenton bei Paris (1838-1845, von Emile Jacques Gilbert, 1793-1874), wo allerdings die Trennung der einzelnen Komplexe nicht streng gewahrt ist. Weder in England noch in Deutschland teilt man diese Begeisterung für ein allzu theoretisches Ideal, das die psychiatrische Krankheitslehre auf den Grundriß überträgt. Auch erkennt Maximilien Parchappe in seinem 1851 veröffentlichten Buch *Des principes à suivre dans la fondation et la construction des salles d'asile*, das in der zweiten Jahrhunderthälfte als Standardwerk gilt, daß »die Gliederung einer Heilanstalt für Geisteskranke nicht wissenschaftlichen Klassierungen entsprechen soll und es auch gar nicht kann«. Nicht von ungefähr interessieren sich die mit Heilanstalten beschäftigten Architekten auch für den vom Gefängnisbau her bekannten panoptischen Idealplan, den man zum Beispiel in Glasgow (1810) und Erlangen (1834-1846) zu verwirklichen sucht. Doch im allgemeinen bleibt diese Form der Abteilung für »unruhige« Patienten vorbehalten: Die Zellen liegen im Kreis um den zentralen Aufsichtsposten der Pfleger und führen oft, wie im Hôpital Sainte-Anne in Paris (1861-1867), zu einem eigenen kleinen Garten.

In der ersten Jahrhunderthälfte pflegt man in Frankreich, Deutschland und England einen ausgesprochen nüchternen Stil im Krankenhausbau. Dies entspricht durchaus der Absicht der Verwaltungskommissionen und der von den Fachzeitschriften mit Lob bedachten Architekten, was unter anderem aus dem Bericht der Prüfungskommission, die 1839 die Entwürfe für das Pariser Krankenhaus Lariboisière zu beurteilen hat, hervorgeht: »Uns liegt nicht daran, ein prachtvolles Bauwerk zu schaffen, ein Musterbeispiel architektonischer Schönheit, ein Meisterwerk der Kunst. Wir meinen ganz im Gegenteil, man habe die Interessen der Kranken allzu oft dieser rein äußerlichen Vollkommenheit geopfert. Wir fordern ein Krankenhaus, in dem für das Wohl der Kranken und für die Ausübung der Medizin mustergültig gesorgt ist.«

Überwiegen auch die praktischen Überlegungen und Organisationsprobleme, so bleibt die Krankenhausarchitektur doch von den Strömungen und Spannungen der Baukultur des Jahrhunderts nicht unberührt. Auf der einen Seite findet man herrliche Anlagen wie die von Charenton bei Paris, wo die Terrassen von Säulengängen gesäumt sind und von einer Krankenhauskapelle im Stil eines griechischen Tempels abgeschlossen werden, auf der anderen die romantischen kleinen englischen Provinzkrankenhäuser. Hier trifft man auf Tudor-Gotik, auf Elizabethan Style oder auf Renaissancebauten, was jedoch ohne Einfluß auf die planerische Lösung bleibt; Casimir Tollet beanstandet zu Unrecht die Royal Infirmary von Edinburgh, von der er schreibt: »Ihr bedeutendstes Gebrechen ist ihr überschwenglicher Baustil... der Nutzen der Ecktürmchen ist nicht ein-

391 Das New York Hospital, Hauptfassade; George Brown Post; 1877 (nach: Tollet, 1894, Abb. 41)

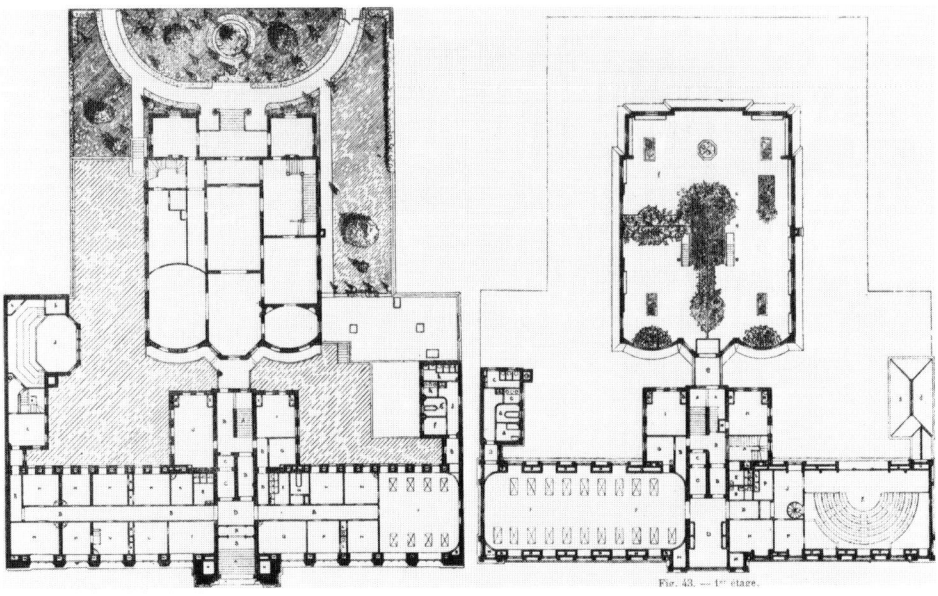

392 Das New York Hospital, Grundriß des Erdgeschosses und ersten Obergeschosses; George Brown Post; 1877 (nach: Tollet, 1894, Abb. 42 und 43)

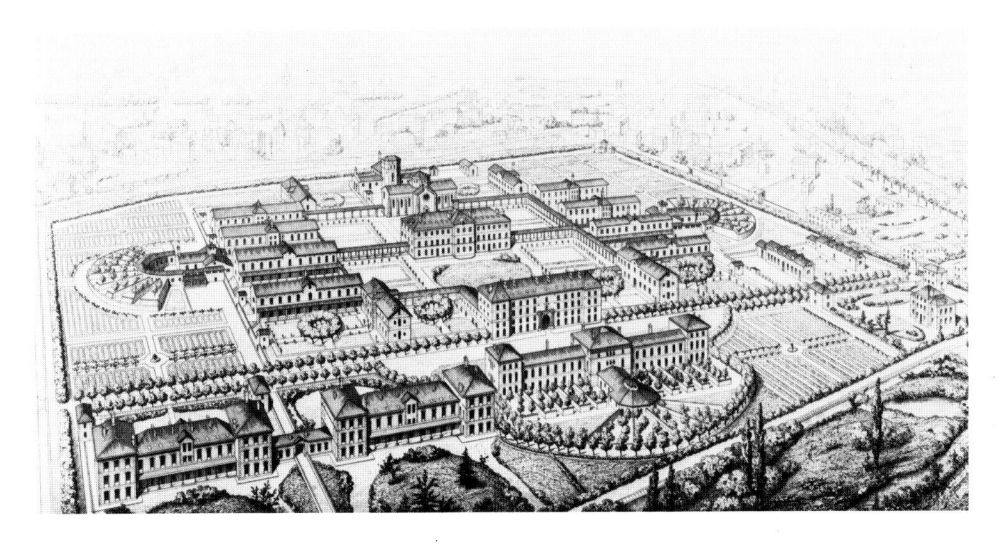

393 Das Hôpital Sainte-Anne in Paris; Charles Auguste Questel; 1861-1867. In der Achse die Verwaltungs-, Dienst- und Nebengebäude, links und rechts Männer- und Frauenabteilung, am Rand drei Gebäude mit eigenen Höfen für »unruhige« Kranke.

394, 395 Die Irrenanstalt Charenton (Hôpital Esquirol) in Saint-Maurice (Val-de-Marne); Emile Jacques Gilbert; 1838-1845. An einem Abhang über der Marne reihen sich Höfe mit Portiken um die zuoberst gelegene Kapelle.

396 Die Ecole nationale professionnelle (heute Lycée technique) in Armentières (Nord), Fassadenentwurf, Detail; Charles Chipiez; 1883-1887 (nach: *Revue générale de l'architecture*, 1886, Taf. 48)

Élévation

397 Das Savernake Cottage Hospital in Wiltshire (England), Ansicht und Grundriß; Sir George Gilbert Scott. Für die kleinen Landkrankenhäuser hat sich in der Jahrhundertmitte eine Mischung aus Gotik und Old English Style durchgesetzt (nach *The Builder*, 8. März 1873).

zusehen.« In Wahrheit hat man in den Türmchen die Toiletten untergebracht, womit man gleichzeitig die Schallisolierung der Krankensäle verbessern konnte, eine recht drollige Erinnerung an den romantischen Rationalismus von Augustus Welby Pugin und den Ecclesiologists.

Auch nach 1850 geht man in Frankreich und Deutschland weiter sparsam mit Bauornamenten um, gestattet sich jedoch eine diskret-romantische Note mit der Verwendung von farbigen oder glasierten Ziegeln und Keramik wie beim Asile Impérial, Vincennes bei Paris (1855-1857, von Eugène Laval, 1818-1869), oder dem Krankenhaus Friedrichshain in Berlin (1870-1874).

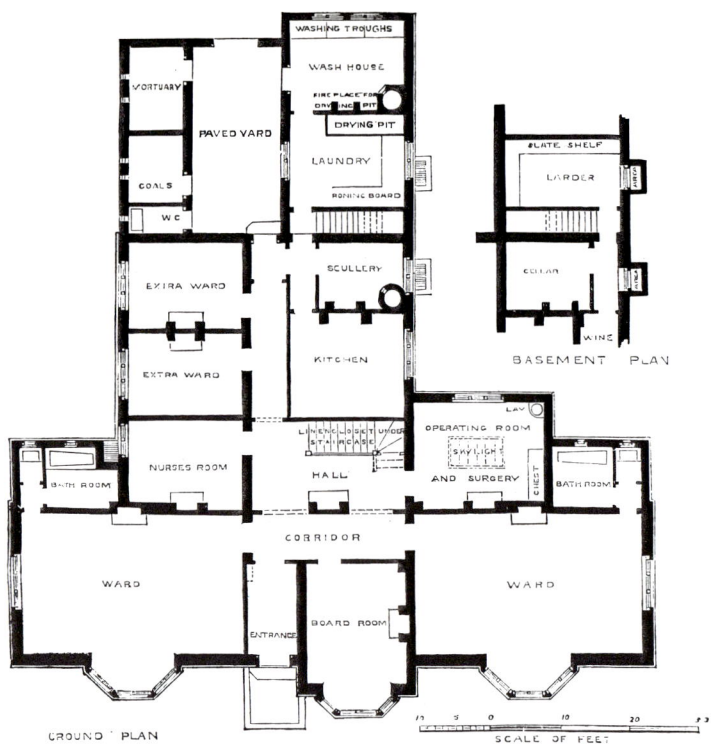

Eine solche polychrome Backsteinarchitektur kommt auch in den Schulbauten der Zeit zur Anwendung. Eines der gelungensten Beispiele ist zweifellos die Ecole nationale professionnelle von Armentières im Departement Nord (1883-1887, von Charles Chipiez, 1835-1901).

Tempel der Moderne

»Eine vielfarbige, durch Gold in ihrer Wirkung verstärkte architektonische Hülle kündete den Lärm und das Schauspiel des Geschäfts im Innern an... Die Kundschaft bewegte sich frei unter dem kühnen Bogen weitgespannter Binder; das war die Kathedrale des modernen Handels, fest gefügt und schwerelos, geschaffen für ein Volk der Kundinnen.«
(Emile Zola, *Au Bonheur des Dames*, 1883)

»Jeder Glaube weiß sich in Tempeln zu verkörpern. Betrachtet man aufmerksam die Kirchen jüngsten Datums, gibt es keinen Zweifel daran, daß die Religion unseres Jahrhunderts die Religion der Railway ist.«
(Théophile Gautier, *La Presse*, 16. Juni 1846)

»Im 19. Jahrhundert haben Bahnhöfe und Hotels die gleiche Bedeutung wie Klöster und Kathedralen im 13. Jahrhundert. Sie sind unsere einzigen wirklich repräsentativen Bauwerke.«
(*Building News*, 1875)

Die Tempel des Handels: Galerien, Passagen, Basare und Warenhäuser

Es gelingt dem 19. Jahrhundert, aus dem Handel ein Schauspiel zu machen: Zwischen 1800 und 1830 werden Schaufenster und Auslagen, Passagen, Galerien und Basare erfunden, zwischen 1850 und 1870 dann das Warenhaus. Läden und Geschäfte werden zum Thema der Architektur.

Zu Beginn des 19. Jahrhunderts sind viele Läden noch ähnlich den Verkaufsbuden des Mittelalters zur Straße geöffnet. Im günstigsten Fall haben sie eine geschreinerte Front, ein enges Fenstergitter mit kleinen Scheiben, deren Einführung gegen Ende des 17. Jahrhunderts begann. Das Auftreten eines neuen Ladenstils — der sich seither wenig gewandelt hat — zwischen 1800 und 1830 hängt mit den sinkenden Glaspreisen, der zunehmenden Bedeutung des Handels mit »Neuigkeiten« und der Initiative erfinderischer Geschäftsleute zusammen. Zwei Beschreibungen, die wir bei Honoré de Balzac finden, halten den Unterschied fest. In *La Maison du chat qui pelote* gibt es einen Laden, bei dem man »durch die dicken Eisenstangen, die den Laden schützen, nur mit Mühe die in braunes Tuch gehüllten Pakete erblickte, geschichtet wie die Heringe«. In den Läden von *Le Petit Matelot* und *César Birotteau* sieht es anders aus: »Gemalte Ladenschilder, flatternde Spruchbänder, hängende Auslagen voller Schals, wie Kartenhäuser aufgetürmte Krawatten und tausend andere Verführungen zum Kauf: Preisschildchen, Schleifchen, Plakate, Illusionen und optische Effekte von einer solchen Vollkommenheit, daß die Schaufenster der Läden zu kommerziellen Gedichten geworden sind.«

Wie etliche Veröffentlichungen der dreißiger Jahre beweisen, ist das Schaufenster ein wichtiges Thema der Architektur geworden: *Shop Fronts* von Thomas King (London 1830), *On the Construction and Decoration of the Shop Fronts of London* von Nathaniel Whittock (London 1840) und *Serrurerie et fonte de fer récemment exécutées, 4ᵉ cahier, boutiques et galeries vitrées* von François Thiollet (Paris 1832). Die in den zwanziger Jahren zunehmende Verwendung gußeiserner Säulen, kupferner Leisten und von Spiegelglas, das dank der Fortschritte der Glasindustrie in immer größeren Formaten zur Verfügung steht, macht es bald möglich, die eleganten, aber der Verführung des Käufers nicht sehr dienlichen hölzernen Ladenfronten des Jahrhundertanfangs (Woburn Walk, London, 1822) durch eine von schlanken hölzernen, später gußeisernen Säulchen unauffällig gegliederte Glaswand zu ersetzen. In London, Paris und New York baut man Ende der zwanziger Jahre die ersten Ladenfronten aus Glas und Gußeisen, Beispiele, die schnell überall nachgeahmt werden. Wie sehr die Architekten sich für dieses Bauproblem interessieren, beweist die Veröffentlichung eines von einem Stich begleiteten Artikels in der *Revue générale de l'architecture* 1843, in dem erklärt wird, wie man das Gewicht einer mehr-

398 Geschäft in der Galerie Vero-Dodat in Paris; 1826 (heutiger Zustand)

399 Die Galerie Vero-Dodat in Paris; 1826 (heutiger Zustand). Die für die beiden Metzger Vero und Dodat errichtete Galerie ist 80 Meter lang und 4,50 Meter breit. Sie läuft von der Rue du Bouloi zur Rue Jean-Jacques-Rousseau. Man beachte den regelmäßigen Wechsel von bemalten Decken- und Oberlichtzonen und die klassischen Palmettenfriese. Leicht vorstehende Doppelsäulen markieren diskret die Abgrenzungen zwischen den einzelnen Geschäften.

400 Die Burlington Arcade in London; Samuel Ware; 1818-1819

stöckigen Fassade auf gußeiserne Säulen verteilen könne, um im Erdgeschoß einen Laden einzurichten. Beispiele dieses Fassadentyps kann man noch heute in der Passage Vero-Dodat in Paris (1826) und in der Londoner Old Bond Street bei Asprey's (um 1860) und Benson (1866) sehen.

Gleichzeitig mit diesen Neugestaltungen gruppiert man immer häufiger mehrere kleine Läden zu baulichen Einheiten. Einen ersten Schritt in dieser Richtung hatte der Herzog von Chartres, Philippe d'Orléans, schon 1784 mit der Anlage hölzerner Galerien zwischen Hof und Garten des Palais-Royal in Paris getan, die zwar architektonisch bescheiden waren, deren Bedeutung im damaligen Pariser Leben aber heute kaum noch vorstellbar ist: Drei Reihen von Ständen, Buchhandlungen und Modegeschäfte, bildeten zwei mit hölzernem Dach überdeckte Galerien. Zwei erfolgreiche Ideen wurden hier geboren: Die Pariser entdecken den Reiz des vor Witterungsunbill geschützten Bummels entlang der Auslagen und die Kaufleute den Vorteil des nahen Beieinanders der Läden, aus dem eine dem Geschäft förderliche Atmosphäre und ein natürlicher Zustrom entstehen. Allerdings hatte man bereits etwas früher, im Jahre 1770, die von Läden gesäumten Alleen der Foire Saint-Germain in Paris mit einer verglasten Eisenkonstruktion überdeckt. Das für die Zeit neue Oberlicht ließ den Raum derart anders erscheinen, daß man bereits hier von der Entstehung einer neuen Bauform sprechen kann, der Passage oder Galerie. In kurzer Zeit legt man überall solche Passagen an, die zwischen 1825 und 1840 erhebliche Ausmaße erreichen.

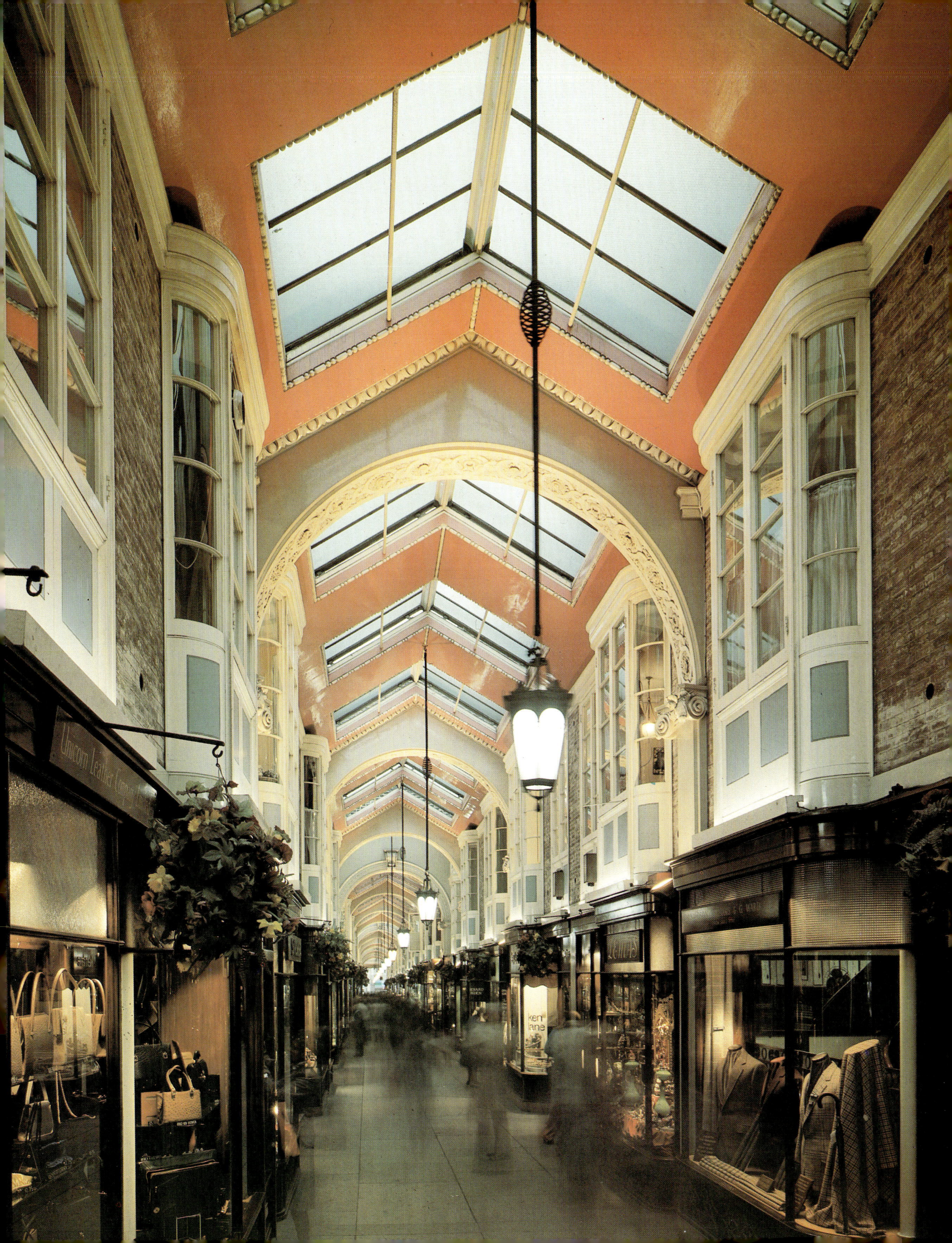
Unicorn Leather

401 Die Passage Pommeraye in Nantes (Loire-Atlantique); Hippolyte Durand-Gosselin; 1840-1843. Die breite Passage verbindet zwei Straßen und überwindet einen Höhenunterschied von 9,40 Metern. Die 16 Säulen tragen allegorische Figuren (Landwirtschaft, Industrie, Kunst, Schiffahrt usw.).

402 Die Galerie Saint-Hubert in Brüssel; Jean Pierre Cluysenaar; 1846-1847. Die Galerie ist in italienischem Stil gehalten; ihre Zweigeschossigkeit nimmt spätere Entwicklungen voraus.

Dieser Geschäftstyp erfährt bis zum Ende des Jahrhunderts manche Wandlung.

Eine bedeutende Rolle in dieser Entwicklung haben zweifellos die Überlegungen gespielt, die man Ende des 18. Jahrhunderts bei der Umwandlung der großen Galerie des Louvre zum Museum anstellte. Man dachte an einen modernen Kryptoportikus, den man sich durch Arkaden und Säulen gegliedert und mit einem verglasten Tonnengewölbe überdeckt vorstellte. Die neuentdeckten, funktionellen und gestalterischen Möglichkeiten des Oberlichts nutzt man zuerst in den traditionellen Passagen, die einen Häuserblock durchqueren (Passage du Caire, Paris, 1799; Passage des Panoramas, Paris, 1800) und in den Außengalerien der Theater (Royal Opera Arcade, London, 1816).

Die architektonische Durchbildung dieser Anlagen wird bald immer sorgfältiger, was sich in Paris im Wechsel vom Begriff »passage« zur Bezeichnung »galerie« spiegelt; erhaltene Beispiele sind die Londoner Burlington Arcade (1818-1819, von Samuel Ware, 1799-1819 nachweisbar), in Paris die Galerie Vivienne (1825) und die Galerie Vero-Dodat (1826), über die sich François Thiollet 1832 in schwelgerischem Lob ergeht: »Ihrer prächtigen und harmonischen Dekoration gebührt die Palme«; bewundernswert seien »die Wirkung dieser doppelten Reihe einheitlicher Läden mit verglasten Fronten, deren große Scheiben durch Kupferleisten verbunden sind, die wirken, als seien sie aus Gold; die ebenfalls verglasten Türen, die von einem Schmuck aus vergoldeten Palmetten und Rosetten gekrönt sind« ... »die malerische und strahlende Wirkung der Kugeln der Gasbeleuchtung zwischen den Kapitellen der Pilasterpaare, die die Läden voneinander trennen und deren Zwischenfeld mit Spiegelglas geschmückt ist« ... »der mit Marmorplatten belegte Boden« und »die Landschaften und anderen Motive« der Deckenmalerei.

Man kann sich unschwer den Erfolg dieser plattenbelegten, überdeckten Räume vorstellen, die, beidseits von einladenden, aufeinander abgestimmten Schaufenstern begleitet, tagsüber hell, nachts von Gaslampen erhellt waren — die Gasbeleuchtung konnte 1817 in der Passage des Panoramas eingeführt werden, weil die Metallkonstruktion die Brandgefahr verringerte. Im einzelnen sind die Galerien sehr verschieden, einmal gliedern sie sich um eine Rotunde (Galerie Vivienne, Paris), ein anderes Mal sind sie auf mehreren Etagen angelegt (Passage Pommeraye in Nantes, 1840-1843, Hippolyte Durand-Gosselin). Auch die unterschiedliche Beleuchtung trägt zur gestalterischen Vielfalt bei: ein einfaches verglastes Dach bei der Passage de l'Opéra in Paris (1822); ein verglastes Tonnengewölbe für die Galerie d'Orléans in Paris (1829), das in Brüssel, in den Galeries Saint-Hubert (1846-1847, Jean Pierre Cluysenaar, 1811-1880) durch ein kleines verglastes Satteldach überhöht wird; Gliederung durch steinerne Bogen (Burlington Arcade, London, 1818-1819; Galerie Vivienne, Paris, 1925; Lower Arcade, Bristol, 1824-1825) oder durch schlanke metallene Bogenkonstruktionen (Galerie Mazzini, Genua, 1875; Thornston's Arcade, 1878, und County Arcade, 1898-1900, in Leeds, England).

Ende der zwanziger Jahre also begann man mit dem Bau größerer Galerien, das wird schon in der Galerie d'Orléans deutlich, die im Palais-Royal die Holzkonstruktion des letzten Jahrhunderts ersetzt: Eine große Tonne aus Eisen und Glas schafft einen zusammenhängenden Raum, der doppelt so breit ist wie alle bisherigen Passagen. Dieses Modell wandelt man ab, indem man vor allem in die Höhe baut, ein, dann zwei Etagen, zum Beispiel bei Sillems Basar (1845) in Hamburg, in den Brüsseler Galeries Saint-Hubert (1846-1847) und in der Berliner Kaisergalerie (1871-1873). Diese Galerien entwickeln sich zu regelrechten überdachten Straßen. William Moseley und Sir Joseph Paxton arbeiten 1855 für London den Entwurf eines »Cristal Way« aus, der eine Stadtbahn mit einer mehr als 30 Meter hohen überdeckten Einkaufsgalerie verbindet. Aus dem Jahre 1866 stammt der Vorschlag Hector Horeaus (1801-1872), die Pariser Boulevards zu überdachen! In Italien kommt man diesem Ziel sogar nahe, zweifellos begünstigt durch die Euphorie der Vereinigung des Landes und durch die große Tradition urbanen Lebensstils: Giuseppe Mengoni (1829-1877) baut 1865-1875 die Galleria Vittorio Emanuele in Mailand, deren Entstehung man im Zusammenhang mit der Umgestaltung des Domplatzes sehen muß. Die Galleria Vittorio Emanuele ist eine wahrhaftige Boulevardkreuzung, über der eine majestätische verglaste achtseitige Kuppel thront. In der Galleria Umberto I in Neapel (1887-1890, Ausführung Emanuele Rocco) sind die Dimensionen noch größer gewählt.

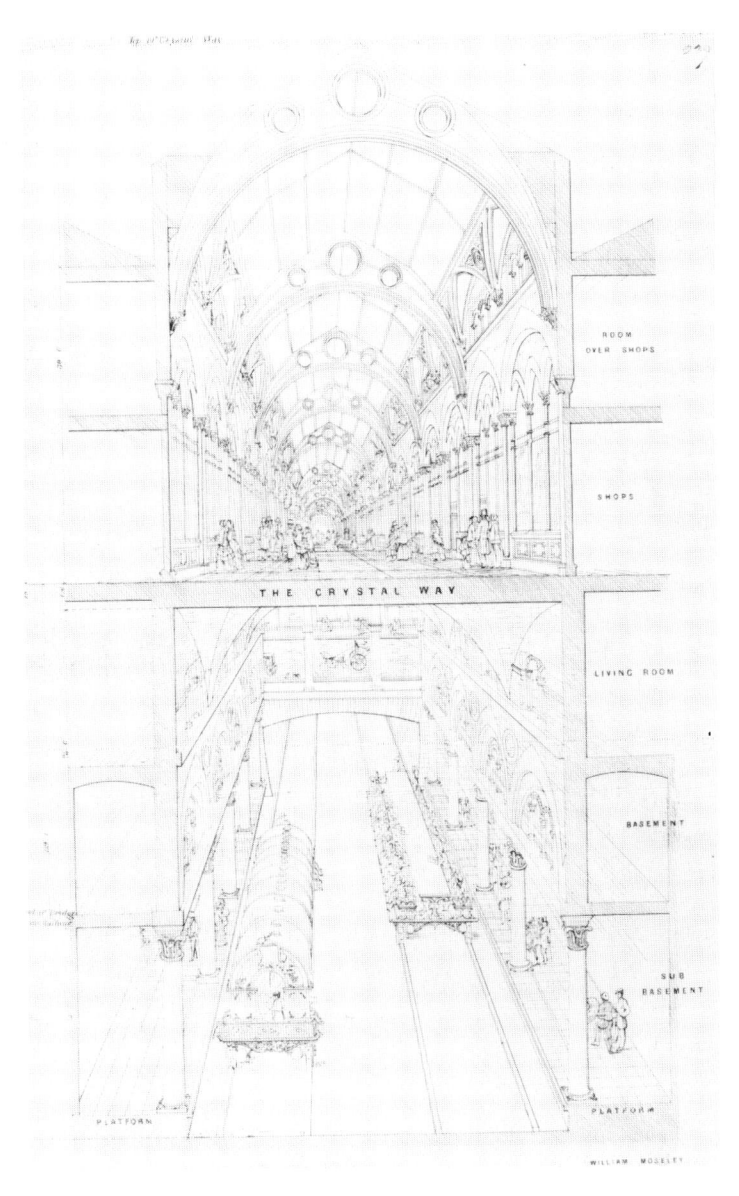

403 Entwurf für einen »Crystal Way« mit darunterliegender Eisenbahn; William Moseley; 1855

In Frankreich ist von dieser Bewegung nichts zu spüren. Sowohl die während der Juli-Monarchie ausgeführten Passagen Jouffroy, Verdeau und de la Madeleine (alle 1845) als auch die 1860 entstandene Passage des Princes stehen ebenso wie die Londoner Royal Arcade (1879) in ihrer architektonischen Qualität weit hinter den zur gleichen Zeit angelegten Galerien in Belgien und Deutschland zurück.

Dies mag zum Teil auf die Anlage neuer Boulevards, denen man viel Sorgfalt widmet, zurückzuführen sein. Doch vor allem dürfte der frühe Erfolg des Kaufhauses in Frankreich das Urteil über die Galerien gesprochen haben. Die Kaufhäuser entstehen aus einer Verbindung von Modewarengeschäften und einer Sonderform der Galerien, die man nach orientalischem Vorbild Basare nennt. Natürlich sind sie von Funktion und Typologie her eng mit den Galerien verwandt. Die Begriffe Passage und Galerie betonen deren Rolle in der Kommunikation, der Begriff Basar

242

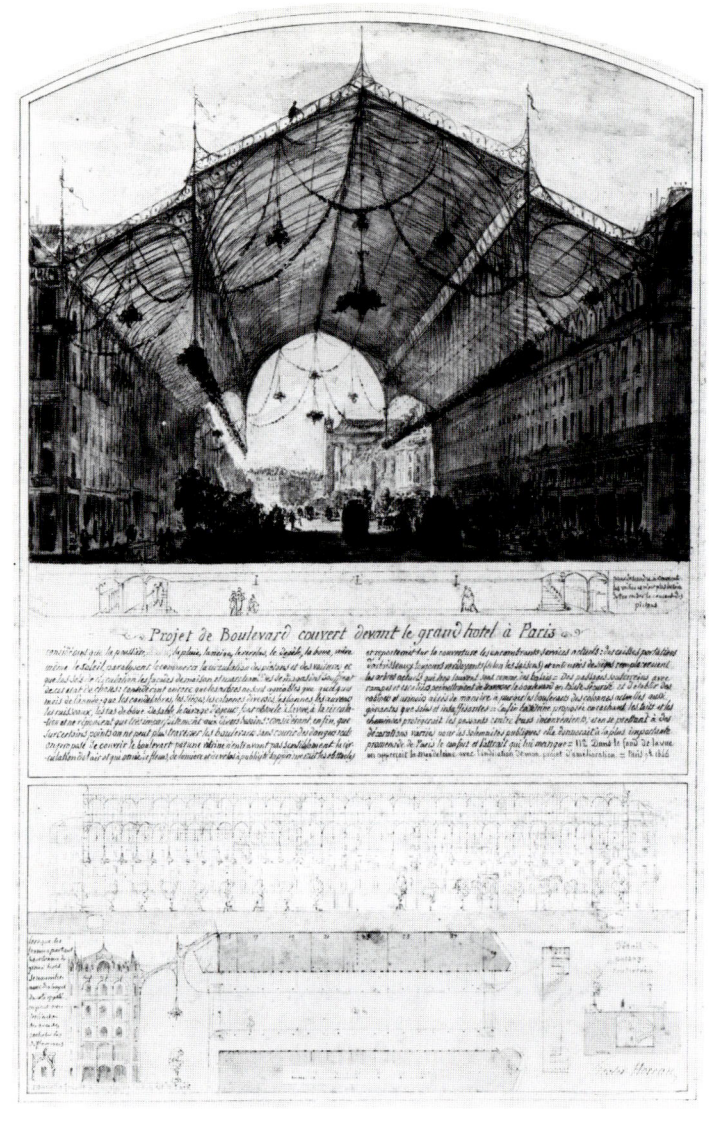

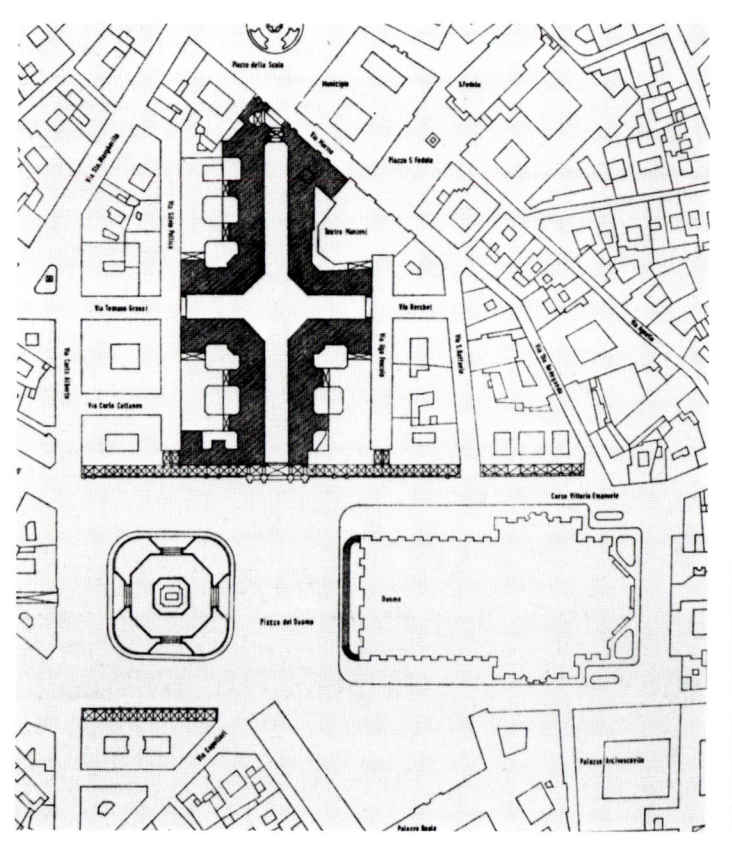

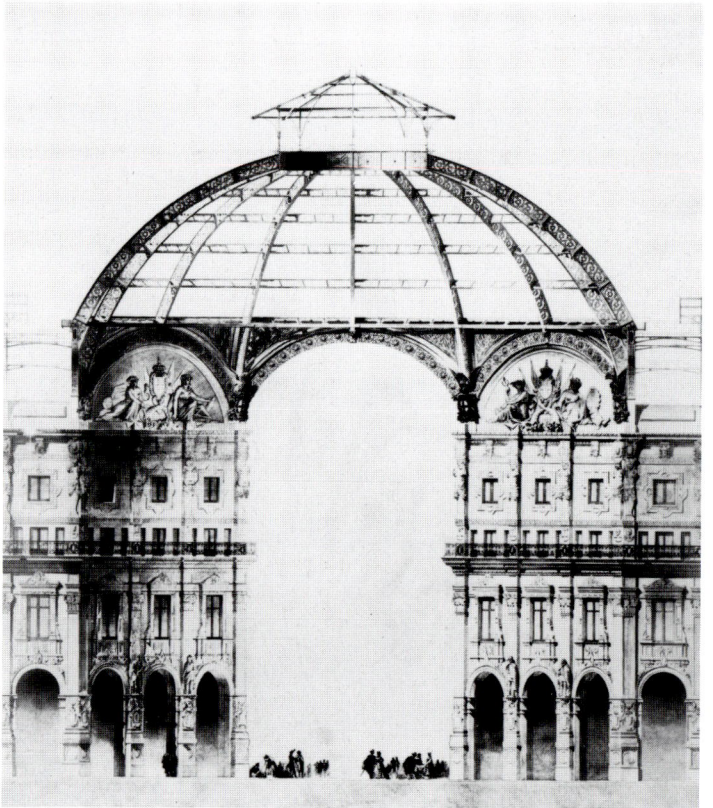

404 Entwurf eines gedeckten Boulevard; Hector Horeau; 1866

405 Die Galleria Vittorio Emanuele in Mailand, Gesamtansicht; Giuseppe Mengoni; 1865-1875. Die beinahe 200 Meter lange Galerie verbindet die Piazza del Duomo mit der Piazza della Scala, die bei der Errichtung der Passage umgebaut wurden.

406 Die Piazza del Duomo in Mailand mit der Galleria Vittorio Emanuele (nach: Geist, 1969)

407 Die Galleria Vittorio Emanuele in Mailand, Schnitt durch die achtseitige Kuppel; Giuseppe Mengoni; 1865-1875

408 Die Kaisergalerie in Berlin; Kyllmann & Heyden; 1871-1873 (zerstört). Die Verwendung von Backsteinen gehört zur Berliner Tradition.

409 Die Galleria Umberto I in Neapel, Eingang neben dem Teatro San Carlo; Ausführung Emanuele Rocco; 1887-1890. Die nüchtern-klassizistische Fassade steht in Gegensatz zum farbigen Marmor, zu der reichen Stuckierung und den schwungvollen Schmiedeeisenarbeiten des Innern.

410 Die Galleria Umberto I in Neapel; Ausführung Emanuele Rocco; 1887-1890. Die 1855 entworfene Galerie wurde erst 1892 eingeweiht. Mehr noch als die andere Passage Neapels, die Galleria Principe d'Italia, lehnt sich dieser Bau an das Mailänder Vorbild an, ist jedoch um rund 10 Meter höher.

411 Entwurf eines Geschäftszentrums für Zürich in Form einer Galerie; Heinrich Ernst; 1890. Das Projekt wurde nie ausgeführt.

412 Das Warenhaus GUM (Neue Handelsreihen) in Moskau; Alexander Nikanorowitsch Pomeranzew; 1888-1893. Das Gebäude ist weder ein richtiges Warenhaus noch eine echte Galerie, sondern eher die moderne Ausgabe eines orientalischen Basars mit kleinen Läden an überdeckten Straßen.

413 Vergleichende Schnitte von Galerien und Passagen des 19. Jahrhunderts; Raumentwicklung, Querschnitt: 1 Paris, Passage des Panoramas, 1800; 2 London, Burlington Arcade, 1818-1819; 3 Paris, Galerie Vivienne, 1825; 4 Paris, Galerie d'Orléans; 5 Hamburg, Sillems Basar, 1845; 6 Brüssel, Galerie Saint-Hubert, 1846-1847; 7 Mailand, Galleria Vittorio Emanuele, 1865-1875; 8 Berlin, Kaisergalerie, 1871-1873; 9 Cleveland, Cleveland Arcade, 1890; 10 Neapel, Galleria Umberto I, 1887-1890

414 Die County Arcade in Leeds ▷ (Yorkshire); Frank Matcham (?); 1898-1900 (Zustand von 1904)

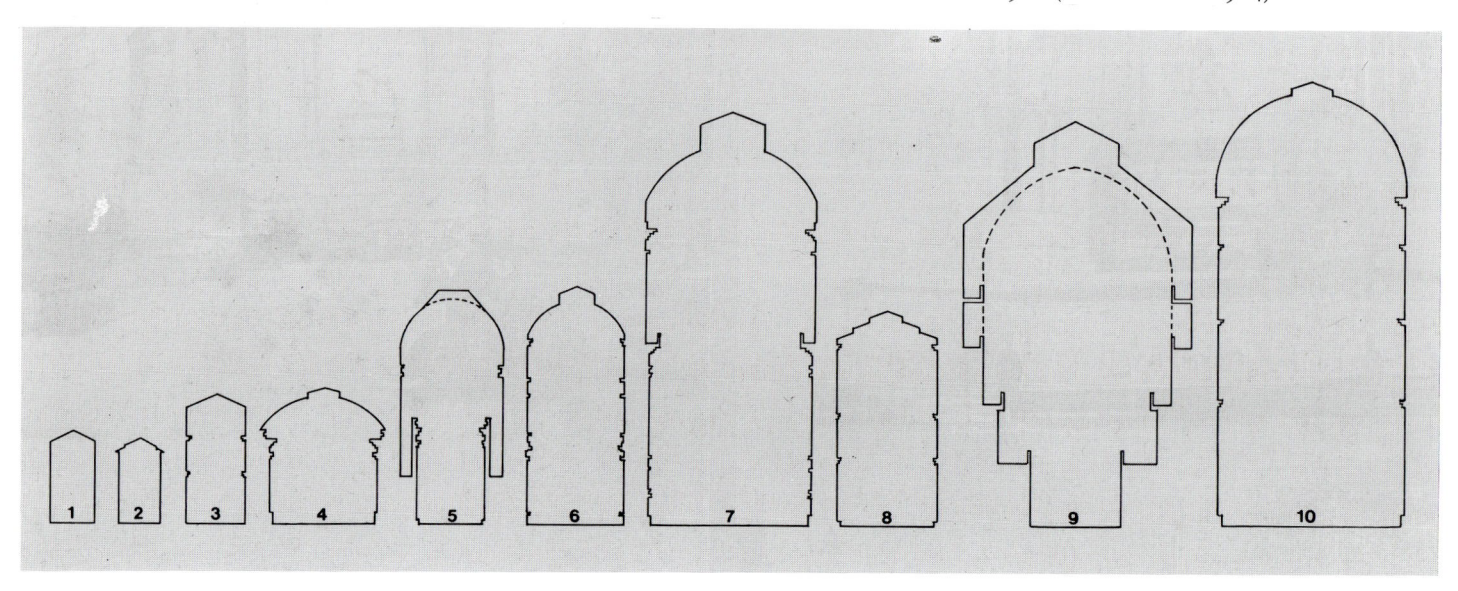

244

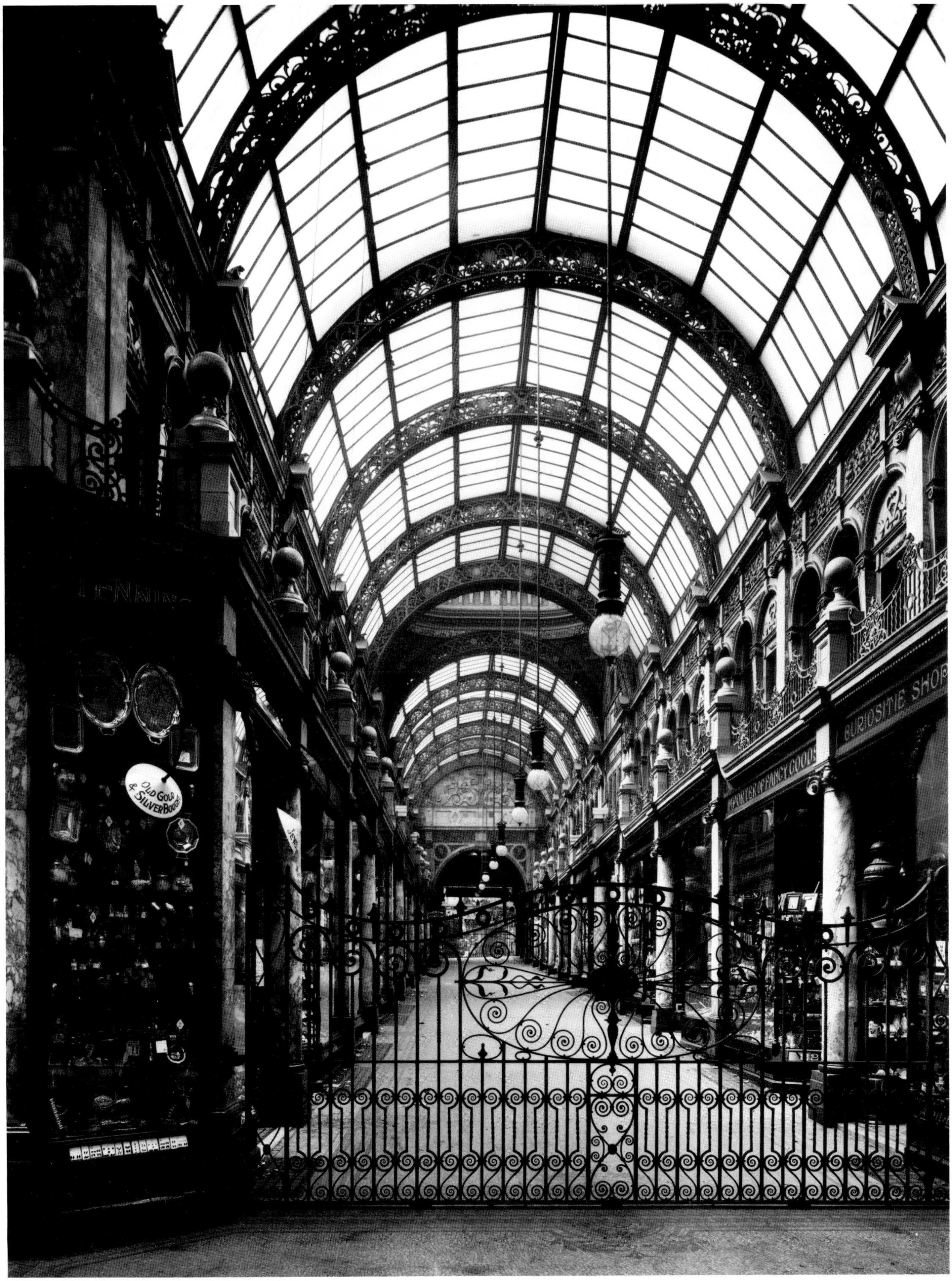
OLD GOLD & SILVER BOUGHT
CURIOSITIE SHOP

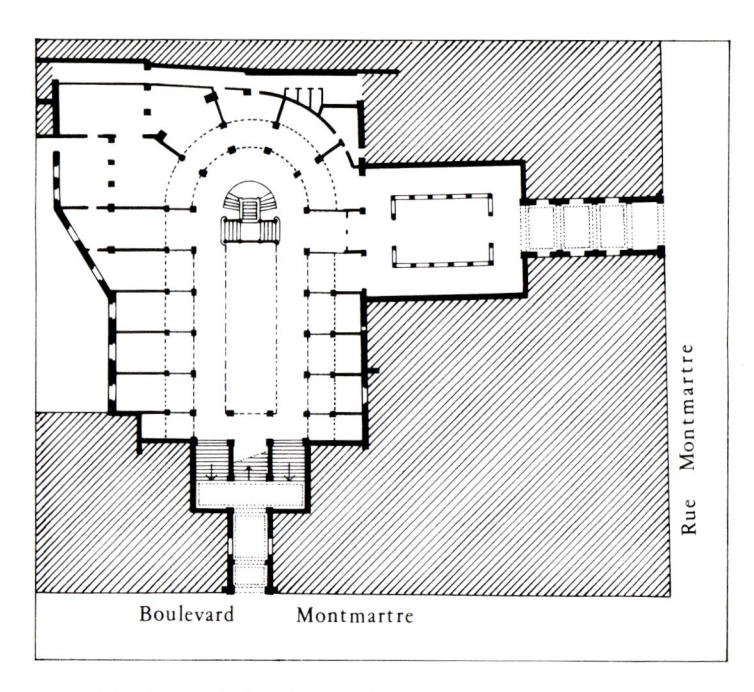

415 Der Bazar de l'Industrie française in Paris, Grundriß; Paul Lelong; 1827-1830 (zerstört). (Umzeichnung nach Louis Marie Normand, 1834-1857, Bd. II, Taf. 140)

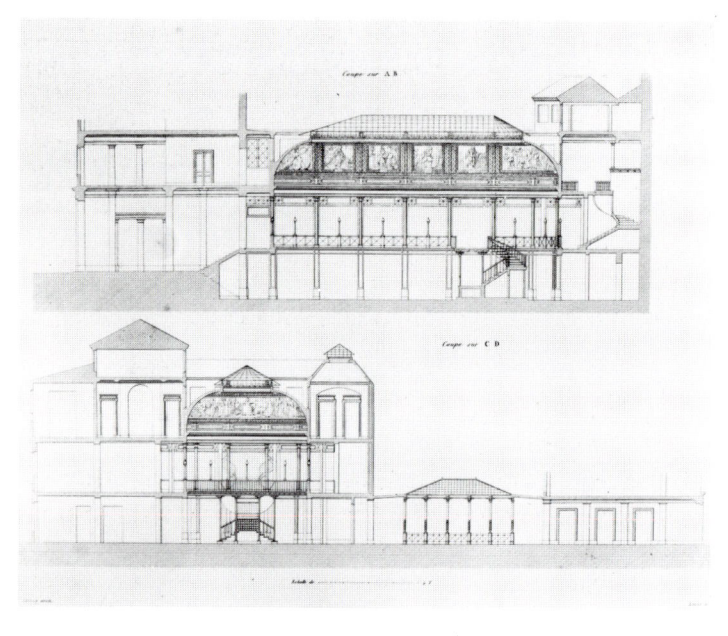

416 Der Bazar de l'Industrie française in Paris, Längs- und Querschnitt; Paul Lelong; 1827-1830 (zerstört). (Nach: Louis Marie Normand, 1834-1857, Bd. II, Taf. 139)

läßt hingegen keinen Zweifel an seinem Geschäftscharakter. Da jedoch in jedem Fall stets beide Funktionen erfüllt werden, macht die Kundschaft — vor allem in Deutschland — keinen Unterschied, man nennt Basare Galerien und umgekehrt. Wenn wir hier von Basaren sprechen, meinen wir eine Gruppierung von Läden auf mehreren Stockwerken rund um einen überdachten Hof. Man kann dabei zwischen gewissen Geschäftshöfen wie der Cour Batave in Paris und diesen Basaren eine ähnliche Beziehung bemerken wie zwischen den offenen Passagen des 18. Jahrhunderts und den überdachten Galerien des 19. Jahrhunderts.

In London und Paris baut man in den zwanziger Jahren zahlreiche Basare: In London dient der Soho Bazaar in der Regent Street (1816) als Vorläufer von etwa fünfzehn Anlagen dieses Typs, angefangen mit dem Queen's Bazaar (1820-1825) bis zum Pantheon (1835), beide in Oxford Street. Der ersten Pariser Anlage, dem Grand Bazar (1825), scheint kein großer geschäftlicher Erfolg beschieden gewesen zu sein, doch wenig später entstehen der Bazar de l'Industrie française am Boulevard Poissonnière (1827-1830, Paul Lelong), der Bazar Bouffers oder Galerie de Fer am Boulevard des Italiens (1829), der Bazar Montesquieu oder Bazar de Fer (1830) und die Galeries du Commerce et de l'Industrie (1838). Angeregt von diesen Beispielen, baut man auch anderswo Basare nach diesen Mustern.

Wie die Galerien entwachsen auch diese überdachten »Geschäftshöfe« in der zweiten Jahrhunderthälfte den Kinderschuhen, sei es in Manchester (Barton Arcade, 1871) oder in Cleveland, Ohio (Cleveland Arcade, 1890). In Moskau geht man noch einen Schritt weiter und verbindet wie im orientalischen Basar mehrere Galerien; im Warenhaus Neue Handelsreihen — heute GUM — (1888-1893, von Alexander Nikanorowitsch Pomeranzew, geb. 1848) sind die Galerien wie in den französischen Basaren durch Balkone und metallene Verbindungsstege untereinander verbunden, der Maßstab des Ganzen erinnert allerdings eher an die riesigen Galerien der italienischen Städte.

Die typologische Verwandtschaft der Basare mit Passagen und Galerien ist offensichtlich. Die Gruppierung mehrerer Läden zu einem Ensemble erinnert an das Prinzip moderner Einkaufszentren, doch die Architektur kündet bereits diejenige der großen Warenhäuser an. Ein Vergleich der Entwürfe und Pläne von 1827 für den Bazar de l'Industrie française, den ersten mehrstöckigen Geschäftsraum mit Oberlicht, mit denen für Au Bon Marché oder Printemps ist erhellend: Gemeinsam sind ihnen ein monumentaler Eingang in der Straßenfront und in der Mitte ein Hof oder eine große Halle mit Glasdach, umgeben von ein oder zwei Galerieetagen auf schlanken Gußeisensäulen, zu denen eine dem Eingang gerade gegenüberliegende große Treppe hinaufführt.

In den zwanziger Jahren kommt die Kundschaft der Läden noch fast ausschließlich aus dem jeweiligen Stadtviertel. Zur Erschließung eines größeren Kundenkreises trägt der Ausbau der städtischen Verkehrsmittel, gefolgt von der Eisenbahn, bei, dazu die Entwicklung neuer Verkaufstechniken: Festpreise, Kataloge und Werbung. Zuerst kommen die Pariser, dann zieht man die Käufer aus den Provinzen an, die findigsten Geschäftsleute erreichen phantastische Umsatzsteigerungen. Die Läden, die bisher in den Erdgeschossen wohnten, steigen bald in die Zwischengeschosse und schließlich in die Obergeschosse

417 Das Warenhaus Au Bon Marché, Rue de Sèvres, Paris 7ᵉ, Treppe; Louis Charles Boileau; 1872-1874 (alter Zustand)

418 Die Roosevelt Stores, Broadway, New York. Das zwischen Grand Street und Broome Street gelegene Gebäude besitzt dank seiner Eisenkonstruktion viel Fensterfläche.

auf; gußeiserne Säulen ersetzen die tragenden Außen- und Innenmauern. »Das Modehaus Aux Statues de Saint-Jacques hat seinen Läden eine große Galerie hinzugefügt, deren Tageslicht und angenehmer Raum keinen Wunsch offenlassen«, heißt es in einer zeitgenössischen Anzeige. Das moderne Warenhaus findet in dem Moment seine Form, in dem die großen Modegeschäfte sich grundlegend wandeln, immer zahlreichere Abteilungen und ein immer umfangreicheres Sortiment einführen, so daß sie den Bautyp des Basars allein für ihre eigenen Bedürfnisse übernehmen können.

Gleichzeitig, aber unabhängig voneinander baut man in den USA und in Paris die ersten Warenhäuser: Haughwout & Cie (1857) und Steward & Steward (1859) in New York, Second John Shillito Store (1878), mit einem glasüberdachten Innenhof, in Cincinnati, Ohio; in Paris Au Coin de Rue (1864) — das erste wirkliche Warenhaus an der Seine, seine Auslagen sind auf drei Etagen rund um eine glasgedeckte Halle aufgebaut —, La Belle Jardinière (1866-1867) und A la Ville de Saint-Denis (1869). Von dieser ersten großen Kaufhausgeneration ist das berühmteste das zuletzt geschaffene, Au Bon Marché (1869-1872, von Louis Charles Boileau, geb. 1837).

Mehrere Architekturzeitschriften veröffentlichen 1873 und 1876 die Pläne für La Belle Jardinière und Au Bon Marché, wodurch die Typologie des Warenhauses festere Gestalt annimmt. Die 1865 erbauten Magasins du Printemps, die 1874 umgebaut wurden und schließlich 1881 niederbrennen, bilden einen vorläufigen Höhepunkt dieser Architektur. Gleich nach dem Brand beginnt Paul Sédille (1836-1900) mit dem Bau des neuen Kaufhauses, das 1889 fertiggestellt wird. Sédille gelingt es, das Modell noch weiterzuführen: Der ausschließlich dem Verkauf bestimmte Bau nimmt den gesamten Häuserblock ein, und er wird elektrisch beleuchtet.

Les grands magasins du Printemps sind ein Vorbild, das in Paris von den Magasins Dufayel am Boulevard Barbès (1890) mit einer weniger anspruchsvollen Kundschaft und in den Nouvelles Galeries de la Ménagère (1898), in Bordeaux von den Nouvelles Galeries (1893) nachgeahmt wird. Nach 1890 verzeichnet man auch im übrigen Europa ähnliche Geschäfte, zum Beispiel in der Kopenhagener Kongens

247

Rue de Provence

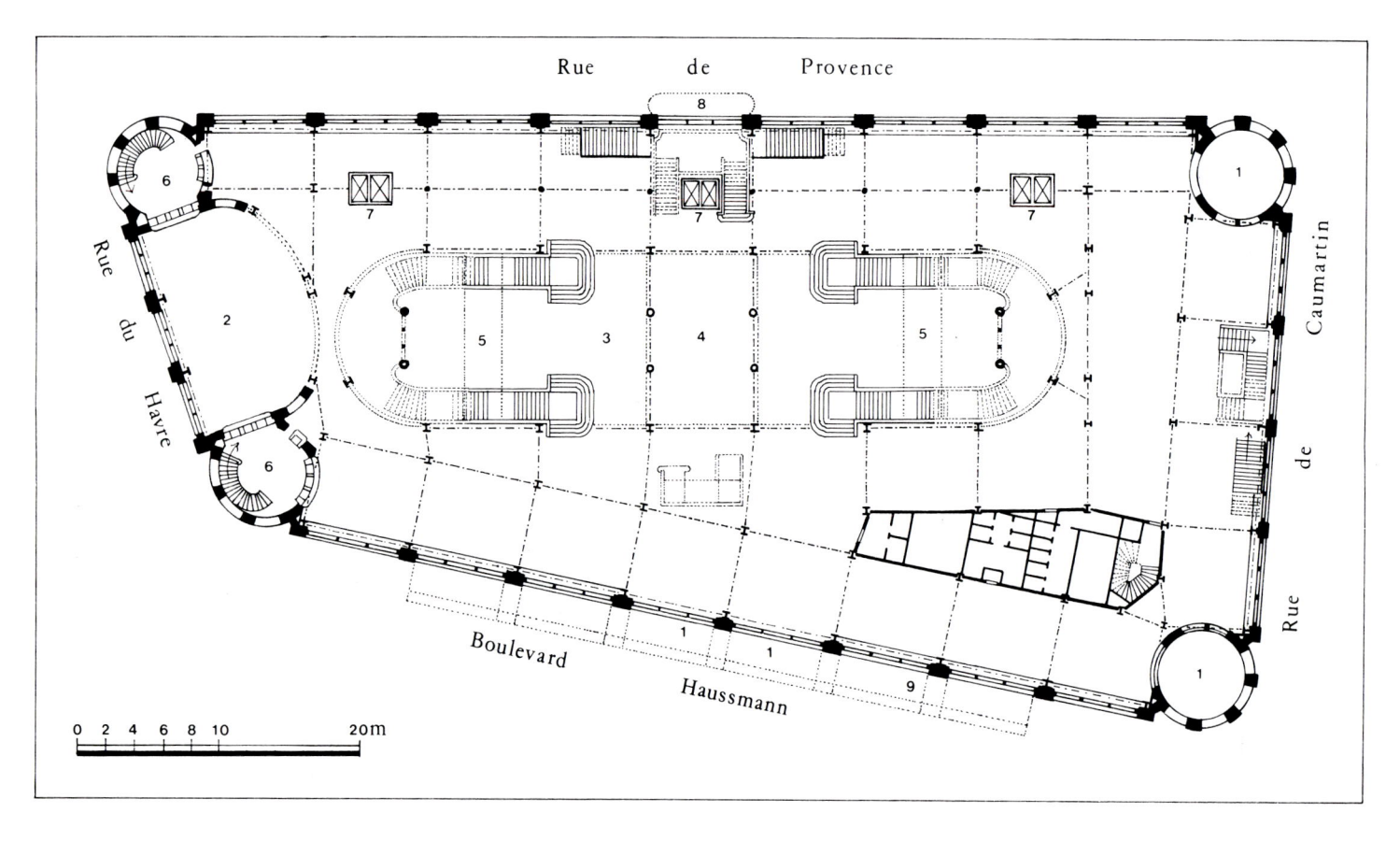

Boulevard Haussmann

Rue du Havre

Rue de Caumartin

248

Nytorv das Magasin du Nord (1893, von Albert Christian Jensen, 1847-1913, und Henri Glaesel); in Rom die Magazzini Boccioni, heute La Rinascente (um 1895, von Giulio de Angelis, gest. 1906); in Berlin an der Leipziger Straße das Warenhaus Hermann Tietz (1898, Büro Sehring und Lachmann); in Zürich das Warenhaus Jelmoli (1898, von Hermann August Stadler und Jakob Emil Usteri); in Straßburg das Kaufhaus Knopf (1899); in Brüssel Old England (1899, Paul Saintenoy) und L'Innovation (1900-1901, Victor Horta). In England setzt sich dieser Ladentyp nicht so leicht durch, erst 1908 wird mit Selfridge's das erste Geschäft dieses Stils gebaut.

In allen diesen Warenhäusern erkennt man das Vorbild der Magasins du Printemps: ein Eisengerüst, dessen optische Leichtigkeit den Vorteil hat, um Auslagen und Ladentische herum viel Freiraum zu schaffen, und das überdies relativ feuerbeständig ist; eine mittlere, glasgedeckte Halle, die als Lichthof dient — ein wichtiger Bauteil, denn Kunstlichtbeleuchtung ist in jenen Tagen noch ein Luxus — und von einer großen Treppe beherrscht wird.

Im Kaufhaus A la Ville de Saint-Denis baut man 1869 zum ersten Mal Personenaufzüge ein, doch die große Treppe bleibt weiterhin ein unabdingbares Gestaltungselement jedes großen Warenhauses, das eigentliche Prachtstück, dessen verschnörkelte Kunstschmiedearbeiten im Hintergrund der verglasten Halle, gegenüber vom Haupteingang die Aufmerksamkeit auf sich ziehen. Wie in den Ladengalerien setzen sich Gußeisensäulen und verglaste Metallkonstruktionen durch, denn sie sind leicht und feuerfest. Mit der Verwendung von Eisen gelingt es, Schaufenster und Verkaufsflächen zu vergrößern. Man schafft Sicht und Bewegungsfreiheit und erhebt die ausgestellte Ware zur wichtigsten Dekoration, an der sich die Blicke der Käuferinnen begeistern.

Die Tür- und Fensterflächen werden immer größer, doch man beobachtet zwei gegenläufige Tendenzen in der Fassadengestaltung. Im einen Fall bleibt die Metallstruktur sichtbar, Glas beherrscht die ganze Fassade, im anderen Fall schafft man eine Palastfront und setzt vor das konstruktive Gerüst eine Fassade mit gliedernden Säulen und bekrönenden Giebeln.

In Paris passen sich die Warenhäuser der Typologie der Gebäude Haussmanns an. Man übernimmt die gestalterischen Lösungen des französischen klassischen Stils: Erd- und Zwischengeschoß dienen als Sockel für eine zwei Stockwerke übergreifende Pilasterordnung; die Felder zwischen den Pilastern sind vollständig verglast, die Fensterpfosten aus Metall.

In New York bevorzugt man Gußeisenfassaden mit einfacher, regelmäßiger Gliederung und übereinandergestellten gleichartigen Säulen. In Chicago entwirft Henry Hobson Richardson (1838-1886) für den Marshall Field Wholesale Store (1885-1887) eine Steinfassade von monumentaler Nüchternheit.

Auch außerhalb Frankreichs findet man in Europa steinverkleidete Fassaden — wie bei dem bereits erwähnten Magasin du Nord in Kopenhagen, das in spätklassizistischer Art durch überkuppelte Pavillons gegliedert wird — neben solchen, die ganz aus Eisen

419 Les grands magasins du Printemps, Boulevard Haussmann, Paris 9e; Paul Sédille; 1882-1889 (alter Zustand vor der Aufstockung). Beachtenswert sind die großen Öffnungen zwischen den Wandstützen, die malerischen Türmchen und die gepflegten Details (Schmiedeeisen, Mosaiken, Dachwerk).

420 Les grands magasins du Printemps, Boulevard Haussmann, Paris 9e, überdeckter Innenhof (heute verschwunden); Paul Sédille; 1882-1889. Die farbigen Glasfenster der Kuppel, das Schmiedeeisen der Geländer und die genieteten Eisenträger lockern den starren Eindruck der offen zutage tretenden Konstruktion auf.

421 Les grands magasins du Printemps, Boulevard Haussmann, Paris 9e, Grundriß des Erdgeschosses; Paul Sédille; 1882-1889 (Umzeichnung nach *Encyclopédie d'architecture*, 1885): 1 Eingänge; 2 Großer Vorraum; 3 Innenhof; 4 Verbindungsgang im Zwischengeschoß; 5 Verbindungsgang im ersten Obergeschoß; 6 Hauptkassen; 7 Aufzüge; 8 Wareneingang; 9 Schutzdach

422 Das Warenhaus Jelmoli in Zürich; Hermann August Stadler und Jakob Emil Usteri; 1897 (Zustand Mai 1903). Abgesehen von den fehlenden Jugendstil-Elementen, gleicht die Anlage der des Pariser Warenhauses La Samaritaine von Frantz Jourdain (1905-1907).

423 Das Warenhaus Hermann Tietz, Leipziger Straße, Berlin; Sehring und Lachmann; 1898. Die Stützen und Pfeiler sind aus der Fassade genommen und ins Innere zurückgesetzt; eine große Glasfläche von 26 Metern Länge und 17 Metern Höhe bildet die Straßenfront.

424, 425, 426 Das Warenhaus Schlesinger & Mayer (heute Carson Pirie Scott & Co) in Chicago, Außenansicht und Haupteingang; Louis Henry Sullivan; 1899-1904.

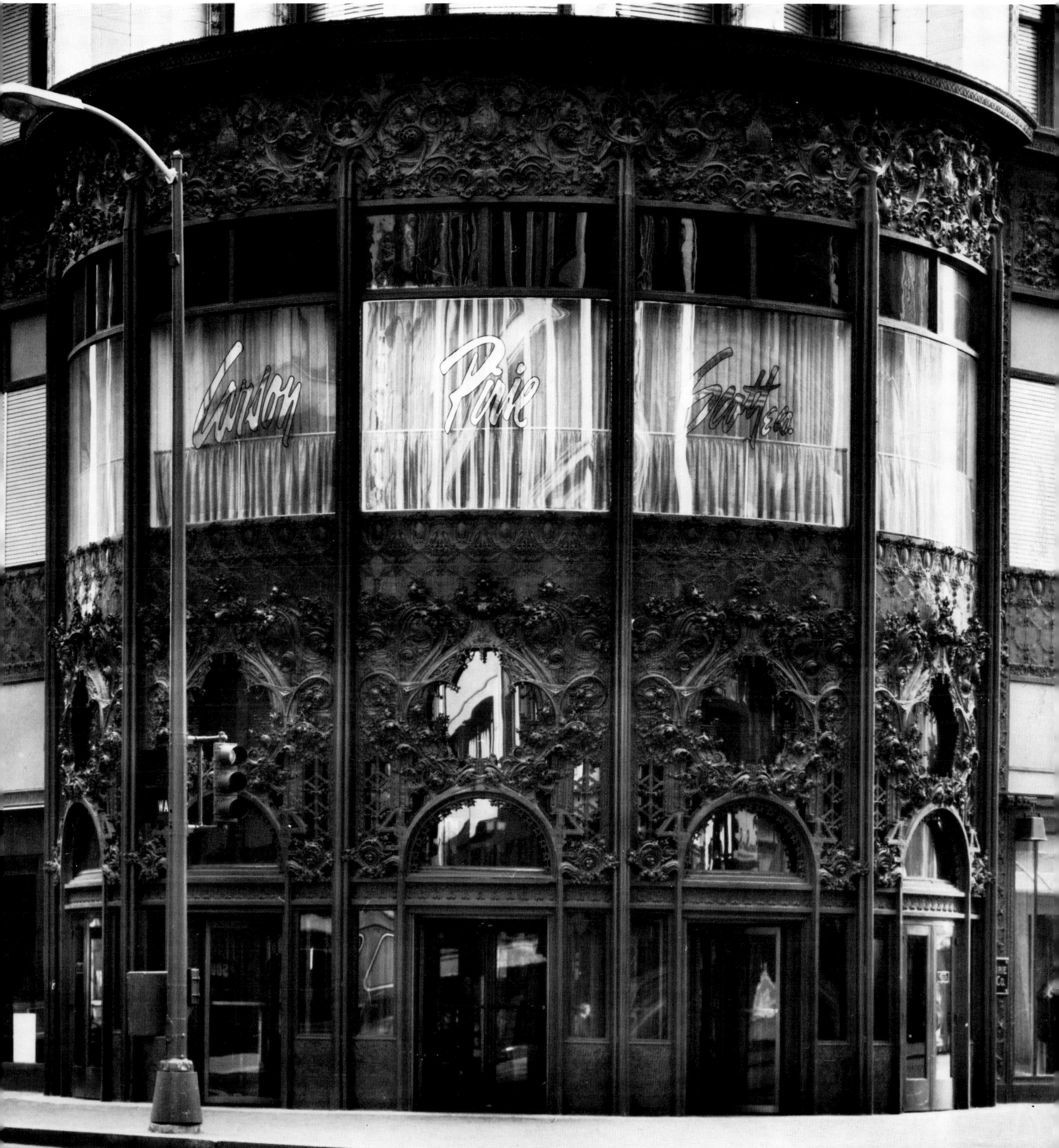
Carson
Pirie
Scott & Co.

und Glas sind. Die dafür gewählten Lösungen sind sehr verschieden: Bei Tietz in Berlin hat man die tragende Metallkonstruktion eingezogen, der Laden bietet eine Glasfront von 26 Metern Länge und 17 Metern Höhe, durchbrochen von drei Eingängen, die von steinernen Karyatiden und Atlanten — Genien des Handels — gerahmt werden. Die Fassade des Zürcher Warenhauses Jelmoli (1897, Hermann August Stadler und Jakob Emil Usteri) ist eine reine Metallkonstruktion, aber mehrfach unterteilt, ähnlich wie in Chicago das Warenhaus Schlesinger & Mayer (heute Carson Pirie Scott & Co), 1899-1904, von Louis Henry Sullivan, 1856-1924.

In der Brüsseler Innovation ordnet Victor Horta der gewaltigen glatten Glasfläche schmiedeeiserne geflammte Ornamente des Art Nouveau zu.

Das Warenhaus des 19. Jahrhunderts hat Emile Zola in seinem Roman *Au Bonheur des Dames* (1888) verewigt. Der Schriftsteller läßt sich von dem Architekten Frantz Jourdain (1847-1935), der dann 1905 das Pariser Warenhaus La Samaritaine als Eisenkonstruktion wiederaufbaut, beraten. Zola beschreibt die »abgeschrägten Ecken«, »die Spiegel«, die »ein bißchen vulgäre« Dekoration, »zwei allegorische Figuren, zwei Frauen, die sich mit entblößter Brust zurücklehnen und ein Spruchband ›Au Bonheur des Dames‹ entrollen«, »die verglasten Innenhöfe« und »die Eisenbrücken, die sich von einer Seite zur anderen spannen«, um zu enden: »Luft und Licht traten frei herein, die Kundschaft bewegte sich frei unter dem kühnen Bogen weitgespannter Binder; das war die Kathedrale des modernen Handels, fest gefügt und schwerelos, geschaffen für ein Volk der Kundinnen.«

Der Bahnhof, Kathedrale der Moderne

»Ein Tag wird kommen, an dem die Stationen der Eisenbahn zu den wichtigsten Gebäuden zählen werden; darin wird die Architektur alle ihre Möglichkeiten ausspielen müssen, ihre Bauweise wird prachtvoll sein. Dann wird man diese Bahnhöfe in einem Atemzug mit den riesigen, herrlichen Prachtbauten der öffentlichen Bäder Roms nennen können.« César Daly notierte seine Gedanken im Jahre 1846, in dem Augenblick, als — nach den englischen Pionierleistungen im Bahnhofsbau in den Jahren 1830 bis 1845 — die französischen Ingenieure für die nächsten fünfzehn Jahre die Initiative übernehmen. Sie beschäftigen sich mit den organisatorischen und Raumproblemen wie auch mit der Frage nach der künstlerischen Gestaltung dieses neuen Bautyps. Die Zeilen Dalys künden die Entwicklung im Laufe des Jahrhunderts an und auch die — späteren — Höhepunkte des Bahnhofsbaus in Deutschland und Amerika, wo ein Gebäude wie die New Yorker Pennsylvania Station (1906-1910) tatsächlich ein fernes Echo der antiken Thermen bildet.

Die erste Epoche der Eisenbahngeschichte umspannt dreißig Jahre: 1804 befährt Richard Trevithicks erste Lokomotive zum ersten Mal Geleise; 1825 wird in England die Strecke Stockton-Darlington eingeweiht und 1830 die Strecke Liverpool-Manchester, die erste europäische Eisenbahn im modernen Sinn. In den USA kann die South Carolina Company 1830 einen regelmäßigen Dampfeisenbahnbetrieb aufnehmen, ihr folgt 1831 die Baltimore & Ohio Company mit der Strecke Baltimore-Ellicott's Mills. Auch in anderen europäischen Ländern baut man erste Strecken, zum Beispiel: Saint-Etienne-Andrézieux (17 km; später Saint-Etienne-Lyon), 1828 eröffnet; Brüssel-Malines, 1835 eröffnet; Nürnberg-Fürth, 1835 eröffnet; Wien-Brünn, Kaiser Ferdinands Nordbahn, 1839 eröffnet. Zwanzig Jahre später hat sich aus den bescheidenen Anfängen ein über die ganze Welt verbreitetes Transportmittel entwickelt.

Die neuen Bahnstrecken erfordern bis zum Ende des Jahrhunderts den Bau von Tausenden von Eisenbahnbrücken, Viadukten und Tunneln, Experimentierstätten neuer Konstruktionstechniken, die sich auf die gesamte Baukunst auswirken. Vom Gesamtaufwand her gesehen, stellen die Bahnhöfe für die Eisenbahngesellschaften nur eine geringfügige Investition dar, doch man hat rasch begriffen, daß sie sich gut als Erfolgssymbol eignen. Die Strecke Birmingham-London kostete über 5,5 Millionen Pfund und endet in London unter dem eigens und für nur 35 000 Pfund erstellten Triumphbogen Euston Arch, der pompösen Front von Euston Station (1835-1839, von Philip Hardwick, 1792-1870).

Zusammen mit der Liverpool Road Station in Manchester ist die Crown Street Station von Liverpool 1830 die erste moderne Eisenbahnstation. Es ist ein einfacher rechteckiger Bau mit vorgelegter Säulenhalle neben den Geleisen, die von einem hölzernen Dachstuhl in der Höhe des Gebäudes überdacht sind. Im Erdgeschoß des Bahnhofs sind Fahrkartenschalter und Wartesaal untergebracht, im Obergeschoß liegt die Wohnung des Bahnhofsvorstands. Im ersten Eisenbahnjahrzehnt übernimmt man vielerorts dieses Modell: in Malines 1835, Sankt Petersburg 1837, Potsdam 1838, Wien, Nordbahnhof, 1839. In der *Revue générale de l'architecture* (I, Spalte 523) veröffentlichten Camille Polonceau und Victor Bois 1840 einen der ersten Artikel »über die Gliederung und den Betrieb der Bahnhöfe«, in dem sie dieses Modell noch als »das beste« preisen. Bis zum Ende des Jahrhunderts wird diese Art der Bahnhofsanlage als vernünftigste Lösung für Durchgangsbahnhöfe beibehalten, doch für Kopfbahnhöfe setzen sich andere Typen durch. Die letzte große Endstation nach Liverpooler Muster ist der Bahnhof von Newcastle (1846-1855, von John Dobson, 1787-1865).

427 Der Bahnhof Crown Street in Liverpool; George Stephenson (?), 1829-1830 (zerstört). Der erste moderne Bahnhof, Urtyp der Durchgangsbahnhöfe, in seinem ursprünglichen Zustand.

Der wachsende Strom der Reisenden und die zunehmende Zahl der Geleise erfordern die Entwicklung komplizierterer Modelle, und schon 1837 tauchen gleichzeitig drei verschiedene Typen auf: In Reading reiht Isambard Kingdom Brunel (1806-1859) Ankunfts- und Abfahrtsgebäude an der gleichen Seite der Geleise aneinander, eine Lösung, die Francis Thomson in Derby (1839-1841) und Chester (1847-1848) übernimmt. Im Londoner Bahnhof Nine Elmes gruppiert William Tite (1798-1873) die Gebäude hufeisenförmig am Kopf der Geleise, dieselbe Lösung wird auch 1840 in Brighton gewählt. In Euston Station, London, ordnet Robert Stephenson (1803-1859), der die Gesamtplanung ausführte, die Ankunfts- und Abfahrtsbahnsteige zu beiden Seiten der Geleise an.

Das Modell Stephensons ist den englischen Verhältnissen vollkommen angepaßt: Es gibt keine Gepäckkontrolle, und der Zugang zu den Bahnsteigen ist frei. Die Eingangsbauten von Philip Hardwick (1792-1870) führten zum Vorplatz des Abfahrtsgebäudes, während ein kleiner Platz vor dem Gleiskopf die direkte Verladung der Kutschen auf die Waggons gestattete: Autozüge haben Tradition! Von Säulengängen bei schlechtem Wetter geschützt, hatten die Reisenden freien Zugang zu den Bahnsteigen und gelangten bei der Ankunft ohne Umweg zu den wartenden Droschken auf dem Ankunftsplatz. Die mustergültige Übersichtlichkeit dieser Anlage war der Grund ihres Erfolgs, ohne sie sind die großen Londoner Bahnhöfe nicht denkbar: King's Cross Station (1851-1852, Lewis Cubitt), Paddington Station, zweite Anlage (1852-1854), Cannon Street Station (1854), Charing Cross Station (1854) und St. Pancras Station (1863-1865, W.H. Barlow und R.M. Ordish).

Die Ingenieure im übrigen Europa studieren die englischen Vorbilder sorgfältig, doch sowohl aus organisatorischen als auch aus ästhetischen Gründen entstehen bald Bahnhöfe eines anderen Typs. Andere Gepflogenheiten verlangen einen anderen Grundriß: Man kennt mehrere Reiseklassen und läßt die Reisenden in getrennten Wartesälen warten, auch die systematischen Gepäckkontrollen durch Zollbeamte fordern entsprechende Räumlichkeiten.

In Frankreich und Deutschland gibt man zunächst einer Lösung den Vorzug, bei der die Architektur besser zur Geltung kommt. In der Form eines Kopf-

428 Die Euston Station in London, Eingangstor; Philip Hardwick; 1835-1839 (1961 zerstört). Der Bahnhof war Endstation der Linie Birmingham-London.

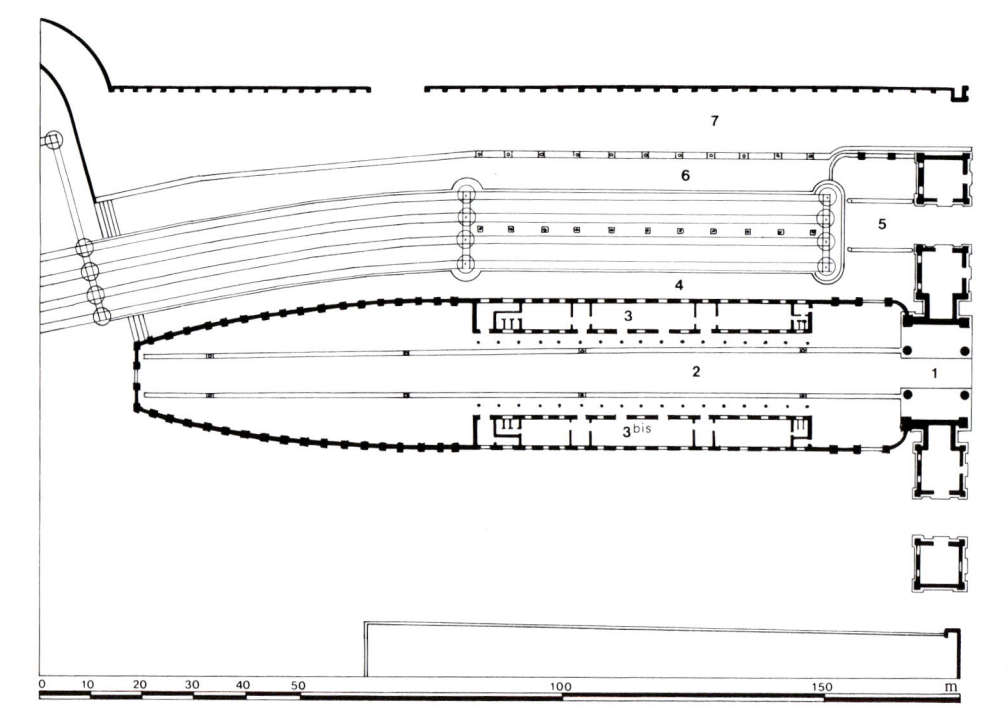

429 Die Euston Station in London, Grundriß; Robert Stephenson (Planung), Philip Hardwick (Bauten); 1835-1839 (ursprünglicher Zustand): 1 Eingangstor; 2 Abfahrtsplatz; 3 Billettausgabe, Wartesäle I. und II. Klasse; 3bis Abfertigungsgebäude für die Great Western Railway (Bristol-London), die aber schließlich einen eigenen Bahnhof in Paddington baute; 4 Abfahrtsbahnsteig; 5 Vorfahrt für Privatkutschen; 6 Ankunftsbahnsteig; 7 Ankunftsplatz

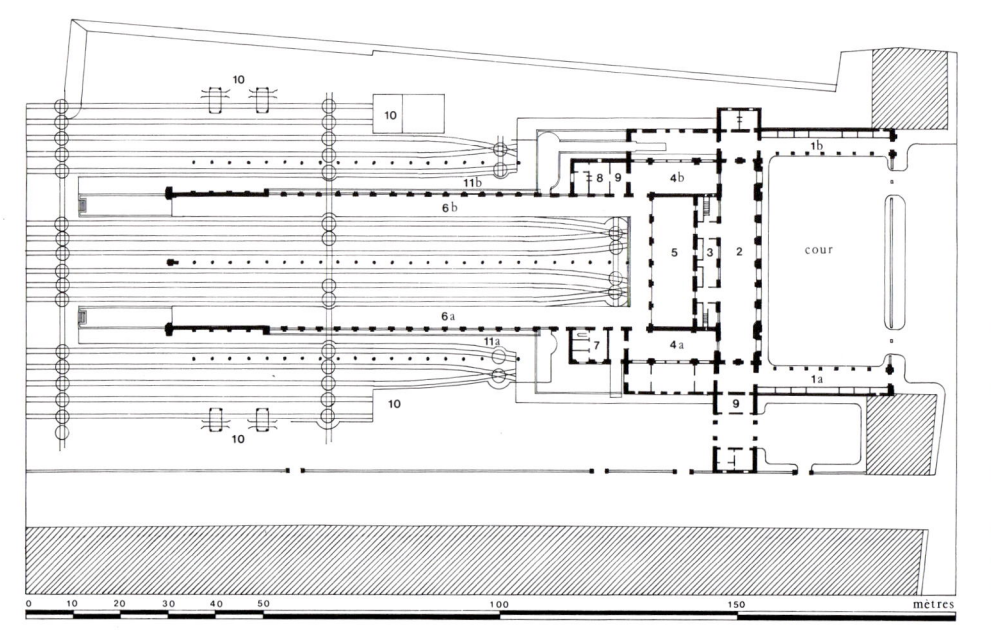

430 Die erste Gare du Nord in Paris, Grundriß; François Léonce Reynaud; 1845-1849 (zerstört): 1a Abfahrtsportikus; 1b Ankunftsportikus; 2 Halle; 3 Billettausgabe; 4a Gepäckannahme; 4b Gepäckausgabe; 5 Wartesaal; 6a Abfahrtsbahnsteig; 6b Ankunftsbahnsteig; 7 Salon; 8 Bahnhofvorsteher; 9 Toiletten; 10 Vorfahrt für Post und Botendienste; 11a Abfahrt Richtung Vorstädte; 11b Ankunft aus Richtung Vorstädte

254

431 Der Hauptbahnhof in München; Friedrich Bürklein; 1849. Die Fassade variiert in elegantem romanischem Stil von Pisa die Front der Gare de l'Est in Paris.

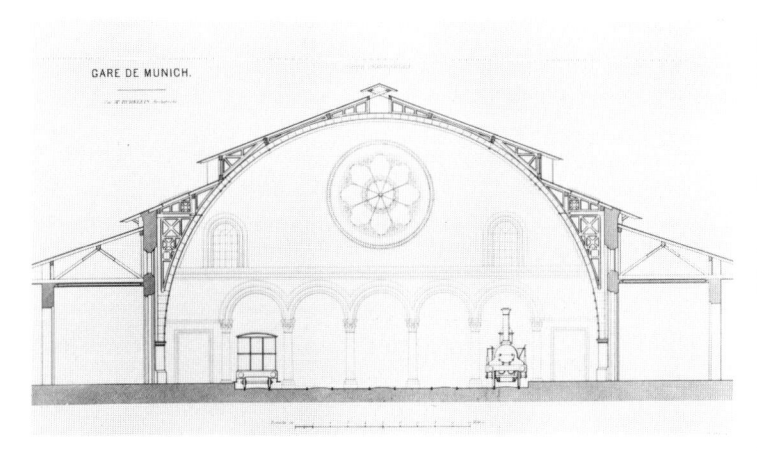

432 Der Hauptbahnhof in München, Querschnitt; Friedrich Bürklein; 1849. Beachtenswert ist die Holzkonstruktion der Halle.

433 Der Hauptbahnhof in München, Grundriß; Friedrich Bürklein; 1849

bahnhofs gliedern sich die Dienstgebäude um eine große Vorhalle und die Wartesäle. In dieser Art bauen Eduard Pötsch (1803-1889) in Leipzig den Thüringer Bahnhof (1840-1844), Friedrich Bürklein (1813-1872) den Münchner Hauptbahnhof (1849) und François Léonce Reynaud (1803-1880) die erste Pariser Gare du Nord (1845-1846). Eine ähnliche Lösung wählt auch Jakob Friedrich Wanner (1830-1903) für den Zürcher Hauptbahnhof (1865-1871).

Doch die von Pierre Chabat um 1860 als »bestes System für Bahnhöfe« bezeichnete zweiflügelige Anlage, wie sie in Paris für die erste Gare Montparnasse (1848-1852, von Victor Benoît Lenoir, 1805-1863) und die Gare d'Orléans-Austerlitz (1869, von Louis Renaud, 1819-1897) gewählt wurde, setzt sich allgemein in Europa durch: in Frankreich zum Beispiel die Bahnhöfe von Lyon-Perrache (1855, von François Alexis Cendrier, 1803-1892) und Metz.

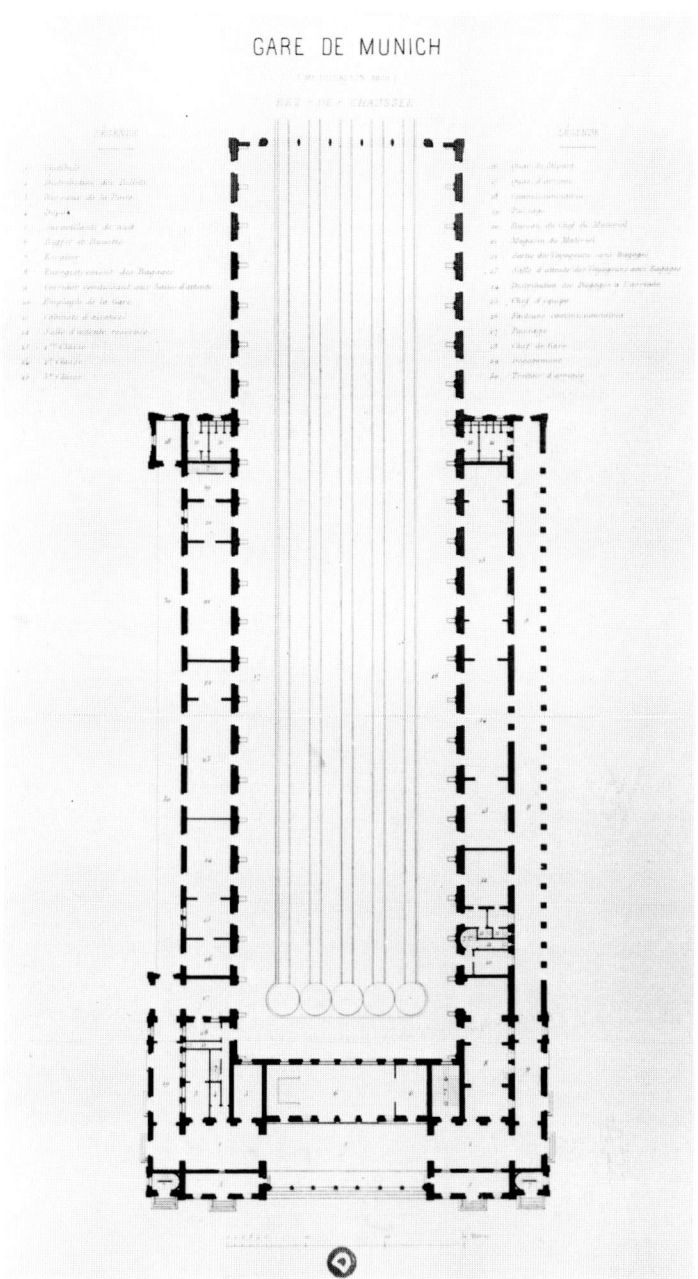

Es erweist sich jedoch, daß die zweiflügelige Anlage zwar in mittelgroßen Bahnhöfen wie Lyon oder Metz in der ursprünglichen Form geeignet ist, man jedoch für größere Bahnhöfe, wo die Dienstgebäude beträchtlichen Platz beanspruchen, nach flexibleren Lösungen suchen muß. François Alexandre Duquesney (1790-1849) übernimmt für die Pariser Gare de l'Est (1847-1852) das Modell der ersten Gare du Nord, setzt ihm aber Seitenflügel an; Jakob Ignaz Hittorf (1792-1867) seinerseits entwirft für die zweite Gare du Nord (1861-1865) eine zweiflügelige Anlage, setzt aber die Abfertigungsgebäude für den Nahverkehr vor Kopf. Die Entwicklung des Eisenbahnverkehrs überholt immer wieder die Voraussagen. Dies erklärt, warum bestimmte Bahnhöfe zwei- oder dreimal gebaut, andere wiederholt erweitert oder umgestaltet wurden. Die Entwicklung schreitet so rasch voran, daß die französischen Ingenieure Auguste Perdonnet und Pierre Chabat, die als erste die Typologie der Bahnhöfe systematisch untersuchen und dabei die Wechselbeziehung zwischen organisatorischen und ästhetischen Faktoren feststellen, gelegentlich etwas ratlos sind: »Die Anlage parallel zum Gleis ist für die Reisenden und für den Bahnhofsbetrieb am bequemsten, befriedigt jedoch architektonisch nicht. Der Zugang zu den Zügen findet keine Entsprechung in der Form, und der Giebel der Bahnhofshalle ist oft das einzige gestalterische Element. Das andere System besitzt den Vorzug einer eindrucksvolleren Fassade und eines einfacheren Zugangs« (*Revue générale de l'architecture*, 1859).

In England, wo sich die Anlage der Bahnsteige und Diensträume beidseits der Geleise weitgehend durchsetzt, verziert man den Giebel der Bahnhofshalle mit romantischen Zinnen und prächtigen Arkaden (Temple Meads Station in Bristol, 1839-1840, Isambard Kingdom Brunel) oder lehnt ihn prosaisch, aber recht praktisch an ein großes Eisenbahnhotel. Ein Vergleich der Bahnhöfe von York (1840-1841) und St. Pancras in London (1868-1874) läßt die Entwicklung dieses für Großstadtbahnhöfe hervorragend geeigneten Typus erkennen. In Frankreich tritt er erst spät und nur vereinzelt auf: Bei der Pariser Gare Saint-Lazare (1885-1889, von Juste Lisch, 1828-1910) steht das 1889 im Hinblick auf die Weltausstellung von 1900 gebaute Hotel quer vor dem Gleiskopf und verbindet die beiden Flügel, ein zweites Beispiel ist die inzwischen zweckentfremdete Gare d'Orsay (1898-1900, von Victor Laloux, 1850-1937).

Die französischen Architekten und Ingenieure begeistern sich wenig für die ausländischen Vorbilder: Euston ist zu erhaben, der Bahnhof im amerikanischen Austin (Connecticut) zu romantisch, Leipzig zu palastähnlich, München macht zu viele Anleihen bei der Sakralarchitektur. Also entwickelt man einen eigenen Typus.

In seinem *Traité élémentaire des chemins de fer* (1856) äußert sich Auguste Perdonnet über das Problem des »architektonischen Schmuckes der Bahnhöfe« folgendermaßen: »Die Gestaltung eines Gebäudes muß seine Bestimmung klar erkennen lassen. Bahnhöfe und vor allem Kopfbahnhöfe haben ihre besondere Form. Die Hauptfassade wird außer von der Säulenhalle von der großen Uhr geprägt und, wenn diese Fassade den Bahnhof abschließt, von einem großen Bogen oder Giebel, der die Form des Hallendachs betont.«

Zwei besonders anschauliche Beispiele sind die Gare Montparnasse (1848-1852) und King's Cross Station (1851-1852): In der Pariser Fassade betont Victor Lenoir deutlich und nüchtern die Dachformen von Ankunfts- und Abfahrtsgebäuden zu beiden Seiten des Uhrturms, in London verfährt Lewis Cubitt ganz ähnlich, nur ist sein Uhrturm etwas massiver.

François Alexandre Duquesney gibt bei der Gare de l'Est (1847-1852) diesem Typus eine elegantere

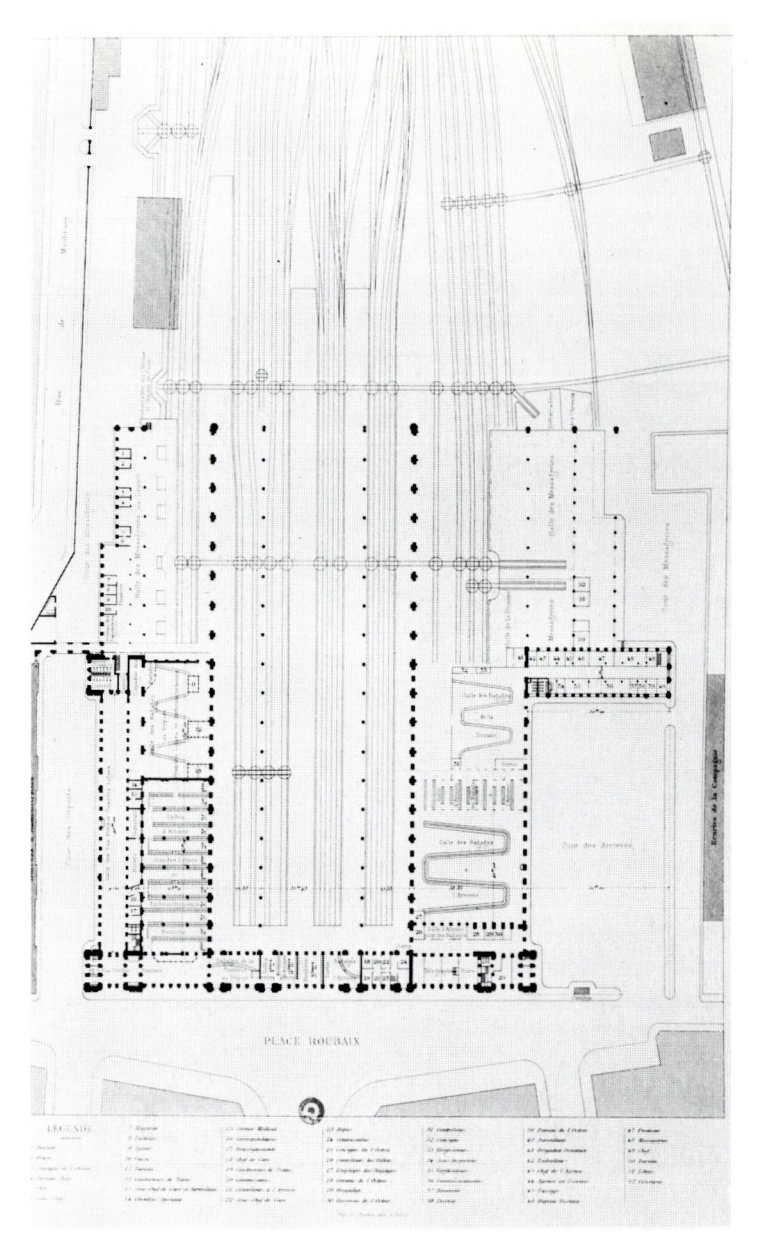

434 Die zweite Gare du Nord in Paris, Grundriß; Jakob Ignaz Hittorf; 1859-1865 (ursprünglicher Zustand)

Form. Ein von Florentiner Bauten beeinflußter Säulengang verbindet die beiden Flügel, und eine große Halbrosette im Giebelfeld deutet die Bahnhofshalle an. Diese vielbewunderte Lösung bleibt bis zum Ende des Jahrhunderts Vorbild, auch wenn man ganz verschiedene Stile verwendet: gemäßigter Klassizismus für die Pariser Gare du Nord oder den Budapester Ostbahnhof; gotisch-barocker Eklektizismus für den Bahnhof von Antwerpen (1899, Louis Delacenserie, 1835-1909); Klassizismus für den Südbahnhof von Nizza (1892), einer kleineren Ausgabe der Pariser Gare du Nord. Auch für den Anhalter Bahnhof in Berlin (1872-1880, von Franz Schwechten, 1841-1925) — von allen der schönste — wurde diese Lösung gewählt und ebenso für die Stazione Porta Nuova in Turin (1866, von Alessandro Mazzuchetti).

435   Die zweite Gare du Nord in Paris; Jakob Ignaz Hittorf; 1859-1865

Der Kühnheit der Bahnhofshallen mißt man alsbald Symbolcharakter bei. Im *Portefeuille de l'ingénieur des chemins de fer* (I, S. 500-586) schreibt Auguste Perdonnet: »Die sehr breiten Bahnhöfe, die wie Nord- oder Ostbahnhof von kühnen, eleganten Hallen überdacht werden, wirken überwältigend und bedeutend, im Einklang mit den Wegen, an deren Beginn sie stehen.« Die Entwicklung dieser Bahnhofshallen zwischen 1830 und 1880 läßt sich an den verschiedenen Um- und Neubauten der Liverpooler Lime Street Station verfolgen: Der erste Bau aus dem Jahre 1836 hat einen hölzernen Dachstuhl; 1851 spannt Richard Turner eine eiserne Bogenkonstruktion von gut 46 Metern Weite; zwischen 1876 und 1896 erreicht man schließlich eine Spannweite von etwas über 60 Metern.

Die Stützen dieser Konstruktionen waren von Anfang an aus Gußeisen, während für den Dachstuhl häufig noch Holz verwendet wurde, so zum Beispiel beim Münchner Hauptbahnhof (1849) und auch bei der Londoner King's Cross Station (1851-1852), die erst beim Umbau 1869 eine eiserne Bogenkonstruktion erhält.

Man schmückt die Bahnhöfe mit allegorischer und dekorativer Plastik. An den Kapitellen der Säulenhalle der Gare de l'Est sind die landwirtschaftlichen Erzeugnisse dargestellt, die entlang der Bahnlinie angebaut werden, die Gestalten von Seine und Rhein schmücken die Bahnhofsuhr, und eine Statue der Stadt Straßburg krönt das Giebelfeld. Die Zeitgenossen lassen sich von dieser etwas naiven Eisenbahn-Ikonographie keineswegs zu Begeisterungsstürmen hinreißen (siehe Paul Planat, Les chemins de fer, in: *Revue générale de l'architecture*, 1873, S. 209-210), doch weil andere Anregungen fehlen, bleibt man noch lange bei diesen Motiven.

436 Der alte Bahnhof von Karlsruhe; Friedrich Eisenlohr; 1841-1842. Einer der ersten Bauten mit Bahnhofsturm.

437 Die Great Joint Station (London Bridge Station) in Southwark, London; Henry Roberts; 1844. Das Vorbild italienischer Palazzi wird auf die Bahnhofsarchitektur übertragen.

438 Die Gare de l'Est in Paris; François Alexandre Duquesney; 1847-1859 (Zustand vor der Vergrößerung). Die vom Architekten gefundene Lösung mit zwei durch einen Portikus verbundenen Eckpavillons wird viele Nachahmungen finden. Die Verbindung von italienisierendem Portikus, Gesims in französischem Klassizismus und Metallrose wirkt allerdings noch recht ungeschickt.

439 Die King's Cross Station in London; Lewis Cubitt; 1851-1852. Das Bild zeigt die Ankunft von Königin Victoria für den York Races Train.

440 Die King's Cross Station in London, Grundriß; Lewis Cubitt; 1851-1852: 1 Schalter; 2 Bahnsteige; 3 Gepäck; 4 überdeckte Vorfahrt für Wagen

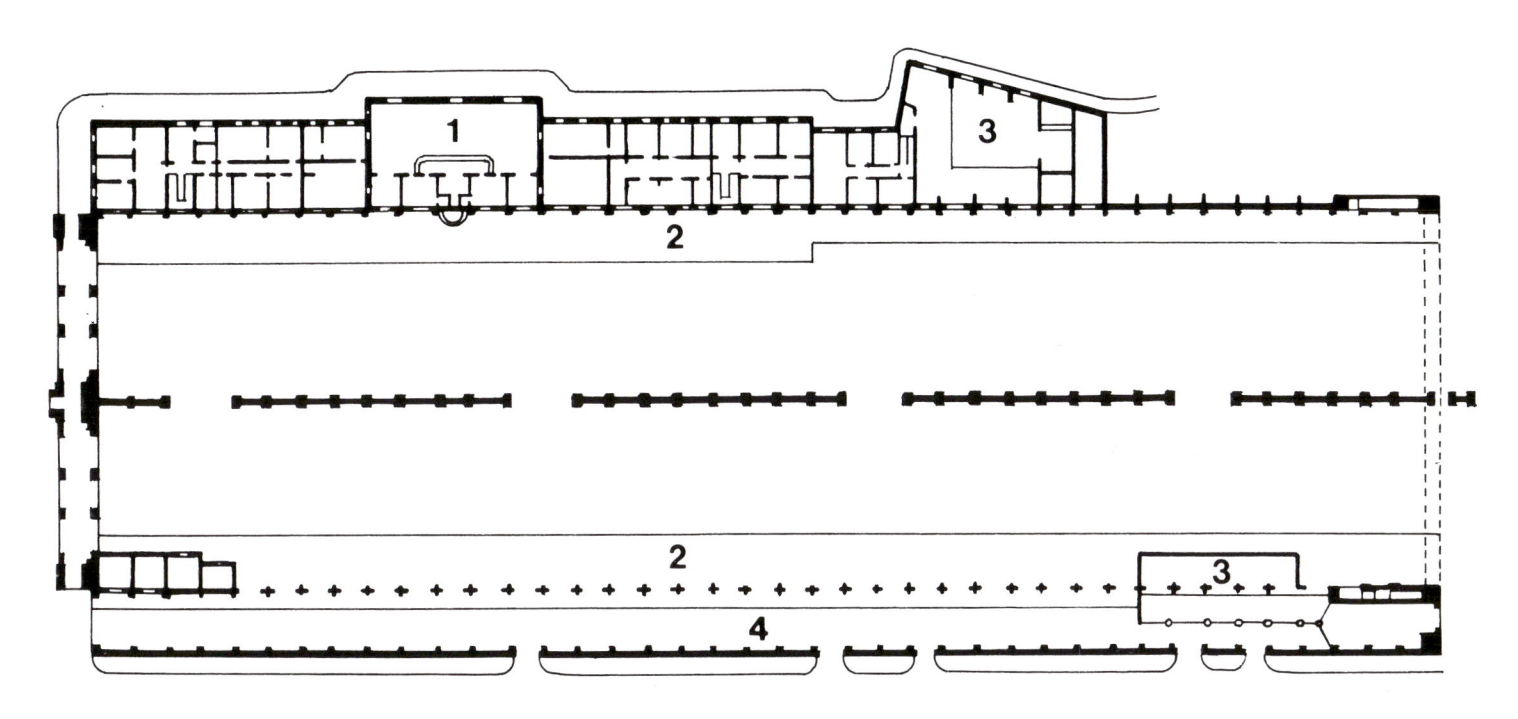

441 St. Pancras Station in London, Bahnsteighalle; William Henry Barlow und Rowland M. Ordish; 1863-1865. Die Eisenkonstruktion überspannt einen Raum von rund 210 Metern Länge, 73 Metern Breite und 30 Metern Scheitelhöhe. Diese Rekordmaße wurden erst durch den Bau der Galerie des Machines für die Pariser Weltausstellung 1889 übertroffen.

Die zunehmende Verästelung des Eisenbahnnetzes und die damit verbundene Zunahme der Zwischenstationen führen zu einer Vereinheitlichung und einer Typisierung der kleinen und mittleren Bahnhöfe. Die Veröffentlichung Pierre Chabats belegt, daß die Typen zu Beginn der sechziger Jahre ausgebildet sind, »das einzige noch unvollständig gelöste Problem ist die sinnvolle Ausnutzung der örtlichen Möglichkeiten, um damit eine interessante, gelungene Bauform zu entwickeln«.

In den großen Bahnhöfen bedienen sich die Architekten zumeist eines neogriechischen, klassizistischen oder von der Renaissance inspirierten Baustils, doch in den kleinen Landbahnhöfen bevorzugen sie den Reiz der Romantik. Die von Francis Thomson an der North Midland Line oder von David Mocatta an der Brighton Line gebauten Bahnhöfe lassen das Vorbild gotischer Cottages erkennen, jene von H.A. Hunt in der Grafschaft Staffordshire sind dem spätgotischen Jacobean Style verpflichtet. Anderswo verwendet man Vorbilder der regionalen Romantik. Auguste Perdonnet bemerkt, daß die Bahnhöfe des Schweizers Etzel »an einigen Strecken, in romantischen Tälern, im Stil der Chalets gebaut sind«, und die kleinen Bahnhöfe der Badischen Bahnen »nichts anderes sind als elegante Bauernhäuser, reizende Chalets«.

In Frankreich pflegt man ganz im Sinne Perdonnets weitgehend eine symbolische Analogie des Stils: »Der Baustil der städtischen Durchgangsbahnhöfe sollte dem Stil der wichtigsten Gebäude der Stadt angepaßt sein. Also wird man im überaus historischen Nancy den Bahnhof in einem Stil bauen, der an die schönen Schöpfungen Stanislas' erinnert.« Der Bahnhof von Vitré (1857) paßt sich dem mittelalterlichen Stadtbild an, derjenige von Montpellier ist klassizistisch, in Valençay sind Renaissanceformen verwendet.

Gelegentlich haben französische Ingenieure Gelegenheit, diesen etwas naiven Symbolismus im Ausland mit größerer Freiheit und mehr Phantasie zu entwickeln. An der Strecke Sevilla-Huelva in Andalusien baut Font in den siebziger Jahren kleine und mittlere Zwischenbahnhöfe in einem Stil, in dem er das maurische Element auf das Motiv des Hufeisenbogens reduziert. Im Kopfbahnhof von Huelva greift

442 Das Midland Grand Hotel an der St. Pancras Station in London; Sir George Gilbert Scott; 1868-1874. Die Bahnhofshalle wird vom Hotel verdeckt, das Scott als eine Art Manifest entwarf, um zu zeigen, daß sich der gotische Stil jedem Programm anpassen kann.

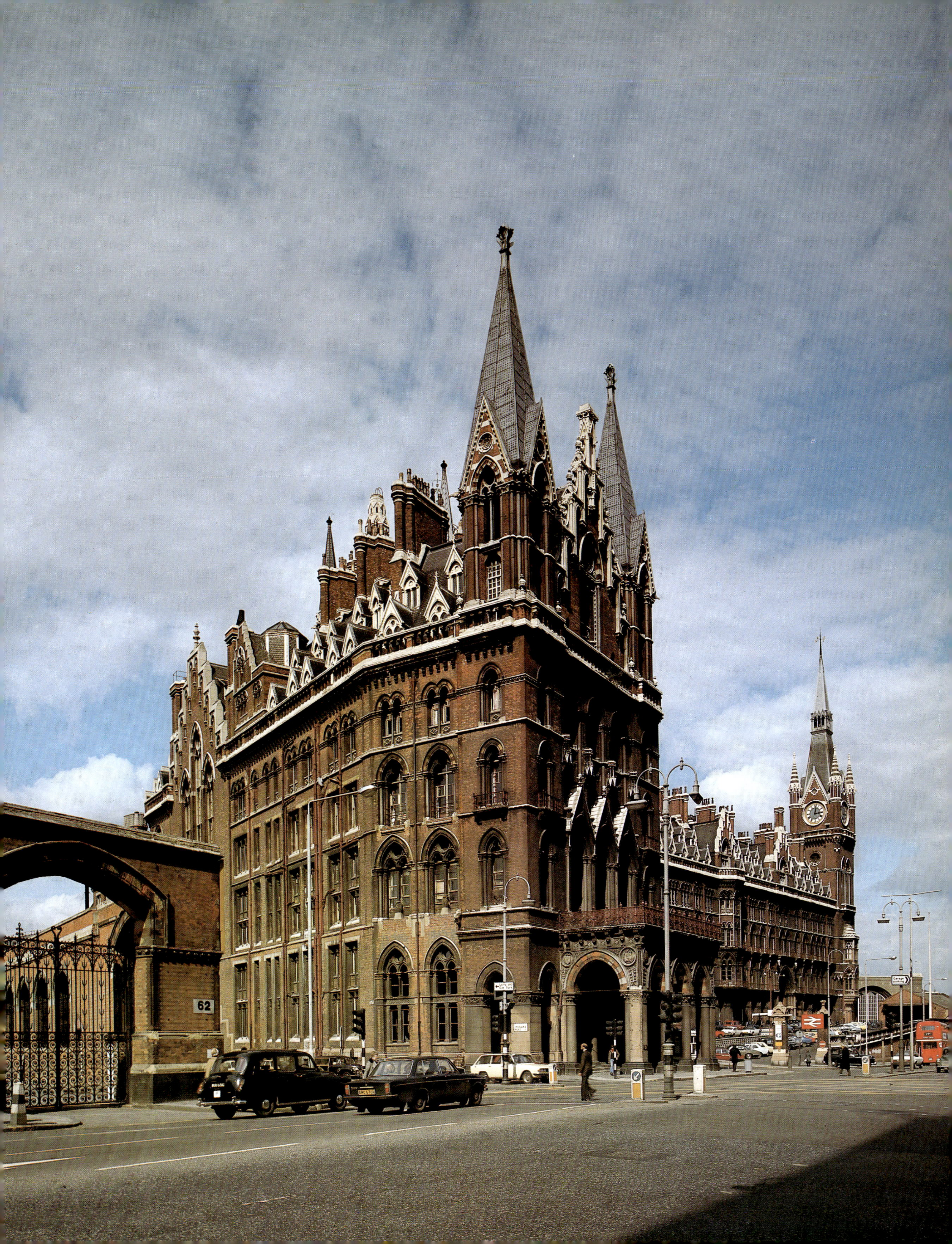
62

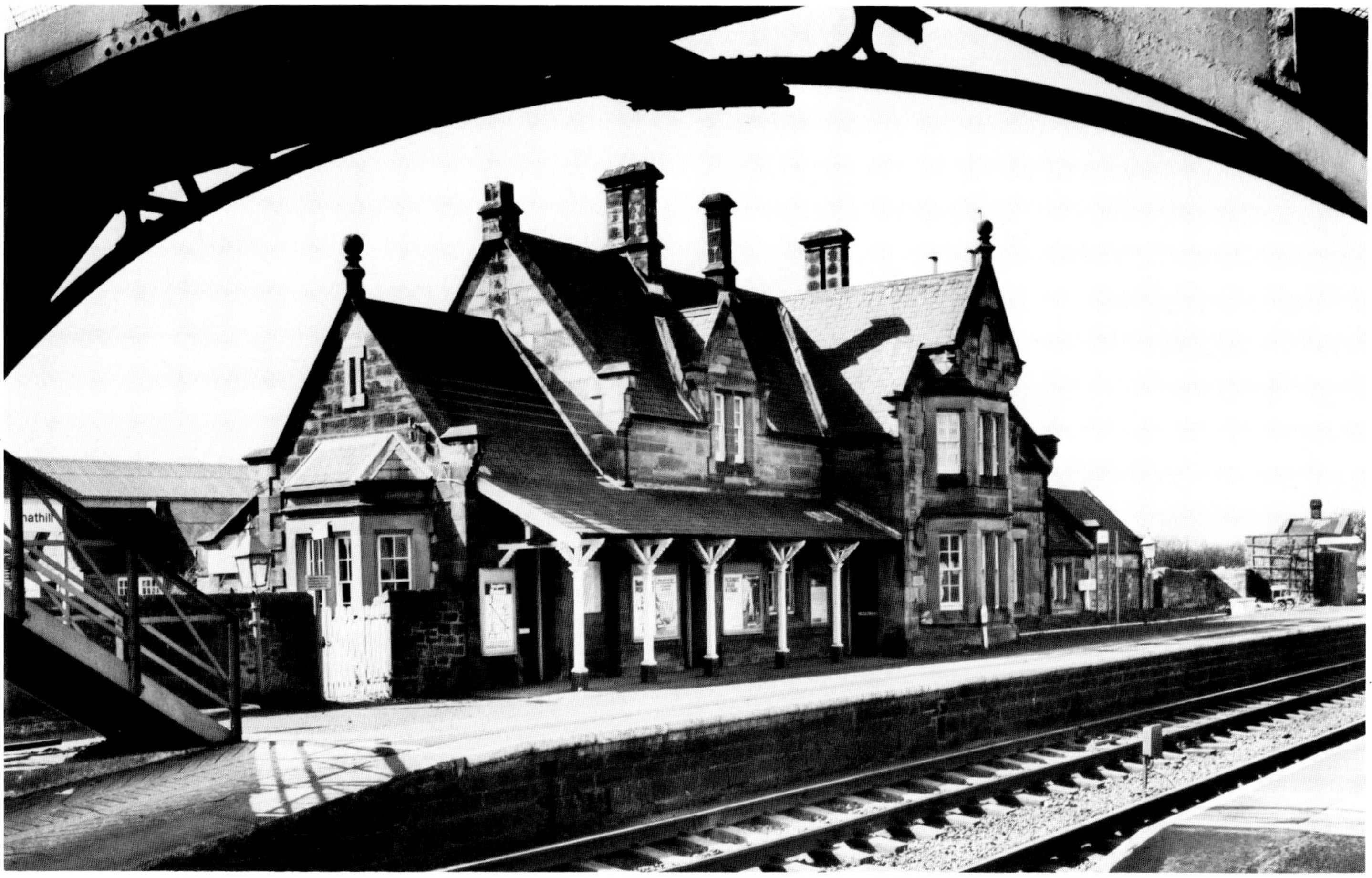

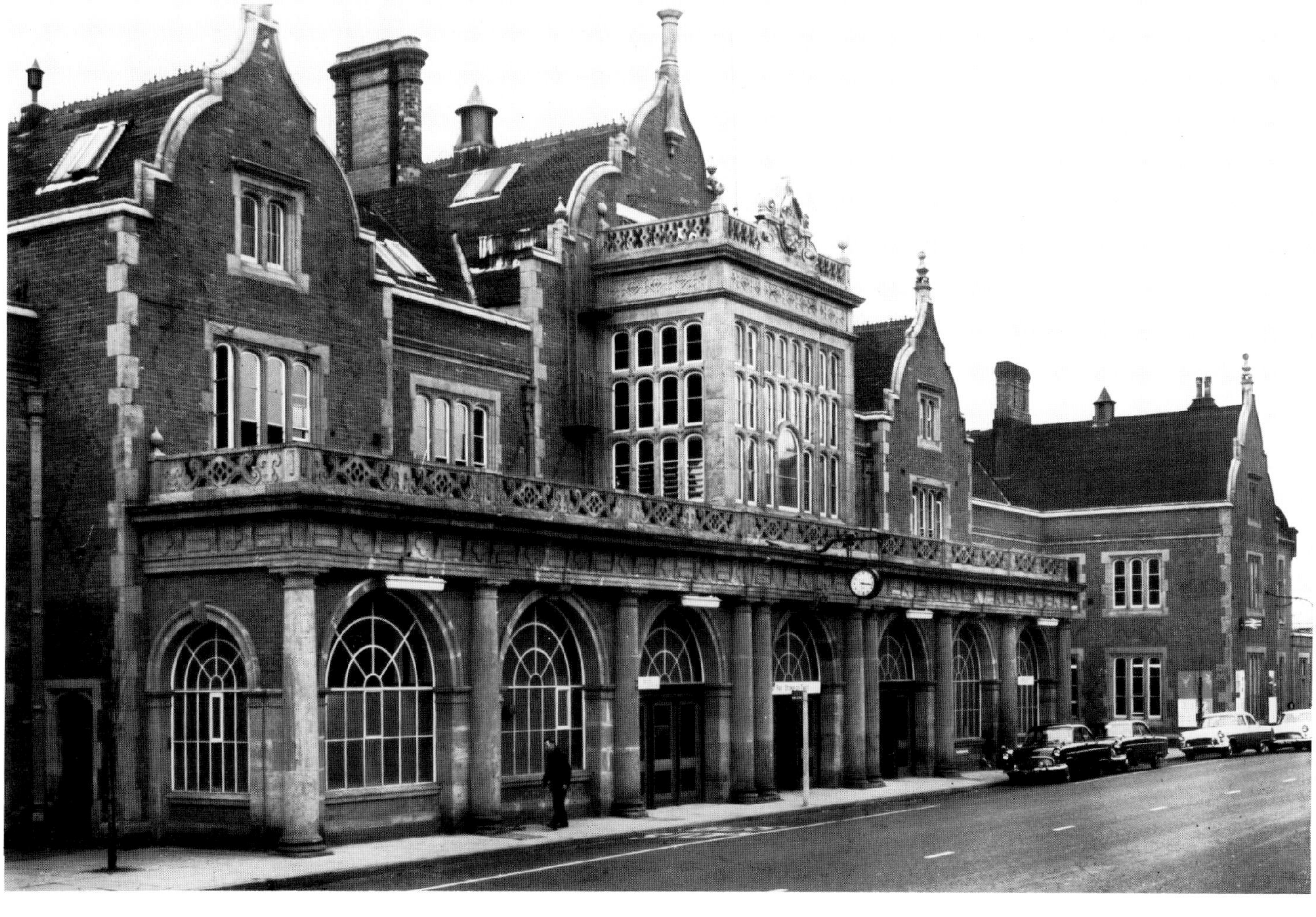

443 Der Bahnhof von Chathill (Northumberland); Benjamin Green. Ein Beispiel, wie sich das Modell eines Hauses im gotischen Tudor-Stil den Bedürfnissen eines ländlichen Bahnhofs anpassen läßt.

444 Der Bahnhof von Stoke-on-Trent (Staffordshire); H. A. Hunt; 1850. Zwar ließ die North Staffordshire Railway Company ihre Bahnhöfe in einem einheitlichen Stil errichten, doch verstand es ihr Architekt Hunt, mittlere und kleine Bahnhöfe deutlich zu differenzieren.

445 Der Bahnhof von Stone (Staffordshire); H. A. Hunt; 1848

446 Der Bahnhof von Huelva (Spanien); Font; 1880. »Ist die Stadt gotisch, muß auch der Bahnhof gotisch sein; ist die Stadt maurisch, muß auch der Bahnhof maurisch sein.«

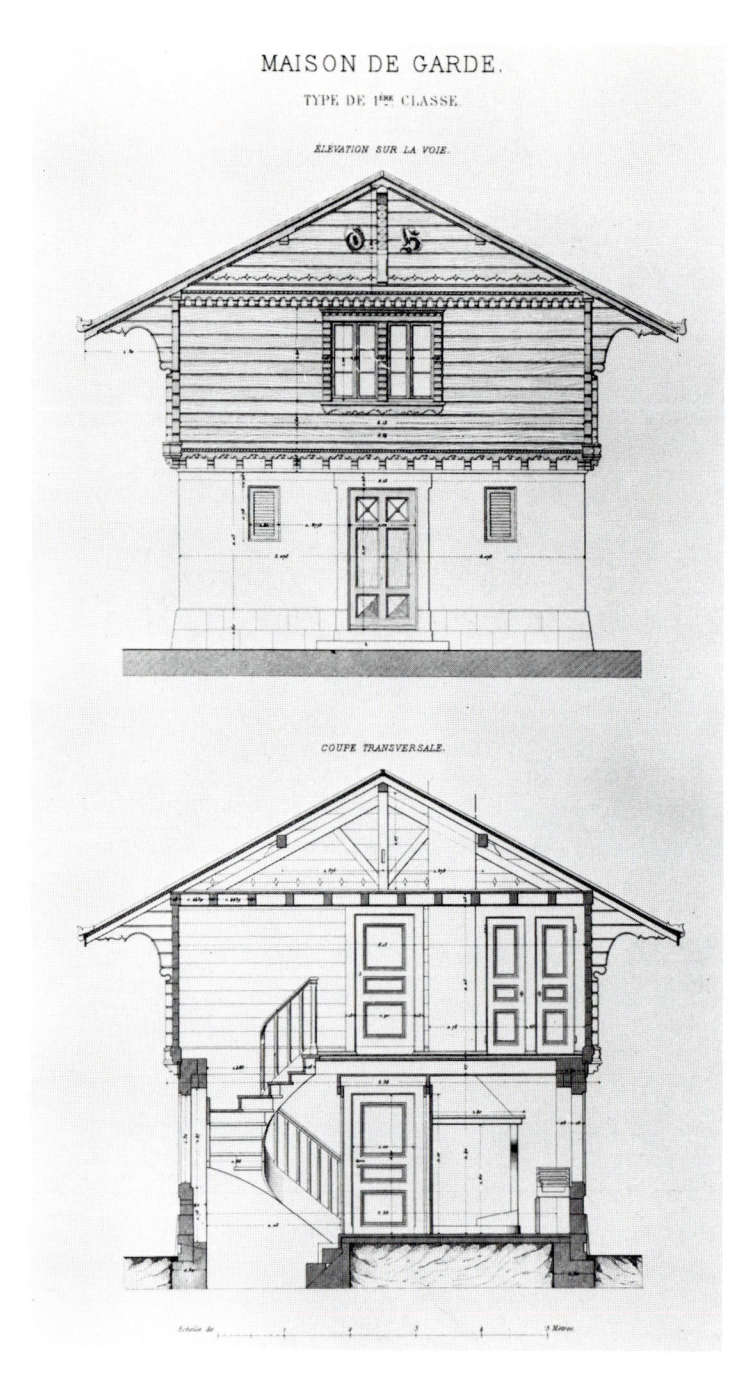

447 Bahnwärterhaus der Westschweizer Eisenbahnen, Aufriß und Schnitt (nach: Chabat, 1860, II, Abb. 38)

er dann auf weitere Teile des maurischen Motivschatzes zurück.

Andererseits baut man hier und da kleine Bahnhöfe, deren Architektur durchaus rationalistisch ist, in Caudos an der Strecke Bordeaux-Bayonne zum Beispiel. Für Pierre Chabat (1860) scheint er als Modell geeignet: »Die äußere Ornamentik ergibt sich allein aus der funktionellen Gliederung, der Konstruktionsweise, dem Dienst- und Betriebsmaterial, der Bahnhofsuhr und den Ortstafeln.« Chabat faßt hier die Erfahrungen im Bahnhofsbau dieser zweiten Phase, in der die französischen Ingenieure führen, noch besser zusammen als Auguste Perdonnet in seinem *Nouveau Portefeuille* (1857-1866).

Um 1870-1875 beobachtet man zwei ganz neue und aufsehenerregende Entwicklungen. Im immer dichteren Eisenbahnverkehr sind die Abstände zwischen den Abfahrtszeiten der Züge oft so kurz, daß man bei den zweiseitigen Bahnhofsanlagen die Zugskompositionen nicht rechtzeitig auf den Außengleisen formieren kann; andererseits ist die Form der Kopfbahnhöfe den inzwischen notwendig werdenden Streckenverbindungen hinderlich.

Jetzt entwickeln deutsche Architekten einen neuen Bahnhoftyp. Sie greifen die Form des Durchgangsbahnhofs auf, dessen Gebäude nur an einer Seite der Strecke liegen, werten ihn aber durch den Bau riesiger Wandelhallen auf und nutzen die gestalterischen Möglichkeiten von Über- und Unterführungen. Die besten erhaltenen Beispiele solcher Bahnhöfe finden sich in Hannover, Magdeburg und Straßburg.

Eine ähnliche Entwicklung beobachtet man in den USA, wo die Bahnhofshallen monumentale Ausmaße erreichen: St. Louis, Missouri (1891-1896, Theodore Link), Chicago, Illinois (1892-1893, Bradford Lee Gilbert). Gleichzeitig verschwindet das um 1850 erreichte Gleichgewicht zwischen klassischer Tradition und den spezifischen Motiven des Bahnhofs. Einmal verzichtet man auf eine ausgeprägte Charakterisierung, ein anderes Mal treibt man sie auf die Spitze.

Die Neigung, Wandelhallen, Wartesälen, überdachten Bahnsteigen und Gängen mehr und mehr Platz einzuräumen, rückt die Bahnhöfe immer deutlicher in die Nähe traditioneller Prachtbauten. Es ist daher kaum verwunderlich, daß die Architekten den logischen Schluß ziehen und die Bahnhöfe ähnlich gestalten wie andere öffentliche Gebäude; sie entlehnen die spätklassizistischen Säulenordnungen und Pilaster der Ministerien und Justizpaläste. Der Erfolg ist unerwartet, und prompt gesellt sich der Bahnhof, der zuvor oft einer romantischen Ästhetik verpflichtet war, zu den öffentlichen Repräsentationsbauten. Die etwas leichtsinnige Prophezeiung César Dalys aus dem Jahre 1846 erfüllt sich, der Bahnhof greift die Tradition der antiken Thermen auf.

Allerdings wählen einige französische Ingenieure eine entgegengesetzte Lösung und nutzen die gestalterischen Möglichkeiten des Eisengiebels der Bahnhofshalle, ohne ihn durch eine Rosette oder Ther-

448 Der Anhalter Bahnhof in Berlin, Fassade; Franz Schwechten; Entwurf 1871, Ausführung 1872-1880. Der Architekt nimmt die Doppelturmfassade des Thüringer Bahnhofs von Eduard Pötsch (1840-1844) wieder auf, läßt jedoch über den Arkaden die Metallkonstruktion deutlich hervortreten. Verschiedenfarbiger Backstein zeigt die Verbundenheit mit der Schinkelschen Tradition.

449 Der Anhalter Bahnhof in Berlin; Franz Schwechten; Entwurf 1871, Ausführung 1872-1880. Auf der Suche nach einer eleganteren Lösung legt Schwechten schließlich der Glasfront eine Bogenreihe vor, was ihn in die Nähe der Fassade der Pariser Gare de l'Est führt.

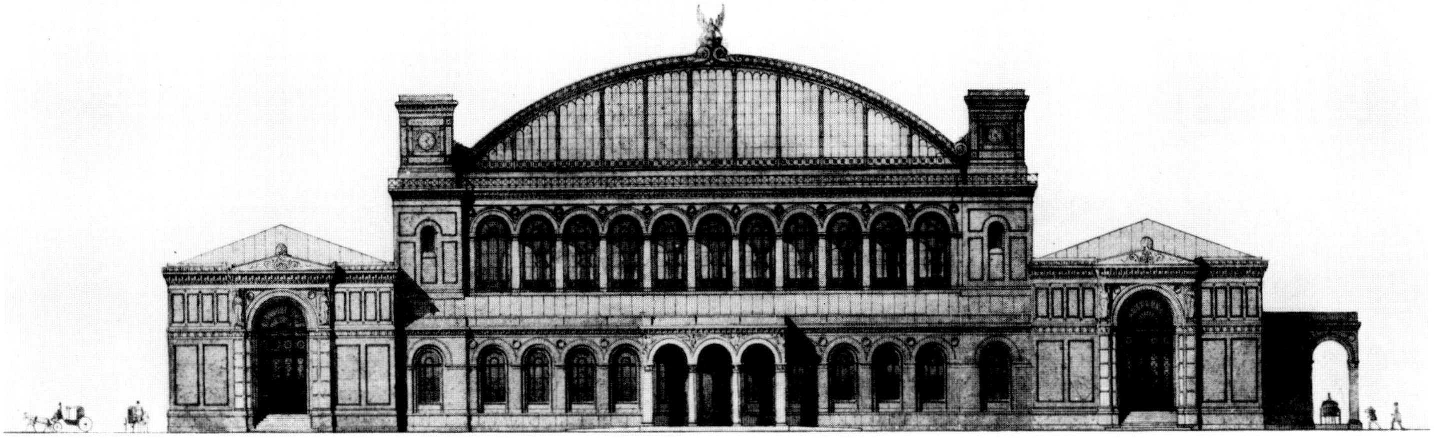

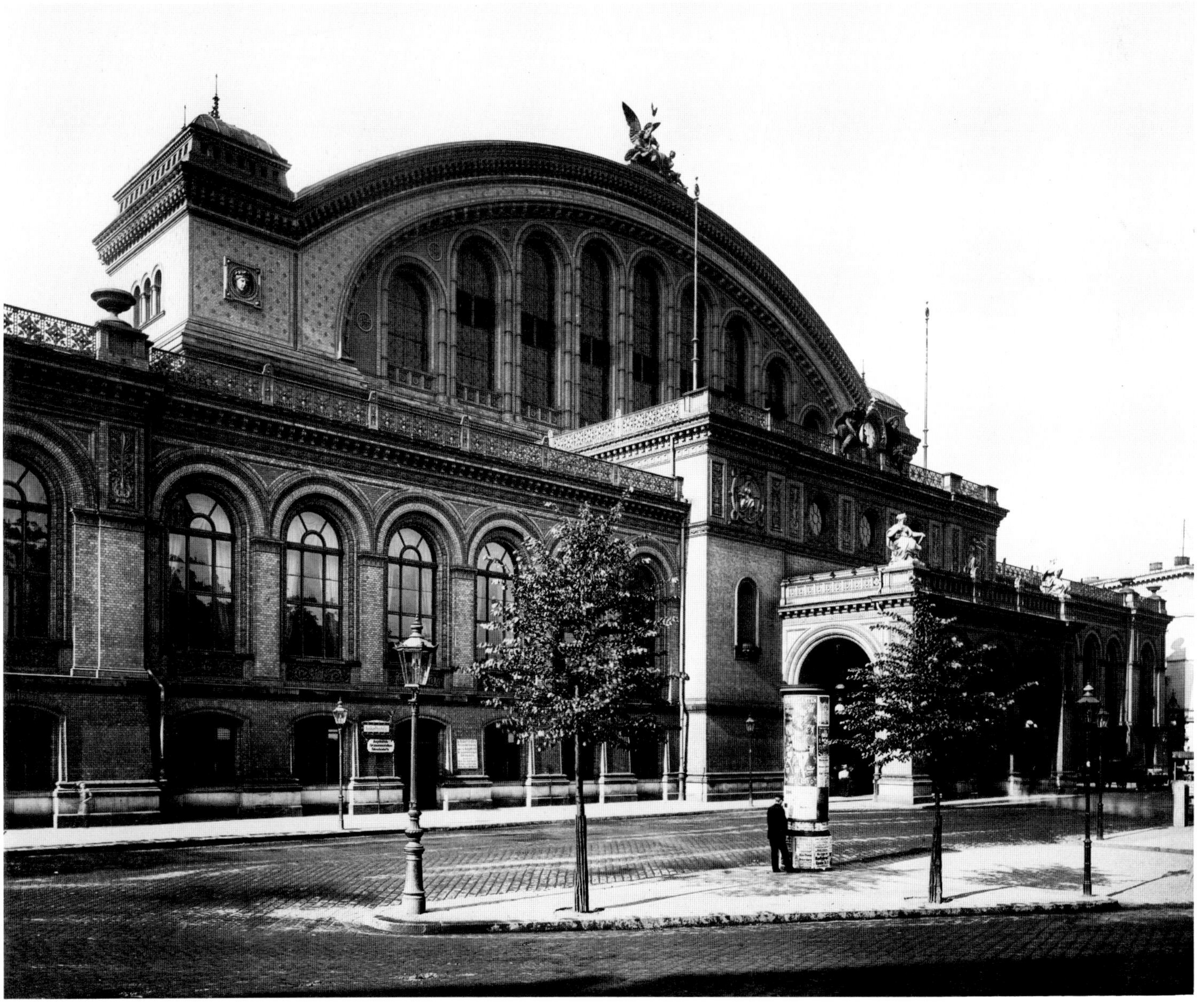

450 Der Hauptbahnhof von Mainz; Philipp Berdellé, 1880-1884

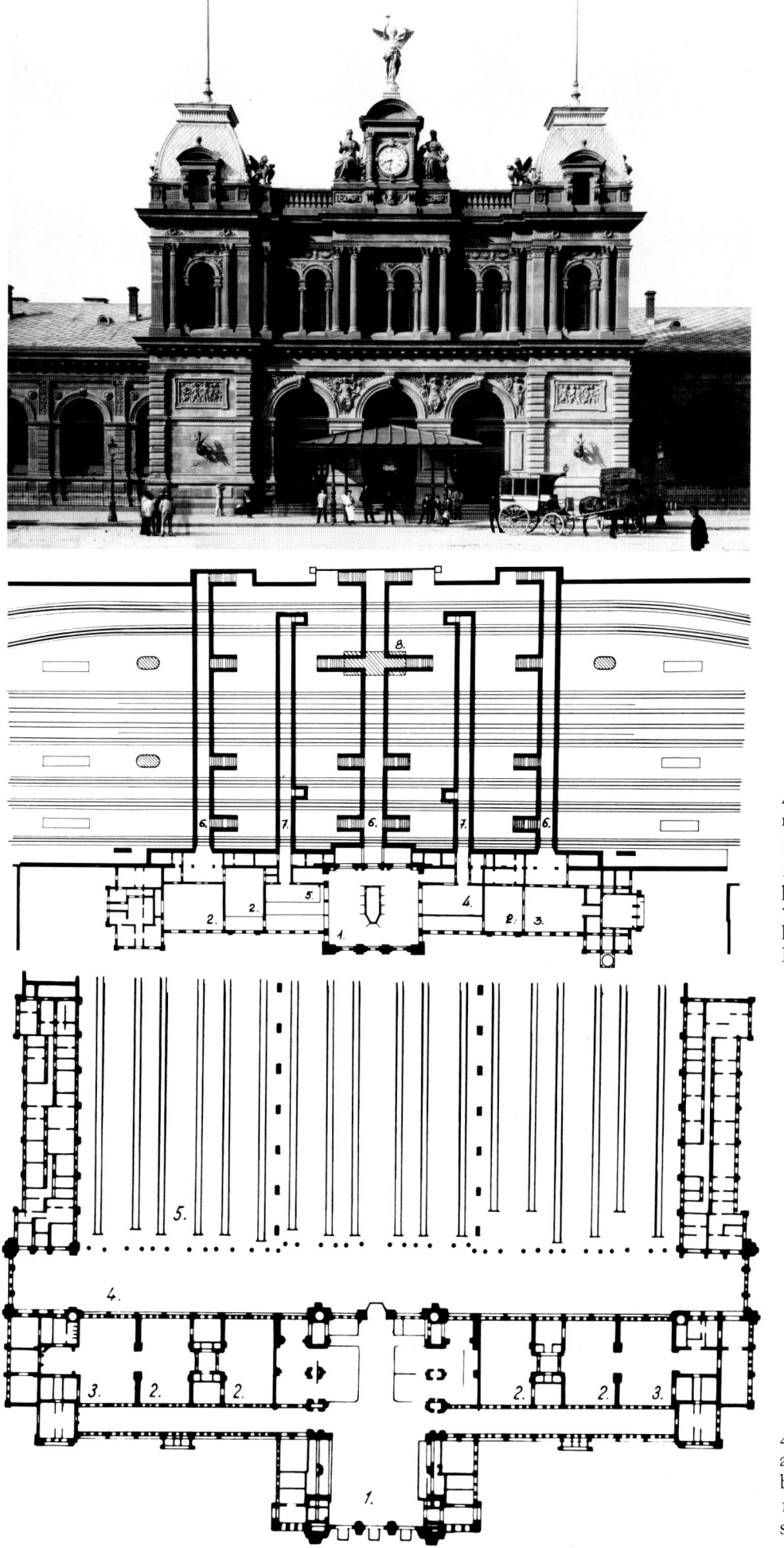

451 Der Hauptbahnhof von Hannover, Grundriß; Hubert Stier; 1877-1879. 1 Eingangshalle; 2 Wartesäle; 3 Speisehalle; 4 Gepäckannahme; 5 Gepäckausgabe; 6 Tunnel für Reisende; 7 Tunnel für Gepäcktransport; 8 Speisehalle auf Bahnsteigniveau für Reisende Richtung Berlin und Köln

452 Der Hauptbahnhof von Frankfurt am Main, Grundriß des Empfangsgebäudes; Hermann Eggert; 1881-1888. 1 Eingangshalle; 2 Wartesäle; 3 Speisesäle; 4 Querbahnsteig; 5 Inselbahnsteige

453 Der Hauptbahnhof von Frankfurt am Main, Hauptfassade; Hermann Eggert; 1881-1888

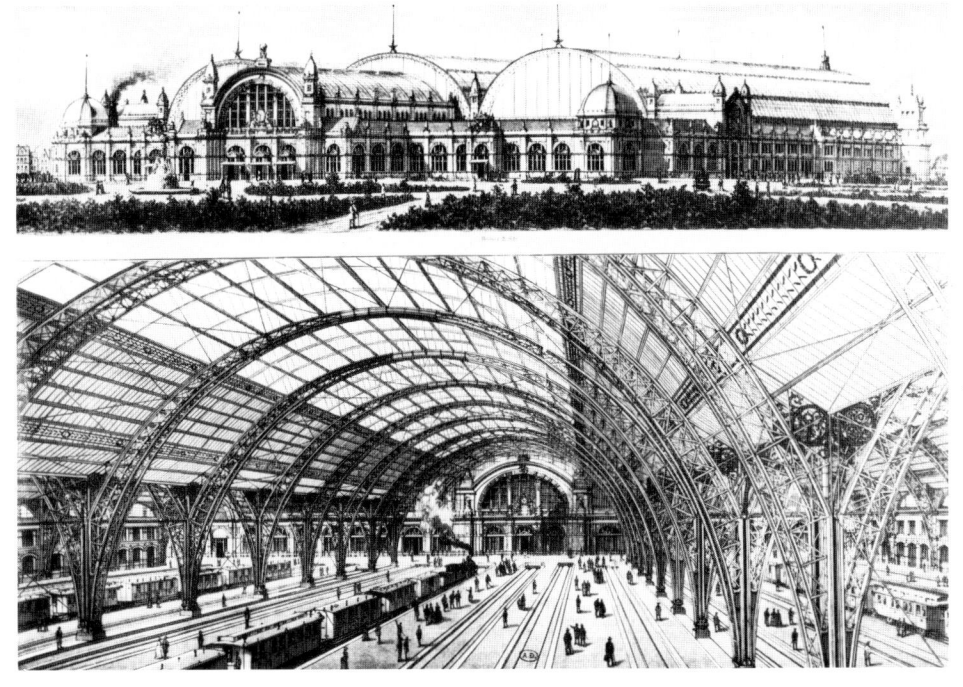

454 Der Hauptbahnhof von Frankfurt am Main, Außenansicht und Blick in die Bahnsteighalle; Hermann Eggert; 1881-1888

455 Der Westbahnhof in Budapest; Gustave Eiffel; 1874-1877. Hier ist die Glasfront der Eingangshalle frei sichtbar gelassen, ohne daß ihr Arkaden oder eine Rose vorgelegt wurden.

456 Der Ostbahnhof in Budapest; Gyula Rochlitz; 1881-1884. Rückkehr zur Lösung der Pariser Gare de l'Est; der monumentale Rahmen allerdings bleibt trotz seiner Wuchtigkeit aussageschwach.

457 Der Bahnhof von Le Havre, Fassade; Juste Lisch; 1888 (nach: Chabat, 1860, II, Taf. 48)

458 Der erste Bahnhof Termini in Rom; Salvatore Bianchi; 1874 (zerstört). Auch hier wirkt das Vorbild der Pariser Gare de l'Est nach, doch wird der Gegensatz zwischen Eckpavillons und Eisenkonstruktion nicht verdeckt. Eine ähnliche Lösung präsentierte auch die Estación Atocha in Madrid (1888).

Elevation principale

459 Entwurf eines Kopfbahnhofes; Jean Camille Formigé; ausgestellt am Salon 1876, Prix Duc. »Die beiden Pavillons für Abfahrt und Ankunft geben dem ganzen Entwurf harmonische Proportionen. In kräftigen Farben bemalte Eisensäulchen unterteilen die breite Glasfront.« (Paul Sédille, 1876)

460 Der Zentralbahnhof von Antwerpen, Hauptfassade; Louis Delacenserie; 1899

menfenster aufzuwerten. Gustave Eiffel (1832-1923) verfährt beim Budapester Westbahnhof (1874-1876) auf diese Art, desgleichen Sir John Fowler in der Central Station von Liverpool (1874).

Mit der Unterteilung des verglasten Giebelfeldes durch schmale farbige Eisensäulen, deren Strenge durch emaillierte Terrakotta oder farbige Ziegel gemildert wird, erhält man ein leuchtendes Motiv, das sich 1857 in der Seitenfassade des Lyoner Bahnhofs Perrache bewährt. So wird das Giebelfeld, eingefaßt von den Ankunfts- und Abfahrtshallen, zum farbigen Mittelpunkt der Fassadengestaltung. Ein für den Salon von 1876 erarbeiteter und dort ausgestellter Entwurf dürfte der Prototyp einer Anzahl äußerst origineller Provinzbahnhöfe gewesen sein (*Encyclopédie d'architecture*, 1876, S. 54, Abb. 167 und 400).

Die französischen Bahnhöfe in diesem »eisernen Flamboyantstil« sind in den zwanziger Jahren unseres Jahrhunderts fast ohne Ausnahme dem Postklassizismus oder modernen Strömungen zum Opfer gefallen: die Gare du Nord in Amiens (1878), die Bahnhöfe von Calais, Le Havre (1888), Arras (1898). Überlebt haben der Bahnhof von Tourcoing (1888) und der letzte in dieser Art gebaute, Roubaix (1905).

In Spanien erweist sich die wirtschaftliche Stagnation als Konservator, hier findet man die schönsten europäischen Beispiele dieses Bahnhoftyps: in Madrid Estación de Delicias (1878) von E. Cachelièvre und Estación de Atocha (1888) von A. de Palacio, in Bilbao Estación de Abando (1900, S. Achucarro).

Bereits in den vierziger Jahren haben einige Architekten das Thema des Uhrturms variiert. Man wählt zwar auch die Form der chinesischen Pagode, doch beliebter ist das italienische Belvedere in Übereinstimmung mit dem Neuflorentiner Stil des Bahnhofsgebäudes, wie zum Beispiel bei der London Bridge Station (1844, von Henry Turner).

Nachdem Henry Hobson Richardson (1838-1886) einem massiven neuromanischen Stil zum Durchbruch verholfen hat, baut man in den USA nach 1870 anspruchsvollere Variationen dieses Motivs. Die asymmetrisch plazierten Uhrtürme erfüllen die Rolle eines optischen Gegengewichts zu dem niedrigen Bahnhofsgebäude; Beispiele sind in Boston, Massachusetts, die Park Square Station (1872, von Robert Swain Peabody, 1845-1917, und John ·Goddard Stearns, 1843-1917), in Worchester, New York, Union Station (1875-1877, von Ware & van Brunt), in Detroit, Michigan, Central Station (1882-1883) und in Chicago, Illinois, Dearborne Station (1883-1885, von Cyrus L.W. Eidlitz, 1853-1921). Nach 1880 tritt diese Variante vereinzelt auch in Europa auf.

Die Feststellung des Amerikaners J.R. Coolidge gegen Ende des Jahrhunderts, der Bahnhof sei das charakteristische Bauwerk seiner Zeit, ist ein seit 1846 weitverbreiteter Gemeinplatz. Über die sehr verschiedenartigen organisatorischen und stilistischen Lösungen besagt er nichts. Die fortschrittlichen Architekten hatten vom Bahnhofsbau eine Erneuerung der Architektur erhofft, doch das Thema wird von den gleichen Widersprüchen, der gleichen Zersplitterung und ebenso von der gleichen heimlichen Einheit gekennzeichnet wie die konservativen Bauprogramme.

Das bürgerliche Wohnhaus

»Die bürgerliche Villa ist tatsächlich ein neuer Zweig unserer Kunst, es handelt sich um eine eigentliche Vorortsarchitektur.«
»Wenn es ein Gebiet gibt, auf dem englische Architekten der zweiten Hälfte des 19. Jahrhunderts sich hervortaten, dann ist es der Bau von Privathäusern.«
(J. M. Brydon, The Nineteenth Century, in: *Architectural Association Notes*, 1901)

Um die Jahrhundertwende erkennen Beobachter und Kritiker in England, Frankreich und Deutschland deutlich, worin einer der großen Erfolge, wenn nicht gar der einzige des 19. Jahrhunderts liegt: in der künstlerischen Erneuerung des Wohnhauses. Auf diesem Gebiet sind die angelsächsischen Architekten führend. Wenn auch der Schloßbau und das Stadtpalais des Adels im 19. Jahrhundert unerwartete neue Impulse erhalten, so bewirkt die Entstehung einer breiten Mittelschicht dagegen die Ausbildung eines völlig neuen Wohnungstyps, des bürgerlichen Einzelhauses, sowie eine entscheidende Entwicklung des Miethauses. Die Zeitgenossen erkennen bereits in den sechziger Jahren in diesen neuen Bautypen ihre eigene, wirkliche Modernität.

Stattliche Miethäuser säumen die neuen Straßen, deren Maßstab sich deutlich vom traditionellen Bild unterscheidet und die aus Paris, Wien und Berlin die ersten modernen Metropolen machen. Dagegen spielt die bürgerliche Villa in den vornehmen Wohnlagen der Vororte, in Sommer- und Winterkurorten — deren Entwicklung die Stadtanlagen der zweiten Hälfte des 19. Jahrhunderts entscheidend prägt — eine wesentliche Rolle.

Das Wachstum der Vororte wird von den neuen Verkehrsnetzen von Omnibus (um 1820) und Vorortsbahn (nach 1840) begünstigt. Dort entstehen reihenweise die Einzelhäuser, die den Bedürfnissen der rasch zunehmenden Mittelschicht entsprechen. Wenn auch die englischen Lösungen am gelungensten wirken, handelt es sich doch um eine internationale Erscheinung: Um Paris sind es vor allem die Vororte Neuilly, Auteuil, Passy, Le Vésinet, Le Raincy, Enghien, Croissy; im Südwesten von London Richmond und Bedford Park Estate; in Berlin das Tiergarten-Viertel um den Nollendorfplatz und der Stadtteil Lichterfelde; auch in anderen Städten ist eine solche Entwicklung festzustellen.

Die unterschiedlichen Bezeichnungen dieser neuartigen Privatbauten machen den internationalen Charakter der Entwicklung deutlich: In England spricht man vom »Cottage«; in der Schweiz vom »Chalet« — einem Holzbau —; in Italien von der »Villa«, ein Begriff, den Deutschland übernimmt und auch die Schweiz für den Steinbau; in Frankreich vom »Pavillon«; wenn das Haus — wie gelegentlich in England — von der indischen Kolonialarchitektur beeinflußt ist, vom »Bungalow«. Diese Vielfalt der Bezeichnungen deutet die Verbindung sowohl zur romantischen Architektur der ersten Jahrhunderthälfte als auch zu den von der Wissenschaft angeregten und beeinflußten Formen an. Gleichgültig, ob das bürgerliche Haus formal zurückhaltend ist — wie in den vornehmen Wohnlagen der Städte — oder eher malerisch in der Art eines »schmucken« Cottage oder eines »kleinen« Landhauses — wie in den Kurorten und Sommerfrischen —, immer handelt es sich um eine gelungene Verbindung von klassischem Lusthaus (in der Art des Lusthauses der italienischen Villa, auch eines kleinen, einstöckigen klassischen Hauses oder einer Rokoko-Schöpfung), malerischem, oft ländlichem Bau (Bauernhaus, Cottage, Chalet, Ermitage) und zusätzlichem modernem Komfort.

461 Die Avenue de l'Opéra in Paris mit Blick auf die Place de l'Opéra. Ein Beispiel für die Gestaltung der Boulevards des Nouveau Paris.

462 Der Wittenbergplatz mit der Tauentzienstraße in Berlin. Ein neuer städtebaulicher Maßstab, wie in Paris oder Wien.

273

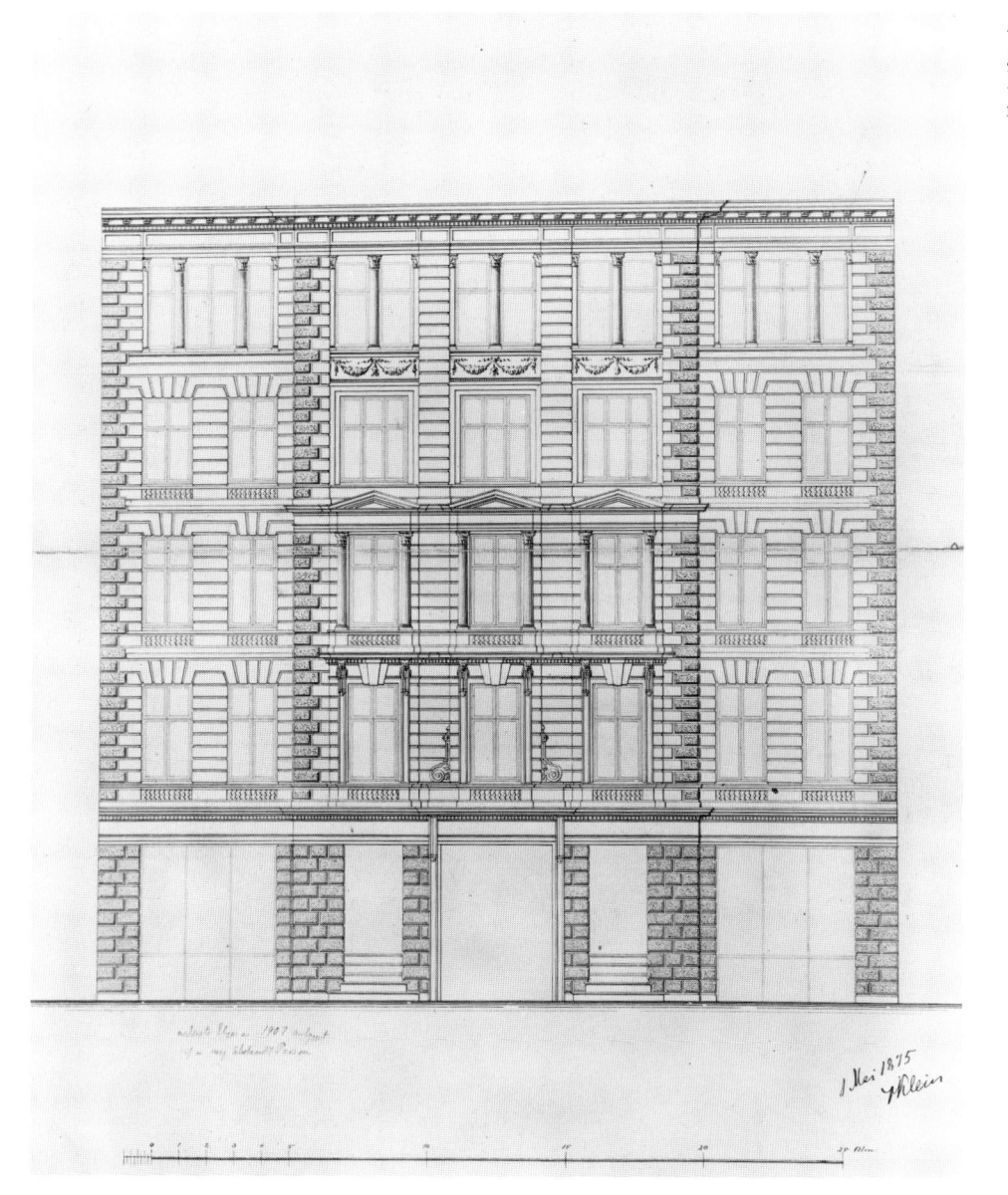

463 Gebäude an der Store Kongensgade in Kopenhagen; Entwurf Vilhelm Klein; 1875. Das Weiterleben des italianisierenden Stils.

464 Das Wohnhaus Leon in Wien, Fassade auf den Schottenring; Heinrich von Ferstel; 1870-1873. Ausgeprägte Suche nach plastischen Wirkungen, ähnlich wie bei den öffentlichen Gebäuden in italianisierendem Stil.

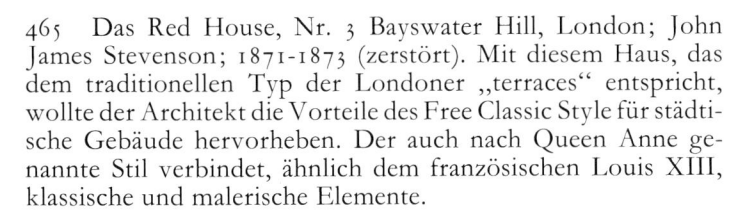

465 Das Red House, Nr. 3 Bayswater Hill, London; John James Stevenson; 1871-1873 (zerstört). Mit diesem Haus, das dem traditionellen Typ der Londoner „terraces" entspricht, wollte der Architekt die Vorteile des Free Classic Style für städtische Gebäude hervorheben. Der auch nach Queen Anne genannte Stil verbindet, ähnlich dem französischen Louis XIII, klassische und malerische Elemente.

466 Gebäude im Stil François I, Place Jussieu, Paris 5ᵉ; um 1855

467 Mietshaus, Place du Prince Eugène (heute Place Léon-Blum), Paris 11ᵉ; Brouilhony; um 1860. Ein gutes Beispiel für die Anlehnung an den Stil Henri IV.

468 Das Old Swan House, 17 Chelsea Embankment, London; Richard Norman Shaw; 1875-1877. Das Haus entstand im Auftrag von Wicklam Flower, einem Anhänger des Kreises um William Morris. Die Symmetrie ist vollkommen, doch die Fenster des ersten und zweiten Obergeschosses sind einfallsreich variiert: zunächst große Erker, die sich von denen des Sparrowe's House in Ipswich herleiten, darüber schmale Öffnungen mit einem Wechsel von flachen und vorspringenden Fenstern.

Von den malerischen Garten- und Parkbauten übernimmt das bürgerliche Haus die Asymmetrie des Grundrisses und der Gesamtform, außerdem die Vorliebe für gewisse Formen ländlicher Bauten (Fachwerk, Backsteinmauerwerk, unbehauener Stein), vom klassischen Landhaus die Bequemlichkeit und die Großzügigkeit der Anlage. Doch führt eine fruchtbare Wechselbeziehung dazu, daß gewisse Teile des klassischen Vokabulars (Giebel im Stil des nordeuropäischen Manierismus, verzahnte Eckausbildung im Stil Louis XIII und Gesimse im Queen Anne Style) die Palette der romantischen, sowohl rustikalen als auch exotischen und gotischen Bauformen bereichern, während umgekehrt der asymmetrische romantische Grundriß die ausgeklügelten symmetrischen Lösungen auflockert.

Man muß die Baugeschichte der Villen auf zwei Arten lesen: einmal dem zeitlichen Ablauf folgend, was erlaubt, die Beständigkeit der verschiedenen romantischen Formen sowie ihre Wandlungen während des ganzen Jahrhunderts zu beobachten. Die andere, nämlich synchronistische Betrachtungsweise ermöglicht besser, die Bemühungen um eine Unterscheidung zwischen den einzelnen Wohnbautypen zu erkennen, zwischen Arbeiter-, Kleinbürger- und Bürgerhaus, zwischen den Häusern von Künstlern, Gelehrten und Geschäftsleuten und auch den Villen der Vororte und der Bade- und Kurorte.

Zwischen 1790 und 1850 erscheinen in England, Frankreich, Deutschland und den USA mehrere Dutzend Beispielsammlungen, die von dem starken Interesse am malerischen ländlichen Ruhesitz zeugen. Vor allem seien hier genannt: John Papworth, *Rural Residences*, London 1817; John Claudius Loudon, *Encyclopaedia of Cottage, Farm and Villa Architecture*, London 1833; Francis Goodwin, *Rural Architecture*, London 1836; P.F. Robinson, *A New Series of Designs for Ornamental Cottages and Villas*, London 1838; Urbain Vitry, *Le propriétaire architecte*, Toulouse 1827; Andrew Jackson Downing, *Cottages Residences*, New York 1842, und *The Architecture of Country Houses*, New York 1850. Die meisten dieser Veröffentlichungen sind unter zwei Gesichtspunkten angelegt, sie zeigen eine große Stilvielfalt, aber auch die typologische Entwicklung vom Garten- und kleinen Bauernhaus zur Villa und erlauben so, die Entstehung des bürgerlichen Wohnhauses nachzuerleben.

Die kleinen Lustbauten, Gärtner- und Pförtnerhäuser in den romantischen Parks, vor allem aber die kleinen Villen, ländliche Zufluchtsorte von Künstlern und Gelehrten, und die dörflichen Pfarrhäuser, die in viele der Veröffentlichungen aufgenommen wurden, erscheinen als die eigentlichen Prototypen des modernen Bürgerhauses.

Die formalen Zusammenhänge sind sowohl beim rustikalen Typus deutlich — vom Hameau der Königin Marie-Antoinette in Versailles, 1780, über den Hameau Boileau in Auteuil, 1845, bis zu den Häusern im normannischen Stil von Sauvestre in Auteuil, 1880, oder von Lavezzani in Cabourg; von den Cottages in Blaise Hamlet, 1811, bis zum Readleaf Cottage, 1826, und zu Roundwick House in Kirdford, 1868 — als auch beim italianisierenden Bau — vom Hofgärtnerhaus im Park von Sanssouci in Potsdam, 1828-1829, bis zur Villa Garbald in Castasegna im Bergell (Graubünden), die Gottfried Semper 1862 entwarf. Ebenso führt eine Linie von den exotischen Anlagen des Jahrhundertanfangs, zum Beispiel dem Royal Pavilion in Brighton von John Nash, zu der orientalischen Villa in Frederick Church am Hudson aus dem Jahr 1870 von Calvert Vaux oder zur chinesischen Villa Poulperts in Le Havre (Seine-Maritime), die um 1880 entstand.

469 Cronkhill (Shropshire), Eingang und Gartenfassade; John Nash; um 1802

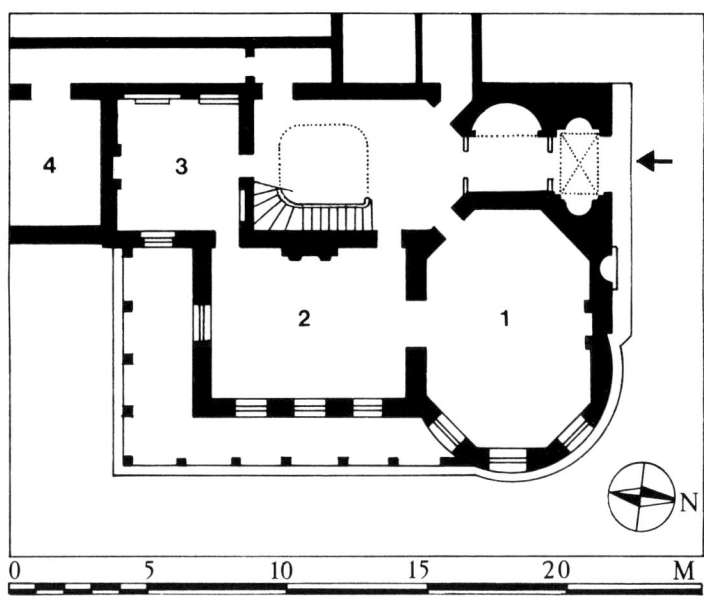

470 Cronkhill (Shropshire), Grundriß; John Nash; um 1802: 1 Eßzimmer; 2 Salon; 3 Arbeitszimmer; 4 Wirtschaftsräume

Bereits 1822 schlägt P. F. Robinson ein Modell eines Schweizer Chalets vor, das er 1816 auf dem Rückweg aus Italien gezeichnet hatte, und er gibt auch ein Beispiel für die Anwendung des Old English Style bei vornehmen Wohnhäusern.

Schon im Jahr 1800 legte John Plaw den Entwurf für ein Cottage mit einer »virando« in der Art eines indischen Bungalows vor, und John Nash hatte 1802 Cronkhill (Shropshire) um einen Turm in der Art eines italienischen Belvedere angelegt. Veranden, vorspringende Schornsteine und andere malerische Elemente erscheinen Andrew Jackson Downing um die Mitte des Jahrhunderts als wesentliche Bestandteile der Wohnhausarchitektur.

Auf der einen Seite begünstigt nach 1850 eine bewußt eklektische Baukultur die gegenseitige Beeinflussung der Stile — so hat die Villa Henschel (1868, von Richard Lucae, 1829-1877) in Kassel ein italienisches Belvedere und neugriechische Gesimse —, auf der anderen fördert die bessere Kenntnis der nationalen Bauformen und Stile deutliche Unterscheidungen. Der internationale, rustikale romantische Stil der ersten Jahrzehnte des Jahrhunderts wandelt sich entsprechend der Eigenart der einzelnen Länder: Frankreich entwickelt den neonormannischen Stil, England den Old English Style, in den USA werden Holzbauweisen wie der Stick Style und der Shingle Style — die Schindelverkleidung der Wände — als amerikanische Stilarten betrachtet. Unter den historischen Stilen werden neben dem italienischen, vom Lusthaus der Renaissance abgeleiteten Stil ebenso nationale Formen zum Vorbild gewählt: in Frankreich die Stile François I, Henri II und Louis XIII, in England Elizabethan Style, Jacobean Style und Queen Anne Style. Amerikanische Architekten interessieren sich für ihre eigene, die Kolonialarchitektur — allen voran Robert Swain Peabody (1845-1917) und Arthur Little (1852-1925) —, und nach 1870 entwickelt sich ein Colonial Revival, das mit dem britischen Queen Anne Revival vergleichbar ist. In Italien bleibt man dem Anfang des Jahrhunderts international geschätzten Florentiner Stil treu.

Die Wahl des Baustils kann verschiedene Bedeutungen haben, ein politisches oder kulturelles Manifest sein, ein Zeichen der Extravaganz oder des gesellschaftlichen Aufstiegs oder aber ganz einfach eine Geschmacksfrage, der man die gleiche, ein wenig oberflächliche Aufmerksamkeit zuwendet wie der Wahl eines Möbels, einer Stofftapete oder eines Kleidungsstücks. In seinem 1864 veröffentlichen Buch *The English Gentleman's House*, einer eingehenden Darstellung dessen, was der Engländer um 1860 von einem Landhaus erwartet, schreibt Robert Kerr: »In welchem Baustil soll man das Haus bauen? Diese Frage stellt der Architekt seinem Kunden im allgemeinen schon beim ersten Gespräch. Er wird, seinen Neigungen oder Vorstellungen folgend, aus einem halben Dutzend der wichtigsten Stile zu wählen haben, die alle mehr oder weniger gegensätzlich sind. Der verstörte Kunde bekennt schüchtern, er möchte ganz einfach ein bescheidenes, bequemes Haus ohne besonderen Stil, oder genauer in einem komfortablen Stil.« Lüftung und Heizung, Badezimmer und Toiletten mit Wasserspülung sind Architekten und Bauherrn mindestens ebenso wichtig wie Stilfragen.

Der Grundriß der typischen bürgerlichen Villa sieht im Erdgeschoß eine klassische Gliederung vor: Auf den Vorraum, von dem die Treppe abgeht, folgen Salon, Eßzimmer, ein kleines Zimmer, Bibliothek oder Billardzimmer, im ersten Stock liegen die

471, 472 Cottages in Blaise Hamlet bei Bristol (Gloucestershire); John Nash; 1811. Zwei Varianten des ländlich-malerischen Stils mit großen Kaminen, Erkerfenstern und Ziegel- oder Strohdach.

473 Der Hameau Boileau in Auteuil, Paris 16ᵉ, Werbeprospekt; um 1845. Die von Jean Charles Léon Danjoy entworfene Villa rechts besteht heute noch. Der achteckige Treppenturm, der Fachwerkerker und der L-förmige Grundriß werden in der zweiten Hälfte des 19. Jahrhunderts zu geläufigen Elementen der bürgerlichen Villa.

474 Das Redleaf Cottage; 1826

Schlafzimmer. Während Frankreich lange der symmetrischen Gliederung der klassischen italienischen Landhäuser treu bleibt, zieht England meist den asymmetrischen Grundriß der kleinen ländlichen Bauten Italiens oder des gotischen Hauses vor. Im Vorwort seiner *Sketches for Country Houses, Villas and Rural Dwellings* schreibt John Plaw bereits im Jahre 1800: »Manche Leute meinen, bescheidene Behausungen und Cottages müßten unregelmäßige Formen haben und zusammengesetzt wirken. Damit erhalte man ein neues Haus, das wie ein ausgebessertes und umgebautes altes aussehe.« Während des ganzen Jahrhunderts taucht diese Idee immer wieder auf: Sowohl George Devey (1820-1886) in Betteshanger 1851-1861 als auch Richard Norman Shaw (1831-1912) in Grimsdyke 1872 versuchen den Eindruck zu erwecken, »die einzelnen Gebäudeteile seien nicht in einem Wurf und nach einem einheitlichen Plan entstanden«. So jedenfalls beurteilt Viollet-le-Duc Grimsdyke und fährt fort: »Offensichtlich liegt den Bewohnern vor allem daran, bequem und großzügig untergebracht zu sein, und sie legen keinen großen Wert darauf, dem Vorübergehenden mit einer schönen Fassade zu imponieren. Vielleicht haben sie nicht unrecht.«

Die sehr viel gründlichere und tiefgreifendere Bindung der angelsächsischen Kultur an die malerischen und romantischen Elemente einerseits, die französische pädagogische, rationalistische Tradition andererseits erklären die deutlich spürbaren Unterschiede in den Wohnbauten beider Länder während des ganzen Jahrhunderts. Doch gegen 1850 nähern sich die verschiedenen Traditionen einander an — das klassizistische Landhaus verliert an Strenge, das malerische kleine Gartenhaus wird dagegen einfacher —, und das bürgerliche Wohnhaus entsteht.

In Amerika legt Alexander Jackson Downing, dessen architektonische Bildung ganz wesentlich von der romantischen Tradition geprägt ist, die Betonung auf die Villa, »das am sorgfältigsten ausgearbeitete Haus Amerikas, das Heim seiner gepflegtesten und gebildetsten Bürger«. Seine Stilvorlieben umfassen die

475 Wohnhaus bei Cabourg (Calvados); Lavezzari. Mit Fachwerk in Anlehnung an die normannische Tradition und einer vielteiligen Dachgestaltung ist der Bau ein Beispiel für die Verwendung eines bäuerlichen Stils bei einem bürgerlichen Landhaus (nach: *Revue générale de l'architecture*, 1881).

476 Villa Garbald in Castasegna (Graubünden), erster Entwurf; Gottfried Semper; 1862

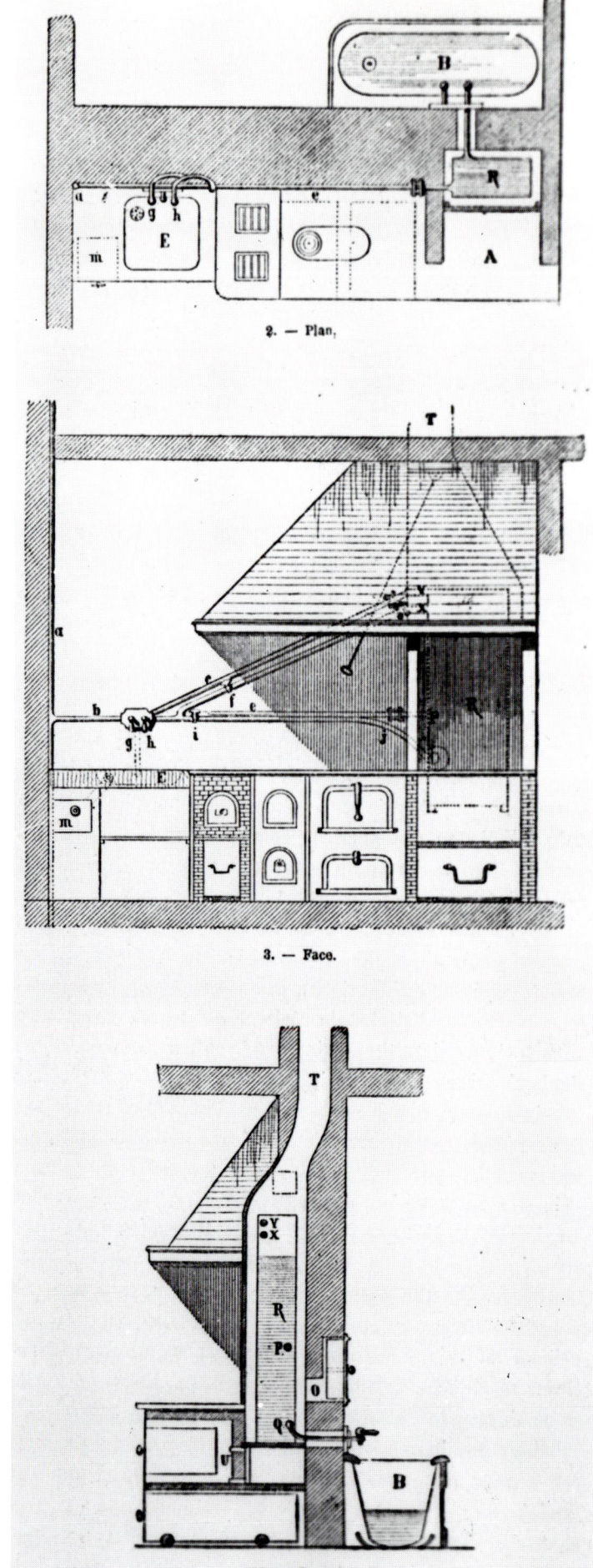

477 Küche-Bad-Einheit, Grundriß, Aufriß und Schnitt. »Herr Joly ließ bedeutende Mietshäuser bauen, in denen jede Wohnung über ein Badezimmer verfügt« (nach: *Gazette des architectes et du bâtiment*, VII, 1869-1871, S. 5).

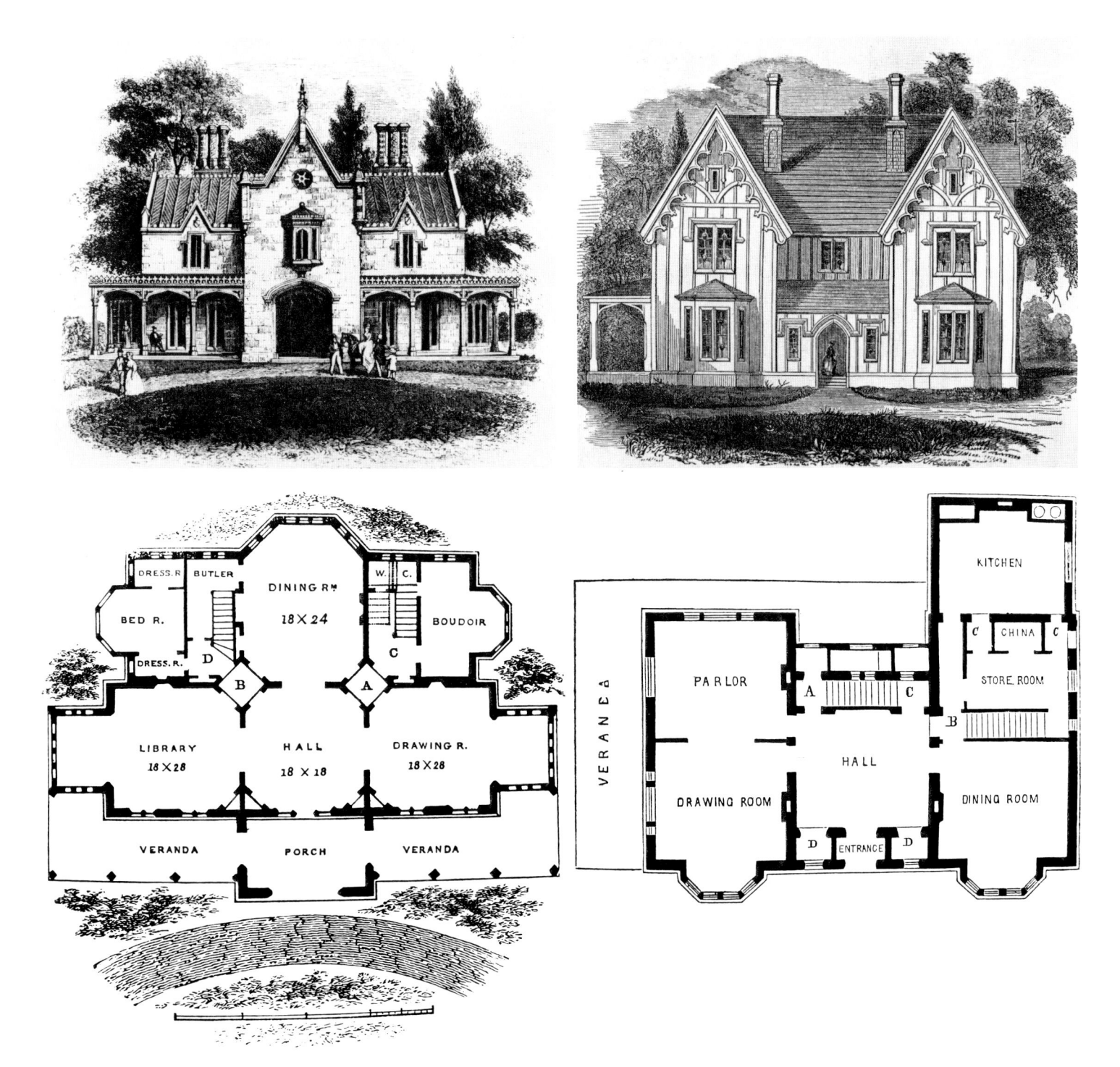

478, 479   Gotische Villa (Villa in the Pointed Style), Ansicht und Grundriß des Erdgeschosses; Alexander J. Davis. Die Ähnlichkeit mit Entwürfen in englischen Modellbüchern liegt auf der Hand, doch die Details sind glücklicher gelöst (nach A. J. Downing, 1850, Abb. 160-161).

480, 481   Cottage in Holzbauweise, Ansicht und Grundriß des Erdgeschosses; Gervase Wheeler. Dem Architekten zufolge, der ein ähnliches Haus in Brunswick (Maine) errichtete, ließ der Zwang, in Holz zu bauen, einen Stil entstehen, den man »vielleicht als Nationalstil ansehen könnte« (nach: A. J. Downing, 1850, Abb. 130-131).

ländliche Gotik mit »hohen Giebeln«, »Erkerfenstern und anderen Zügen, die den Gedanken des Heims ausdrücken« und den »modernen italienischen Stil mit schweren, vorragenden Gesimsen und unregelmäßiger Silhouette«. Er erklärt weiter, daß sich überall für jeden dieser Stile die entsprechende Lage finden ließe, daß sich aber der erste besser für die gebirgigen Nordstaaten der USA eigne, der zweite dagegen mehr für die hügeligen oder flachen Mittel- und Südstaaten.

Die Werke von Downing sind außerordentlich verbreitet, »jedes junge Paar, das sich einrichten will, kauft sie«, doch auch die Rolle der Zeitschriften und Magazine für die Ausbildung und Pflege des Wohnungsbaus darf nicht unterschätzt werden. So publiziert *Godey's Lady's Book and Lady's Magazine* zwi-

482 Die Villa von Edward King in Newport (Rhode Island); Richard Upjohn; 1845-1847. Die erhalten gebliebene Villa ist nach Downing, der sie veröffentlicht hat, »eines der gelungensten Beispiele des italienischen Stils in den Vereinigten Staaten«; dem Autor erscheint sie als eleganter, eines Gentleman würdiger Wohnsitz, als ein Ort raffinierter Vergnügungen (nach: A. J. Downing, 1850, Abb. 143 und S. 317).

483 Rest Cottage in Evanston (Ill.); 1865. Das Haus von Frances E. Willard, dem Organisator der National Woman's Christian Temperance Union und Gründer der World's Woman's Christian Temperance Union ist ein gutes Beispiel für den Carpenter-Gothic-Stil, der in den USA beinahe zu einem Nationalstil wird.

schen 1846 und 1892 mehr als 450 Modelle für Häuser; sie sind zunächst aus englischen Beispielsammlungen, besonders den Werken von Papworth und Loudon, entlehnt, von 1859 an handelt es sich jedoch um Originalentwürfe.

Gegen 1850 läßt sich auch in Frankreich ein zunehmendes Interesse am bürgerlichen Wohnhaus feststellen. Bezeichnenderweise nimmt Louis Marie Normand in die ersten beiden, 1834 und 1843 erschienenen Bände des Stichwerks *Paris moderne* nur Stadthäuser und Mietshäuser auf, doch 1849 in den dritten Band auch verschiedene Beispiele für Villen in Vororten. Die Zahl der Modellbücher wächst in den folgenden Jahren: Victor Calliat, *Parallèle des maisons de Paris*, 1850; Victor Petit, *Maisons les plus remarquables des environs de Paris*, um 1850; Théodore Vacquer, *Maisons les plus remarquables de Paris*, 1863; César Daly, *L'Architecture privée au XIXᵉ siècle*, III, *Villas suburbaines*, 1864; Léon Marie Isabey und E. Leblan, *Villas, maisons de ville et de campagne*, 1864. Der Redaktor der *Nouvelles Annales de Construction* schreibt noch 1875: »Die täglich wachsende Zahl kleiner Landhäuser in der Umgebung der großen Städte veranlaßt uns, auch hier zwei kleine, sehr praktische Modelle vorzustellen, die dem einen oder anderen Architekten oder Landbesitzer unter unseren Lesern nützlich sein können.«

Viele Modelle erinnern an den malerisch-romantischen Formenschatz, so das von Normand (III, Taf. 82-83) veröffentlichte Haus am Ufer des Sees von Enghien mit seinem Gegensatz von Backsteinmauerwerk und hölzernem Gebälk. Die Mehrzahl nähert sich jedoch mit ihrem geschlossenen und symmetrischen Grundriß stärker dem Typus des klassischen und des klassizistischen Lusthauses. Um 1845-1850 bleiben Architekten wie Aimé Chénavard, Pierre-Charles Dusillon und J. S. Bridault zwar dem klassischen Plan treu, führen aber wieder große Lukarnen, Mansardendächer, Pilaster im Stil François I und Eckverzahnungen im Stil Louis XIII ein. Diese feine und elegante französische Mode, eine Verbindung von klassischer Tradition und neuerwachtem Sinn für das Malerische, bleibt in Frankreich beherrschend, wird aber bald auch in den USA und in Deutschland zu einer Konkurrenz für den italienischen Stil.

Am weitaus interessantesten ist jedoch die Entwicklung in Großbritannien. Augustus Welby Pugin bestimmte durch seine Verurteilung willkürlich malerischer Formen und seine Forderung nach einer Vielfalt auf der Grundlage des ablesbaren Grundrisses und offen zur Schau gestellten Materials nachhaltig die Entwicklung und Richtung der englischen Profanarchitektur. Der deutsche Architekt Hermann Muthesius bezeichnete Ende des Jahrhunderts das »Red House«, das von Philip Webb 1859-1860 in Beyleyheath (Kent) für William Morris errichtete Backsteinhaus, als das erste Beispiel der modernen Wohnkultur. Wir bemerken heute stärker, wieviel dieser Bau — dessen Mobiliar und Dekor bemerkenswert waren — den Pfarrhäusern zu danken hat, die Architekten wie William Butterfield, George Edmund Street und William White für die Ecclesiologists gebaut haben.

Vielteilige Dächer für die jeweils aus mehreren Baukörpern zusammengesetzten Gebäude, vorgeleg-

484 Haus im Louis-XIII-Stil, Ansicht (nach: Isabey und Leblan, 1864, Taf. 51)

486 Wohnhaus, Händelstraße 1, Berlin; E. Ihne (nach: *Architektonische Rundschau*, 1898, Nr. 2, Taf. 9)

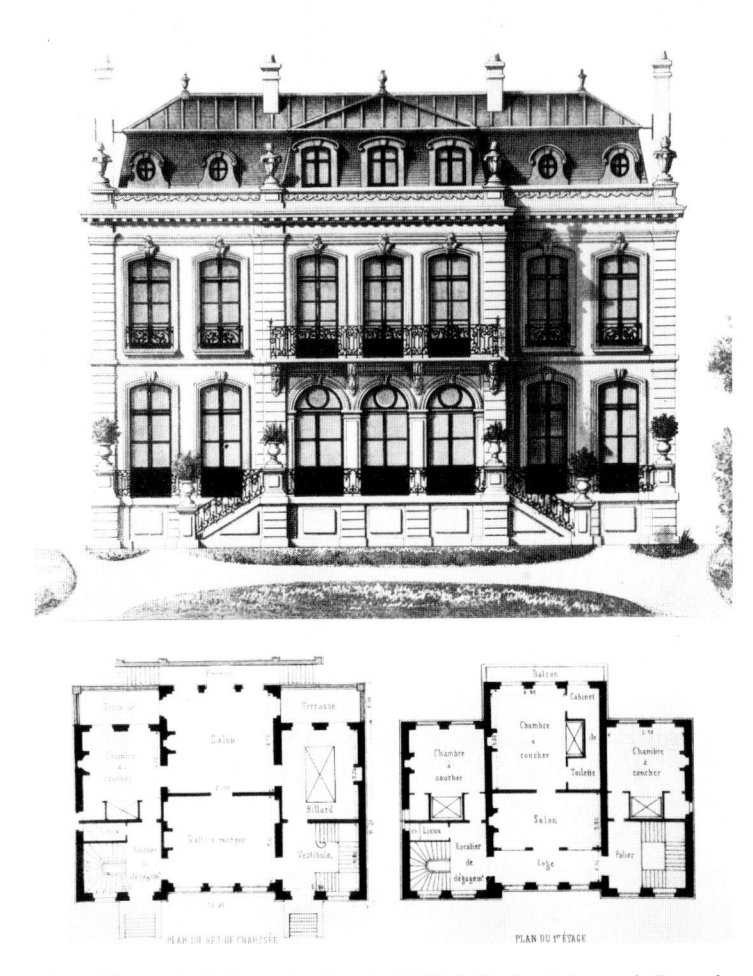

485 Herrschaftshaus im Louis-XIV-Stil, Ansicht und Grundriß des Erdgeschosses und des ersten Obergeschosses (nach: Isabey und Leblan, 1864, Taf. 10)

487 Das Schloß Neuhabsburg in Meggen (Luzern); 1868-1871. Der Bau wurde unterhalb der Burgruine Neuhabsburg von einem unbekannten Architekten errichtet.

283

488 Wohnhaus, Stülerstraße 1, Tiergarten, Berlin; Friedrich Hitzig; um 1855

489 Wohnhaus des Kommerzienrates C. Kirsch, Maria-Theresienstraße, München; A. Brüchle. Elemente der Frührenaissance, Türmchen, Eckeingang, asymmetrische Giebel, in malerischer Zusammensetzung (nach: *Architektonische Rundschau*, 1898, Nr. 2, Taf. 4).

490 Die Villa Dyes in Hildesheim; 1882. Der Großkaufmann und österreichische Generalkonsul Dyes ließ sich die schloßartige Anlage von einem unbekannten Architekten als Alterssitz errichten.

te Treppentürme, vorspringende Kaminabzüge, einheimisches Baumaterial: Die malerische Wirkung erwächst aus der Beschränkung auf das Notwendige und aus einer äußeren Gliederung des Baues, die die innere Organisation deutlich erkennen läßt. Milton Ernest Hall, das William Butterfield 1853-1858 für seinen Schwager baute, ist für diese Form des Wohnbaus typisch, dessen Strenge nur durch eine sehr zurückhaltende Polychromie gemildert ist.

Während Architekten wie Alfred Waterhouse und William Burges diesem romantisch-strengen Stil treu bleiben, sucht die jüngere Generation — Philip Webb (1831-1915), William Eden Nesfield (1835-1888), Edward William Godwin (1833-1886), Richard Norman Shaw (1831-1912) — nach einer eleganteren, geschmeidigeren Wirkung. Sie wenden sich darum einerseits dem Holzbau des 15. Jahrhunderts, dem Old English Style, zu, andererseits dem Wohnbau vom Anfang des 18. Jahrhunderts in Queen Anne Style, die ihnen wegen ihres einfachen bürgerlichen Charakters, ihrer rustikalen Lebendigkeit und des Verzichts auf architektonische Demonstration geeignet scheinen.

Diese beiden Stile ergänzen sich aufs beste: Für ländliche Bauten erscheint der Old English Style ganz besonders passend, für die Häuser der Vororte dagegen der Queen Anne Style; Richard Norman Shaw verwendet den ersten in Grimsdyke — das Viollet-le-Ducs Aufmerksamkeit auf sich zog —, den zweiten in Bedford Park. In dieser Überbauung im Südwesten Londons entstanden zwischen 1871 und 1881 mehrere hundert Häuser, für die sich vor allem Künstler, Schriftsteller und Richter interessierten, die besonders für die Eleganz der Entwürfe von Edward William Godwin und später Richard Norman Shaw empfänglich waren. »Sweetness and Light« — um den Titel einer Veröffentlichung von Mark Girouard (1977) zum Thema der Queen-Anne-Bewegung hier aufzunehmen —, Anmut und Licht also sind die Kennzeichen dieser Bauten, bei denen die malerischen Eigenschaften des Materials und der Silhouette ebenso wie die stilistischen Rückgriffe meisterhaft eingesetzt sind.

Dieses Bemühen um ein Architekturbild von strahlender Reinheit hat manchmal zu beinahe abstrakten Lösungen geführt wie bei einem der Entwürfe von Edward William Godwin für Tite Street, eine andere der großen Überbauungen der Queen-Anne-Bewegung. Der Entwurf wurde zugunsten einer konventionelleren Lösung verworfen, doch erzielt Char-

491 Die Villa Lenbach in München; Gabriel von Seidl; 1887-1897

492 Entwurf eines Pfarrhauses; Francis Goodwin. Wie die Landschulen sind die Pfarrhäuser eines der beliebtesten Themen der neugotischen Profanarchitektur (nach: *Rural Architecture*, I, London 1836, Taf. 14).

493 Das Pfarrhaus der Church of All Saints in Boyne Hill, Maidenhead (Berkshire); George Edmund Street; 1854. Mit seiner asymmetrischen Anlage, den glatten Flächen und farbigen Backsteinbändern ist dieses Pfarrhaus typisch für die neue Ausrichtung der neugotischen Architektur in England.

494, 495 Die Villa Hahnenburg in Köln, Außenansicht und Inneres; 1870-1872. Das klassizistische Gebäude errichtete ein unbekannter Architekt für den Brauereibesitzer Johann Herbert Hahn.

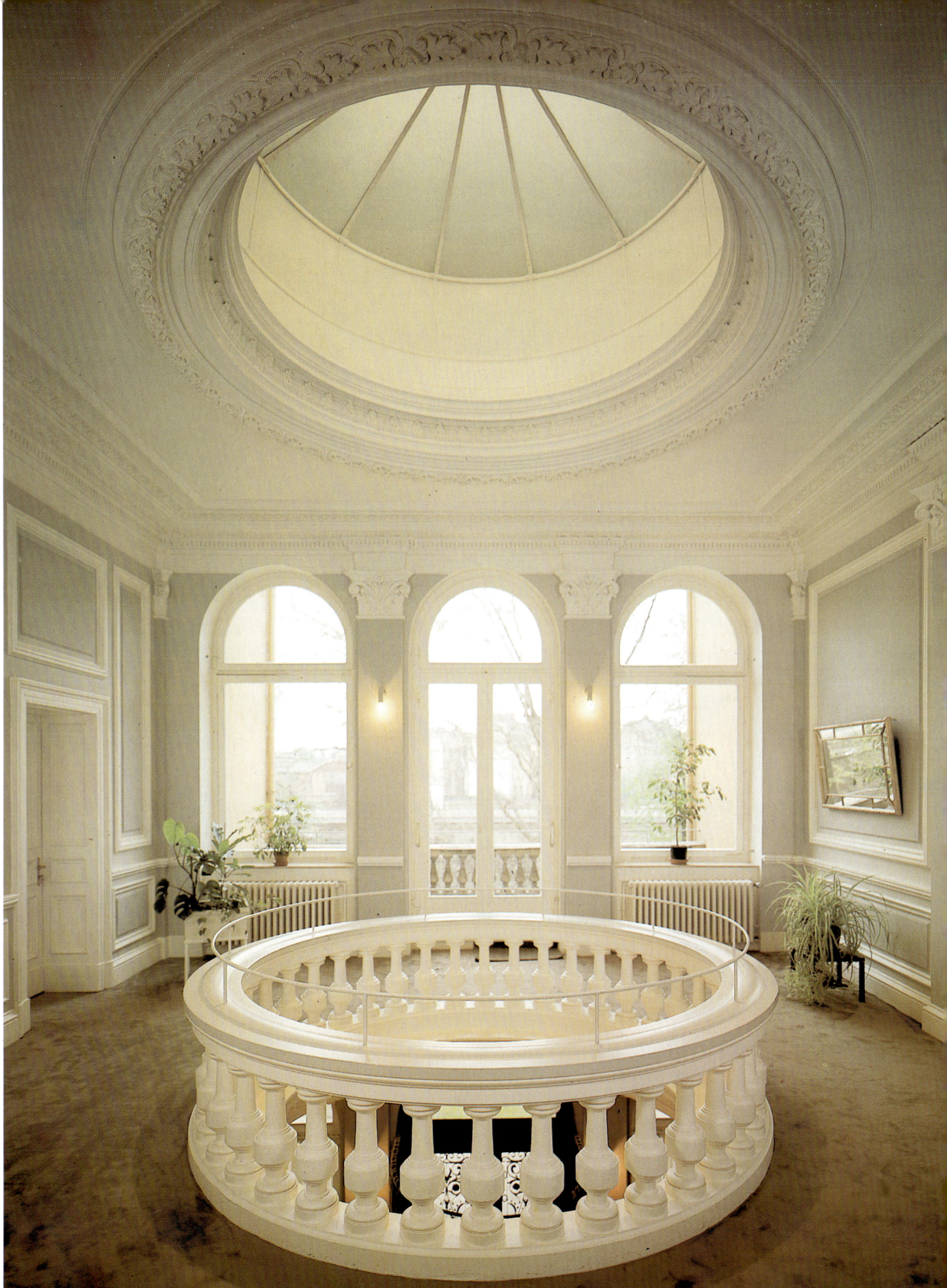

496 Die Milton Ernest Hall (Bedfordshire); William Butterfield; 1853-1858. Die malerische Bewegtheit der Fassade, zu der das alles übergreifende Dach einen ruhigen Gegenpol bildet, entspricht der inneren Raumverteilung. In dem für seinen Schwager Benjamin B. H. Helps Starey entworfenen Bau hat Butterfield die Polychromie (ockerfarbener Stein und roter Backstein) weniger aggressiv als bei anderen seiner Gebäude eingesetzt.

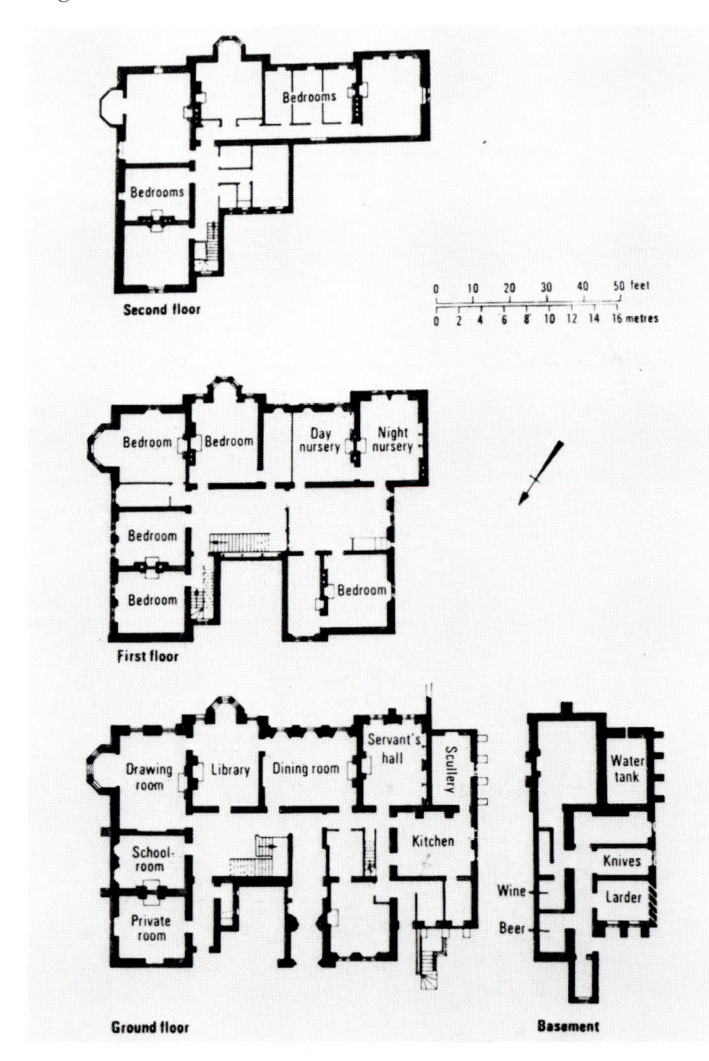

497 Die Milton Ernest Hall, Grundriß des Kellers, des Erdgeschosses sowie des ersten und des zweiten Obergeschosses; William Butterfield; 1853-1858 (nach: Girouard, 1979)

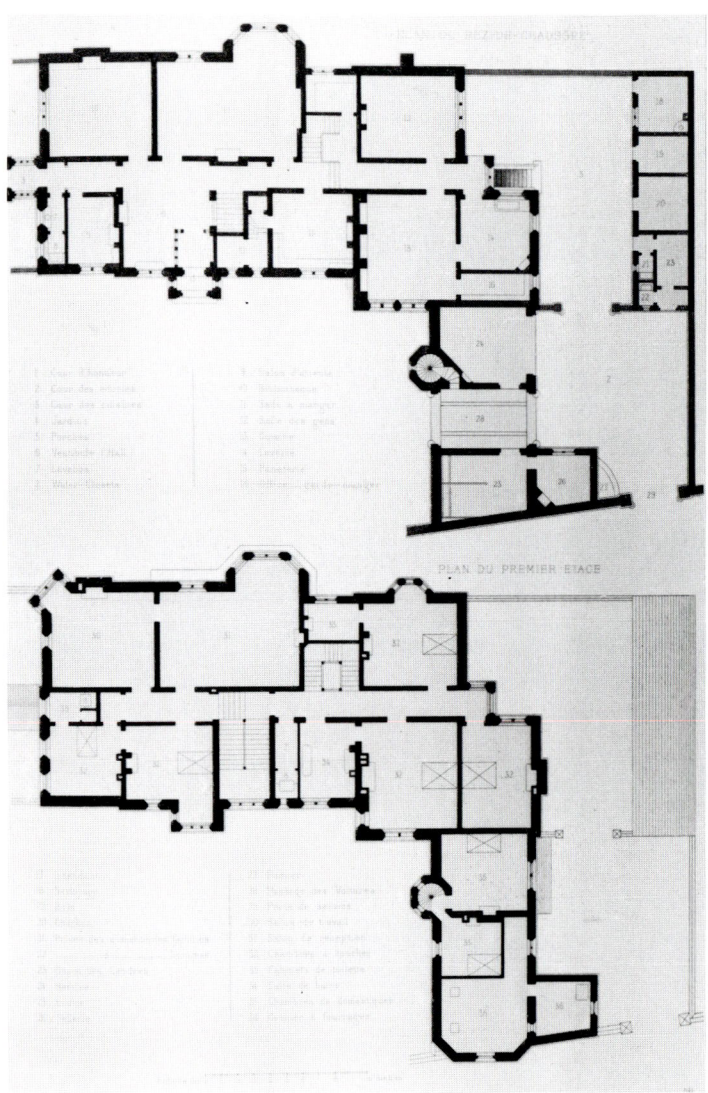

498, 499 Herrschaftshaus in Cambridge, Ansicht und Grundriß des Erd- und des Obergeschosses; Alfred Waterhouse. Geschlossener Gesamteindruck trotz malerischer Details (Eckerker, Fenster im Kamin). »Die Fassaden sind in Stein und Backstein ausgeführt und zeugen im Ganzen wie in den Details von großer Freiheit« (nach: Viollet-le-Duc, II, 1877, Taf. 162-163).

500 Das Herrschaftshaus Grimsdyke in Harrow-Weald (Middlesex), Ansicht; Richard Norman Shaw; 1872. Das für Frederick Goodall entworfene Gebäude ist eines der frühesten Beispiele für die Verwendung des Old English Style bei einem herrschaftlichen Haus; allerdings darf man nicht vergessen, daß es für einen Künstler konzipiert wurde.

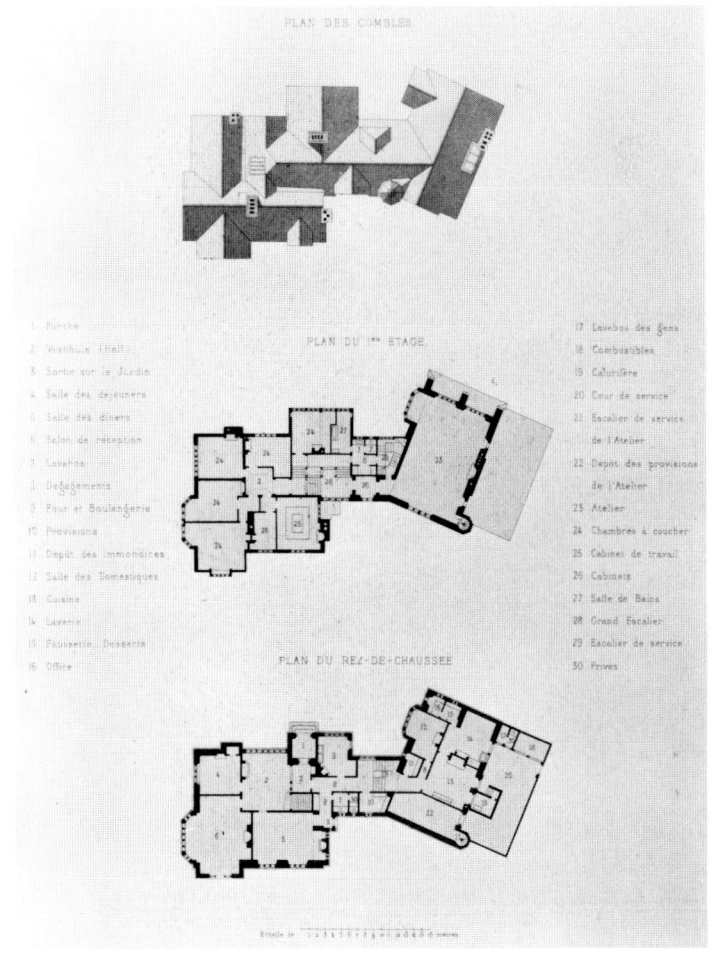

501 Das Herrschaftshaus Grimsdyke in Harrow-Weald (Middlesex), Grundriß des Erd- und des Obergeschosses und Plan des Daches; Richard Norman Shaw; 1872 (nach: Viollet-le-Duc, I, 1875, Taf. 44)

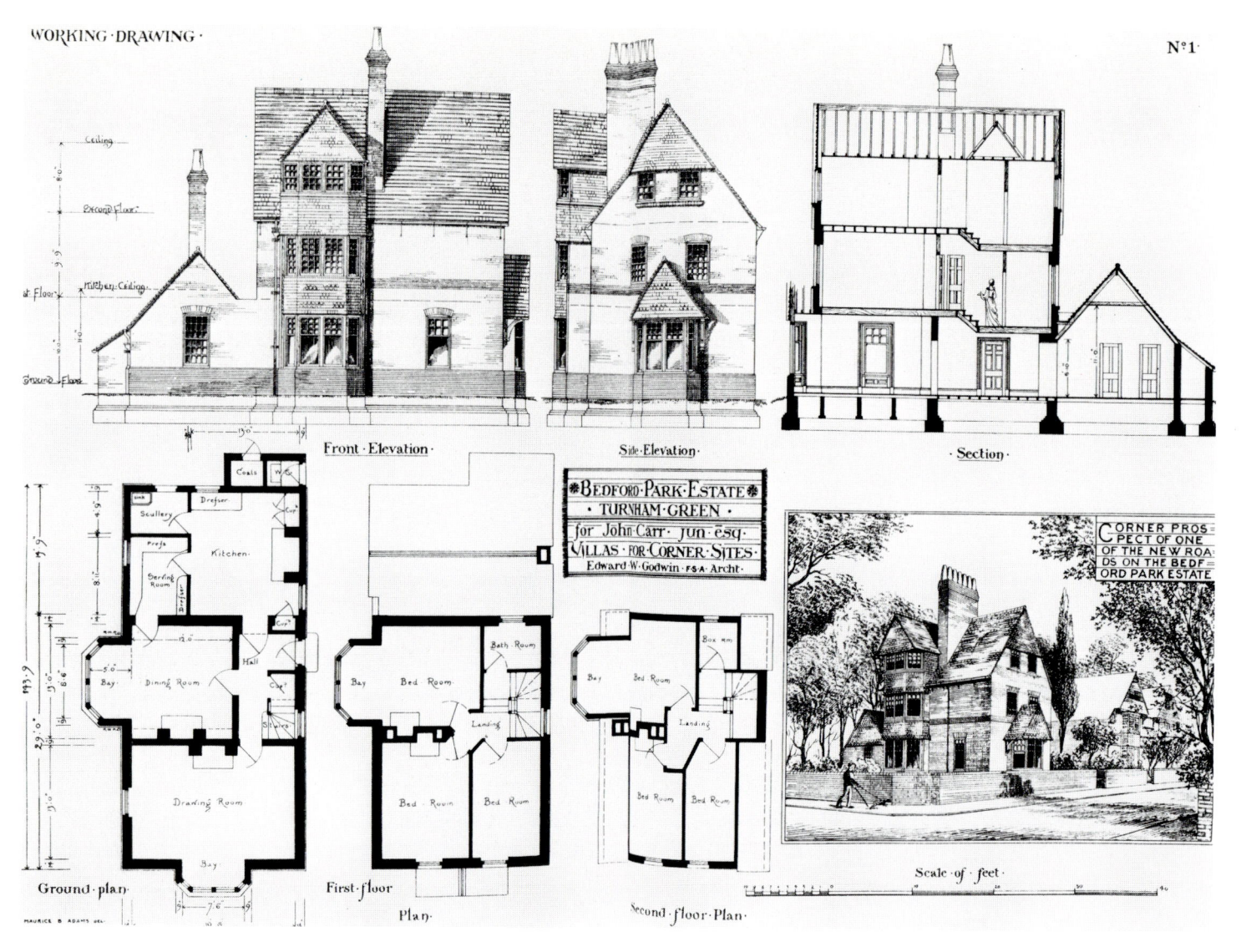

502 Bedford Park Estate in London, Entwürfe für Villen auf Eckgrundstücken; Edward William Godwin. Der Unternehmer John Carr hatte sich zunächst an Godwin gewandt, ihn jedoch 1877 durch Richard Norman Shaw ersetzt (nach: *The Building News*, 22. Dezember 1876).

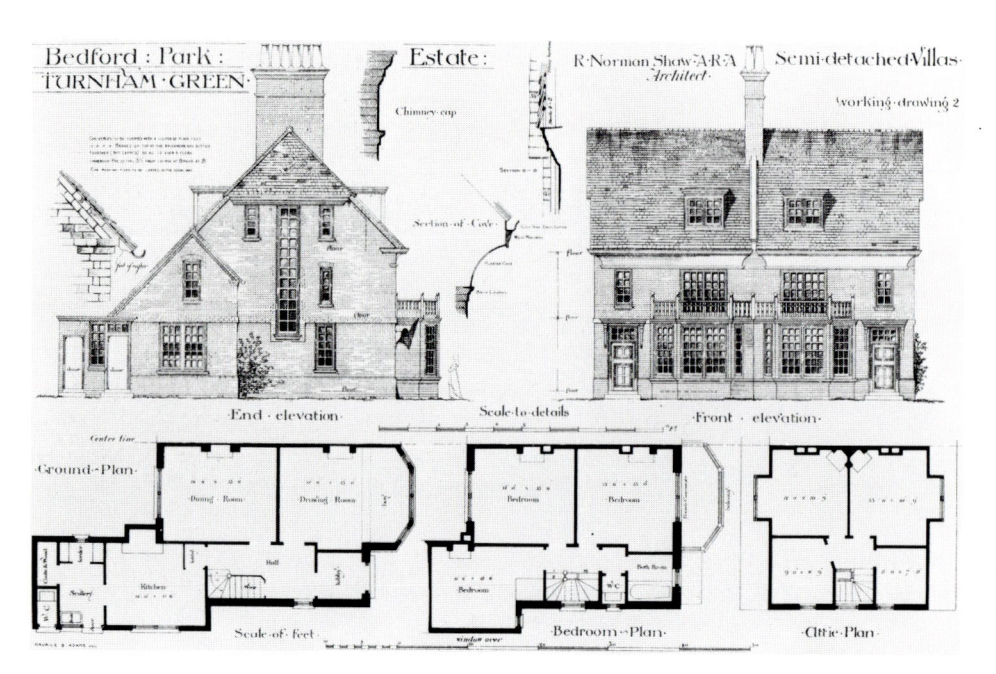

503 Bedford Park Estate in London, Entwürfe für Doppelhäuser; Richard Norman Shaw; 1877. Bis 1883 wurden 490 Häuser nach den Entwürfen von Godwin und Shaw in dieser eleganten Überbauung errichtet (nach: *The Building News*, 16. November 1877).

FRONT ELEVATION

504 Erster Entwurf für das Haus von Frank Miles, Tile Street 44, Chelsea, London; Edward William Godwin; 1878. Moderne Abstraktion mit einem Anflug von Japonismus. Das tatsächlich gebaute Haus folgt einem ganz anderen Entwurf.

505 Bedford Park Estate in London, Wohnhaus an der Priory Avenue 9; Richard Norman Shaw; um 1880

506 Bedford Park Estate in London, Aufriß von Häusern und Geschäften und eines Inn (Gasthaus); Richard Norman Shaw; 1880. Der Entwurf, der auch ausgeführt wurde, vereint Homogenität und Vielfalt. Die Erker entwickelten sich zu einem Kennzeichen des Queen Anne Style.

507 Die Villa Weber, Rue Erlanger, Auteuil, Paris, Aufriß; Paul Sédille (nach: Chabat, 1881, Taf. 67)

les F. A. Voysey (1857-1941) am Ende des Jahrhunderts in seinen Werken ähnliche Wirkungen.

In Frankreich sind in den siebziger Jahren Entwicklungen zu beobachten, die, wenn auch weniger heftig, den englischen doch mehr oder weniger entsprechen: Der historische und der romantische Eklektizismus werden zugunsten einer modernen Ästhetik zurückgedrängt, ein »unabhängiger« Stil setzt ein, das Interesse für die ein wenig abstrakten Gegensätze der einheimischen Baumaterialien wächst, der gotische Formenschatz wird verweltlicht und verbürgerlicht. So wie William Morris und John Ruskin durch ihre ästhetisierende Auseinandersetzung mit dem Mittelalter den Weg für den Stil von Richard Norman Shaw, Philip Webb und Charles F. A. Voysey bereitet haben, so öffnet Viollet-le-Ducs rationale Auffassung der Gotik den Weg für den modernen Stil von Paul Sédille (1836-1900) und Hector Guimard (1867-1942).

Die französischen Architekten verhalten sich weiterhin zurückhaltend gegenüber der Entwicklung im englischen Wohnbau. Paul Sédille kritisiert 1890 in seiner Untersuchung der englischen Architektur (L'Architecture moderne en Angleterre) die in den Bauten des Queen Anne Style zum Ausdruck kommende »nicht durchdachte Leidenschaft für das Malerische«: »Man befaßt sich mit den Dachformen, ehe die Inneneinteilung gesichert ist; die meisten Unregelmäßigkeiten am Außenbau, ich meine die vorspringenden wie auch die zurückstehenden Teile, sind nicht gerechtfertigt.« Dagegen zeigt sich Sédille durchaus empfänglich für den besonderen Reiz der englischen Innenräume mit ihren Erkerfenstern und ihrer guten und ausgeklügelten Einteilung und Ausrüstung, auch wenn sie manchmal etwas überfüllt sind, so daß »man meint, sich im Zwischendeck eines Schiffes zu befinden«. Ebenso schätzt er den »Hauch japanischer Art«, den er dort spürt.

Zwar verwenden auch die französischen Architekten nach 1850 eine gewisse Asymmetrie, doch stets sehr zurückhaltend, wie bei dem von Emile Boeswilwald um 1865 in Montigny gebauten Haus. Aus der von Viollet-le-Duc zusammengestellten Anthologie gewinnt man den Eindruck, er sei stärker von der Logik und Bequemlichkeit der englischen Grundrisse und Raumplanung, wie sie deutlich in Grimsdyke und Milton Ernest Hall zum Ausdruck kommen, angezogen worden als von dem reizvollen Anblick der

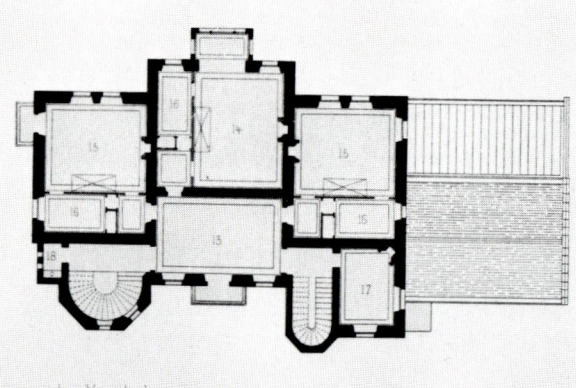

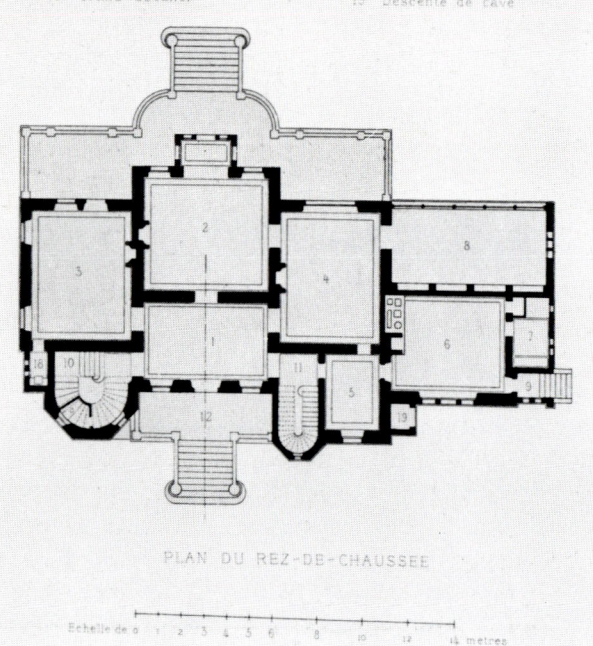

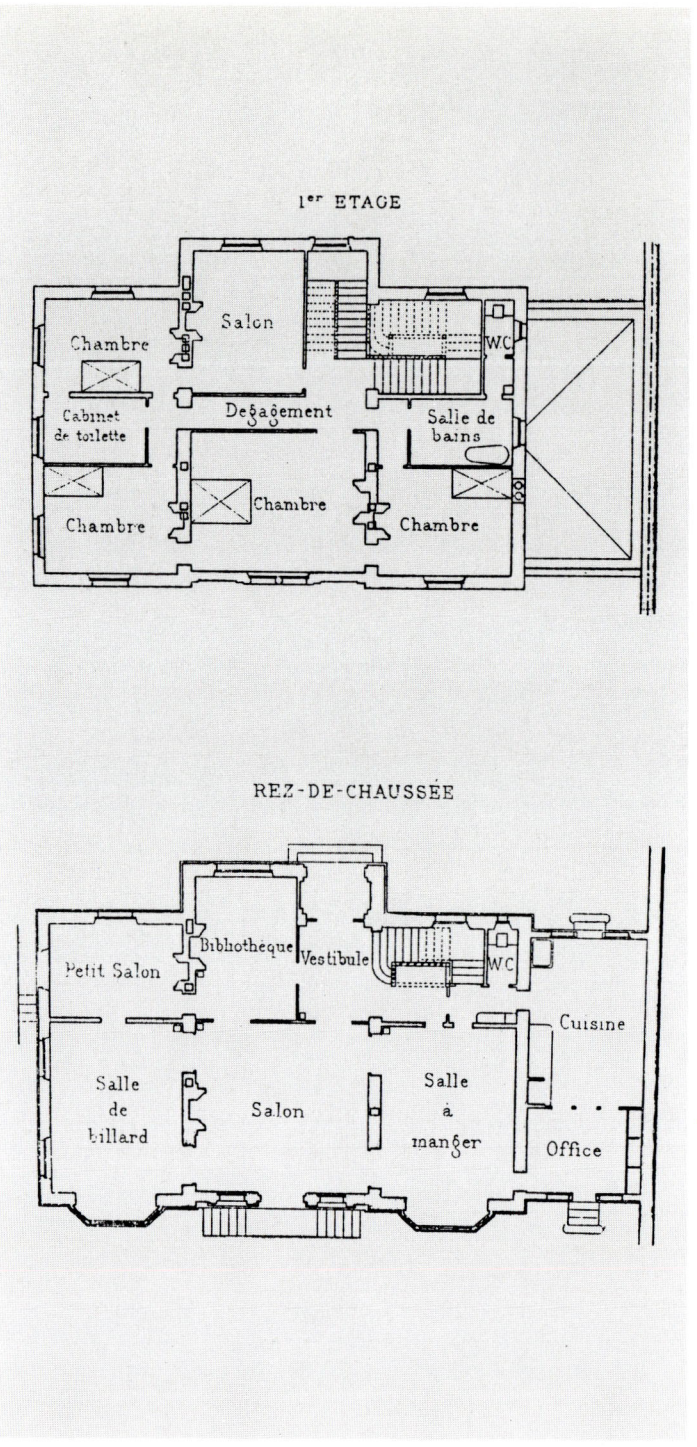

510 Die Villa Weber, Rue Erlanger, Auteuil, Paris, Grundriß des Erdgeschosses und des ersten Obergeschosses; Paul Sédille (nach: Planat, o. J., Taf. 47)

◁ 508, 509 Landhaus in Montigny (Nord). Aufriß und Grundriß des Erdgeschosses und des ersten Obergeschosses; Emile Boeswilwald; um 1865. »Die Architektur dieses Landhauses sucht zwar in Aufriß und Grundriß das Gleichgewicht der Massen, hat sich jedoch von absoluter Symmetrie befreit und sich zu Recht in seiner Anlage den verschiedenen Zwecken untergeordnet, die es erfüllen mußte.« Trotz der Beziehung, die Viollet-le-Duc hier implizit zur Anlage des englischen Landhauses herstellt, ist die traditionelle französische Symmetrie – vor allem in den Grundrissen – noch deutlich zu erkennen (nach: Viollet-le-Duc, I, Taf. 102-103).

511 Das Haus Victor Horta (heute Musée Horta) in Brüssel, Eßzimmer; Victor Horta; 1899

Gebäudegruppen, der sich aus der wohlüberlegten Ausgewogenheit unsymmetrischer Bauteile ergibt. Wenn allerdings französische Architekten malerische Formen verwenden — das geschieht vorwiegend bei Villen in Badeorten —, neigen sie zu Lösungen, denen sowohl die kühle Eleganz als auch die Zurückhaltung der englischen Bauten fehlen.

Das Schönheitsideal des englischen Wohnbaus findet naturgemäß in den USA sowohl kulturell als auch sozial ideale Bedingungen. Das Haus von William Watts-Sherman an der Shephard Avenue in Newport, das Stanford White 1784 unter der Oberleitung Henry Hobson Richardsons entwarf, zeigt das schnell erwachte Interesse der Amerikaner für die Bauten von Richard Norman Shaw, die *Building News* und *Builder* veröffentlichten. Die Mehrzahl der amerikanischen Architekten, die in den siebziger Jahren London besuchten — darunter Robert Swain Peabody 1871 und 1876, Stanford White 1879 und 1884, William Ralph Emerson 1884 —, lernten sicher auch Bedford Park kennen, wo sich eine eigentliche ameri-

513 Das Morrill House, Bar Harbor, Mount Desert (Maine), Fassade zum Meer; William Ralph Emerson; um 1879 (nach: *The American Architect and Building News*, 22. März 1879)

514 Das Morrill House, Bar Harbor, Mount Desert (Maine), Grundrisse des Obergeschosses und des Erdgeschosses; William Ralph Emerson; um 1879: 1 Veranda; 2 Halle; 3 Wohnzimmer; 4 Eßzimmer; 5 Küche; 6 Wirtschaftsräume

515 Das Morrill House, Bar Harbor, Mount Desert (Maine), Inneres; William Ralph Emerson; um 1879. Das Spiel mit verschiedenen Ebenen und die dadurch ermöglichten Durchblicke gehen zeitlich den ähnlichen Bemühungen der englischen Jugendstilarchitektur voraus.

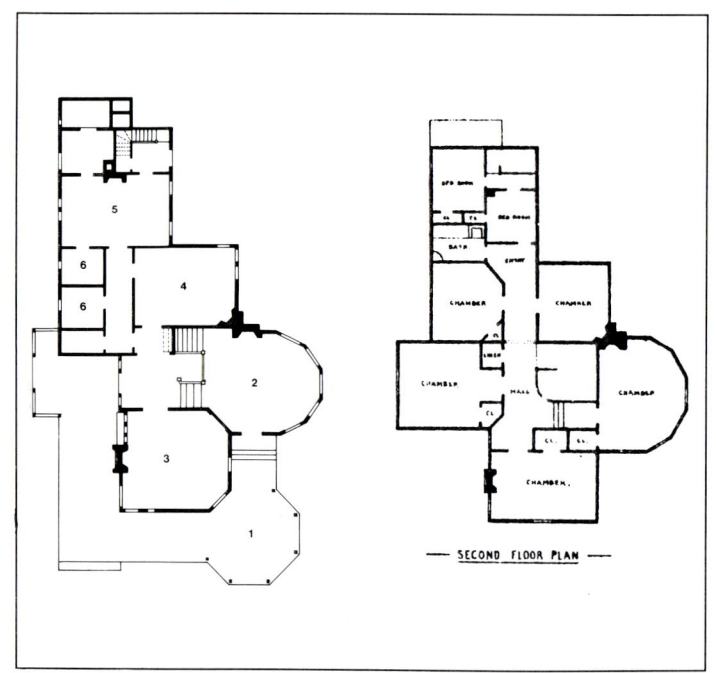

512 Das Morrill House, Bar Harbor, Mount Desert (Maine), Ansicht vom Zufahrtsweg aus; William Ralph Emerson; um 1879. Der englische Queen Anne Style wurde hier zum ersten Mal amerikanischen Materialien (Schindeln) und Gewohnheiten (große Veranden) angepaßt.

516 Das Stoughton House, Brattle Street, Cambridge (Mass.); Henry Hobson Richardson; 1882-1883. Die Verwendung von Schindeln belegt das neuerwachte Interesse an traditionellen Materialien und führt zu glatten, durchgehenden Flächen, die im Gegensatz zu den früheren malerischen Formen stehen.

517 F. L. Ames Gate Lodge in North Easton (Mass.); Henry Hobson Richardson; 1880-1881. Das herkömmliche Thema eines Gebäudes in rustikalem Bossenwerk ist hier auf moderne Weise variiert. Richardson hat bei diesem Bau das Spiel mit Materialkontrasten auf seinen Höhepunkt getrieben.

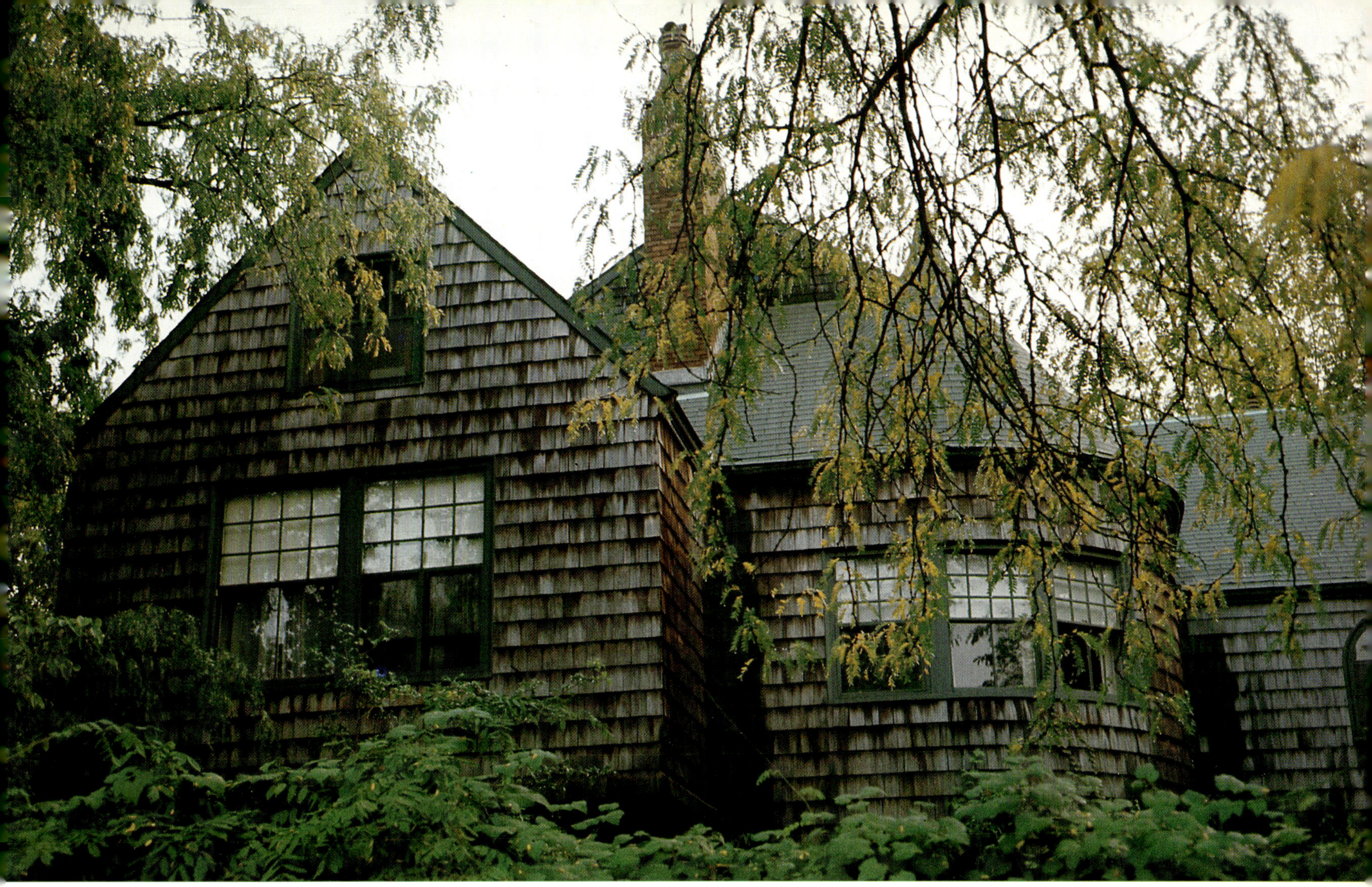

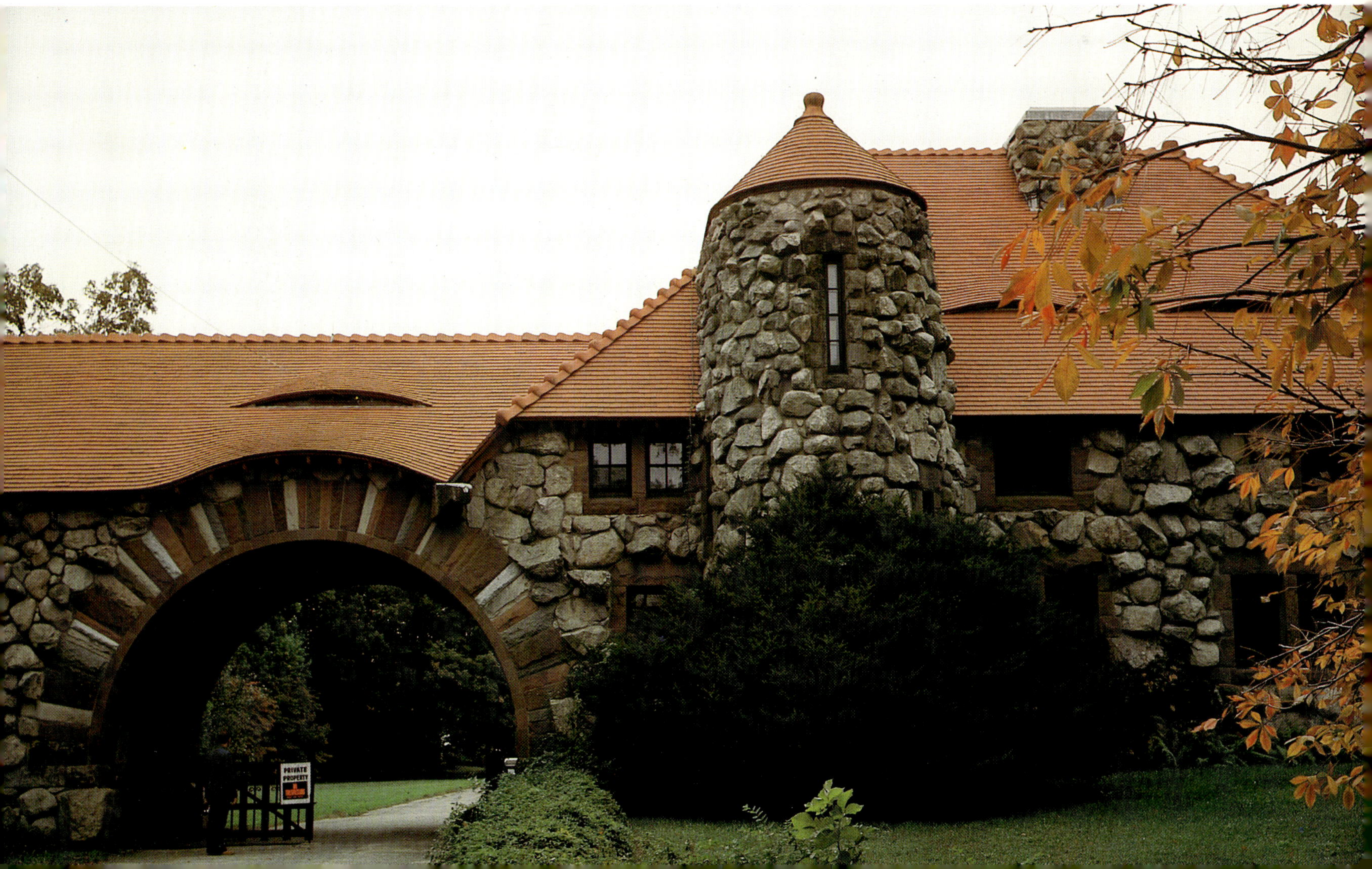
PRIVATE
PROPERTY

518 Straßenseite des Kasinos in Newport (Rhode Island); McKim, Mead & White; 1879-1881. Das Kasino bildete im Zentrum von Newport eine malerische Gebäudegruppe mit Geschäften, Restaurants und Cafés.

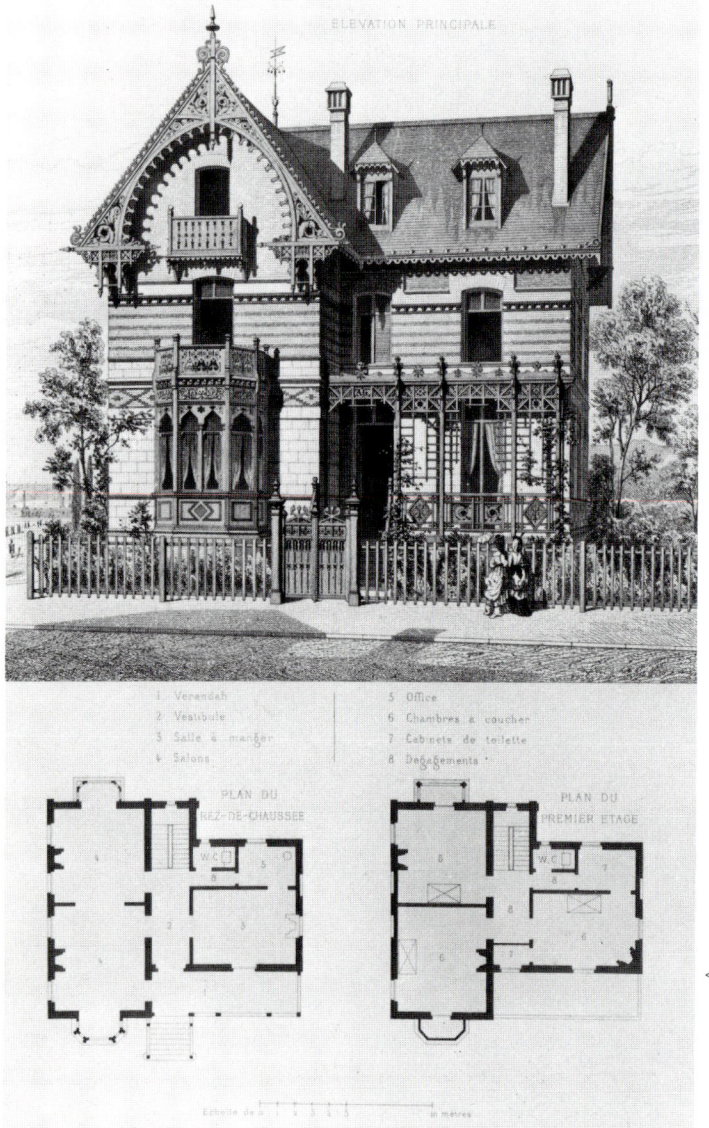

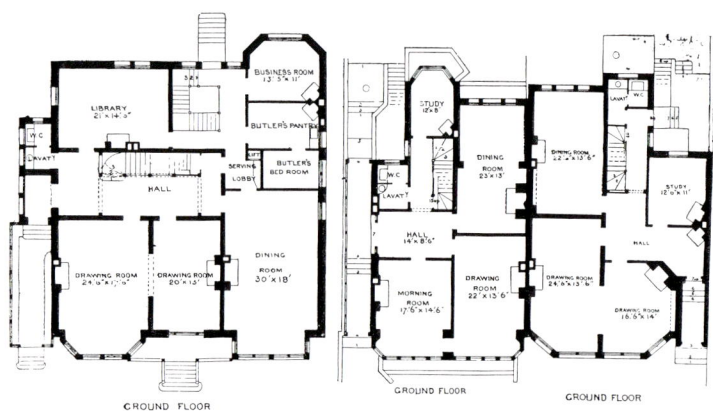

520, 521 Villa am Strand in Walmer (Kent), Ansicht und Grundrisse; James Neale. Mit geschwungenen Backsteingiebeln, Holzverkleidungen, vorstehenden Dächern, Erkern und Veranden ein typisches Beispiel für den Queen Anne Style, der in den achtziger Jahren des 19. Jahrhunderts die englischen Badeorte erobert (nach: *The Builder*, 15. Oktober 1887).

◁ 519 Villa in Deauville (Calvados), Ansicht und Grundriß des Erdgeschosses und des ersten Obergeschosses; F. Hoffbauer. Ein typisches Beispiel der französischen Badeortarchitektur. Die Raumverteilung ist einfach, und die malerische Wirkung entsteht durch die Verwendung verschiedenfarbiger Materialien und von ausgesägten, bemalten hölzernen Ornamenten (nach: Viollet-le-Duc, I, 1875, Taf. 41).

522 Broadleys Windermere in Cartmel (Lancashire), Entwurf; Charles F.A. Voysey; 1898. Die von Voysey gewählte grünbläuliche Tuschzeichnung wird im folgenden Jahrzehnt große Mode. Mit seinen weißen Flächen, betonten Horizontalen und dem tiefgezogenen Dach ist das immer noch bestehende Haus typisch für Voyseys ästhetische Ansichten.

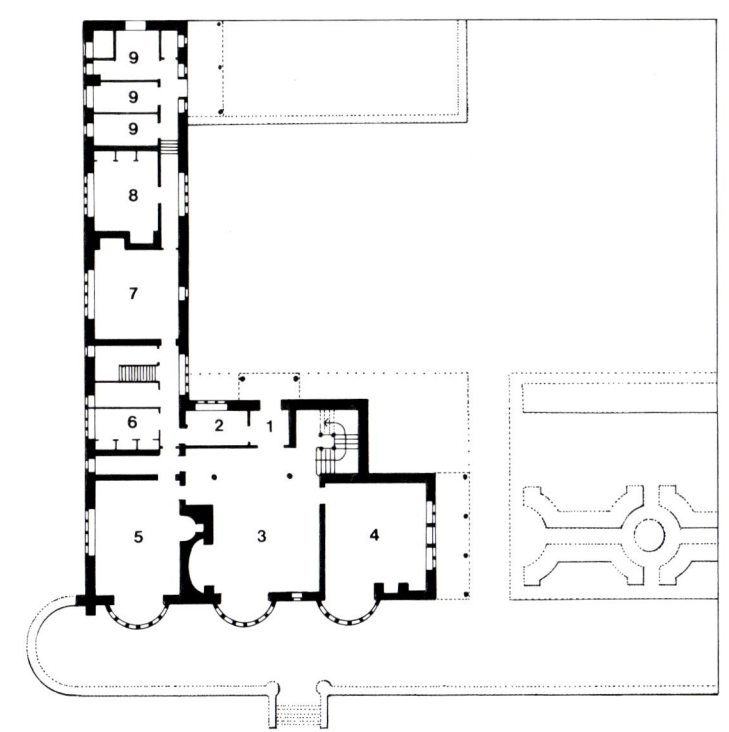

523 Broadleys Windermere in Cartmel (Lancashire), Grundriß (nach dem ursprünglichen Entwurf); Charles F.A. Voysey; 1898: 1 Eingang; 2 Toilette; 3 Halle; 4 Wohnzimmer; 5 Eßzimmer; 6 Speisekammer; 7 Küche; 8 Personalzimmer; 9 Diensträume

kanische Künstlerkolonie gebildet hatte. Die in jenen Jahren erschienenen Artikel von H. H. Holly in *Harper's Magazine* über moderne Häuser wie auch diejenigen von Clarence M. Look in *Scribner's Monthly* bringen diese Begeisterung für die englischen Bauten deutlich zum Ausdruck.

Die englischen Lösungen dienen jedoch in stärkerem Maße als Anregung zu eigenen Entwürfen denn als Vorbilder im engeren Sinne. Die Verwendung einheimischer Materialien, zum Beispiel der Schindeln, und die lockeren Grundrißlösungen, das Interesse für das japanische Haus — ein auf der Weltausstellung 1876 in Philadelphia gezeigtes Beispiel machte großen Eindruck — und die Rückkehr zum Kolonialhaus wirken stark auf die Arbeit von William Ralph Emerson (1833-1917), Wilson Eyre (1858-1944), Robert Swain Peabody, Stanford White, Henry Hobson Richardson und manchen anderen ein, deren Bauten dadurch ihren ganz eigenen Charakter erhalten.

Diese Entwicklung des amerikanischen Wohnbaus wirkt in kürzerer Zeit auf Europa zurück. In Frankreich bleibt es, abgesehen von Paul Sédille und César Daly (*Villas américaines*, 1888), bei einer gewissen

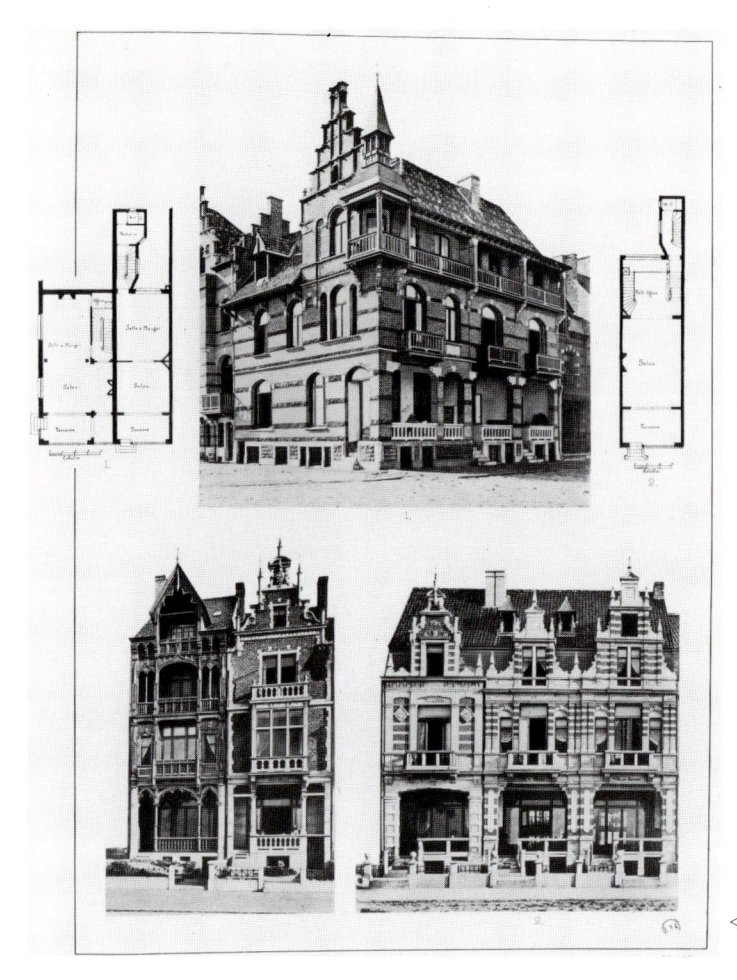

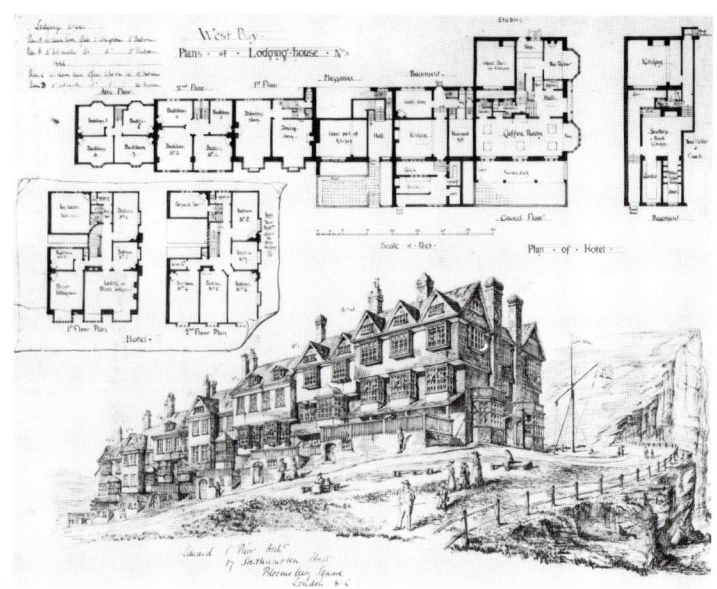

525 Das Lost Sailor Hotel mit Lodging Houses in West Bay bei Bridport (Dorset), Entwurf (nicht ausgeführt); Edward S. Prior; 1885. Der Entwurf dieses Schülers von Richard Norman Shaw ist typisch für die englische Badeortarchitektur im Queen Anne Style, hier mit Schieferdach, Dreieckgiebeln, weiß verputzten Wänden und Erkern.

◁ 524 Villen in Middelkerke (Belgien); A. Dumont-Hebbelinck; 1887-1891 (nach: *L'Emulation*, 1892, Taf. 49)

Neugier. Die deutschen Architekten, die scharfsichtigsten und aufmerksamsten Beobachter der englischen Entwicklung, verfolgen mit noch größerem Interesse die amerikanischen Leistungen. 1879 läßt sich F. Rudolf Vogel (1846-1926) nach langem Aufenthalt in den USA in Hamburg nieder, wo er mehrere Villen im amerikanischen Stil baut, die er in verschiedenen Artikeln veröffentlicht.

Die Bindungen zwischen der englischen und der amerikanischen Kultur sind zu eng, als daß sich gegenseitige Einflüsse immer sicher feststellen ließen. Doch erregen auch hier die amerikanischen Lösungen Interesse und fördern das Streben nach größerer Freiheit der Gestaltung, die in den Bauten Charles F. A. Voyseys vom Ende des Jahrhunderts ihre erlesenste und gelungenste Form gefunden hat.

Die Geburt des Wolkenkratzers

»Ich meine, der Entwurf eines Bürohochhauses muß von vornherein als ein Problem angesehen werden, das es zu lösen gilt, und man muß die Aufgabe dementsprechend angehen...: Wie verleiht man dieser sterilen Masse, diesem unförmigen, ungeschlachten Stückwerk, dieser vollkommen wahnwitzigen Verkündigung eines ewigen Kampfes die Anmut der erhabenen Formen von Sensibilität und Kultur.«
»Der Entwurf von Bürohochhäusern gesellt sich heute zu allen anderen bisher geschaffenen Bauformen ... dem griechischen Tempel, der gotischen Kathedrale und der mittelalterlichen Festung.«
(Louis Henry Sullivan, *The Tall Office Building Artistically Considered*, 1896)

Vom Jahre 1870 an beobachtet man in den USA eine besondere, dem Land eigentümliche Entwicklung der Architektur von Geschäftsbauten. Die außerordentlich schnelle Ausdehnung der amerikanischen Großstädte verändert die Stadtlandschaft vollkommen; das gilt sowohl für New York und Boston an der Ostküste als auch im Mittelwesten für Detroit und vor allem Chicago, dessen Einwohnerzahl innerhalb von 30 Jahren von 300 000 auf 1,7 Millionen im Jahre 1900 anwächst. Äußerst enge Geschäftsviertel wie Lower Manhattan in New York oder The Loop in Chicago leisten der Bodenspekulation Vorschub, und das Zusammentreffen einer technischen Neuerung — des Aufzugs — mit einem gesetzlichen Freiraum — es gibt keine Beschränkung der Bauhöhe wie in Europa — bringt einen neuen Gebäudetyp hervor, das mehrstöckige Geschäftsgebäude, den Wolkenkratzer, oder wie es zunächst vorsichtig heißt: »the so-called sky-scraper«.

Man kann dabei zwei Phasen unterscheiden: Nach 1873 entstehen die ersten »Proto-Wolkenkratzer« mit acht bis zehn Stockwerken, 1889 taucht dann zusammen mit Hochhäusern von 12 bis 20 und noch mehr Stockwerken zum ersten Mal der Begriff »sky-scraper« auf. Der Übergang ist lückenlos, es ist wie ein stetiges Wachsen. Schon die frühen Hochhäuser besitzen ein wichtiges Merkmal der zweiten Generation: die Überwindung der Vertikalen und damit die Verbindung zwischen den gleichartig ausgebildeten Geschossen mit Hilfe des Aufzugs. Ihre Aufgaben sind jedoch wesentlich vielfältiger: Sie werden als Magazine, Kaufhäuser, Hotels oder Bürogebäude entworfen, ihre Nachfolger sind dagegen fast ausschließlich Bürogebäude, in denen einzelne Räume oder ganze Etagen vermietet werden. Der überschaubare Maßstab der ersten Hochhäuser gestattet es den Architekten, europäische Gliederungen zu übernehmen und zu erweitern. Doch nach 1889, als europäische Maßstäbe völlig aufgegeben werden, müssen die Architekten das künstlerische Problem des Hochhauses ohne Umschweife anpacken und zu neuartigeren, eleganteren Lösungen als den anfänglich praktizierten »wild solutions« finden.

Es sei dahingestellt, ob es an einer unbefriedigenden Aufzugstechnik oder an der nachhaltigen Wirkung traditioneller Baumuster lag, jedenfalls bleiben die Auswirkungen der Erfindung des modernen Aufzugs durch E. G. Otis vorläufig beschränkt. Als erstes Gebäude wird in New York das vierstöckige Kaufhaus Haughwout (1857, John P. Gaynor) mit einem Otis-Aufzug ausgestattet, aber der Bau im Palazzo Style wirkt weniger überzeugend als das bescheidene Jayne Building in Philadelphia, Pa. (1849-1852), mit seinen acht Stockwerken und der wie ein gotisches Fenster vertikal ausgelegten Fassade. Ein Gebäude, das mit Anklängen an den üppigen Prunk Haussmannscher Bauten in Paris neue Maßstäbe für New York setzt, obwohl es nur vier Stockwerke zählt, ist das Equitable Life Assurance Company Building (1868-1870, von Arthur D. Gilman und Edward Kendall); es ist das erste Bürogebäude, in dem man die Etagen mit dem Aufzug erreicht. Mit seinen drei übereinandergesetzten Säulenordnungen und dem Mansardendach muß man es eher als das letzte Geschäftsgebäude europäischen Typs denn als das erste

526 Das Mills House in New York (N.Y.); George Brown Post; 1881-1883 (zerstört)

Hochhaus betrachten. Und dennoch beginnt mit dem Equitable ein neues Kapitel der Architekturgeschichte, jenes der »elevator buildings«. (Das Gebäude fiel einem Brand zum Opfer und wurde 1915 durch ein Hochhaus von Ernest Graham ersetzt.)

Ein entscheidender Bruch findet drei Jahre später statt, als 1873-1875 in New York Richard Morris Hunt (1827-1895) das Tribune Building und George Brown Post (1837-1913) das Western Union Building bauen. Beide Gebäude sind doppelt so hoch wie das Equitable und sind damit die ersten der zahlreichen gewaltigen Geschäftsbauten der achtziger Jahre in New York und Chicago. Ihre Organisation entspricht bereits den Wolkenkratzern: Ein oder zwei Sockelgeschosse mit einem Eingang im Erdgeschoß beherbergen zumeist Läden; sechs bis acht gleichartige Bürogeschosse — im Mills Building (1880-1883, von George Brown Post) sind es bereits zehn — werden von Aufzugsgruppen bedient; ein Attikageschoß schließt den Bau ab. Da es sich bei dem Tribune Building wie beim Western Union Building noch um relativ bescheidene Bauwerke handelt, mag man hier noch von Proto-Wolkenkratzer sprechen.

Andererseits ist der Bruch mit europäischen Maßstäben hier bereits groß genug, um die traditionellen Gliederungen als überholt aufzugeben. Die Architekten stehen vor einem neuen Problem, sie tasten sich vor, umgehen es manchmal oder erfinden völlig unkonventionelle Lösungen (»wild solutions«). Sie vermeiden es, die Vertikale zu betonen, und unterteilen ihre Fassaden in Gruppen von zwei oder drei Stockwerken. Einer der wichtigsten Vertreter dieser ersten Etappe, der New Yorker George Brown Post, begnügt sich zunächst damit, europäische Gliederungen zu dehnen und zu vervielfältigen, entweder nach französischem (Western Union Building) oder italienischem (Mills Building) Vorbild. Er verdoppelt das Sockelgeschoß mit seinem rustikalen Bossenwerk und streckt die Pilaster über drei Stockwerke und nicht wie in der klassischen Kolossalordnung über zwei. Die Fassade seines Produce Exchange Building (1881-1884) mit der doppelten Reihe »römischer« Arkaden, deren untere vier Stockwerke übergreift, die obere, mit Bogen halber Größe, aber nur zwei, ist wesentlich überzeugender. Zwei Bauwerke in Chicago — die ihren berechtigten Ruhm außerdem auch der Tatsache verdanken, daß sie ihre New Yorker Vorbilder überlebt haben — variieren diese Gliederung auf brillante Weise: der Marshall Field Wholesale Store (1885-1887) von Henry Hobson Richardson (1838-1886) und das Auditorium Building (1887-1889) von Adler & Sullivan, ein Bau, dessen Programm einen Opernsaal mit 4000 Plätzen, ein Hotel und Büros unter einem Dach vorsah. Für die Rookery (1885-1886) wählten Burnham & Root, ein weiteres großes Chicagoer Architekturbüro, eine sehr ähnliche Lösung, entwickelten jedoch eine freiere Formensprache.

Die Idee, noch höher zu bauen, liegt Ende der achtziger Jahre in der Luft. Man kann in der gleichzeitigen Errichtung des Eiffelturms und der ersten Wolkenkratzer mehr als einen Zufall sehen. Schon 1888 entwirft Buffington ein 28stöckiges Gebäude. Die Realität wird die Fiktion zwar erst um die Jahrhundertwende einholen, doch in Chicago — das hier vorausgeht — überschreitet man die typologische und psychologische Höhenschwelle in einem Klima intensiver Bodenspekulation bereits in den neunziger Jahren: Das Home Insurance Company Building (1884-1885, von William Le Baron Jenney, 1832-1907) hat erst neun Stockwerke, ebenso wie das Morse Building in New York (1879), doch bei der Chamber of Commerce (1888-1889, von Bauman & Huehl) und dem Tacoma Building (1887-1889, von Holabird & Roche) sind es bereits zwölf. Seit 1884 beschäftigt sich John Wellburn Root (1850-1891) mit dem Entwurf des Monadnock Building, und auf Drängen des Bauträgers geht er 1889 von 12 auf 16 Etagen, ein Rekord, der zwei Jahre später vom Masonic Temple (1891-1892), dessen Konstruktion ebenfalls Burnham

527 Das Rookery Building, South La Salle Street, Chicago (Ill.); Burnham & Root; 1885-1886. Ein Beispiel für die Vorläufer des amerikanischen Wolkenkratzers.

528 Das Rookery Building, South La Salle Street, Chicago (Ill.), Eingangshalle; Burnham & Root; 1885-1886 (Zustand von 1963). Die Decke ist original, doch das Gitterwerk von Treppe und Galerie modern.

& Root ausführen, übertroffen wird: 20 Stockwerke, 90 Meter Gesamthöhe.

Infolge einer Sättigung des Marktes und der Finanzkrise von 1893 pendelt sich die durchschnittliche Höhe der Wolkenkratzer von Chicago auf 12 bis 14 Stockwerke ein (Reliance Building, 1894-1895, von Burnham & Co), auch die weniger großen Städte halten sich an dieses Maß: Saint Louis, Missouri, mit dem Wainwright Building (1890-1891) und dem Union Trust Company Building (1892-1893), beide von Dankmar Adler und Louis Henry Sullivan; Buffalo, N.Y., mit dem Guaranty Building (1894-1895) von Adler und Sullivan; San Francisco mit dem Spreckels Building (1897) von James William und Merritt Reid; die Reihe ließe sich fortsetzen.

New York übernimmt jetzt wieder die Initiative, und ohne Unterbrechung folgen sich die himmelwärts strebenden Wolkenkratzer: 20 Stockwerke erreicht das American Surety Building (1894-1895, von Bruce Price, 1845-1903), 23 das St. Paul Building (1898-1899, George Brown Post), 28 das Park Row Building (1896-1899, Robert H. Robertson).

Diese Höhenentwicklung erforderte die Lösung zahlreicher technischer Probleme (unter anderem

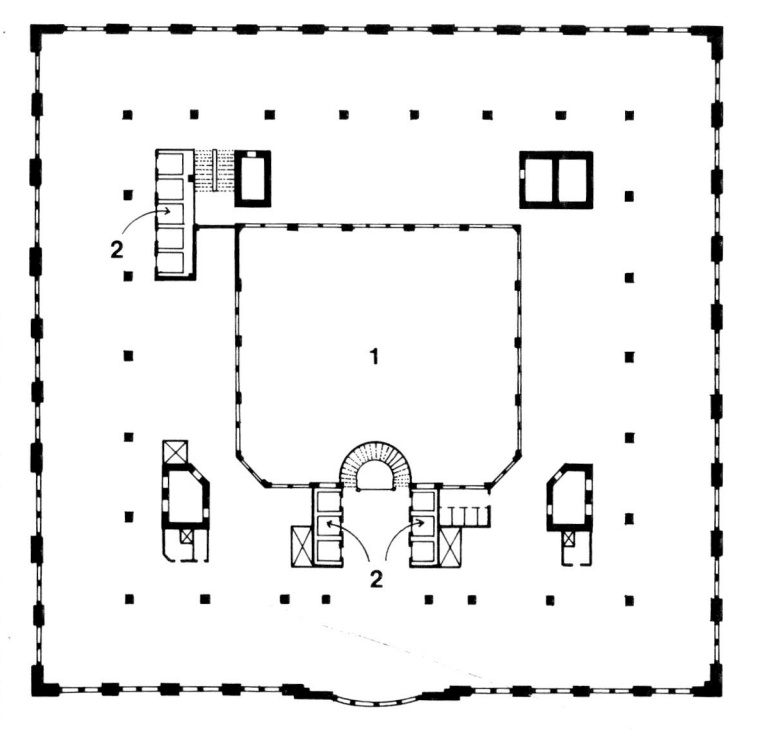

529 Das Rookery Building, South La Salle Street, Chicago (Ill.), Standardgrundriß eines Geschosses; Burnham & Root; 1885-1886

303

530 Das Produce Exchange Building in New York (N.Y.); George Brown Post; 1881-1884 (zerstört)

531 Das Auditorium Building in Chicago (Ill.); Adler & Sullivan, 1887-1889

wirksame Windversteifung, gegen Grundwasser gesicherte Fundamente, feuersichere Konstruktion). Unter dem Einfluß einer funktionalistischen Einstellung wurde lange Zeit der Metallskelettbau, den man etwas willkürlich mit »dem wahren Wolkenkratzer« gleichsetzte, in der Architekturgeschichte bevorzugt behandelt. Bei genauerem Hinschauen entdeckt man jedoch zahlreiche Versuchslösungen, Mischtechniken und Zeichen von Improvisation. Das von William Le Baron Jenney für das Home Insurance Company Building entwickelte Metallskelett findet in den neunziger Jahren in Chicago zwar viele Nachahmer, doch für die Geburt des Wolkenkratzers ist es nicht von entscheidender Bedeutung. Obwohl John Wellburn Root die Möglichkeit des Metallskeletts erwägt, baut er das Monadnock Building, mit seinen 16 Stockwerken der erste wirkliche Wolkenkratzer, mit tragenden Backsteinmauern. Die New Yorker Architekten ihrerseits, allen voran George Brown Post, bleiben einer Kastenkonstruktion treu: tragende Außenmauern aus Stein und ein Innengerüst aus Metall. Noch wesentlicher ist die Feststellung, wie wenig Einfluß die Bauweise auf die Gliederung der Bauten gehabt hat, in keinem Fall kann man vom Aussehen auf das Konstruktionssystem und die Technik schließen oder umgekehrt.

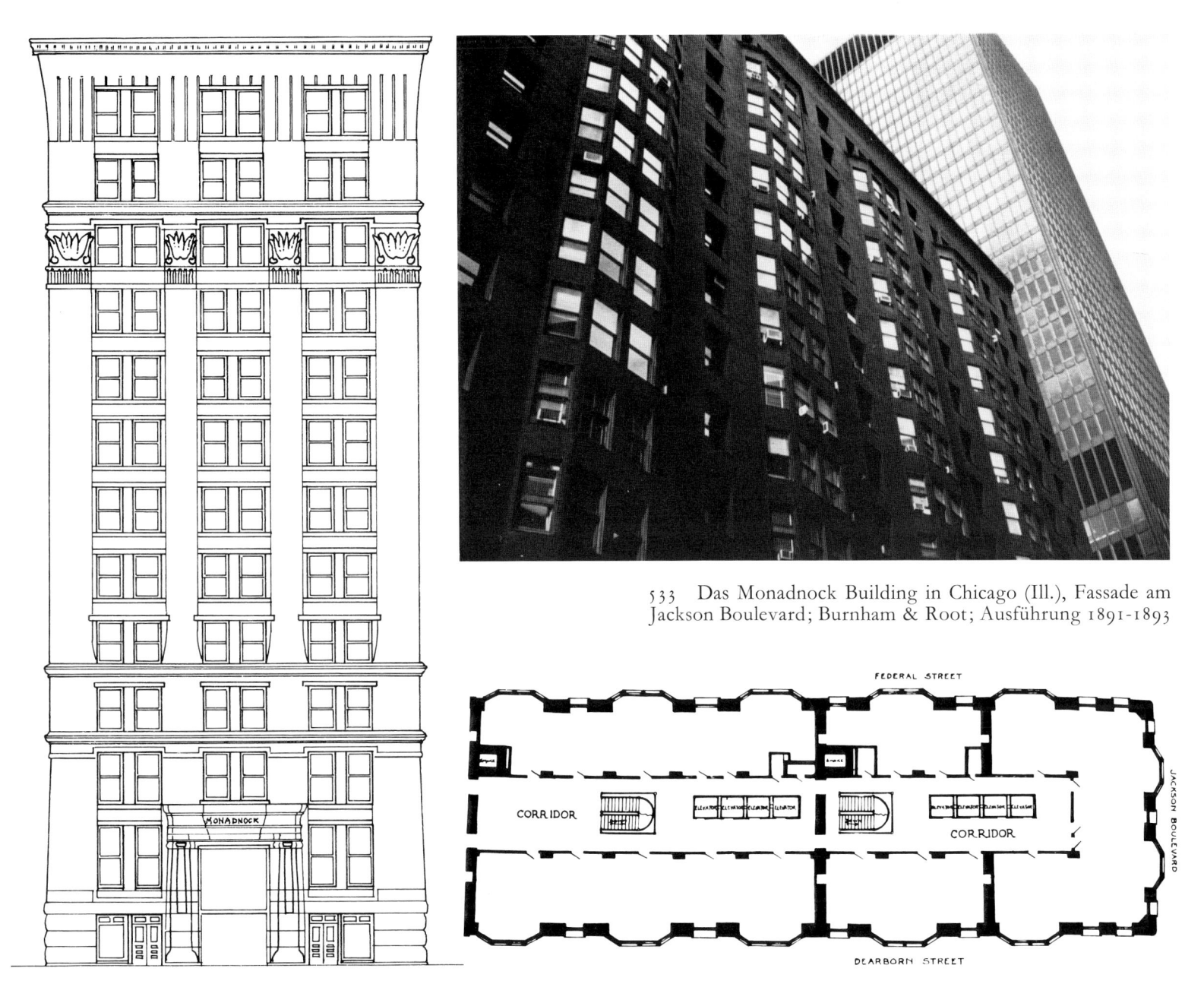

532 Das Monadnock Building in Chicago (Ill.), Entwurf; John Wellburn Root; 1885 (Umzeichnung einer im Art Institute in Chicago aufbewahrten Zeichnung)

533 Das Monadnock Building in Chicago (Ill.), Fassade am Jackson Boulevard; Burnham & Root; Ausführung 1891-1893

534 Das Monadnock Building in Chicago (Ill.), Standardgrundriß eines Geschosses; Burnham & Root; Ausführung 1891-1893

Die neue Größenordnung verlangt nach einer neuen, einheitlicheren Gliederung, die in drei Teile zerfällt: Sockel, aufsteigender Baukörper und bekrönender Abschluß. Diese neue Formel läßt sich zum ersten Mal 1885 bei einer Studie Roots für das Monadnock Building feststellen: Auf einem Sockel aus Erdgeschoß und zwei Obergeschossen erhebt sich über einer eingeschossigen weiteren Basis der Gebäudekörper, dessen siebenstöckige Fassade Pilaster übergreifen, den Abschluß bilden zwei Geschosse. Im endgültigen Entwurf behält Root von alledem nur die kaum merkliche Krümmung der drei Fassadenpartien bei. George H. Edbrooke läßt sich von Roots erstem Entwurf zum ersten Wolkenkratzer von Detroit anregen, dem Hammond Building (1889-1890).

Auch George Brown Post übernimmt in New York die neuartige Fassadengliederung. Eines der erfolgreichsten Geschäftsgebäude, das Union Trust Building (1889-1890), läßt auf den ersten Blick an eine neuromanische Variation der klassizistischen Gliederung des Western Union Building denken, doch indem Post fünf Stockwerke (beim Western Union sind es drei) durch eine einzige Arkade zusammenfaßt, gestaltet er den Mittelteil des Gebäudes zum dominierenden Motiv. Zwei Jahre später gelingt ihm eine entsprechende Korrektur bei dem Havemeyer Building (1891-1892), und zwar in einem Renaissancestil mit balkonstützenden Atlanten und einer Terrasse; diese Gliederung überträgt er mit wenigen Änderungen auf das Weld Building (1895-1898), das noch heute am Broadway steht.

535 Das Masonic Temple Building in Chicago (Ill.); Burnham & Root; 1891-1892 (Zustand von 1910). Mit seinen sechzehn Stockwerken ist das Gebäude der erste Wolkenkratzer nach modernen Kriterien.

536 Das Reliance Building in Chicago (Ill.); Daniel Hudson Burnham; 1894-1895 (Zustand um 1900). Backsteinverkleidung über Metallkonstruktion.

Nach einigem Zögern — das man dem Ames Building in Boston (1889-1891, von Streply, Rutan & Coolidge), einer ungeschickten Synthese der alten und neuen Gliederung, ansieht — wird diese dreiteilige Lösung in den neunziger Jahren zum »classical pattern«, zum klassischen Muster des Hochhauses. Manche Kritiker vergleichen den dreiteiligen Aufbau mit der Urform der klassischen Säule: Basis, Schaft und Kapitell.

Wie in den Pariser Bauten Haussmanns scheint die typologische Beschränkung der amerikanischen Hochhäuser einer stilistischen Vielfalt keineswegs im Wege zu stehen. Bevorzugtes Versuchsfeld sind Mittelteil — romanische Arkaden, gotische Fenster, klassische Pilaster — und Abschluß — beim Masonic Temple in Chicago in Form kleiner Häuschen, beim Havemeyer Building in New York einer italienischen Pergola nachempfunden, beim Washington Life Building eine Anspielung auf ein französisches Renaissanceschloß, beim Spreckels Building eine barokke Kirchenkuppel; es gäbe noch zahlreiche weitere Varianten.

Holabird & Roche wählen für das Tacoma Building jedoch eine andere Lösung, die auf einem regelmäßigen Rhythmus von Fensterbrüstung und Glasfläche beruht. Diese Gliederung ist von bescheidenen Lagerhäusern wie dem First Leiter Building (1879) von William Le Baron Jenney abgeleitet, und sie wird 1894 von Burnham & Co aufgegriffen, die mit der Aufstockung des Reliance Building um zwei Stockwerke betraut sind. Die meisten Kritiker und Ar-

537 »Ein Haus mit vielen Geschossen, wie man es in New York, Chicago oder Boston findet«; Louis Deperthes; amerikanischer Preis 1892 der Ecole des Beaux-Arts von Paris.

307

538 Das Wainwright Building in Saint Louis (Miss.); Louis Henry Sullivan; 1890-1891

539 Das Guaranty Building in Buffalo (N.Y.); Louis Henry Sullivan; 1894-1895

chitekten allerdings halten diese Gliederung für unarchitektonisch.

In einem Text aus dem Jahre 1896 — eher eine Zusammenfassung der amerikanischen Erfahrungen als eine Antwort auf offene Fragen — formuliert Louis Henry Sullivan auf brillante Art das künstlerische Problem des Wolkenkratzers: »Das Gebäude verdankt seinen Reiz dieser Orgelmusik, die es gleichsam erklingen läßt. Der Künstler muß diese Dominante zu spielen verstehen, sie muß seine Vorstellungskraft reizen. Das Gebäude muß in jedem Sinne über sich hinauswachsen ... Es muß ohne Mißton seine Großartigkeit verkünden.«

In der Herausbildung dieser neuen Gebäudeform, des Wolkenkratzers, spielt Sullivan im Vergleich zu Post, Root oder Jenney eine zweitrangige Rolle. Wie sie geht er von bestimmten historischen »Urformen« aus, dem Kolossalpilaster und dem gotischen Maßwerk, er entleiht bei dem Chicagoer Masonic Temple von Burnham & Root das feine Bogenwerk seines Guaranty Building in Buffalo. Doch seine Werke — vom Wainwright Building in Saint Louis (1890-1891) bis zum Conduct Building in New York (1897-1899) — zeichnen sich stets durch die sorgfältige Durcharbeitung der Proportionen und des Gesamtentwurfs wie auch durch einen völlig eigenständigen Ornamentschatz aus, so daß sie in unseren Augen viele Werke seiner Zeitgenossen in den Schatten stellen. Beim Wainwright Building spielt er verschiedene Kontraste aus: Der kräftigen Eckausbildung stehen feine pilasterartige Stützen in der Mauerfläche und ein stark ausladendes Kranzgesims gegenüber, die Pilasterschäfte sind glatt, die Fensterbrüstungen dagegen mit feinen Arabesken geschmückt. Mit dieser Gliederung gelingt es Sullivan, dem bescheidenen, nur zehngeschossigen Bau die Wirkung eines Wolkenkratzers zu verleihen. Das Guaranty Building in Buffalo ist zweifellos Sullivans Meisterwerk. Das Metallskelett ist mit falber Terrakotta verkleidet, die über dem Sockel aufsteigenden Streben laufen unter dem bekrönenden, geschwungenen und von Rundfenstern durchbrochenen obersten Geschoß zu Bogen zusammen, eine feine kurvige Ornamentik schmückt Streben und Fenster. Ein Zusammenspiel der Rundungen mildert so die Strenge eines imposanten, stolzen Baukörpers.

540   Das Park Row Building in New York; Robert H. Robertson; 1896-1899

Schlußwort

»Um 1900 eine großartige Geste: der Jugendstil. Man schüttelt die Klamotten einer veralteten Kultur ab«, schreibt Le Corbusier im Jahre 1929. Die Gründer der modernen Bewegung haben die Bedeutung der kulturellen Auflösungserscheinungen des ausgehenden Jahrhunderts richtig erkannt. Das Ergebnis eines halben Jahrhunderts mehr oder weniger beiläufiger Betonexperimente sind die Versuche von François Hennebique (1841-1921), die 1898 in Form verschiedener Patente Früchte tragen und eine entscheidende Erneuerung der Baukunst vorbereiten. Neue Kunstzeitschriften zeugen von diesem neuen Atem: So erscheinen unter anderen *L'Art moderne* in Belgien seit 1884, *The Studio* in England seit 1893, *Jugend* in Deutschland seit 1896, *Art et décoration* in Frankreich seit 1897. Die Werke einer neuen Architektengeneration — Victor Horta (1861-1947) in Brüssel, Antonio Gaudi (1852-1926) in Barcelona, Charles Rennie Mackintosh (1868-1928) in Glasgow, Otto Wagner (1841-1918), Josef Hoffmann (1870-1956) und Joseph Maria Olbrich (1869-1908) in Wien, aber auch Henry van de Velde, Hector Guimard, Charles F. A. Voysey und andere, die ihnen folgen — definieren einen neuen, den Jugendstil — »art nouveau«, »modern style«, »stile floreale« —, der in recht verschiedenartigen Formen dem gleichen Trachten Ausdruck verleiht, sich von jeglichem Bezug auf Vergangenes zu befreien. Diese europäische Bewegung besitzt die Vitalität und die Kürze einer Mode — sie läßt sich in die Jahre 1892-1914 mit einer Blütezeit von 1896-1904 datieren — und berührt vor allem das Kunstgewerbe und die Bauprogramme, die einer malerischen Ästhetik am nächsten stehen, Wohnhäuser und Geschäftsgebäude. So kann sich der Jugendstil ohne größere Zusammenstöße in die eklektische Hierarchie der Stile einordnen. Er tut dies jedoch ohne irgendwelche kulturellen Anspielungen und indem er das Hauptgewicht auf das abstrakte Vokabular der Linien — blumig wie bei Horta oder Guimard, geometrisch wie bei Mackintosh oder Hoffmann —, der Flächen — geschwungen und farbig wie bei Gaudi oder glatt und weiß wie bei Voysey — und der Massen — wie bei Wagner und Adolf Loos — legt. Diese Neuerer schütteln die geschichtsbefrachtete Ästhetik des 19. Jahrhunderts ab, in der dieses Vokabular immer der Vermittlung eines mehr oder weniger frei eingesetzten Stils bedurfte; sie entdecken die Prinzipien und Elemente der Architektur in aller Frische und bereiten nahezu unauffällig die moderne Revolution der zwanziger Jahre unseres Jahrhunderts vor.

Läßt man einmal Polemik und Vorurteile beiseite, kommt man nicht umhin, die außerordentliche Vitalität der Architektur des 19. Jahrhunderts anzuerkennen. Die Architekten, die der Geburt einer neuen Gesellschaftsordnung und des Industriezeitalters beiwohnten, haben das scheinbar aussichtslose Unterfangen in Angriff genommen, den modernen Bedürfnissen zu entsprechen, ohne die traditionellen Werte zu opfern. Die Modernität des 19. Jahrhunderts beruht in der Tat auf der Dynamik von Voraus- und Rückblick: Vorurteilslos hat man versucht, die Möglichkeiten der modernen Baustoffe auszuschöpfen und die Forderungen der neuen Bauaufgaben der Industriegesellschaft zu erfüllen, und gleichzeitig haben die Architekten allmählich die architektonischen Werte der Vergangenheit neu belebt, von der griechischen Reinheit zu Beginn des Jahrhunderts bis zur üppigsten Ausdrucksweise in seiner Mitte.

Die Besinnung auf dieses Erbe war ihrer Schöpferkraft keineswegs hinderlich, sie scheint vielmehr ein natürlicher Antrieb für ihre Vorstellungskraft gewesen zu sein und die kulturelle Anspielung das bevorzugte Mittel eines kontrastreichen und bedeutsamen architektonischen Ausdrucks. Mit einem bemerkenswerten Sinn für den Baucharakter haben die Architekten es verstanden, aus allen Anregungen eines plötzlich weit geöffneten kulturellen Horizonts Nutzen zu ziehen, um den Bedürfnissen einer im Wandel begriffenen Gesellschaft zu genügen. Sie haben mit der Freizügigkeit einer lebendigen Kultur die Lösungen, Gliederungen und Grundrisse, die Gewichtung der Baukörper wie auch die räumliche Ordnung der Bauten der Vergangenheit den Bedürfnissen der Zeit angepaßt.

Der Baukunst des 19. Jahrhunderts verdanken wir die Erkundung der technischen und ästhetischen Möglichkeiten der neuen Baustoffe Eisen, Gußeisen und Stahl, aber auch die Erneuerung der Ästhetik des Backsteins; die Erfindung des vom Tageslicht erleuchteten Innenraums, aber auch die spektakuläre Erneuerung der Repräsentationsräume, der Vorhallen und Treppenhäuser, ein feinfühliges Verständnis der intimen Räumlichkeiten und einen bemerkenswerten Sinn für Ornamentik. Wir verdanken ihr aber auch neue Maßstäbe im Städtebau, wo Boulevard und Wolkenkratzer nun bestimmend wirken, die Erfindung neuer Bauprogramme wie Ladenpassagen und Wintergärten, Bahnhöfe und Kaufhäuser, Wolkenkratzer und bürgerliche Villen, aber auch die Erneuerung traditioneller Bauformen.

Für jeden, der bereit ist, Unterschiede und Gemeinsamkeiten wahrzunehmen, erweist sich die Architektur des 19. Jahrhunderts als ebenso erfinderisch wie die früherer Jahrhunderte. Die Stile sind für sie eine Sprache, in der sich ihr Stilbewußtsein zu erkennen gibt.

Ausgewählte Bibliographie

Allgemeines

Durand, Jean Nicolas Louis   Précis des leçons d'architecture données à l'Ecole Polytechnique, Paris 1802-1815, 1817, 1819-1821 (Neuauflage Nördlingen 1981)

Durm, Joseph (Hrsg.)   Handbuch der Architektur, 13 Bde., Darmstadt 1880 ff. (besonders Bd. 4 für die verschiedenen Bautypen)

Guadet, Jules   Eléments et théorie de l'architecture, Paris 1902-1904

Krafft, Jean Charles, und P.L.F. Dubois   Productions de plusieurs architectes français et étrangers relatives aux jardins pittoresques et aux fabriques de divers genres qui peuvent entrer dans leur composition, Paris 1809

Nodier, Charles, Isidore Taylor, und Alphonse de Cailleux   Voyages pittoresques et romantiques dans l'ancienne France, Paris 1820

Papworth, Wyatt (Hrsg.)   Encyclopédie de l'architecture et de la construction, 6 Bde., Paris 1888-1902

Peyre, Joseph   Œuvres d'architecture, Paris 1765, 1795²

Springer, Anton   Handbuch der Kunstgeschichte, Bd. 5: Das 19. Jahrhundert; bearbeitet und ergänzt von Max Osborn, Leipzig 1905⁵

Stuart, James, und Nicholas Revett   The Antiquities of Athens, London 1762-1816 (französische Ausgabe: Les Antiquités d'Athènes, Paris 1808 ff.; deutsche Ausgabe: Die Alterthümer von Athen, Darmstadt 1829 und 1831)

Gesamtdarstellungen

Benevolo, Leonardo   Geschichte der Architektur des 19. und 20. Jahrhunderts, 2 Bde., München 1978 (italienische Originalausgabe: Storia dell'architettura moderna, Bari 1960)

Collins, Peter   Changing Ideals in Modern Architecture, 1750-1950, London 1965

Germann, Georg   Neugotik, Geschichte ihrer Architekturtheorie, Stuttgart 1974

Grote, Ludwig (Hrsg.)   Historismus und bildende Kunst, München 1965

Hitchcock, Henry Russel   Architecture: Nineteenth and Twentieth Centuries, Harmondsworth 1969³ (= The Pelican History of Art; Paperback-Ausgabe 1971)

Middleton, Robin, und David Watkin   Neoclassical and Nineteenth Century Architecture, New York 1980 (1. Ausgabe: Architettura moderna, Mailand 1977)

Morachiello, Paolo, und Georges Teyssot (Hrsg.)   Le macchine imperfette, architettura, programma, istituzioni nel XIX secolo, Rom 1980

Patetta, Luciano   L'architettura dell'Eclettismo, fonti, teorie, modelli 1750-1900, Mailand 1975 (systematische Darstellung der Veröffentlichungen zur Architektur)

Pevsner, Nikolaus   Studies in Art, Architecture and Design, Bd. I, London 1968

Pevsner, Nikolaus   Some Architectural Writers of the Nineteenth Century, Oxford 1972

Roisecco, Giulio   L'Architettura del Ferro, Bd. I: L'Inghilterra 1688-1914; Bd. II: La Francia 1715-1914; Bd. III: Gli Stati Uniti, Rom 1973-1980

Summerson, John (Hrsg.)   Concerning Architecture, Essays on Architectural Writers and Writings Presented to Nikolaus Pevsner, London 1968

Wagner-Rieger, Renate (Hrsg.)   Historismus und Schloßbau, München 1975

Zanten, David van   The Architectural Polychromy of the 1830's, New York und London 1977

Ausst. Kat.   Le »Gothique« retrouvé avant Viollet-le-Duc, Caisse Nationale des Monuments Historiques et des Sites Paris 1979

Bautypen

Pevsner, Nikolaus   A History of Building Types, London 1976 (Paperback-Ausgabe 1979)

Bahnhöfe

Berger, M.   Historische Bahnhofbauten in Sachsen, Preußen und Thüringen, Berlin 1980

Binney, Marcus, und David Pearce (Hrsg.)   Railway Architecture, London 1979

Chabat, Pierre   Bâtiments de chemins de fer, Paris 1860

Kubinsky, M.   Bahnhöfe Europas, Stuttgart 1969

Meeks, Carroll   The Railroad Station, New Haven und London 1956 (Neuauflage 1978)

Pastiels, P.   Gares d'antan, Brüssel 1978

Perdonnet, Auguste   Traité élémentaire des chemins de fer, Paris 1856

Perdonnet, Auguste   Nouveau portefeuille de l'ingénieur des chemins de fer, Paris 1857-1866

Perdonnet, Auguste, und Camille Polonceau   Portefeuille de l'ingénieur de chemins de fer, 3 Bde. und Atlas, Paris 1843-1846

SCHADENDORF, WULF Das Jahrhundert der Eisenbahn, München 1965
— La arquitectura de las estaciónes en España, in: El Mundo de las Estaciónes, Madrid 1981, S. 137-230
— L'espace du voyage: les gares, Paris 1978 (= Monuments historiques de la France, 6)

Brücken

DESWARTE, SYLVIE, und BERTRAND LEMOINE L'architecture et les ingénieurs, deux siècles de construction, Paris 1980
MEHRTENS, GEORGES Der deutsche Brückenbau im 19. Jahrhundert, Berlin 1900
RUDDOCK, TED Arch Bridges and their Builders, 1735-1835, Cambridge 1979

Gefängnisse

BALTARD, LOUIS PIERRE Architectonographie des prisons ou parallèle des divers systèmes de distribution dont les prisons sont susceptibles, Paris 1829
DUBBINI, RENZO Carcere e architettura in Italia nel XIX secolo, in: Morachiello, Paolo, und Georges Teyssot (Hrsg.), Le macchine imperfette, Rom 1980, S. 218-244
FOUCART, BRUNO Architecture carcérale et architectes fonctionnalistes en France au XIXe siècle, in: Revue de l'Art, 1976, Nr. 32, S. 23-56
GRAUL, H. J. Der Strafvollzugsbau einst und heute, Düsseldorf 1965
JOHNSTON, NORMAN The Human Cage. A Brief History of Prison Architecture, New York 1973
KROHNE, KARL, und R. UBER Die Strafanstalten und Gefängnisse in Preußen, Berlin 1901
— Instruction et programme pour la construction de maisons d'arrêt et de justice. Atlas de plans de prisons cellulaires par M.M. Abel Blouet, Harou-Romain et Hector Horeau, Paris 1841

Glashäuser

HIX, JOHN The Glass House, Cambridge (Mass.) 1974 (Paperback-Ausgabe 1981)
KOHLMAIER, GEORG Das Glashaus: ein Bautypus des 19. Jahrhunderts, München 1981

Krankenhäuser

BURDETT, HENRY C. Hospitals and Asylums of the World, London 1891-1893
DEGESS, L. Der Bau der Krankenhäuser, München 1862
FOUCAULD, MICHEL, BRUNO FORTIER und andere Les machines à guérir aux origines de l'hôpital moderne, Brüssel 1979
MURKEN, AXEL Die bauliche Entwicklung des deutschen allgemeinen Krankenhauses im 19. Jahrhundert, Göttingen 1979
TOLLET, CASIMIR Les hôpitaux modernes au XIXe siècle, Paris 1894

Villen und Landhäuser

DOWNING, ANDREW JACKSON The Architecture of the Country House, New York 1850 (Neuauflage New York 1969)
ISABEY, LÉON, und E. LEBLAN Villas, maisons de ville et de campagne, Paris 1864
KERR, ROBERT The Gentleman's House or how to Plan English Residences, London 1864 (Neuauflage New York 1972)
LOUDON, JOHN CLAUDIUS Encyclopaedia of Cottage, Farm and Villa Architecture and Furniture, London 1833
PLANAT, PAUL Habitations particulières, Paris o.J.
VIOLLET-LE-DUC, EUGÈNE-EMMANUEL Habitations modernes, Paris 1875-1877 (Neuauflage Brüssel 1979)

Warenhäuser und Passagen

DEAN, D. English Shop Fronts 1792-1840, London 1970
FERRY, J.W. A History of Department Store, New York 1960
GEIST, JOHANN FRIEDRICH Passagen. Ein Bautyp des 19. Jahrhunderts, München 1969
MARREY, BERNARD Les Grands Magasins, Paris 1979
WIENER, ALFRED Das Warenhaus, Berlin 1911

Weltausstellungen

BEUTLER, CHRISTIAN Ausstellungskatalog: Weltausstellungen im 19. Jahrhundert (mit einem Beitrag von Günter Metken), München, Die Neue Sammlung, Staatl. Museum für angewandte Kunst, 1973
CORNELL, E. De Stora Utställningarnas Arkitekturhistoria, Stockholm 1952
DOWNES, CHARLES The Building Erected in Hyde Park for the Great Exhibition of ... 1851, London 1852 (Neuauflage London 1952)
— Exposition universelle de 1878, monographie des palais et constructions diverses de l'Exposition universelle de 1878, Paris 1882

Länder

Belgien

AUSST. KAT. Polaert et son Temps, Institut supérieur d'Architecture Victor Horta Brüssel 1980

Dänemark

ELLING, C., und K. FISCHER Danish Architectural Drawings, 1600-1900, Kopenhagen 1961
LUND, HAKON (Hrsg.) Danmarks architektur, 6 Bde., Kopenhagen 1979

Deutschland

BOISSERÉE, SULPIZ Ansichten, Risse und einzelne Theile des Doms zu Köln, Stuttgart 1821
BOISSERÉE, SULPIZ Domwerk: Geschichte und Beschreibung des Doms zu Köln, 1823-1832, 1842^2
BÖRSCH-SUPAN, EVA Berliner Baukunst nach Schinkel, 1840-1870, München 1977
BRINGMANN, MICHAEL Studien zur neuromanischen Architektur in Deutschland, Hannover 1969
BRIX, MICHAEL Nürnberg und Lübeck im 19. Jahrhundert, München 1981
GROTE, LUDWIG Die deutsche Stadt im 19. Jahrhundert, München 1974 (mit einem Nachwort von Nikolaus Pevsner)

HERRMANN, WOLFGANG Deutsche Baukunst des 19. und 20. Jahrhunderts, 1. Teil, Stuttgart 1977 (Neuauflage der 1. Ausgabe von 1932)
LICHT, H. Architektur Deutschlands, Berlin 1882
MANN, ALBRECHT Die Neuromanik. Eine rheinische Komponente im Historismus des 19. Jahrhunderts, Köln 1966
MILDE, KURT Die Neorenaissance in der deutschen Architektur des 19. Jahrhunderts, Dresden 1981
MUTHESIUS, STEFAN Das englische Vorbild. Eine Studie zu den deutschen Reformbewegungen in Architektur, Wohnbau und Kunstgewerbe im späteren 19. Jahrhundert, München 1974
RATHKE, URSULA Preußische Burgenromantik am Rhein, München 1979
REIMANN, G. J. Deutsche Baukunst des Klassizismus, Leipzig 1967
STÜLER, FRIEDRICH AUGUST Entwürfe zu Kirchen, Pfarr- und Schul-Häusern, Potsdam 1846
TRIER, EDUARD, und WILLY WEYRES (Hrsg.) Kunst des 19. Jahrhunderts im Rheinland, Bd. 1: Architektur I (Kultusbauten); Bd. 2: Architektur II, Düsseldorf 1980
WEYRES, WILLY Zur Geschichte der kirchlichen Baukunst im Rheinland von 1800 bis 1870, Düsseldorf 1960

Frankreich

CHABAT, PIERRE La brique et la terre cuite, 2 Bde., Paris 1881
DECLOUX und NOURY Paris dans sa splendeur, Paris 1862
DREXLER, ARTHUR (Hrsg.) The Architecture of the Ecole des Beaux-Arts, London 1977
GOURLIER, CHARLES, BIET, GRILLON und TARDIEU Choix d'édifices publics projetés et construits en France depuis le commencement du XIXe siècle, 3 Bde., Paris 1825-1836
HAUTECŒUR, LOUIS Histoire de l'architecture classique en France, Bd. 5: Révolution et Empire; Bd. 6: La Restauration et le Gouvernement de Juillet, 1815-1848; Bd. 7: La fin de l'architecture classique en France, 1848-1900, Paris 1953-1957
LACROUX, J. Constructions en brique, la brique ordinaire du point de vue décoratif, 2 Bde., Paris 1878
MIDDLETON, ROBIN (Hrsg.) The Beaux-Arts and Nineteenth-Century French Architecture, Cambridge (Mass.) 1982
NARJOUX, FÉLIX Paris, monuments élevés par la ville, 1850-1880, 4 Bde., Paris 1880-1883
NORMAND, LOUIS MARIE Paris moderne, 4 Bde., Paris 1834-1857
PINEAUX, DENISE Architecture civile et urbanisme à Auxerre, 1800-1914, Auxerre 1978
VEILLARD, JEAN-YVES Rennes au XIXe siècle, architectes, urbanisme et architecture, Rennes 1978
Les Monuments Historiques de la France 1974, Nr. 1
— Architecture et décors à Lyon au XIXe siècle, in: Travaux de l'Institut d'Histoire de l'Art de Lyon, 1980, Nr. 6
AUSST. KAT. Touraine Néo-gothique, Musée des Beaux-Arts, Tours 1978
AUSST. KAT. Le Siècle de l'Eclectisme, Lille 1830-1930, Brüssel und Paris 1979
AUSST. KAT. Pompéi, travaux et envois des architectes français au XIXe siècle, Ecole normale supérieure des Beaux-Arts, Paris 1981
AUSST. KAT. Paris-Rome-Athènes. Le voyage en Grèce des architectes français aux XIXe et XXe siècles, Ecole nationale supérieure des Beaux-Arts, Paris 1982

Griechenland

TRAVLOS, J. Neoclassical Architecture in Greece, Athen 1967

Großbritannien

CROOK, JOHN MORDAUNT The Greek Revival, The RIBA Drawing Series, London 1968
CROOK, JOHN MORDAUNT (Hrsg.) Victorian Architecture, a Visual Anthology, New York und London 1971
CROOK, JOHN MORDAUNT The Greek Revival, Neoclassical Attitudes in British Architecture, 1760-1870, London 1972
DARLEY, GILLIAN Villages of Vision, London 1975
DIXON, ROGER, und STEFAN MUTHESIUS Victorian Architecture, London 1978
EASTLAKE, CHARLES A History of Gothic Revival, London 1872 (Neuauflage New York 1978)
FERRIDAY, PAUL (Hrsg.) Victorian Architecture, London 1963
GIROUARD, MARK The Victorian Country House, London 1979^2
GIROUARD, MARK Sweetness and Light, The ›Queen Anne‹ Movement 1860-1900, Oxford 1977
GOMME, ANDOR, und DAVID WALKER Architecture of Glasgow, London 1968
HERBERT, GILBERT Pioneers of Prefabrication. The British Contribution in the Nineteenth Century, Baltimore und London 1978
HITCHCOCK, HENRY RUSSEL Early Victorian Architecture in Britain, New Haven 1972^2
LINSTRUM, DEREK West Yorkshire Architects and Architecture, London 1978
MACAULAY, JAMES The Gothic Revival 1745-1845, Glasgow 1975
MUTHESIUS, STEFAN The High Victorian Movement in Architecture, 1850-1870, London und Boston 1972
PEVSNER, NIKOLAUS The Buildings of England, 46 Bde., Harmondsworth 1951-1974
PORT, M.H. Six Hundred Churches. A Study of the Church Building Commissions 1818-1856, London 1961
STAMP, GAVIN, und COLIN AMERY Victorian Buildings of London, 1837-1887, an Illustrated Guide, London 1980
SUMMERSON, JOHN Victorian Architecture. Four Studies in Evaluation, New York 1970
YOUNGSON, A. J. The Making of Classical Edinburgh, 1750-1840, Edinburgh 1966
AUSST. KAT. Marble Halls, Drawings and Models for Victorian Secular Buildings, Victoria and Albert Museum, London 1973
AUSST. KAT. Plans and Prospects, Architecture in Wales 1780-1914, The Welsh Arts Council, Cardiff 1975
AUSST. KAT. The Triumph of the Classical: Cambridge Architecture 1804-1834, Cambridge 1977

Italien

FUSCO, RENATO DE L'Architettura dell'Ottocento, Turin 1980
MEEKS, CARROLL Italian Architecture, 1750-1914, New Haven und London 1966

Österreich

KORTZ, PAUL Wien am Anfang des 20. Jahrhunderts, 2 Bde., Wien 1905-1906
LUTZOW, C. VON, und L. TISCHLER (Hrsg.) Wiener Neubauten, Wien 1876-1880
NOVOTNY, FRITZ, und RENATE WAGNER-RIEGER (Hrsg.) Die Wiener Ringstraße, 11 Bde., Wien 1969-1981
WAGNER-RIEGER, RENATE Wiens Architektur im 19. Jahrhundert, Wien 1971

Schweiz

BIRKNER, OTHMAR   Bauen und Wohnen in der Schweiz 1850-1920, Zürich 1975
CARL, BRUNO   Klassizismus, 1770-1860, Zürich 1963 (= Die Architektur der Schweiz, 1)
MEYER, ANDRÉ   Neugotik und Neuromanik in der Schweiz. Die Kirchenarchitektur des 19. Jahrhunderts, Zürich 1973 (Diss. phil. I, Zürich, Teildruck)

Spanien

NAVASCUES PALACIO, PEDRO   Del neoclasicismo al modernismo. Arquitectura, in: Historia del Arte Hispanico, Bd. 5, Madrid 1979, S. 1-147
NAVASCUES PALACIO, PEDRO   Arquitectura y arquitectos madrileños del siglo XIX, Madrid 1973

USA

ANDREWS, WAYNE   American Gothic, New York 1975
CARROT, RICHARD G.   The Egyptian Revival, its Sources, Monuments and Meaning, 1808-1858, Los Angeles 1978
CONDIT, CARL W.   American Building Art: The Nineteenth Century, New York 1960
CONDIT, CARL W.   The Chicago School of Architecture. A History of Commercial and Public Building in Chicago Area, 1875-1925, Chicago 1964
HAMLIN, TALBOT   Greek Revival Architecture in America, New York 1944 (Paperback-Ausgabe 1964)
HITCHCOCK, HENRY RUSSEL, und W. SEALE   Temples of Democracy. The State Capitols of the U.S.A., New York 1976
KAUFMANN, EDGAR (Hrsg.)   The Rise of American Architecture, New York 1970
SCULLY, VINCENT J.   The Shingle and Stick Style, New Haven 1971
STANTON, PHOEBE   The Gothic Revival and American Church Architecture, an Episode in Taste, 1840-1856, Baltimore 1968

Architekten

Baudot, Anatole de
BOUDON, FRANÇOISE   Recherches sur la pensée et l'œuvre d'Anatole de Baudot, in: Architecture, Mouvement, Continuité 1973, Nr. 28, S. 1-67

Bindesbøll, Gottlieb
BRAMSEN, H.   Gottlieb Bindesbøll, liv og arbejder, Kopenhagen 1959

Brunel, Isambard Kingdom
ROLT, L. T. C.   Isambard Kingdom Brunel, London 1967

Brunt, Henry van
—   Architecture and Society, Collected Essays of Henry van Brunt, Cambridge (Mass.) 1969
HENNESEY, W. J.   The Architectural Work of Henry van Brunt, New York 1978

Burges, William
CROOK, JOHN MORDAUNT   William Burges and the High Victorian Dream, London 1981
AUSST. KAT.   The Strange Genius of William Burges, National Museum of Wales, 1981

Butterfield, William
THOMPSON, PAUL   William Butterfield, London 1971

Chateauneuf, Alexis de
LANGE, G.   Alexis de Chateauneuf, Hamburg 1965

Cockerell, Charles Robert
WATKIN, DAVID   The Life and Work of Charles Robert Cockerell, London 1974

Davioud, Gabriel
AUSST. KAT.   Gabriel Davioud, architecte de Paris, Délégation de l'Action Artistique de la ville de Paris, Paris 1981-1982

Emerson, William Ralph
ZAITZEVSKY, CYNTHIA, und MYRON MILLER   The Architecture of William Ralph Emerson, Cambridge (Mass.) 1969

Engel, Johann Carl Ludwig
AUSST. KAT.   Carl Ludwig Engel, Berlin 1970

Fellner, Ferdinand
HOFFMANN, HANS CHRISTOF   Die Theaterbauten von Fellner und Helmer, München 1966

Ferstel, Heinrich von
WIBIRAL, N., und R. MIKULA   Heinrich von Ferstel, Wiesbaden 1974

Fontaine, Pierre François Léonard
BIVER, M. L.   Pierre Fontaine, premier architecte de l'Empereur, Paris 1964

Furness, Frank
O'GORMAN, JAMES   The Architecture of Frank Furness, Philadelphia 1973

Garnier, Charles
STEINHAUSER, MONIKA   Die Architektur der Pariser Oper, München 1969

Gärtner, Friedrich von
HEDERER, OSWALD   Friedrich von Gärtner, 1792-1847. Leben, Werk, Schüler, München 1976

Godefroy, Maximilien
ALEXANDER, ROBERT L.   The Architecture of Maximilien Godefroy, Baltimore 1974

Hansen, Theophil von
WAGNER-RIEGER, RENATE   Der Architekt Theophil Hansen, in: Anzeiger der österreichischen Akademie der Wissenschaften 114, 1977, S. 260-276

Helmer, Hermann
HOFFMANN, HANS CHRISTOF   Die Theaterbauten von Fellner und Helmer, München 1966

Hittorf, Jakob Ignaz
HAMMER, KARL   Jakob Ignaz Hittorf, ein Pariser Baumeister, 1792-1867, Stuttgart 1967
SCHNEIDER, DAVID   The Works and Doctrine of Jakob Ignaz Hittorf, Structural Innovation and Formal Expression in French Architecture, 1810-1867, New York 1977

Horeau, Hector
DUFOURNET, PAUL   Horeau précurseur, Paris 1980
AUSST. KAT.   Hector Horeau, 1801-1872 (= Supplement zu: Cahiers de la Recherche Architecturale, Nr. 3)

Hunt, Richard Morris
BAKER, PAUL R.   Richard Morris Hunt, Cambridge (Mass.) 1980

Jappelli, Giuseppe
GALIMBERTI, N.   Giuseppe Jappelli, Padua 1963
AUSST. KAT.   Giuseppe Jappelli e il suo tempo, Padua 1977

Klenze, Leo von
LIEB, NORBERT   Leo von Klenze, Gemälde und Zeichnungen, München 1979

Labrouste, Henri
SADDY, PIERRE   Henri Labrouste architecte, 1801-1875, Paris 1976 (Caisse Nationale des Monuments et des Sites)

Lassus, Jean-Baptiste
LENIAUD, JEAN-MICHEL   Jean-Baptiste Lassus ou le temps retrouvé des cathédrales, Genf 1980

Loudon, John Claudius
GLOAG, JOHN   The Life and Work of John Claudius Loudon and his Influence on Architectural and Furniture Design, Newcastle 1970

Moller, Georg
FRÖHLICH, MARTIN, und HANS GÜNTHER SPERLICH   Georg Moller, Baumeister der Romantik, Darmstadt 1959

Morris, William
BRADLEY, JAN   William Morris and his World, London 1978

Nash, John
DAVIES, TERENCE   The Architecture of John Nash, London 1960
TEMPLE, NIGEL   John Nash and the Village Picturesque, Gloucester 1979
SUMMERSON, JOHN   The Life and Work of John Nash Architect, London 1980

Paxton, John
CHADWICK, G.F.   The Works of Sir Joseph Paxton, London 1961

Peabody, Robert Swain
HOLDEN WHEATON, A.   The Peabody Touch, Peabody and Stearns of Boston, 1870-1917, in: Journal of the Society of Architectural Historians 1973, S. 114-131

Pearson, John Loughborough
QUINEY, ANTHONY   John L. Pearson, New Haven und London 1979

Poccianti, Pasquale
—   Pasquale Poccianti, architetto 1774-1858. Studi e ricerche nel secondo centenario della nascita, Florenz 1977
AUSST. KAT.   Firenze e Livorno e l'opera di Pasquale Poccianti nell'eta granducale, Rom 1974

Post, George Brown
WEISMAN, WINSTON   The commercial architecture of George B. Post, in: Journal of the Society of Architectural Historians 1972, S. 176-203

Potter, Edward T. und William A.
WODEHOUSE, LAWRENCE   William A. Potter, 1842-1909, Principal Pasticheur of Henry Hobson Richardson, in: Journal of the Society of Architectural Historians 1973, S. 175-192

LANDAU, SARAH B.   Edward T. Potter and William A. Potter. American High Victorian Architects, New York 1979

Pugin, Augustus Welby
STANTON, PHOEBE   Pugin, London 1971

Richardson, Henry Hobson
HITCHCOCK, HENRY RUSSEL   The Architecture of Henry Hobson Richardson and his Times, Cambridge 1935 (Neuauflage 1966)
RENSSELAER, MARIANA GRISWOLD VAN   Henry Hobson Richardson and his Works, 1888 (Neuauflage New York 1969)

Root, John Wellburn
HOFFMANN, DONALD   The Architecture of John Wellburn Root, Baltimore 1973

Ruskin, John
OTTESEN GARRIGAN, KRISTINE   Ruskin on Architecture, Madison 1973
UNRAU, JOHN   Looking at Architecture with Ruskin, London 1978

Schinkel, Karl Friedrich
PUNDT, HERMANN G.   Schinkel's Berlin, a Study in Environmental Planning, Cambridge (Mass.) 1972
RAVE, PAUL ORTWIN, und MARGARETHE KÜHN (Hrsg.)   Karl Friedrich Schinkel, Lebenswerk, Berlin 1939 ff.
—   Karl Friedrich Schinkel. Sein Wirken als Architekt, Stuttgart 1981
AUSST. KAT.   Karl Friedrich Schinkel, Werke und Wirkungen, Martin-Gropius-Bau, Berlin 1980

Schmidt, Friedrich von
PLANNER-STEINER, ULRIKE   Friedrich von Schmidt, Wiesbaden 1978

Scott, George Gilbert
COLE, DAVID   The Work of Sir George Gilbert Scott, London 1980

Semper, Gottfried
FRÖHLICH, MARTIN   Gottfried Semper, Basel 1974
AUSST. KAT.   Gottfried Semper, 1803-1879, Baumeister zwischen Revolution und Historismus, Staatl. Kunstsammlungen Dresden 1979, München und Fribourg 1980

Shaw, Richard Norman
SAINT, ANDREW   Richard Norman Shaw, New Haven und London 1976

Soane, John
STROUD, DOROTHY   The Architecture of Sir John Soane, London 1961

Strickland, William
GILCHRIST, A.A.   William Strickland, Architect and Engineer, 1781-1854, Philadelphia 1950

Sullivan, Louis Henry
MORRISON, HUGH   Louis Sullivan, Prophet of Modern Architecture, Westport 1971 (Neuauflage der Ausgabe von 1935)
SULLIVAN, LOUIS   The Autobiography of an Idea, New York 1976 (Neuauflage der Ausgabe von 1924)

Telford, Thomas
Rolt, L.T.C. Thomas Telford, London 1958

Thomson, Alexander
McFadzean, Roland The Life and Works of Alexander Thomson, London und Boston 1979

Viollet-le-Duc, Eugène-Emmanuel
Bekaert, Geert (Hrsg.) A la recherche de Viollet-le-Duc, Brüssel 1980
Ausst. Kat. Centenaire de la Mort, Lausanne 1979
Ausst. Kat. Viollet-le-Duc, Réunion des Musées Nationaux Paris 1980

Vitry, Urbain
Ausst. Kat. Urbain Vitry, architecte, 1802-1863, Palais des Beaux-Arts Toulouse 1981

Voysey, Charles F.A.
Gebhard, D. Charles F.A. Voysey, Los Angeles 1975

Waterhouse, Alfred
Girouard, Mark Alfred Waterhouse and the Natural History Museum, New Haven und London 1981

White, Stanford
Baldwin, C. Stanford White, New York 1931 (Neuauflage New York 1971)

Wilkins, William
Liscombe, R.W. William Wilkins, 1778-1839, Cambridge 1980

Wimmel, Carl Ludwig
Hannmann, Eckhart Carl Ludwig Wimmel, 1786-1846, München 1975

Wyatt, Matthew Digby
Pevsner, Nikolaus Matthew Digby Wyatt, Cambridge 1950

Zeitschriften

Deutschland

Allgemeine Bauzeitung, 1836-1918
Deutsche Bauzeitung, 1868-1942
Deutsches Baugewerksblatt, 1881-1899 (vorher: Zeitschrift für praktische Baukunst)
Zeitschrift für Bauwesen, 1851-1931
Zeitschrift für praktische Baukunst, 1841-1881 (später: Deutsches Baugewerksblatt)

Rolf Fuhlrott Deutschsprachige Architektur-Zeitschriften, München 1975 (vollständige Bibliographie)

Frankreich

Encyclopédie d'architecture, 1851-1862, 1872-1892
Gazette des architectes et du bâtiment, 1863-1886
Moniteur des architectes, 1847-1900
Revue générale de l'architecture et des travaux publics, 1840-1889

Großbritannien

The Architect, 1869 gegründet
The Buildings News, 1855-1926 (ab 1926 in The Architect aufgegangen)
The Builder, an Illustrated Weekly Magazine, 1842-1966
The British Architect, 1874-1917

USA

The American Architect and Building News, 1876 gegründet
The American Builder, 1869 gegründet
The Inland Architect, 1877 gegründet

Register

Verzeichnis der Personennamen

Kursive Zahlen verweisen auf die Abbildungsnummer.

Abadie, Paul 104, 120; *162-166*
Achucarro, S. 271
Adler, Dankmar 303
Adler, F. *190*
Adler & Sullivan 302, 303; *531*
Agnety, François 39; *54*
Aitchison, George 130
Alavoine, Jean Antoine 170, 174; *51*
Alexander I., Zar 25
Alvarez, J. Aléjandro 30
Amati, Carlo 56
Angelis, Giulio de 249
Antoine 65
Arrow, Sir William 199; *331*
Ayuso, Emilio Rodriguez *174*

Badger, Daniel 207; *347*
Baeckelmans 231; *389*
Bage, Charles 170; *285*
Bailly, Auguste 148
Baker, Sir Benjamin 199; *331*
Balat, Alphonse 193; *316, 317*
Ballu, Théodore 107, 148; *94, 167, 168*
Baltard, Louis Pierre 217
Baltard, Victor 193; *192, 194, 320, 321*
Balzac, Honoré de 237
Barabino, Carlo 30; *34*
Barbieri, Giuseppe 30
Barbotin, Louis *180*
Barlow, William Henry 253; *441*
Baron, Edmond 172
Barrault, Alexis 199
Barry, Sir Charles 79, 80, 83, 130, 148, 158, 180, 181, 203, 212, 219; *75, 118-121, 125, 126, 369*
Barry, Edward Middleton 158
Barry, J. W. *2*
Bartholdi, Auguste *1*
Bartholomey, Alfred 80
Baudot, Anatole de 56, 136
Baumann & Huehl 302
Bélanger, François Joseph 170; *287*
Bentham 214, 217, 221
Bentham, James 51
Berdellé, Philipp *450*
Berthier, André 222

Beyer, August von 56
Bianchi, Pietro 30
Bianchi, Salvatore *458*
Bindesbøll, Gottlieb 84; *128*
Blackburn, William 214, 217; *361*
Blouet, Abel 25, 84, 168, 190, 221
Bodin, Paul 199; *332, 333*
Boeswilwald, Emile 123, 133, 136, 137, 293; *175, 227, 231, 232, 508, 509*
Bogardus, James 203, 207; *346*
Bohnstedt, Ludwig Franz Karl 138
Boileau, Louis Auguste 186, 187, 208; *309, 310*
Boileau, Louis Charles 187, 203, 247; *417*
Bois, Victor 252
Boisserée, Sulpiz 54, 56, 65, 121; *83, 84, 145*
Bonaparte s. Napoleon I.
Bonnard, Jacques-Charles 34
Boulanger, Fr. *255*
Boullée, Etienne-Louis 14, 18, 26
Boulton, Matthew 170
Bourdais, Jules Désiré 136, 137; *233-235*
Bouvard, Jules *340, 352*
Brandon, David 93
Brewster, Sir David 186
Bridault, J. S. 282
Britannia Iron Works 203
Britton, John 54, 55
Brodrick, Cuthbert 146, 158, 203; *269, 287*
Brongniart, Alexandre Théodore 30, 201; *290*
Brooks, James 136; *228*
Brouilhony *467*
Brown (Captain) 174
Brüchle, A. *489*
Brunel, Isambard Kingdom 180, 253, 256; *329*
Brunet, F. *287*
Brunt, Henry van 213
Bruyère, Louis Clémentin 168, 207
Bryant, Griedley 147, 158; *270*
Bryce, David 132, 229; *382-384*
Brydon, J. M. 272
Buchez, Philippe Joseph Benjamin 64
Buffington 302

Bulwer-Lytton, Edward George *146*
Bunning, James Bunston 193, 201, 220; *287, 370*
Burdette, Henry C. 231
Burges, William 118, 136, 165, 285; *212, 213*
Bürklein, Friedrich 255, 196; *431-433*
Burlington, Lord Richard Boyle 39, 67
Burn, William 99
Burnham, Daniel Hudson *536*
Burnham & Co 303, 306
Burnham & Root 302, 308; *527-529, 533-535*
Burton, Decimus 80, 172; *292*
Busby, Charles Augustine 51
Busse 220
Butterfield, William 118, 123, 128, 129, 133, 148, 282, 285; *204, 205, 496, 497*

Cachelièvre, E. 271
Cagnola, Luigi 22
Calliat, Victor 282
Candy, Joseph Michael 54
Canova, Antonio 25
Caristie, Augustin Nicolas 25, 30, 39
Carpenter, Richard Cromwell 60, 62; *64*
Carter, John 48
Catoire, Jean-Baptiste-Louis 25
Caumont, Arcisse de 55
Cendrier, François Alexis 255
Ceppi, Carlo *257*
Cessart, Louis Alexandre de *174*
Chabat, Pierre 255, 256, 260, 264
Chaley, Joseph *297*
Chalgrin, Jean-François-Thérèse 14, 25, 26, 34; *56*
Chamberlain, John Henry 133; *226*
Chambers, Sir William 16, 18, 19
Chance, Robert 181
Chapuy, Nicolas-Marie-Joseph 54
Châtaignier 69; *115*
Chateaubriand 48, 51, 58, 68
Chateauneuf, Alexis de 60, 97
Chénavard, Aimé 282
Chevreul, Eugène 186
Chipiez, Charles 236; *396*
Choiseul-Gouffier, Graf 14

Cincinnati Iron Foundry   207
Clarke, George Somers d.Ä.   130
Cleveland, H. R.   58
Clochar, Pierre   17
Cluysenaar, Jean Pierre   193, 241; *402*
Cochrane   165
Cockerell, Charles Robert   8, 25, 31, 80, 83, 158, 180; *123, 124*
Coe, Henry Edward   158
Cole, Thomas   152
Contamin, V.   *338, 339*
Collidge, J. R.   271
Coquard, Ernest Georges   203
Cramail   122
Cremer, Robert   *275*
Crossland, William Henry   132
Cubitt, Lewis   253, 256; *439, 440*
Cubitt, William   180, 182
Cuijpers, Petrus Josephus Hubertus   121; *200*
Cunningham, John   203
Currey, Henry   229
Custe, Louis de   120

Dahlerup, Jens Vilhelm   148; *282*
Daly, César   100, 148, 180, 212, 252, 264, 282, 299
Dance, George d. J.   17, 30
Danjoy, Jean Charles Léon   *473*
Dartein, de   *367*
Daumet, Henri   *179*
Davioud, Gabriel   9, 104, 146, 148, 174, 199; *251, 340*
Davis, Alexander Jackson   *48*
Deane, Sir Thomas   130; *216, 217*
Delacenserie, Louis   256; *460*
Delagardette, Claude Mathieu   18
Delannoy, Marie Antoine   225; *127*
Demmler, Georg Adolph   *109, 110*
Denon, Vivant   17
Deperthes, Louis   *537*
Devey, George   279
Didron, Adolphe   8, 56, 65
Diet, Arthur Nicolas   225
Dillon, Jacques   174
Dobson, John   22, 252
Dollmann, Georg von   *161*
Donaldson, Thomas Leverton   10, 80, 83, 99
Downes, Charles   184
Downing, Alexander Jackson   276, 277, 279, 281; *478, 479, 482*
Duban, Félix Louis Jacques   84, 86, 148, 203; *130, 131, 133, 259, 311*
Dubois, Victor   51
Duc, Joseph Louis   86, 138, 148, 201; *258*
Dumont, Joseph   221, 224; *371*
Dumont-Hebbelinck, A.   *524*
Dupire-Rozan, Charles   *173*
Duquesney, François Alexandre   255, 256; *438*
Durand, Hippolyte Louis   64, 120
Durand, Jean Nicolas Louis   18, 21, 22, 46, 64, 86, 225; *12, 13, 17, 22, 228*
Durand-Gosselin, Hippolyte   241; *401*
Dusillon, Pierre-Charles   282; *111, 112*
Dutert, Charles   199; *338, 339*

Eagle Foundry   207
Edwards, Francis   170
Eggert, Hermann   *452-454*
Eidlitz, Cyrus L. W.   271
Eiffel, Gustave   199, 271; *332, 336, 337, 455*
Eisenlohr, Friedrich   *436*
Elliot, Archibald   *73, 74*
Ellis, Peter   *344, 345*
Elmes, Harvey Londsdale   146, 156, 158
Emerson, William Ralph   295, 299; *512-515*
Engel, Johann Carl Ludwig   27, 29; *27-29*
Ernst, Heinrich   *411*
Espérandieu, Henri   148; *268*
Esquirol, Jean Etienne Dominique   212, 232
Etzel   260
Etzel, Karl   194
Everbeck, Franz   *275*
Eyre, Wilson   299

Fairbairn, William   170
Fellner, Ferdinand   *276*
Fergusson, James   148
Fersenfeldt, Hermann Peter   97
Ferstel, Heinrich von   121; *153, 198, 464*
Field, G.   186
Finley, James   174
Fischer, Joseph   54
Font   260; *446*
Fontaine, Pierre François Léonard   17, 18, 30, 34, 39; *50, 51*
Forbin-Janson, Marquis de   51, 68
Formigé, Jean Camille   208; *353, 459*
Forsman, Franz Gustav Joachim   62
Foster, John   31, 32
Foster und Ponton   132
Foulston, John   32
Fournier   58, 64
Fowke (Captain)   132
Fowkes, Francis   199
Fowler, Charles   193
Fowler, Sir John   199, 271
Friedrich von Preußen, Prinz   69; *116*
Friedrich Wilhelm IV. von Preußen   69, 220; *116, 379*
Fuller und Jones   138
Fuller, Thomas   165

Galton, Sir Douglas   229
Garbett, Edward   52, 104
Garling, Henry Bayly   158
Garnier, Charles   8, 12, 14, 99, 104, 148, 165, 168, 190; *264-267*
Gärtner, Friedrich von   46, 90; *24, 58, 137, 146-148, 176*
Gau, Franz Christian   64, 83; *94*
Gaudi, Antonio   210
Gauthier, Martin Pierre   225; *380, 381*
Gautier, Théophile   237
Gaynor, John P.   203, 301; *347*
Gibbs, James   37
Gilbert, Bradford Lee   264
Gilbert, Emile Jacques   84, 225, 232; *394, 395*

Gilly, Friedrich   19, 46
Gilman, Arthur D.   80, 147, 301; *270*
Gilpin, William   14
Glaesel, Henri   249
Godde, Etienne Hippolyte   34
Godwin, Edward William   130, 132, 285; *221, 318, 502, 504*
Godwin, George   187; *312*
Godwin, Henry   187; *312*
Goethe, Johann Wolfgang von   46, 48
Gondouin, Jacques   14, 22
Goodwin, Francis   32, 276; *492*
Gouny, Adrien   *356*
Graham, Ernest   302
Grandjean de Montigny, Henri Victor   17
Green, Benjamin   *443*
Grégoire, H.   56
Gregory, Gregory   67; *99*
Gropius, Martin Philipp   148; *274*
Gropius & Schmieden   229
Grosch, Christian Henrik   29
Guérin, Gustave   120
Guérinot, Antoine Gaétan   148
Guimard, Hector   293, 310

Haller, Martin   *237*
Hamilton, Thomas   32; *38-40*
Handyside, Andrew   203
Hansen, Christian Frederik   26, 29, 165
Hansen, Hans-Christian   17
Hansen, Theophil von   *153-155, 255*
Hardwick, Philip   25, 170, 252, 253; *428, 429*
Hardwick, Philip Charles   158
Hardy, Léopold   199, 208; *335*
Harou, Jean-Baptiste-Philippe, gen. Le Romain   221
Harou, Romain   221, 224; *372, 373*
Harrison, Thomas   30, 177
Hartley, Jesse   170; *286*
Hase, Conrad Wilhelm   *113*
Hasenauer, Karl von   *153*
Haussmann, Georges   8, 306
Haviland, John   10, 174, 217, 222, 224; *366-368*
Helmer, Hermann   *276*
Heideloff, Carl Alexander von   56, 65
Held   29
Hendrickx, Ernest   203
Hennebique, François   310
Hérel, Louis J. A.   *314*
Herholdt, Johan David   199
Herrmann   *376*
Hittorf, Jakob Ignaz   52, 83, 84, 89, 107, 172, 255; *129, 135, 136, 262, 263, 434, 435*
Hitzig, Friedrich   148, 201; *278, 488*
Hodé, René   69; *115*
Hoffbauer, F.   *519*
Hoffmann, Josef   310
Holabird & Roche   302, 306
Hope, Thomas   19
Horeau, Hector   181, 186, 187, 221, 241; *308, 404*
Horta, Victor   249, 252, 310; *511*
Hoskins, G. O.   133
Howard, John   213, 214, 225

319

Hübsch, Heinrich 90
Hude, Hermann von der 256
Hunt, H. A. 260; *444, 445*
Hunt, Richard Morris 302; *160*

Ihne, E. *486*
Inwood, Henry William 31, 32; *37*
Inwood, William *37*
Isabey, Léon Marie 282

Jal, André *132*
Jank, Christian *161*
Jappelli, Giuseppe 51
Jarvis, Henry & Son *386, 387*
Jefferson, Thomas 22, 25, 32; *43-45*
Jenney, William Le Baron 302, 304, 306, 308
Jensen, Albert Christian 249
Jobard 99, 168, 180, 186
Jones, H. *2*
Jones, Owen 84, 89, 180, 186, 208; *304*
Jouannin und Grégoire 232
Jourdain, Frantz 252; *422*

Katharina die Große 25
Keble, John 60
Kemp, George Meikle 123; *201*
Kendall, Edward 301
Kennard, Thomas W. 199; *328*
Kent, William 39
Kerr, Robert 100, 277
King, Thomas 237
Klein, Vilhelm *463*
Klenze, Leo von 10, 18, 22, 25, 46, 52, 83, 84, 89, 98, 146; *14-17, 19-21, 25, 26, 57*
Knoblauch, Eduard *172*
Knight, Richard Payne 14
Kyllmann & Heyden 277, *408*

Labarre, Etienne Eloy de 201; *289*
Labrouste, Henri 8, 84, 86, 148, 166, 172, 178, 194, 199; *134, 299, 325-327*
Labrouste, Théodore 84
Laloux, Victor 256
Lamb, Edward B. 129; *210, 211*
Lamennais, Hugues-Félicité-Robert de 64
Lance, Adolphe Etienne 212
Langhans, Carl Gotthard 25
Laperuta, Leopoldo *30*
Lassaulx, Johann Claudius 69
Lassus, Jean-Baptiste-Antoine 56, 64, 94, 120, 121, 148, 165; *95, 198, 311*
Latrope, Benjamin 32, 177
Laugier, Marc-Antoine 21, 48
Laval, Eugène 236
Lavezzani 276; *475*
Lebas, Louis Hippolyte 201, 217, 232; *55, 56, 364, 365*
Leblan, E. 282
Lecointe, Jean François Joseph 221
Le Corbusier, Charles Edouard Jeanneret gen. 158, 310
Ledoux, Claude Nicolas 14, 17, 19, 25, 26, 29
Leeds, W. H. 83
Lefèvre, A. *350, 351*

Lefranc, Pierre Bernard 79; *122*
Lefuel, Hector M. 148, 158, 174; *261*
Lelong, Paul 246; *415, 416*
Lenoir, Victor Benoît 255, 256
Lepère, Jean-Baptiste 22; *135, 136*
Letarouilly, Paul 83
Leture *288*
Liddell, Charles 199; *328*
Liger, François 207
Lindsay 62
Link, Theodore 264
Lisch, Juste 256; *457*
Little, Arthur 277
Lockwood *132*
Loos, Adolf 310
Loudon, John Claudius 178, 276, 282
Louis-Philippe von Frankreich 79
Louis, Victor 170
Louvier, Antoine-George 224
Ludwig I. von Bayern *16, 19, 26, 146*
Lucae, Richard 277
Lynn, W. H. *132, 133*

Mackintosh, Charles Rennie 310
Magne, Auguste Joseph 148
Maillard, Charles *170*
Malton, John 58, 100
Martin 133; *226*
Matcham, Frank *414*
Mazzuchetti, Alessandro 256
Mawson *132*
McKim, Mead & White *518*
Mérimée, Prosper 158
Meynadier, H. *298*
Mengoni, Giuseppe 241; *405, 407*
Miller, Friedrich *26*
Millet, Eugène Louis 136
Mills, Robert 22, 32, 177
Mix, E. Townsend 203
Mocatta, David 260
Mofatt, W. B. 220
Moller, Georg 54, 56, 90
Montalembert, Charles Forbes, Graf de 58, 65
Montferrand, de s. Auguste Ricard, gen. de Montferrand
Morris, William 282, 293; *468*
Moseley, William 241; *403*
Muffat, Carl *323*
Mullett, Alfred B. 158; *271*
Murat, Joachim *30*
Muthesius, Hermann 67, 282

Naissant, Claude 133, 136; *228*
Napoleon I. 17, 22, 99; *18, 19*
Napoleon III. 107, 147, 156; *170*
Narjoux, Félix 313
Nash, John 31, 172, 178, 276, 277; *35, 36, 85, 106, 173, 469, 470-472*
Navier, Louis Marie 174
Neale, James *520, 521*
Nénot, Paul Henri *281, 322*
Nesfield, William Eden 285
Newman, John Henry 60
Nightingale, Florence 225
Nobile, Peter von *153*
Nodier, Charles 54
Normand, Alfred *293*

Normand, Louis Marie 282
Notman, John 62, 83; *93*

Ogée, Jean-Baptiste 64
Ohlmüller, Daniel 65; *96*
Olbrich, Joseph Maria 310
Oppler, Edwin *113*
Ordish, Rowland M. 253; *441*
Osterrieth, M. *363*
Otis, E. G. 301
Otzen, Johannes *191*

Palacio, A. de 271
Palladio 7, 80
Papworth, John 276, 282
Parchappe, Maximilien 232
Partoes, Louis François 225
Patte, Pierre 18
Paxton, Sir Joseph 99, 177, 180, 181, 182, 184, 186, 199, 241; *300, 301-303*
Peabody, Robert Swain 271, 277, 295, 299
Pearson, John Loughborough 50, 67, 118, 123, 130; *159, 183, 214, 215*
Penchaud, Michel Robert 22
Pennethorne, James 80
Pennington & Bridgen 229; *385*
Percier, Charles 17, 22, 26, 34, 39, 84, 86; *35, 50, 51, 131, 260*
Perdonnet, Auguste 255, 256, 257, 260, 264
Perronet, Jean Rodolphe 14, 177
Persius, Ludwig 93; *3, 139, 140, 379*
Petit, J. L. 93
Petit, Victor 282
Peyre, Joseph 14, 34; *4*
Philippe d'Orléans, Duc de Chartres 238
Pickett, William V. 180
Piel, Louis-Alexandre 64
Planat, Paul 12, 213, 257
Plaw, John 277, 279
Playfair, William Henry 25, 32
Pocciantí, Pasquale *31-33*
Polaert, Joseph *272, 273*
Polonceau, Camille 252
Pomeranzew, Alexander Nikanorowitsch 246; *412*
Pope, T. 174
Post, George Brown 231, 302, 303, 305, 308; *391, 392, 526, 530*
Pötsch, Eduard 255; *448*
Potter, William A. *245, 249*
Poulpert 276
Poyet, Bernard 25, 225; *378*
Poynter, Ambroise 178, 180
Price, Bruce 303
Price, Uvedale 14
Prior, Edward S. *525*
Protain, Jean Constantin *52*
Pugin, Augustus Charles 50
Pugin, Augustus Welby 50, 52, 58, 60, 62, 65, 67, 68, 79, 98, 114, 118, 121, 123, 236, 282; *86-89, 102-105*
Pugin, Edward *102*

Quatremère de Quincy, Antoine Chrysostome gen. 13, 39, 83
Questel, Charles Auguste 93; *141, 393*

Ransonette, Nicolas 14
Reichenbach, Georg von 174; *295*
Reichensperger, August 65
Reid, James William 303
Reid, Merritt 303
Renaud, Louis 255
Renwick, James 62
Revett, Nicholas 16, 17; *10, 11*
Revoil, Henri Antoine 119
Reynaud, François Léonce 255; *430*
Ricard, Auguste, gen. de Montferrand 22, 26, 190
Richardson, Henry Hobson 8, 165, 249, 271, 295, 299, 302; *242-248, 516, 517*
Richette, Raoul 94
Rickman, Thomas 51, 55, 56, 174, 178, 187
Riedel, Eduard *161*
Rieppel, A. *330*
Rigolet *298*
Roberts, Henry *437*
Robertson, Robert H. 303; *540*
Robinson, P. F. 276, 277
Rocco, Emanuele 241; *409, 410*
Rochlitz, Gyula *456*
Roebling, John 177
Rohault de Fleury, Charles 172; *292*
Romano, Giulio 17, 18
Rondelet, Jean-Baptiste 14, 84, 168
Root, John Wellburn 302, 304, 305, 308; *532*
Rossi, Karl Iwanowitsch 26
Rovehead 225
Ruskin, John 121, 123, 124, 130, 168, 293; *203*
Rütte, Ludwig von *111, 112*

Sacharow, Adrian 26; *5*
Saintenoy, Paul 249
Salomons, Edward 132
Salucci, Giovanni *59, 61*
Salvin, Anthony 67, 68, 90; *99-101, 106, 107*
Sansovino, Jacopo 17
Saulnier, Jules *355*
Savage, James 52, 80
Sauvestre 276
Schinkel, Karl Friedrich 8, 10, 25, 46, 51, 52, 79, 84, 93, 118, 158, 174; *22, 23, 27, 63-68, 71, 72, 76-78, 116, 117*
Schirrmacher, Georg Theodor 256
Schmieden, Heino *274*
Schmidt, Friedrich von 56, 123; *153, 156, 193, 195, 284*
Schnaase, Karl 100
Schnitzler, Anton 79
Schwanthaler, Ludwig *26*
Schwechten, Franz 256; *448, 449*
Sckell, Friedrich Ludwig von 172; *291*
Scott, Sir George Gilbert 10, 56, 60, 61, 94, 118, 121, 123, 124, 130, 132, 138, 148, 158, 165, 194, 201, 220, 260; *92, 144, 145, 198, 202, 219, 220, 283, 397*
Scott, Sir Walter 51, 52, 67
Sédille, Paul 208, 247, 293, 299; *258, 419-421, 507, 510*

Seguin, Marc 177
Sehring & Lachmann 249; *423*
Seidl, Gabriel von *491*
Semper, Gottfried 84, 94, 98, 148, 276; *145, 153, 252-254, 476*
Shaw, Richard Norman 165, 279, 285, 293; *189, 468, 500, 501, 503, 505, 506*
Shepley, Rutan & Coolidge 247
Smirke, Sir Robert 25, 31, 32, 51
Smirke, Sidney 194
Soane, Sir John 30; *79*
Société des Batignolles 199; *332, 333*
Soufflot, Jacques-Germain 14, 21, 26, 29, 48
Speeth, Peter 224; *360*
Stadler, Hermann August 249, 252; *422*
Statz, Vinzenz 121
Stearns, John Goddard 271
Stein *379*
Steindl, Imre 138; *238-241*
Stephenson, George *427*
Stephenson, Robert 177, 180, 199, 253; *429*
Stevenson, John James *465*
Stieglitz, Christian Ludwig 55
Stier, Hubert *451*
Stier, Wilhelm *197*
Street, George Edmund 61, 118, 124, 129, 130, 132, 136, 148, 165, 282, 286; *90, 91, 206-208*
Streply, Rutan & Coolidge 306
Strickland, William 25, 34, 147, 177; *41, 42, 46, 47*
Stuart, James 16; *10, 11*
Stuart, Nicolas 16, 17; *10, 11*
Stüler, Friedrich August 93; *109, 110, 138, 379*
Sullivan, Louis Henry 252, 301, 303, 308, 309; *424-426, 538, 539*
Suys, Léon 194

Taylor, Baron Isidore 54, 93
Telford, Thomas 170, 174, 177; *294, 296*
Thiersch, Friedrich von *280*
Thiollet, François 172, 237, 240
Thomon, Thomas de 26
Thomson Alexander 165; *185-188*
Thomson, Francis 253, 260
Thomson, James *35*
Thorwaldsen, Bertel 83
Tirou, Emile *324*
Tite, William 130, 203, 253
Tollemarche, Lord 67; *106*
Tollet, Casimir 225, 229, 231, 232; *388*
Town, Ithiel *48*
Train, Eugène *354*
Turner, Ernest 229
Turner, Henry 271
Turner, Richard 172, 181, 257; *292*

Upjohn, Richard 62; *482*
Usteri, Jakob Emil 249, 252; *422*

Vacquer, Théodore 282
Vanderheggen, Adolphe 194

van de Velde, Henry 310
Vantini, Rodolfo 25, 30
Vaudoyer, Alfred Lambert *157*
Vaudoyer, Antoine 34
Vaudremer, Joseph Auguste Emile 136; *229, 230*
Vaux, Calvert 276
Verneihl, Félix de 119
Vesly, Léon de 7
Veugny, Marie Gabriel 193, 203; *341, 342*
Viel, Jean-Marie 199
Vierendeel, Arthur Jules 187, 208
Vignola, Giacomo da 22
Vignon, Pierre 25; *18*
Viollet-le-Duc, Eugène-Emmanuel 10, 12, 54, 56, 67, 79, 94, 98, 118, 119, 120, 121, 123, 136, 138, 158, 166, 167, 207, 279, 285, 293
Visconti, Louis Tullius Joachim 146, 148, 174; *250, 260*
Vitry, Urbain 276
Vogel, F. Rudolf 300
Voit, August von *306, 307*
Voysey, Charles F. A. 293, 300, 310; *522, 523*

Wagner, Otto 310
Wailly, Charles de 26
Wallot, Paul 279
Walter, Thomas Ustick 190
Wanner, Jakob Friedrich 255
Ware, Samuel 240; *400*
Waterhouse, Alfred 119, 130, 132, 133, 285; *222-225, 498, 499*
Watt, James 170
Webb, Sir Josuah 219; *369*
Webb, Philip 282, 285, 293
Weinbrenner, Friedrich 39; *6*
Wheeler, Gervase *480, 481*
White, Stanford 295, 299
White, William 129, 282; *209*
Whittock, Nathaniel 237
Wild, James William 93, 107, 128; *142, 143*
Wilhelm I. von Württemberg *149*
Wilkins, William 22, 31, 32, 51, 80
Wimmel, Carl Ludwig 62
Withers, R. J. 130
Wood, James 83
Woodward, Benjamin 130, 203; *216, 217*
Woronichin, Andrej 26
Worthington, Thomas 123
Wren, Christopher 51, 80, 167
Wyatt, James 19, 51
Wyatt, Matthew Digby 129
Wyatt, Thomas Henry 93

Young, Ammi B. 25
Young, Charles D. & Co 203; *348, 349*

Zanth, Ludwig von 83, 84, 89; *149, 173*
Ziebland, Georg Friedrich 25; *69, 70, 96*
Zola, Emile 237, 252
Zwirner, Ernst Friedrich 65; *98, 145*

Verzeichnis der abgebildeten Gebäude

Aachen
   Hauptpost 236
   Polytechnikum 275
Agen (Lot-et-Garonne)
   Kasino 9
Albany (N.Y.)
   Town Hall 248
Amsterdam
   St. Willibrordus 200
Anif b. Salzburg
   Wasserschloß 108
Ann Arbor (Mich.)
   Haus des Richters Wilson 48, 49
Antwerpen
   Krankenhaus 389
   Zentralbahnhof 460
Armentières (Nord)
   Ecole nationale professionnelle (Lycée technique) 396
Arnheim
   Gefängnis 374, 375
Aschaffenburg
   Pompejanum 146-148
Athen
   Lysikratesdenkmal 10
   Zappeion 255
Augsburg
   Stadttheater 276

Baden-Baden
   Konversationshaus 150, 151
Baltimore
   Johns Hopkins Hospital 390
Berlin
   Altes Museum 22, 23
   Anhalter Bahnhof 448, 449
   Bauakademie 66, 68
   Börse 278
   Diakonissen-Krankenhaus Bethanien (Künstlerhaus) 379
   Feilner-Haus 67
   Gefängnis Alt-Moabit 376
   Kaisergalerie 277, 408
   Kreuzkirche 191
   Kunstgewerbemuseum 274
   Matthäuskirche 138
   Reichstag 279
   Schauspielhaus 65
   Synagoge Oranienburger Straße 172
   Thomaskirche 190
   Tiergarten, Wohnhaus Stülerstraße 1 488
   Warenhaus Hermann Tietz 423
   Werdersche Kirche 76-78
   Wittenbergplatz mit Tauentzienstraße 462
   Wohnhaus Händelstraße 1 486
Biarritz
   kaiserliche Kapelle 227
Biltmore b. Ashville (North Carolina)
   Herrenhaus 160
Birmingham
   College of Arts and Crafts 226
Blaise Hamlet b. Bristol
   Cottages 471, 472

Boston (Mass.)
   City Hall 270
   Trinity Church 245-247
Brighton (Sussex)
   St. Peter's Church 75
Brüssel
   Anderlecht, Schlachthof 324
   Galerie Saint-Hubert 402
   Haus Victor Horta (Musée Horta) 511
   Palais de Justice 272, 273
Budapest
   Ostbahnhof 456
   Parlament 238-241
   Westbahnhof 455
Buffalo (N.Y.)
   Guaranty Building 539
Bury Saint Edmunds (Suffolk)
   Zuchthaus 362

Cabourg (Calvados)
   Wohnhaus 475
Caen (Calvados)
   Gefängnis Beaulieu 372, 373
Cambridge (England)
   Herrschaftshaus 498, 499
Cambridge (Mass.)
   Austin Hall 243
   Stoughton House, Brattle Street 516
Cartmel (Lancashire)
   Broadleys Windermere 522, 523
Castasegna (Graubünden)
   Villa Garbald 476
Challain-La-Potherie (Maine-et-Loire)
   Schloß 115
Chalon (Saône-et-Loire)
   Mietshaus 313
Champion Hill
   St. Saviour's Union Infirmary 386, 387
Chantilly (Oise)
   Schloß 179
Charenton
   Saint-Pierre 228
Charlottesville (Va.)
   University of Virginia 43-45
Chartres
   Kathedrale 288
Chathill (Northumberland)
   Bahnhof 443
Cheadle (Staffordshire)
   Church of St. Giles 88, 89
Chicago (Ill.)
   Auditorium Building 531
   Masonic Temple Building 535
   Monadnock Building 532-534
   Reliance Building 536
   Rookery Building 527-529
Conway (Wales)
   Brücke (Thomas Telford) 296
   Röhrenbrücke (Robert Stephenson) 296
Cronkhill (Shropshire)
   Herrschaftshaus 469, 470

Cumberland (Maryland)
   Emmanuel Church 93

Deauville (Calvados)
   Villa 519
Dresden
   Gemäldegalerie 254
   Neue Oper 253
   Oper, erster Bau 252
Dreux (Eure-et-Loire)
   königliche Kapelle Saint-Louis 122

Edinburgh
   New Royal Infirmary 382-384
   Royal College of Physicians 40
   Royal High School 38, 39
   St. George's Church 185
   Walter Scott Monument 201
Evanston (Ill.)
   Rest Cottage 483

Firth of Forth
   Forth Bridge 331
Florenz
   Loggia dei Lanzi 176
Fontainebleau (Seine-et-Marne)
   Porte Dauphine (Porte du Baptistère) 178
Frankfurt am Main
   Hauptbahnhof 452-454
Freiburg (Schweiz)
   Hängebrücke über die Saane 297

Genf
   Gefängnis 363
Genua
   Campo Santo 34
Glasgow
   Cathcart, Holmwood, Netherlee Road 188
   St. Vincent Street Church 186, 187

Halifax (West Yorkshire)
   Haley Hill, Church of All Souls 92
Hamburg
   Alte Post 60
   Börse 62
   Elbbrücke 329
   Kunsthalle 256
   Nikolaikirche 144, 145
   Petrikirche 97
   Rathaus 237
Hannover
   Hauptbahnhof 451
Harlaxton Manor (Lincolnshire)
   Herrschaftshaus 99-101
Harrow-Weald (Middlesex)
   Herrschaftshaus Grimsdyke 500, 501
Helsinki
   ehem. Senatsgebäude 29
   Senatsplatz 27
   Universität 28
Hildesheim
   Villa Dyes 490

Huelva (Spanien)
    Bahnhof 446

Illissos
    Ionischer Tempel 11
Ipswich (Suffolk)
    Gefängnis des County of Suffolk 361
Iseltwald (Bern)
    Wohnhaus 82

Jumièges (Haute-Normandie)
    Abtei 80

Karlsruhe
    alter Bahnhof 436
    Marktplatz 6
Kew (Surrey)
    Royal Botanical Gardens, Palm House 292
Kirdford (West Sussex)
    Roundwyck House 183
Köln
    Dom 83, 84
    Villa Hahnenburg 494, 495
Kopenhagen
    Gebäude an der Store Kongensgade 463
    Ny Carlsberg Glyptotek 282
    Thorwaldsen-Museum 128
Laeken b. Brüssel
    königliche Gewächshäuser 316, 317
Leeds (Yorkshire)
    County Arcade 414
    Town Hall 269
Le Havre
    Bahnhof 457
Leningrad s. Sankt Petersburg
Lesparre-Médoc (Gironde)
    Kirche 164, 165
Lille (Nord)
    Börse 181
    Haus in der Rue de Manneliers 182
Liverpool
    Bahnhof Crown Street 427
    Merseyside, Albert Dock 286
    Oriel Chambers 344, 345
Livorno
    Il Cisternone 31-33
London
    Bedford Park Estate, Doppelhäuser 503
    Bedford Park Estate, Häuser, Geschäfte und Gasthaus 506
    Bedford Park Estate, Villen auf Eckgrundstücken 502
    Bedford Park Estate, Wohnhaus 9 Priory Avenue 505
    Burlington Arcade 400
    Camden, St. Martin's Church 210, 211
    Chelsea, Haus Frank Miles (nicht ausgeführt) 504
    Church of All Souls, Langham Place 36, 85
    Crystal Palace 300-304
    Crystal Way (unausgeführtes Projekt) 403
    Euston Station 428, 429
    Foreign and India Offices 219, 220
    Foreign Office 283
    Holloway Prison 370
    Islington, Church of St. Saviour 209
    Kensington, Natural History Museum 224, 225
    King's Cross Station 439, 440
    Marylebone, Pfarrkirche 79
    Midland Grand Hotel, St. Pancras Station 442
    New Zealand Chambers, Leadenhall Street 189
    Old Swan House, 17 Chelsea Embankment 468
    Parlament 118-121
    Pentonville Prison 369
    Red House, 3 Bayswater Hill 465
    Reform Club, Pall Mall 125, 126
    Regent's Park, Cumberland Terrace 35
    St. Pancras Church, Euston Road 37
    St. Pancras Station 441
    South Kensington, St. Jude's Church 312
    Southwark, Great Joint Station (London Bridge Station) 437
    Streatham, Christ Church 142, 143
    Tower Bridge 2
    Westminster, Church of All Saints 204, 205
    Westminster, Church of St. James the Less 206-208
    Westminster, Prince Albert Memorial 202
    Westminster, St. Augustine's Church 214, 215

Machynlleth (Wales)
    Parlament von Glyndwr 184
Madrid
    Stierkampfarena, Carretera de Aragón 174
Maidenhead (Berkshire)
    Boyne Hill, Pfarrhaus der Church of All Saints 493
Mailand
    Galleria Vittorio Emanuele 405-407
Mainz
    Hauptbahnhof 450
Manchester
    New Town Hall 222, 223
Marseille
    Palais de Longchamp 268
Masny (Nord)
    Kirche 231, 232
    Pfarrhaus 175
Meggen (Luzern)
    Schloß Neuhabsburg 487
Menai Straits (Wales)
    Brücke 294
Middelkerke (Belgien)
    Villen 524
Milton Ernest Hall (Bedfordshire)
    Herrschaftshaus 496, 497
Montigny (Nord)
    Landhaus 508, 509

Moskau
    Warenhaus GUM (Neue Handelsreihen) 412
Moulins (Allier)
    Rathaus und Bibliothek 54
Mount Desert (Maine)
    Bar Harbour, Morrill House 512-515
Müllberg (Thurgau)
    Hotel und Pension 169
München
    Feldherrnhalle 177
    Glaspalast 306, 307
    Glyptothek 14-17
    Hauptbahnhof 431-433
    Haus des Buchdruckers Lorenz, Maximilianstraße 30-34 196
    Justizpalast 280
    Ludwigskirche 137
    Mariahilfkirche in der Au 96
    Maximilians-Getreidehalle 323
    Monopteros 20
    Nymphenburg, Gewächshaus (1807) 291
    Propyläen 25
    Residenz, Königsbau 57
    Ruhmeshalle mit der Bavaria 26
    St. Bonifatius 69, 70
    Siegestor 24
    Staatsbibliothek 58
    Villa Lenbach 491
    Wohnhaus Kommerzienrat C. Kirsch, Maria-Theresienstraße 489
Müngsten
    Brücke über die Wupper 330

Nantes (Loire-Atlantique)
    Passage Pommeraye 401
    Saint-Nicolas 95
Nashville (Tennessee)
    Tennessee State Capitol 46, 47
Neapel
    Galleria Umberto I 409, 410
    Piazza del Plebiscito 30
Nègrepelisse (Tarn-et-Garonne)
    protestantische Kirche 233-235
Neuschwanstein
    Schloß 161
Newport (England)
    Crumlin-Eisenbahnviadukt 328
Newport (Rhode Island)
    Kasino 518
    Villa Edward King 482
New York
    Bogardus Factory 346
    City Post-Office 271
    Crystal Palace 305
    Freiheitsstatue 1
    Haughwout Building 347
    Mills House 526
    New York Hospital 391, 392
    Park Row Building 540
    Produce Exchange Building 530
    Roosevelt Stores, Broadway 418
    Warenhaus Schlesinger & Mayer (Carson Pirie Scott & Co) 424-426

Nîmes
  Saint-Paul 141
Noisiel (Seine-et-Marne)
  Schokoladenfabrik Menier 355
Nordstemmen (Niedersachsen)
  Marienburg 113
Northampton
  Town Hall 221
North Easton (Mass.)
  F. L. Ames Gate Lodge 517

Oxford
  Ashmolean Museum und Taylorian Institute 123, 124
  University Museum 216-218

Paris
  Au Bon Marché, Rue de Sèvres 417
  Auteuil, Hameau Boileau 473
  Auteuil, Villa Weber, Rue Erlanger 507, 510
  Avenue de l'Opéra 461
  Bazar de l'Industrie française 415, 416
  Belleville, Saint-Jean-Baptiste 199
  Bibliothèque nationale 325-327
  Bibliothèque Sainte-Geneviève 134, 299
  Börse 290
  Cirque d'Hiver 129
  Cité Napoléon 341, 342
  Collège municipal Chaptal 354
  Compagnie des chemins de fer de l'Est, Verwaltung 356
  Ecole des Beaux-Arts 133, 259
  Eiffelturm 336, 337
  Fontaine Molière 250
  Fontaine Saint-Michel 251
  Galerie Vero-Dodat 398, 399
  Gare de l'Est 438
  Gare du Nord, erster Bau 430
  Gare du Nord, zweiter Bau 434, 435
  Gebäude an der Place Jussieu 466
  gedeckter Boulevard (unausgeführtes Projekt) 404
  Grand Opéra 264-267
  Halle au blé (seit 1889 Handelsbörse) 287
  Halles Centrales 320, 321
  Haus des Malers Jules Jolivet 132
  Hans Rue de l'Aqueduc 5 350, 351
  Hôpital Lariboisière 380, 381
  Hôpital Sainte-Anne 393
  Hôtel Pourtalès 130, 131
  Infiorata (Projekt) 308
  Jardin d'hiver, Champs-Elysées 298
  Jugendstrafanstalt La Petite Roquette 364, 365
  Kaserne der Garde républicaine 352
  La Trinité 168
  Les grands magasins du Printemps 419-421
  Louvre 260, 261
  Madeleine 18
  Mairie des ersten Arrondissement 262, 263
  Mietshaus, Place Léon-Blum 467
  Notre-Dame de la Croix 314
  Notre-Dame-de-Lorette 55, 56
  Palais de Justice 258
  Rue de Rivoli 50
  Sacré-Cœur 166
  Saint-Ambroise 167
  Saint-Augustin 192, 194
  Sainte-Clotilde 94
  Saint-Eugène 309, 310
  Saint-Martin-des-Champs 311
  Saint-Pierre-de-Montrouge 229, 230
  Saint-Vincent-de-Paul 135, 136
  Weltausstellung 1878, Haupteingang am Champ-de-Mars 335
  Weltausstellung 1878, Pavillon du Ministère des Travaux Publics 357
  Weltausstellung 1878, Straße der Nationen 157
  Weltausstellung 1889, Galerie des Machines 338, 339
  Weltausstellung 1889, Palais des Beaux-Arts et des Arts Libéraux 353
  Weltausstellung 1889, zentrale Rotunde 340
  Wohnhaus in der Rue Las Cases 53
Pau (Pyrénées-Atlantique)
  Palais d'hiver, Palmenhaus 319
Peckforton Castle (Cheshire) 106, 107
Philadelphia (Pa.)
  Gefängnis Cherry Hill (Eastern Penitentiary) 366
  Second Bank of the United States 41, 42
Poix (Somme)
  Wohnhaus 52
Potsdam
  Friedenskirche 139, 140
  Sanssouci, Hofgärtnerhaus 64
  Sanssouci, Schloß Charlottenhof 63

Quincy (Mass.)
  Crane Memorial Library 244

Ramsgate (Kent)
  St. Augustine's Church 87
  The Grange 87
Redleaf Cottage 474
Remagen
  Apollinariskirche 98
Rendsburg
  Zuchthaus 377
Rodez-Albi (Linie)
  Viaur-Eisenbahnviadukt 332, 333
Rom
  Bahnhof Termini, erster Bau 458
  Tempel des Iupiter Lycaeus 127
Roubaix (Nord)
  Hospiz von Barbieux 180
Saint Austell with Fowey (Cornwall)
  Church of St. Mary 90, 91
Sainte-Catherine-de-Fierbois (Indre-et-Loire)
  Schloß Comacre 114

Saint Louis (Miss.)
  Wainwright Building 538
Saint-Maurice (Val de Marne)
  Irrenanstalt Charenton (Hôpital Esquirol) 394, 395
Saint-Wandrille (Seine-Maritime)
  Abtei 81
Sankt Petersburg
  Palast der Admiralität 5
Scarisbrick Hall (Lancashire) 102-105
Schwerin
  großherzogliches Schloß 109, 110
Shrewsbury
  Spinnerei (Malzdepot »The Maltings«) 285
Skelton-on-Ure b. Ripon (North Yorkshire)
  Church of Christ the Consoler 212, 213
Spa
  Pouhon 343
Springfield (Mass.)
  New South Church 249
Stoke-on-Trent (Staffordshire)
  Bahnhof 444
Stolzenfels am Rhein
  Burg 116, 117
Stone (Staffordshire)
  Bahnhof 445
Stuttgart
  Bad Cannstatt, Villa Wilhelma 149
  Mausoleum auf dem Rotenberg 61
  Schloß Rosenstein 59

Taymouth Castle (Perthshire) 73, 74
Thun (Bern)
  Schloß Schadau 111, 112
Tourcoing (Nord)
  Palais Vaissier 173
  Rathaus 171
Trenton (N. J.)
  New Jersey State Penitentiary 368, 369
Truro (Cornwall)
  Kathedrale 159
Turin
  Palazzo Ceriana, Piazza Solferino 257
Tyringham
  Grabkapelle 79

Valençay (Indre)
  Gartenhaus im Schloßpark 8
Valeyrac (Gironde)
  Kirche 162, 163

Walhalla b. Regensburg 19, 21
Walmer (Kent)
  Villa am Strand 520, 521
Walworth
  St. Peter's Church 79
Wambrechies (Nord)
  Rathaus 170
West Bay b. Bridport (Dorset)
  Lost Sailor Hotel mit Lodging Houses 525

Wien
- Burgtheater 153
- Fünfhaus, Maria vom Siege 193, 195
- Hermesvilla im Lainzer Tiergarten 158
- Neue Universität 153
- Parlament 153-155
- Rathaus 153, 156, 284
- Ringstraße 153
- Theseion 153
- Votivkirche 197, 198
- Weltausstellung 1873 334
- Wohnhaus Leon 464

Wiltshire
- Savernake Cottage Hospital 397

Woburn (Mass.)
- Winn Memorial Library 242

Würzburg
- Frauengefängnis 360

Zürich
- Geschäftszentrum in Form einer Galerie (unausgeführtes Projekt) 411
- Warenhaus Jelmoli 422

Abbildungsnachweis

Der Verlag dankt den Photographen, die die Aufnahmen für das vorliegende Buch machten, und den Bibliotheken, Institutionen und Museen, die weiteres Photomaterial zur Verfügung stellten. Die Zahlen verweisen auf die Abbildungsnummern.

Die Bildbeschaffung für dieses Buch besorgte Ingrid de Kalbermatten.

Alexandria, Scottish Colorfoto Laboratory: 384
Amsterdam, Ned. Doc. centrum v.d. Bouwkunst: 200
Ashville (North Carolina), The Biltmore Company: 160
Athen, Commercial Bank of Greece: 255
Augsburg, Stadtbildstelle: 276
Berlin, Bildarchiv Preußischer Kulturbesitz: 448
Berlin, Landesarchiv: (Karl H. Paulmann) 379, 462
Berlin, Landesbildstelle: 376, 488
Berlin, Helmut Maier: 68
Berlin, Technische Universität, Hauptbibliothek: 66
Berlin, Technische Universität, Universitätsbibliothek, Plansammlung: 67, 197; (H. E. Kiessling, Berlin) 138, 274
Berlin (DDR), Institut für Denkmalpflege, Meßbildarchiv: 172, 190
Berlin (DDR), Staatliche Museen zu Berlin, Kupferstichkabinett und Sammlung der Zeichnungen: 65, 71, 72
Bottmingen, G. Germann: 111, 112, 162-165
Brookline, Mass., Myron Miller: 512, 513, 515
Brüssel, Archives d'Architecture Moderne: 316, 317, 324, 460; (H. Wieser) 170, 180-182
Budapest, Ungarisches Werbefoto Studio: 238-240, 456
Caen, Conservation régionale des Monuments Historiques de Basse-Normandie: (M.-H. Since) 372, 373
Cambridge, Mass., The Houghton Library, Harvard University: 242, 245, 247, 248
Cambridge, Mass., Harvard Law School, Harvard University: 243
Charlottesville (Virginia), University of Virginia Library, Manuscript Department: 44
Chicago (Illinois), Harold Allen: 367
Chicago (Illinois), Carson Pirie Scott & Co., Publicity Department: 424-426
Chicago (Illinois), Chicago Historical Society: 536
Daventry (Northamptonshire), Christopher Dalton: 443
Dresden, Deutsche Fotothek: 63, 64, 76, 109, 110
Düsseldorf, Landesbildstelle Rheinland: 330
Edinburgh, The Royal Commission on the Ancient and Historical Monuments of Scotland: 38, 40, 73, 74, 186, 188, 201, 331
Edinburgh, Edinburgh University Press: 39

Evanston (Illinois), National WCTU: 483
Florenz, Alinari: 30, 34, 177, 257, 405, 409, 410
Florenz, Gabinetto Disegno e Stampe degli Uffizi: (Guido Sansoni, Florenz) 31-33
Frauenfeld, Thurg. Denkmalpflege und Kunstdenkmälerinventarisation, Slg. C. Walder: 169
Fribourg, Leo Hilber: 297
Gauting, Bavaria Verlag: (M. Storck) 149
Glasgow, School of Art, Library: 185
Hamburg, Staatliche Landesbildstelle: 60, 62, 97, 145, 237
Hannover, Niedersächsisches Landesverwaltungsamt, Landesbildstelle: 113
Helsinki, The Museum of Finnish Architecture: (Karhumäki) 27; (A. Salokorpi) 28; (Iffland) 29
Hildesheim, Stadtarchiv: 490
Karlsruhe, Landesdenkmalamt Baden-Württemberg: 436
Koblenz, Landesbildstelle Rheinland-Pfalz: 98 (Luftaufnahme Nr. 2599-2, Bezirksregierung für Rheinhessen)
Köln, Rheinisches Bildarchiv: 83, 84
Köln, Wallraf-Richartz-Museum, Sammlung Ludwig: (Kunst- und Museumsbibliothek, Köln) 129
Kopenhagen, Ny Carlsberg Glyptotek: (Ole Woldbye, Kopenhagen) 282
Kopenhagen, Royal Danish Academy of Fine Arts: (Jørgen Watz, Lyngby) 128, 463
London, The British Library: 86, 207, 249, 301, 318, 403, 437, 465, 502, 503
London, The British Museum (Natural History): 224
London, Country Life: (Alex Starkey) 106
London, Gillian Darley: 474
London, A. F. Kersting: 36, 85, 101, 118, 206, 442
London, National Monuments Record: 2, 35, 37, 75, 89-92, 99, 102, 103, 123, 125, 142, 143, 159, 183, 189, 202, 204, 205, 208, 209-215, 222, 223, 225, 226, 283, 286, 292, 315, 344, 370, 414, 444, 445, 468, 469, 493, 496, 505
London, The National Trust: 296, 471, 472
London, Public Record Office: 119
London, Royal Institute of British Architects, British Architectural Library: (Geremy Butler, London) 104, 219, 220, 302, 348, 349, 500, 525
London, The Science Museum: 294, 328, 427, 428
London, Sir John Soane's Museum: 79
London, Victoria and Albert Museum: 87, 221, 303, 506; (Eileen Tweedy, London) 304, 504, 522
Luzern, Kantonale Denkmalpflege: 487
Mailand, Archivio Fotografico dei Civici Musei, Castello Sforzesco, Raccolta delle Stampe Achille Bertarelli: 407
Mainz, Landesamt für Denkmalpflege Rheinland-Pfalz: 116, 117
Marburg, Bildarchiv: 16, 17, 23, 139, 148, 277, 423

München, Bayerisches Landesamt für Denkmalpflege: (Maria Linseisen) 96
München, Bayerische Verwaltung der Staatl. Schlösser, Gärten u. Seen: 57
München, Deutsches Museum: 295
München, Martin Herpich & Sohn: 161
München, Sigrid Neubert: 291
München, Werner Neumeister: 491
München, Staatliche Graphische Sammlung: 14, 15, 137
München, Stadtmuseum: 323
München, Technische Universität, Architektursammlung: 146, 147, 307, 431
München, Zentralinstitut für Kunstgeschichte: 24; (Römmler und Jonas, Dresden) 25; (Margrit Behrens) 196
Nantes, Photo Studio Madec: 95
New York, N.Y., Museum of the City of New York, Photo Library Department: 346, 347, 418
Orléans, Inventaire Général des Monuments et des Richesses Artistiques de la France: (J.-C. Jacques & R. Malnoury) 114
Oxford, Oxfordshire County Council, Central Library: (John Peacock, Abingdon) 216, 217
Paris, Académie d'Architecture: 308, 404
Paris, Archives Photographiques/S.P.A.D.E.M.: 115, 435, 438; (J. Feuillie) 56, 166, 168, 251, 309, 311
Paris, Pierre-Yves Ballu: 19, 20, 176
Paris, Bibliothèque nationale: 1, 3, 288, 298, 473
Paris, J. E. Bulloz: 51, 260, 261, 459, 537
Paris, Studio Chevojon: 326, 335, 338, 339, 417, 419, 420, 461
Paris, Connaissance des Arts: (P. Hinous) 43, 511; (R. Guillemot) 400
Paris, B. Doucet: 54, 356, 477
Paris, Ecole Nationale Supérieure des Beaux-Arts: 127, 157, 271, 281, 289, 293, 312, 322, 382, 383, 385-387, 397, 520, 521, 524
Paris, EDIMEDIA, archives Snark: 540
Paris, Gilles de Fayet: 4, 7-13, 42, 47, 49, 53, 55, 80-82, 100, 107, 120, 121, 126, 131, 155, 192, 193, 203, 227, 230, 233-235, 241, 265, 266, 313, 341, 342, 350, 351, 353, 354, 356-359, 362, 378, 380, 388-393, 396, 401, 406, 416, 432-434, 447, 451, 452, 454, 458, 475, 478-482, 484-486, 489, 492, 497-499, 501, 507-510, 519, 534

Paris, Claude Mignot: 18, 21, 52, 132, 167, 244, 250, 262, 263, 299, 352, 394, 395, 516, 517
Paris, Réunion des Musées Nationaux: 364
Paris, Etienne Revault: 41, 45, 267, 325
Paris, Christiane Riboulleau: 133-135, 194, 259, 314, 398, 399
Paris, H. Roger Viollet: 5, 6, 58, 69, 70, 94, 122, 136, 140, 141, 150, 151, 171, 173, 174, 178, 179, 184, 199, 229, 236, 264, 268, 269, 272, 273, 275, 279, 287, 306, 319, 320, 329, 332, 336, 337, 340, 343, 355, 381, 402, 408, 412, 448, 449, 453, 455, 466
Potsdam-Sanssouci, Staatliche Schlösser und Gärten: 22
Salzburg, Oskar Anrather: 108
Stuttgart, Landesbildstelle Württemberg: 59, 61
Toledo (Ohio), The Toledo Museum of Art: 152
Washington, D.C., Library of Congress: 46, 48, 93, 270, 305, 518, 526-528, 530, 531, 535, 538
Wien, Landesbildstelle: 153
Wien, Museen der Stadt Wien: 464
Wien, Österreichische Nationalbibliothek, Bildarchiv: 154, 156, 158, 195, 198, 284, 334
Wuppertal, Dieter Leistner: 256, 494, 495
Würzburg, Amt für Öffentlichkeitsarbeit: 360
York, National Railway Museum: 439, 441
Zürich, ETH Zürich, Institut GTA, Archiv für Moderne Schweizer Architektur: 144 (Semper 20-82-1-1); 252 (Semper 20-58); 253 (Semper 20-196); 254 (Semper 20-89); 476 (Semper 20-171-1-6)
Zürich, Jelmoli: (J. Meiner & Sohn, Zürich) 422

Nach: Hermann Ziller, Schinkel, Bielefeld und Leipzig 1897: 77, 78
Nach: Anton Springer, Handbuch der Kunstgeschichte, Leipzig, Bd. V, 1909[5]: 191, 278, 280
Mit Genehmigung des Baugeschichtlichen Archivs, Zürich: 411

Alle übrigen Aufnahmen stammen aus dem Archiv des Verfassers.

Die umgezeichneten Pläne wurden von Christian Huvet ausgeführt.